Bilder

Das ist ein Foto.

Es zeigt … (die Stadt …/die Insel …/…).
Mithilfe der Bildunterschrift kann man feststellen, … .
Das Foto ist ein … (Schrägluftbild/Senkrechtluftbild/Erdbild).
Das Wichtigste auf dem Foto ist … .
Das Foto macht deutlich, dass … .
Im Vordergrund sieht man … .
In der Bildmitte sieht man … .
Im Hintergrund sieht man … .
Die Landschaft ist … .
Die Menschen sind … .

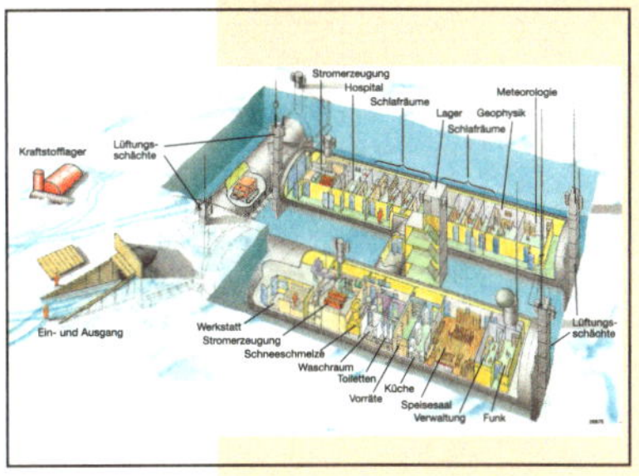

Das ist eine Zeichnung.
Sie zeigt … .
Mithilfe der Bildunterschrift kann man fest stellen, … .
Besonders eindrucksvoll ist … .

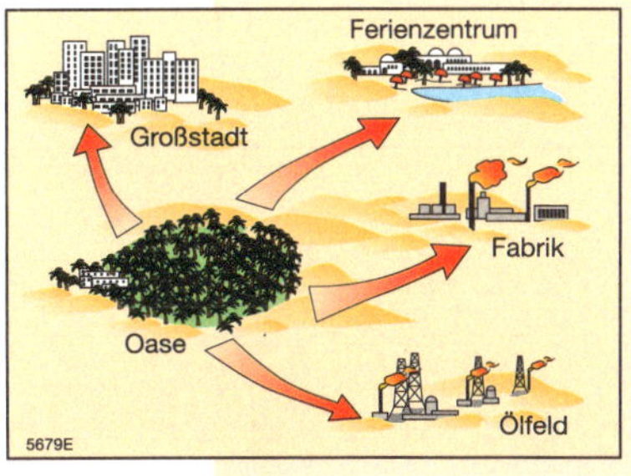

Das ist eine Schemazeichnung.
Sie verdeutlicht … .

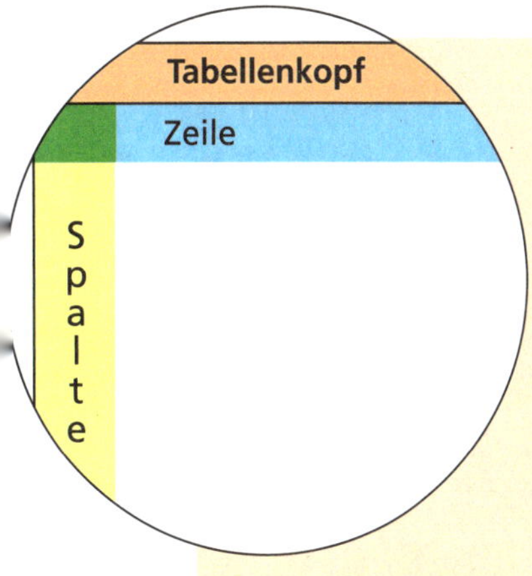

Tabellen

Das ist eine Tabelle.

Der Titel der Tabelle lautet: … .
Die Tabelle zeigt … (die Entwicklung der Einwohnerzahlen in Städten von Schleswig-Holstein/…).
Die Zeilen zeigen (einzelne Städte/…).
Die Spalten zeigen (die Einwohnerzahlen der Städte in einem bestimmten Jahr/…).
Es ist festzustellen, dass im Jahr … die Stadt … die meisten Einwohner hat.
Es ist festzustellen, dass die Einwohnerzahl der Stadt … zugenommen/abgenommen/… hat.
Insgesamt ist festzustellen, dass … .

Zeichenerklärung

Farbleitsystem zur Vermittlung der Grundbildung und der Auseinandersetzung mit den Kernproblemen:

- (grün) Verbundthema mit erdkundlichem Schwerpunkt
- (blau) Verbundthema mit geschichtlichem Schwerpunkt
- (rot) Verbundthema mit Schwerpunkt im Bereich Wirtschaft/Politik

Vorschläge für fächerverbindendes Arbeiten

Wk D „Deutsch“

Wk Bio „Biologie“

Wk Rel „Religion“

Wk M „Mathematik“

Wk K „Kunst“

Kennzeichnung von Teilkapiteln

✪	Zusatzangebot: Vorschlag zum Einüben und Vertiefen auch im Rahmen eines Schulcurriculums
Gewusst wie	Hier werden wichtige Methoden erklärt.
Gewusst wo	Hier wird topographisches Wissen erarbeitet.
Projekt	Hier werden Vorschläge für ein Projekt vorgestellt.
Zeitsprung	Hier wird das Thema in einer anderen zeitlichen Epoche dargestellt.
Alles klar?	Die vorletzte Seite jedes Hauptkapitels enthält Rätsel und Aufgaben, um das Wissen zu überprüfen. Die Schülerinnen und Schüler müssen selbst aktiv werden.
Das Wichtigste	Auf der Merk-Seite am Ende jedes Kapitels sind die wichtigsten Inhalte des Hauptkapitels zusammengefasst und auch alle Grundbegriffe aufgelistet. Dies trägt zur Sicherung und Festigung des Grundwissens bei. Die Merkseiten sind eine wichtige Hilfe bei der Überprüfung der Standards und der Evaluation.

Kennzeichnungen in den Texten

Grundbegriff	Wichtige Fachbegriffe sind im Buch fett gedruckt. Diese Begriffe sind am Ende jeder Doppelseite und am Ende jedes Kapitels nochmals zusammengestellt. Im alphabetischen Minilexikon am Schluss des Buches werden sie erklärt. Das Minilexikon unterstützt die Selbstständigkeit der Schülerinnen und Schüler bei der Erarbeitung von Unterrichtsinhalten.
Quelle	Der unter dieser Überschrift stehende Text ist eine Quelle.
Info	Texte mit diesem Titel enthalten Informationen und Erklärungen.
Merke	Hier werden die wichtigsten Inhalte der Doppelseite zusammengefasst.

Inhaltsverzeichnis

Ich und wir in der neuen Klassengemeinschaft 6

Wir lernen uns kennen ... 8
Weltkunde – unser neues Unterrichtsfach ... 10
Weltkunde – vielfältige Arbeitsweisen ... 12
Gewusst wie: Eine Weltkundemappe anlegen ... 13
Projekt: Wir erkunden unsere Schule ... 14
Projekt: Wir gestalten unseren Klassenraum ... 16
Projekt: Wir wählen unsere Klassensprecher ... 18
Wir regeln unser Zusammensein ... 20
Wir schlichten einen Streit ... 22
Schule in anderen Ländern ... 24
Zeitsprung: Schule früher ... 26
Alles klar? ... 28
Das Wichtigste ... 29

Orientieren – nicht verlaufen 30

Vom Luftbild zur Karte ... 32
Die Sache mit dem Kompass ... 34
Gewusst wie: Einen Stadtplan lesen ... 36
Gewusst wie: Mit dem Maßstab umgehen ... 38
Gewusst wie: Eine physische Karte lesen ... 40
Gewusst wie: Mit dem Atlas arbeiten ... 42
Gewusst wie: Klimadiagramme lesen ... 44
Gewusst wie: Klimadiagramme zeichnen ... 46
Alles klar? ... 48
Das Wichtigste ... 49

Orientieren in Deutschland 50

Großlandschaften in Deutschland ... 52
Gewusst wo: Übungskarte Deutschland ... 54
Gewusst wie: Eine Kartenskizze zeichnen ... 55
Die Länder Deutschlands ... 56
Berlin – Hauptstadt mit Herz ... 58
Alles klar? ... 60
Das Wichtigste ... 61

Die Erde – unser Lebensraum 62

Die Erde auf einen Blick ... 64
Gewusst wie: Ein Stabdiagramm zeichnen ... 66
Das Gradnetz der Erde ... 68
Projekt: Wir zeichnen eine Weltkarte ... 70
Die Erde im Sonnensystem ... 72
Die Entwicklung des Menschen ... 74
Alles klar? ... 76
Das Wichtigste ... 77

Mit Feuer und Faustkeil – so fingen wir an 78

Vormenschen – schon vor fünf Millionen Jahren ... 80
Jäger und Sammler in der Altsteinzeit ... 82
Lebensverhältnisse in der Jungsteinzeit ... 86
Neue Techniken erleichtern das Leben ... 90
Gewusst wie: Eine Erkundung im Museum ... 92
Aus der Arbeit der Steinzeitforscher ... 94
Werkstoffe Bronze und Eisen ... 96
Gewusst wie: Informationen gewinnen ... 98
Zeitsprung: Jäger und Sammler heute ... 100
Alles klar? ... 102
Das Wichtigste ... 103

Niemand verlässt gern seine Heimat 104

Projekt: Meine Nachbarin ist Ausländerin ... 106
Menschen verlassen ihre Heimat ... 108
Ein Asylantenheim in unserer Stadt ... 110
Arbeiten in der Fremde ... 112
Rückkehr nach Hause ... 114
Alles klar? ... 116
Das Wichtigste ... 117

Reise durch Europa 118

Orientierung in Europa ... 120
Gewusst wo: Europa ... 122
Urlaub in Frankreich ... 124
„Bonjour Paris“ ... 126
Politische Gliederung ... 128
Wirtschaftsräume ... 130
Massentourismus auf Mallorca ... 132
Ländliche Räume in Europa ... 134
Tomaten aus den Niederlanden ... 136
Weizen aus der Ukraine ... 138
Holzwirtschaft in Finnland ... 140
Obst und Gemüse aus Spanien ... 142
Projekt: Ein Land untersuchen ... 144
Spiel: Europa-Steckspiel ... 145
Alles klar? ... 146
Das Wichtigste ... 147

Ich will Spaß und Freizeit – da hab ich meine Freiheit 148

Individueller Umgang mit der Zeit ... 150
Möglichkeiten sinnvoller Freizeitgestaltung ... 156
Gewusst wie: Freizeitkarte erstellen ... 158
Gewusst wie: Experten befragen ... 160
Freizeit in früheren Zeiten ... 162

Gewusst wie: Ein Freizeittagebuch anlegen ... 165
Freizeit in anderen Ländern ... 166
Wir planen einen Ausflug mit der Klasse ... 168
Freizeit im Dienst des Anderen ... 170
Das Wichtigste ... 171

Herrschaft über Land und Menschen: Ägypten 172

Der Nil – Lebensader Ägyptens ... 174
Leben unter der Herrschaft der Pharaonen ... 178
Schreiben wie die alten Ägypter ... 180
Alltagsleben im alten Ägypten ... 182
Die Bedeutung der Pyramiden ... 184
Die ägyptischen Götter ... 186
Zeitsprung: Leben am Nil heute ... 188
Alles klar? ... 190
Das Wichtigste ... 191

Gesundheit fängt beim Frühstück an 192

Was ist eigentlich Gesundheit? ... 194
Ernährung – ausgewogen soll sie sein ... 196
Zur rechten Zeit und mit Vergnügen ... 198
Für deine Gesundheit kannst du etwas tun ... 200
Alles klar? ... 202
Das Wichtigste ... 203

Sehr heiß, sehr kalt – und wir dazwischen 204

Klimazonen der Erde ... 206
In den Polargebieten ... 208
Gewusst wie: Einen Text auswerten ... 214
In der Wüste ... 216
Im tropischen Regenwald ... 220
Gewusst wie: Eine Karikatur auswerten ... 226
Gewusst wo: Afrika ... 227
Alles klar? ... 228
Das Wichtigste ... 229

Die Tonne ist voll – wohin mit dem Müll? 230

Projekt: Umwelt in Gefahr ... 232
Gruppenarbeit: Jede Menge Müll ... 234
Gruppe 1: Menge und Zusammensetzung des Mülls ... 236
Gruppe 2: Entsorgung des Mülls ... 237
Gruppe 3: Müllverwertung ... 238
Gruppe 4: Müllvermeidung ... 239

Mädchen und Jungen – zwei verschiedene Welten? 240

Typisch Junge – typisch Mädchen ... 242
Zeitsprung: Familien früher ... 244
Familien in anderen Ländern ... 246
Was Mädchen und Jungen wichtig ist ... 248
Gewusst wie: Ein Standbild bauen ... 250
Das Wichtigste ... 251

Die Griechen 252

Das griechische Erbe ... 254
Griechische Stadtstaaten ... 256
Anfänge der Demokratie in Athen ... 258
Leben in der Polis ... 260
Die Olympischen Spiele ... 262
Zeitsprung: Olympische Spiele heute ... 264
Baukunst und antikes Theater ... 266
Frauenleben im antiken Griechenland ... 268
„Väter" der Wissenschaften ... 270
Alles klar? ... 272
Das Wichtigste ... 273

Die Römer 274

2000 Jahre sind kein Alter ... 276
Vom Stadtstaat zum Weltreich ... 278
Gewusst wie: Textquellen auswerten ... 279
Spiel: Wirtschaft und Handel ... 280
Der Kaiser regiert ... 282
Leben in Rom ... 284
Projekt: Rom im Klassenzimmer ... 288
Alles klar? ... 290
Das Wichtigste ... 291

Kinder der Welt 292

Überall auf der Welt ... 294
Projekt: Kinder spielen überall ... 296
Kinder müssen arbeiten ... 298
Leben auf der Straße ... 300
Muslime in unserer Klasse ... 302
Der islamische Glaube ... 304
Gewusst wie: Eine Wandzeitung gestalten ... 306
Alles klar? ... 308
Das Wichtigste ... 309

Arbeitsmethoden – kurz und knapp ... 310
Minilexikon ... 312
Zeitleisten ... 319
Bildquellen ... 320

Ich und wir in der neuen Klassengemeinschaft

- Wir lernen uns kennen
- Weltkunde – unser neues Unterrichtsfach
- Weltkunde – vielfältige Arbeitsweisen
- Eine Weltkundemappe anlegen
- Wir erkunden unsere Schule
- Wir gestalten unseren Klassenraum
- Wir wählen unsere Klassensprecher
- Wir regeln unser Zusammensein
- Wir schlichten einen Streit
- Schule in anderen Ländern
- Schule früher

Wir lernen uns kennen

Aufgaben

1 Erinnere dich an den ersten Tag in deiner neuen Schule:
a) Worauf hast du dich gefreut?
b) Wovor hattest du Angst?
c) Was gefiel dir am besten?
d) Was gefiel dir nicht?

2 Mach es wie Christina in M3: Erstelle ein Plakat mit dem Thema: „Das bin ich".

M2 *Die 5a – der erste Tag in der neuen Schule*

Telefonkette

Am Morgen regnet es. Die Lehrerin will euch mitteilen, dass der Sportunterricht vom Sportplatz ins Hallenbad verlegt wird.
Damit alle möglichst schnell Bescheid wissen, hat die Klasse eine Telefonliste angelegt.

Telefonliste
1. Deria Cakir 45 30 78
2. Christina Elbert 94 63 85
3. Vu Duc Chinh 77 15 99
4. Moritz Zander 66 30 90

Die Lehrerin ruft Deria an. Sie gibt ihr die Nachricht durch und bittet sie die Telefonkette fortzusetzen. Stellt euch vor, Vu Duc Chinh hört das Telefon nicht. Wie erfährt der Rest der Klasse von der Verlegung des Sportunterrichts? Findet eine Lösung.

6260E

M1 *Telefonkette*

Am Anfang gibt es viele Fragen

Es ist Anfang September. Das Schuljahr hat auch für die Kinder der 5a in der Toni-Jensen-Gesamtschule begonnen. Wie alle anderen Fünftklässler freuen sie sich auf ihre neue Schule. Sie sind neugierig, haben ein wenig Angst, aber vor allem dieses Kribbeln im Bauch. Auch Christina Elbert ist etwas aufgeregt. Sie ist eine von 26 neuen Schülerinnen und Schülern in der Klasse und hat viele Fragen:

Wird es mir in der neuen Schule gefallen? Wie wird meine Klassenlehrerin oder mein Klassenlehrer sein? Werde ich nette Mitschülerinnen und Mitschüler haben? Werde ich Freunde finden? Wie wird unser neues Klassenzimmer aussehen? Finde ich mich schnell in der neuen Schule zurecht? An wen kann ich mich wenden, wenn ich ein Problem habe?

Fragen über Fragen am Anfang; doch nach einigen Tagen sind die meisten von ihnen beantwortet. Vielleicht ist es euch ja auch so ergangen!

Das bin ich – Wer bist du?

Die Schülerinnen und Schüler der 5a kommen aus verschiedenen Grundschulen. „Zunächst müssen wir uns kennen lernen", sagt die Klassenlehrerin. „Jeder gestaltet ein Plakat, auf dem er über sich berichtet." Christina Elbert ist von dieser Idee begeistert und zeigt euch hier ihr Plakat.

M3 *Plakat, auf dem sich Christina vorstellt*

Tipps zur Gestaltung deines Plakats

Darüber kannst du berichten:

- Name
- Adresse
- Geburtstag
- Haarfarbe
- Frisur
- Größe
- Gewicht
- Schuhgröße
- Augenfarbe

- Lieblingsessen
- Lieblings-Popgruppe
- Hobbys
- Lieblingsfächer
- Lieblingsfarben
- Lieblingsbuch
- Lieblingsfilm

- deine Familie
- Haustiere
- beste Freundin/ bester Freund

oder über etwas anderes.

Weltkunde – unser neues Unterrichtsfach

Was ist Weltkunde?

Weltkunde (Wk) ist ein neues Unterrichtsfach. Es verbindet die Fächer Erdkunde (Raum), Geschichte (Zeit) und Wirtschaft/Politik (Mensch/Gesellschaft) miteinander. Weltkunde verdeutlicht die Zusammenhänge und Abhängigkeiten, in denen wir leben. Jeder Mensch lebt in einem bestimmten *Raum* auf der Erde, jeder Mensch lebt in einer bestimmten *Zeit* und jeder Mensch ist Teil der *Gesellschaft*.

A: Raum

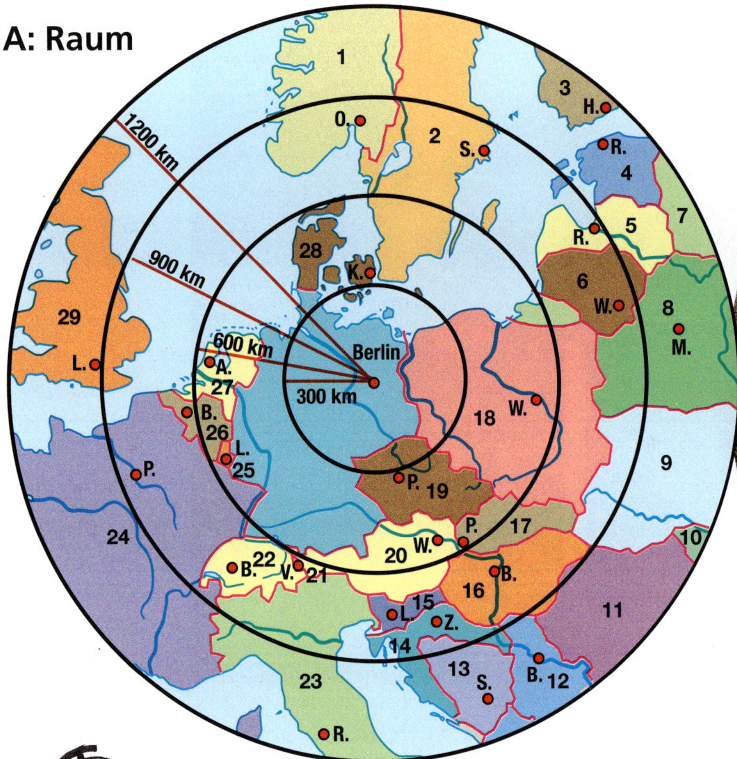

Erdkunde
Reiseländer und ihre Lage in Europa

B: Zeit

Geschichte
Reisen früher – Raststation Wirtshaus

M1 *Reisen: Ein Thema – drei unterschiedliche Zugänge*

M2 *Hansekogge: Frachtschiff im 14. Jahrhundert*

Hansekogge
Die Hanse ist ein Zusammenschluss von Kaufleuten im Mittelalter, die sich gegenseitig Schutz und Beistand gewährten. Die Hansestädte Lübeck, Rostock, Hamburg und Bremen führen die Bezeichnung „Hansestadt" noch heute in ihrem Namen. Mit eigenen Segelschiffen, den Hansekoggen, transportierten die Kaufleute zum Beispiel Getreide, Fische, Butter, Tuche und Salz und Wein. Mehrere hundert Hansekoggen segelten zwischen den Hafenstädten der Hanse entlang der Nordsee und Ostsee, zum Beispiel von Hamburg nach London oder von Lübeck bis Tallinn. In den Hansehäfen wurden die Waren und Handelsprodukte entladen und von dort mit Pferdewagen weitertransportiert.

Aber aufgepasst! Weltkunde ist mehr als diese drei Fächer zusammen. Weltkunde zeigt uns die Wirklichkeit aus verschiedenen Blickwinkeln und zu unterschiedlichen Zeiten. Der „Zeitsprung“ ist daher ein Kennzeichen der Weltkunde in diesem Buch. Ein Beispiel: Zu allen Zeiten handelten die Menschen mit Waren und transportierten Güter oft über große Entfernungen. In Weltkunde betrachten und vergleichen wir zum Beispiel den Warentransport mit Hanseschiffen vor sechshundert Jahren und den Warentransport mit Containerschiffen heute.

C: Gesellschaft

Wirtschaft/Politik
Schülerinnen und Schüler planen gemeinsam eine Klassenreise

Containerschiff
Ein Container ist ein wiederverwendbarer Transportbehälter zur Beförderung von Gütern in größeren Mengen. Container werden direkt auf Eisenbahn, Lkw, Schiff oder Flugzeug verladen. Das erste Containerschiff vor 50 Jahren war ein umgebauter US-amerikanischer Frachter. Rasch entwickelte sich daraus ein eigener Schiffstyp. Containerschiffe werden so gebaut, dass kein Platz verschwendet wird. Wie Bauklötze werden die Container nebeneinander und hintereinander gesetzt und übereinander gestapelt. 1966 lief zum ersten Mal ein Containerschiff in einen deutschen Hafen ein: Es war die „Fairland“. Sie machte in Bremerhaven fest. Dies war eine Revolution im Transportwesen.

Aufgaben

1 Welche drei Unterrichtsfächer sind im Fach Weltkunde miteinander verbunden?

2 Betrachte Abbildungen A–C in M1. Erkläre den Zusammenhang von Raum, Zeit und Mensch am Thema Reisen.

3 Informiere dich im Internet über das Containerschiff „Emma Maersk“. Erstelle einen kleinen Steckbrief.

4 Wie groß ist ein Container? Angaben zu Länge, Breite und Höhe findest im hinteren Deckeleinband.

5 Trage mithilfe des Internet weitere Informationen zur „Hanse“ und zur „Hansekogge“ zusammen. Schreibe einen Bericht mit dem Titel: „Die Hansekogge – ein Frachtschiff in alter Zeit“.

Merke
Das Fach Weltkunde verbindet die Fächer Erdkunde, Geschichte und Wirtschaft/Politik

M3 *Containerschiff: Frachtschiff im 21. Jahrhundert*

Weltkunde – vielfältige Arbeitsweisen

M1 *Arbeitsmittel und Arbeitsweisen im Weltkundeunterricht (Auswahl)*

Weltkunde – das Fach zum …

… Zeichnen, Kurven auswerten, Bilder beschreiben, Karten lesen usw.

Du wirst im Laufe deines Weltkundeunterrichtes viele Arbeitsmittel und deren Anwendung kennen lernen. Ohne Übung geht das nicht. Schau mal in M1, was du in Weltkunde alles machen kannst.

Aufgabe

1 Die einzelnen Bilder in M1 haben Buchstaben. Ordne diese Buchstaben den unten genannten Arbeitsweisen der Weltkunde richtig zu. Von oben nach unten gelesen, erhältst du einen Lösungssatz.

(I) Bilder auswerten
( ) Kartenskizzen zeichnen
( ) Texte markern und auswerten
( ) Interviews durchführen
( ) Experimente durchführen
( ) Schaubilder zeichnen
( ) Filme auswerten
( ) Flächen, Räume ausmessen
( ) Atlas und Lexikon benutzen
( ) Internet zum Informieren benutzen

Merke
Im Weltkundeunterricht lernst du Arbeitsweisen des Faches kennen und übst, sie anzuwenden.

Eine Weltkundemappe anlegen

M2 *Die Weltkundemappe*

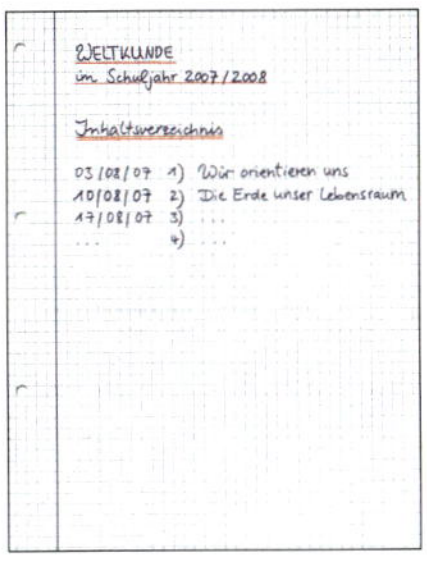

M3 *Inhaltsverzeichnis (Jahresübersicht der Themen)*

M4 *Deckblatt zu einem Unterrichtsthema*

Das ABC der Weltkundemappe – Mit Tipps und Tricks geht's fix

In deinem neuen Fach Weltkunde erhältst du viele Arbeitsblätter und schreibst Arbeitsergebnisse auf. Da kommt schnell eine große Materialmenge zusammen. Daher ist es wichtig, alle Unterlagen sorgfältig zu ordnen und abzuheften. Eine Weltkundemappe eignet sich besonders gut.

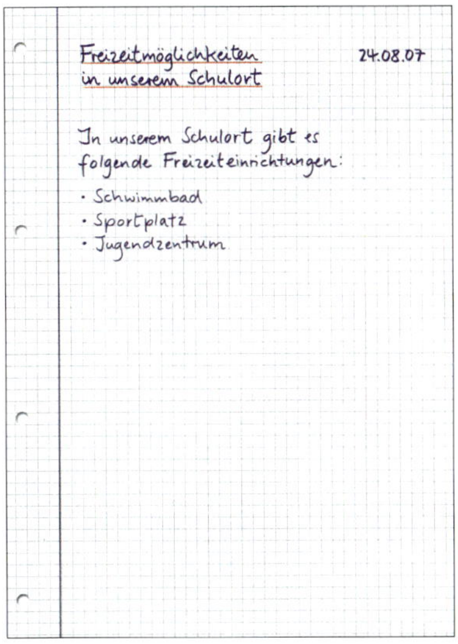

M5 *Seite einer Weltkundemappe*

A: Allgemeines zum Material und zur Gestaltung

1. Verwende eine DIN-A4-Mappe (M2) sowie gelochte, karierte DIN-A4-Blätter. Sie eignen sich gut zum Zeichnen von Kartenskizzen und Schaubildern. Die Blätter kannst du längs oder quer beschreiben.
2. Nimm zum Schreiben einen Füller und zum Zeichnen einen angespitzten Bleistift. Male mit Holzfarbstiften aus.
   Verwende möglichst keinen Tintenkiller und keine Filzstifte. Male die Zeichnungen nie mit Markerstiften aus!

B: Anlage und Einteilung der Mappe

1. Lege ein Inhaltsverzeichnis (M3) mit den Hauptthemen des Schuljahres an. Ergänze die Hauptüberschriften mit den Überschriften der einzelnen Weltkundestunden.
2. Gestalte zu jeder Unterrichtseinheit ein Deckblatt (M4). Schreibe darauf das Thema der Unterrichtseinheit (Hauptüberschrift). Schmücke das Deckblatt mit Zeichnungen oder Bildern.
3. Zwischen deine Arbeitsseiten kannst du Seiten mit zusätzlichen Materialien (z. B. Arbeitsblätter, Kopien) einheften.

C: Gestalten einer Seite

1. Lass vom linken Blattrand fünf Kästchen frei, damit man nach dem Abheften alles auf dem Blatt lesen kann. Lass vom oberen und unteren Rand vier Kästchen frei. Schreibe nur in jede zweite Kästchenreihe.
2. Unterstreiche die Überschrift mit dem Lineal und schreibe das Datum an den Rand.
3. Schreibe vor die Lösungen der Aufgaben aus deinem Weltkundebuch die Seitenzahl und die Aufgabennummer.

Aufgaben

2 Lege ein Inhaltsverzeichnis zu den Themen des Schuljahres an. Schreibe alle Überschriften zu den Weltkundethemen des Jahres in der richtigen Reihenfolge auf.

3 Gestalte ein Deckblatt zur ersten Unterrichtseinheit (siehe Beispiel M4).

Projekt

Wir erkunden unsere Schule

Schau mal auf den **Grundriss**:
Sekretariat, Schulleitung, Bücherei, Werkräume, Küche, Physikraum, Computerraum, Lehrerzimmer, Musikraum – bei den vielen Räumen und Gängen kommen wir ganz schön ins Schwitzen.

Eine Rallye durch die Schule

Material: Grundriss der Schule, Schreibzeug, Fragebogen.

Durchführung: Jeweils zwei Schülerinnen und Schüler lösen die Aufgaben des Fragebogens.

Auswertung: Für jede richtige Antwort gibt es einen Punkt. Die Gruppe mit den meisten Punkten gewinnt.

Schulrallye

Aufgabe 1:
- Erkundigt euch im Sekretariat, ob es eine Liste mit den Sprechstunden der Lehrerinnen und Lehrer gibt.
- Wann hat euer Klassenlehrer oder eure Klassenlehrerin Sprechstunde?
- Wie viele Schülerinnen und Schüler sind in eurer Schule?

Aufgabe 2:
- Nennt fünf verschiedene Sachen, die ihr in der Caféteria kaufen könnt.
- Was kosten sie?
- Wie viele Tischgruppen gibt es in der Caféteria?

Aufgabe 3:
- Welche Spielgeräte gibt es auf den Pausenhöfen?

Aufgabe 4:
- Nennt die verschiedenen Werkräume der Schule.

Aufgabe 5:
- Wo findet ihr Informationen über Arbeitsgemeinschaften?
- Nennt zwei Arbeitsgemeinschaften.

Aufgabe 6:
- Wo hängt der Vertretungsplan?

Aufgabe 7:
- Wo bewahrt der Hausmeister die Fundsachen auf?
- Wo befindet sich der Kartenraum?

Aufgabe 8:
- Wie viele Computer stehen im Informatikraum?

M1 *Fragebogen für eine Schulrallye*

Fotosuchspiel
Die Lehrerin der 5a hat in der neuen Schule verschiedene Stellen fotografiert. Sie sind nicht leicht zu finden – entweder weil das Foto einen kleinen Teil groß zeigt oder weil auf die Stellen kaum jemand achtet. Nun sollen die Schülerinnen und Schüler herausfinden, wo die Fotos gemacht wurden.
Ihr könnt das Suchspiel auch selbst für andere Klassen organisieren: Fotografiert Einzelheiten an eurer Schule, stellt die Bilder aus und lasst die Stellen suchen.

M2 *Fotosuchspiel*

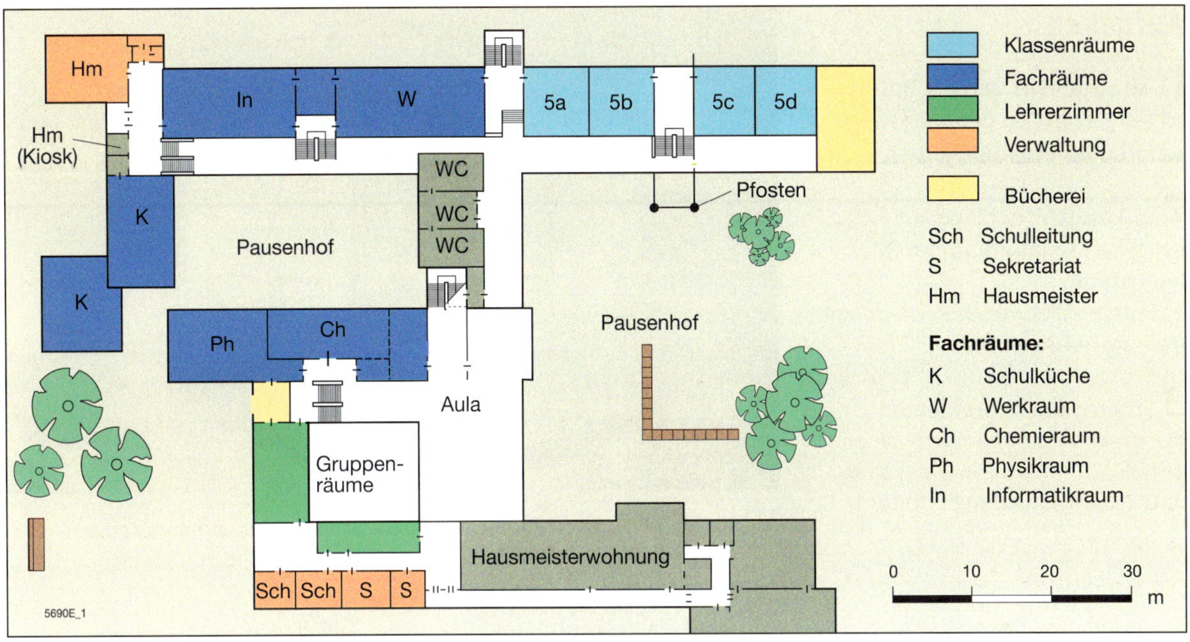

M3 *Grundriss vom Erdgeschoss einer Schule (Ausschnitt)*

M4 *Schüler beim Abmessen des Pausenhofs*

Aufgaben

1 Führt eine Schulrallye oder ein Fotosuchspiel in eurer Schule durch.

2 Erstellt ein Plakat: eine Bild-Collage zum Thema „Meine neue Schule". Klebt zunächst den Grundriss eurer Schule in die Mitte des Plakats. Klebt um den Grundriss Fotos oder Zeichnungen von der Schule und verbindet sie mit Strichen mit dem jeweiligen Aufnahmeort.

Info

Grundriss

Der Grundriss ist eine Zeichnung, die etwas von oben darstellt. Das können zum Beispiel ein Gegenstand, ein Haus oder eine ganze Stadt sein.
Du kannst auf folgende Weise sehr einfach einen Grundriss von einem Gegenstand zeichnen: Lege den Gegenstand auf ein Blatt Papier.
Umfahre ihn mit einem Stift. Wenn du dann den Gegenstand wegnimmst, hast du den Grundriss des Gegenstandes.
Den Grundriss eurer Schule könnt ihr vielleicht im Schulsekretariat erhalten.

Merke

Es gibt viele Möglichkeiten, die neue Schule zu erkunden: z. B. eine Schulrallye oder ein Fotosuchspiel.

Grundbegriff

- Grundriss

Projekt

Wir gestalten unseren Klassenraum

Aufgaben

1 Betrachtet M3 und nennt Unterschiede zwischen dem abgebildeten Klassenraum und eurem.

2 a) Macht Vorschläge zur Gestaltung eures Klassenraumes (M2). Beachtet M1.
b) Entscheidet, welche Vorschläge ihr aufgreifen wollt.

3 Sprecht über Vorteile und Nachteile einer Pflanzenecke und entscheidet, ob ihr in eurer Klasse eine einrichten wollt.

M3

„Klasse Klassenraum"

Jan überlegt, wie der schmucklose Klassenraum verschönert werden kann. Ein paar Plakate reichen einfach noch nicht. So denken alle Kinder der 5a. Also was ist zu tun? Na klar: ein Projekt für alle. Das Thema lautet: „Klasse Klassenraum". Schnell wird ein Sitzkreis gebildet und dann sprudeln die Ideen. Hierbei halten die Kinder sich an bestimmte **Regeln** (siehe auch S. 20).

Gesprächsregeln:
- Es spricht immer nur einer.
- Alle hören zu.
- Jede Äußerung ist wichtig.
- Wenn ein Kind seinen Beitrag beendet hat, erteilt es einem anderen Kind das Wort.

M1

Info

Sitzkreis
In einem Sitzkreis werden wichtige Angelegenheiten, Ideen zum Unterricht und Probleme besprochen und gemeinsam Lösungen gefunden.
Es ist notwendig, Regeln aufzustellen, damit alle im Kreis an diesen Gesprächen teilnehmen können.

M2 *Ideen zur Gestaltung des Klassenraumes*

Vorhaben: Gestaltung einer Pflanzenecke

Die Klasse 5a legt eine Pflanzenecke an. Doch bevor die Schülerinnen und Schüler Pflanzen in ihre Klasse stellen, müssen sie verschiedene Punkte beachten:

1. Pflanzen brauchen einen hellen Standort am Fenster oder in Fensternähe.
2. Manche Pflanzen mögen Sonne, manche nicht. Stellt fest, wann und wie lange die Sonne ins Klassenzimmer scheint.
3. Es gibt robuste und empfindliche Pflanzen. Für einen Klassenraum sollten robustere Pflanzen ausgewählt werden. Fragt in einer Gärtnerei oder im Blumengeschäft nach.
4. Wenn ihr geeignete Pflanzen gefunden habt, müsst ihr euch zum Beispiel in Pflanzenbüchern über die Pflege informieren.
5. Stellt zu jeder Pflanze einen Info-Stecker her und teilt einen Pflanzen-Pflegedienst ein.

M4 *Pflanzenecke der 5a*

Vorhaben: Büro für Verbraucherfragen

Die Klasse 5a achtet auf umweltbewusstes Verhalten. Sie richtet im Klassenzimmer ein Büro für Verbraucherfragen ein. Das geht sehr einfach: Ein Tisch, zwei Spieltelefone, ein Notizblock, Ordner, Stifte, ein Locher und eine Pflanze aus der Pflanzenecke sorgen für die richtige Ausstattung. Der Hintergrund wird mit einem Poster zur Abfallvermeidung dekoriert.

Eine Schülerin oder ein Schüler sitzt im „Büro“ und ist Experte für umweltbewusstes Verhalten in der Schule. Er beantwortet „telefonisch“ Anfragen aus der Klasse. Er hat sich beim Amt für Abfallwirtschaft kundig gemacht. Ein solches Amt gibt es in fast allen Städten. Dort beraten echte Experten und geben zum Beispiel Tipps zur Müllvermeidung. Auch kostenlose Broschüren sind dort erhältlich.

Aufgaben

4 Spielt die Fragen und Antworten im „Büro für Verbraucherfragen“ durch (M5).

5 Erarbeitet weitere Fragen und Antworten. Sammelt dazu Informationsmaterial und führt ein Interview mit einem Abfallexperten der Gemeinde durch.

M5

Merke
Es gibt viele Möglichkeiten, die neue Schule zu erkunden: z. B. eine Schulrallye oder ein Fotosuchspiel.

Grundbegriff
- Grundriss

Gewusst wie

Wir wählen unsere Klassensprecher

Aufgaben

1 Nenne den Ablauf der Klassensprecherwahl (M1).

2 Lies die Aussagen in M3. Schreibe die Angelegenheiten und Situationen auf:
a) in denen die Klassensprecher zuständig sind,
b) in denen sie nicht zuständig sind.

3 Notiere fünf Eigenschaften, die ein Klassensprecher unbedingt haben sollte (M4).

4 Was ist die Klassensprecherversammlung und welche Aufgaben führt sie aus (M2)?

Info

Schülervertretung (SV)
Die SV ermöglicht den Schülerinnen und Schülern, ihre Interessen an der Schule zu vertreten und das Schulleben mitzugestalten. Die wichtigste Einrichtung der SV ist die Klassensprecherversammlung.

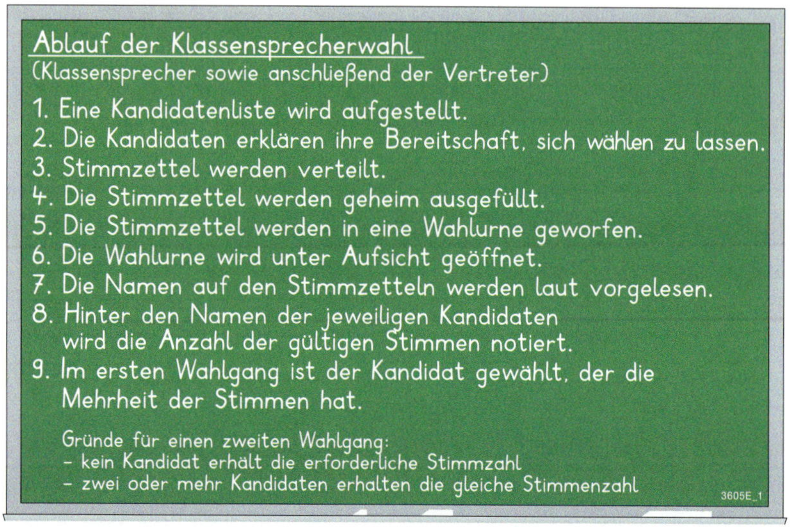

M1 *Tafelanschrieb*

Spannung vor der Wahl

Bereits drei Wochen sind im neuen Schuljahr vergangen. Jetzt ist es Zeit für die **Klassensprecherwahl**. In der 5a müssen der **Klassensprecher** oder die **Klassensprecherin** sowie deren Vertretung gewählt werden.

Im Sitzkreis spricht die Lehrerin über die bevorstehende Wahl: *„Zunächst geht es um die Aufgaben der Klassensprecher und welche Eigenschaften sie haben müssen, um dieses Amt auszuüben. Dann besprechen wir den Ablauf der Wahl.*

Die Klassensprecher sind Mitglieder in der Klassensprecherversammlung unserer Schule. Und im übrigen sind es eure Ansprechpartner.“

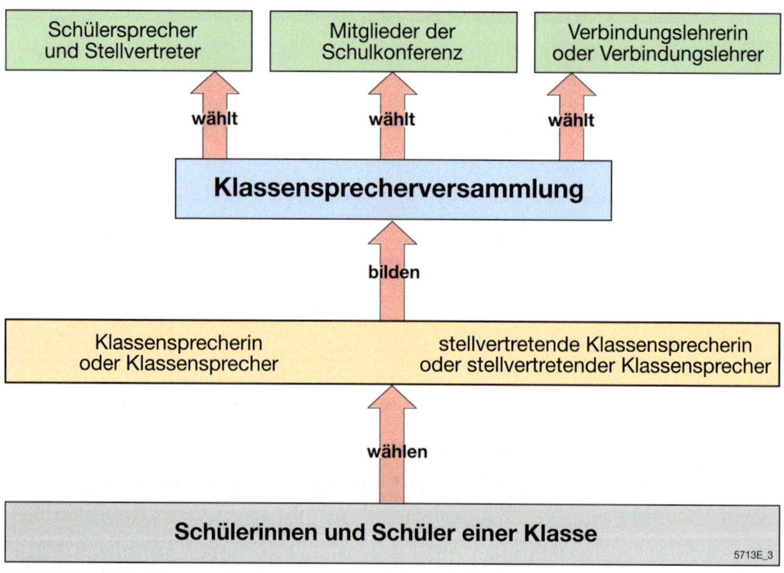

M2 *Die Schülervertretung (SV) einer Schule*

M3 *Ist die Klassensprecherin bzw. der Klassensprecher zuständig oder nicht?*

Wird Maria Klassensprecherin in der 5a?

Susanne hält ihre Freundin Maria für die einzig mögliche Klassensprecherin. Also schlägt sie Maria vor. Doch Peter ist ganz anderer Meinung. Er schlägt Sigi vor. Beide sind bereit, zu kandidieren. Die Wahl wird also spannend.

Aufgaben: Der Klassensprecher vertritt die Klasse nach außen, z.B. in der Klassensprecherversammlung.

In der Klasse:
- informiert er über Regelungen an der Schule, die die Klasse betreffen, z.B. Benutzung der Sporthalle;
- gibt Wünsche und Anregungen der Schüler weiter, z.B. Verschönerung des Pausenhofes;
- kann, wenn es jemand wünscht, zwischen Lehrern und Schülern vermitteln, z.B. Uneinigkeit bei der Wahl des Ausflugszieles;
- hilft der Klasse oder einem Schüler beim Vorbringen einer Beschwerde, z.B. ein Schüler fühlt sich zu Unrecht bestraft.

Eigenschaften: redegewandt, fair, auf Ausgleich bedacht, mutig, aber nicht vorlaut, einfühlsam, Verantwortung übernehmend, aber sich nicht in den Vordergrund drängelnd.

4348E_2

M4 *Aufgaben und Eigenschaften der Klassensprecher*

Merke
Die Klassensprecherwahl wird geheim durchgeführt. Die Klassensprecher vertreten die Interessen der Schülerinnen und Schüler ihrer Klasse.

Grundbegriffe
- Klassensprecherversammlung
- Klassensprecherwahl
- Klassensprecher / Klassensprecherin

Wir regeln unser Zusammensein

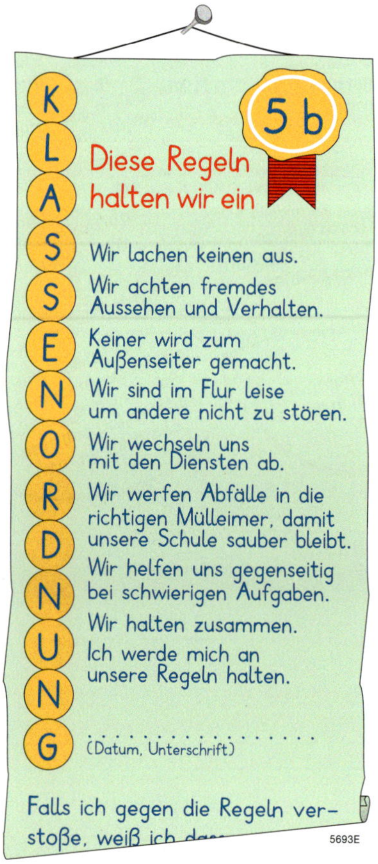

M1 *Beispiel einer Klassenordnung*

M3 *Diskussion in der Klasse*

Wir geben uns eine Klassenordnung

In den ersten Wochen nach Schuljahresbeginn ist in der Klasse 5b einiges los. Roland schießt in den Pausen regelmäßig mit einer Schleuder Papierkügelchen in die Klasse. Und nun haben auch Denis und Andrea eine Schleuder mitgebracht.

Frau Ehrhardt, die Klassenlehrerin, hat dies erfahren. Sie bespricht die Situation im Sitzkreis. Die Schülerinnen und Schüler stimmen ihr zu, dass es so nicht weitergehen kann. Die Klasse beschließt eine **Klassenordnung**. Sie besteht aus Regeln, die jeder zu beachten hat. Und es werden Strafen festgelegt, falls jemand dagegen verstößt. Die Klasse entwirft auch ein Dienstplakat. Es enthält die **Klassendienste** und zeigt an, wer für die einzelnen Dienste zuständig ist. Beide Plakate werden in der Klasse aufgehängt.

M2 *Plakat für Klassendienste*

- Wählt für jeden Dienst in eurer Klasse ein Zeichen aus. Es soll die Aufgaben des Dienstes verdeutlichen.
- Malt ein Plakat mit den Zeichen.
- Jeder schreibt seinen Namen auf eine Wäscheklammer aus Holz.
- Die Wäscheklammern werden für den jeweiligen Dienst an das Plakat geklammert.
- Jeder kann jetzt gut erkennen, wer für den Dienst zuständig ist.

Kannst du dich an Regeln halten?

1. Ich nehme Rücksicht auf andere. ☐
2. Ich nehme anderen im Unterricht nichts weg. ☐
3. Ich lache andere nicht aus, wenn sie einen Fehler machen. ☐
4. Ich übernehme ohne Murren den Ordnungsdienst. ☐
5. Ich falle anderen nicht ins Wort. ☐
6. Ich lenke andere nicht vom Unterricht ab. ☐
7. Ich benehme mich gut. ☐
8. Ich bin nicht frech und unhöflich zu anderen. ☐
9. Ich helfe anderen bei Schwierigkeiten. ☐
10. Ich verpetze niemanden. ☐
11. Ich achte fremdes Aussehen und Verhalten. ☐
12. Ich erledige meine Aufgaben ordentlich. ☐
13. Ich gebe nicht an mit Spielsachen oder tollen Klamotten. ☐
14. Ich bin bereit, anderen zuzuhören. ☐
15. Ich will mich nicht streiten oder einen Streit anstacheln. ☐
16. Ich werde Schwächere nicht hänseln. ☐
17. Ich gehe mit allen Sachen im Klassenraum sorgsam um. ☐

1 Fällt mir leicht 2 Fällt mir schwer 3 Muss ich noch lernen

M4 *Teste dich selbst!*

Aufgaben

1 Was sind Regeln und wozu braucht man sie?

2 Entwerft eine Klassenordnung für eure Klasse.

3 a) Welche Klassendienste sind in eurer Klasse notwendig? Erstellt eine Liste.
b) Gestaltet ein Plakat für die Klassendienste (M2).

4 a) Teste dich selbst (M4)!
b) Erstelle eine Liste mit den Punkten, die du noch lernen musst.

Info

Regeln

Menschen brauchen Regeln, damit das Leben in der Familie, im Freundeskreis, im Alltag und in der Schule klappt. Aber auch Spielregeln, zum Beispiel beim Sport, sind notwendig.
Eine Regel ist eine Vorschrift, an die sich jeder halten muss. Wer dagegen verstößt, wird bestraft und notfalls ausgeschlossen. Er erhält die „rote Karte". In der Schule regelt die Hausordnung das Zusammenleben. In der Klasse gibt es eine Klassenordnung.

Merke

Die Klassenordnung regelt das Zusammenleben in der Klasse. Jeder ist verpflichtet, die Klassenordnung einzuhalten.

Grundbegriffe

- Klassenordnung
- Klassendienst

Wir schlichten einen Streit

Der Tintenklecks

oder

Wie Artjom und Fritz aus einer Mücke einen Elefanten machen

Heute in der Weltkunde-Stunde öffnet Artjom sein neues Heft: kariert mit Rand, erste Seite. Sorgfältig zeichnet er eine Kartenskizze in sein Heft. Hierbei gibt er sich große Mühe. Sein Nachbar Fritz schraubt gelangweilt seinen Füller auf. Er nimmt die Patrone raus und schaut nach, ob noch genügend Tinte vorhanden ist. Dabei rutscht ihm die Patrone aus der Hand und - ihr ahnt es schon - sie landet auf Artjoms schöner erster Heftseite. Ein hässlicher Klecks verunstaltet seinen Hefteintrag. Artjom ist wütend und schreit Fitz an: „Du blöder Kerl!" und rammt ihm seinen Ellenbogen in die Rippen. Dies lässt sich Fritz nicht gefallen. Er schlägt Artjom ins Gesicht. Seine Lippe blutet. Jetzt greift der Lehrer, Herr Wolf, ein.

M1 *Ein ganz normaler Streit*

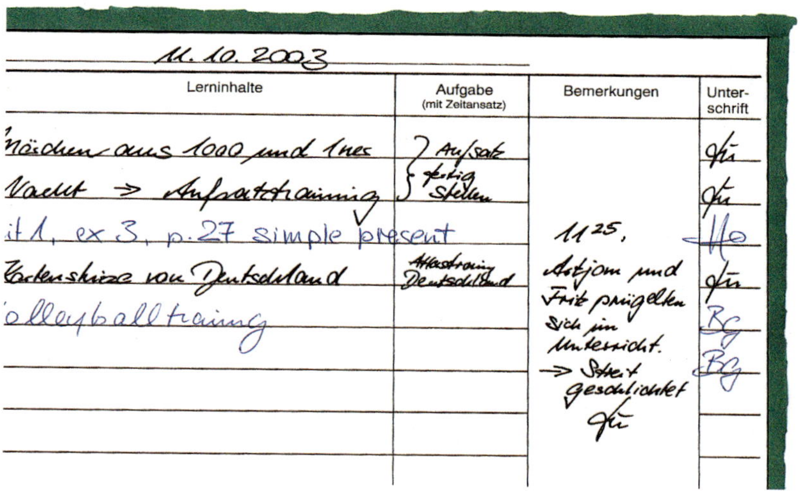

M2 *Ergebnis des Streits*

Aufgaben

1 Schreibe die Geschichte zum „Tintenklecks-Streit" (M1, M2) zu Ende.

2 a) Spielt die Geschichte „Der Tintenklecks" mit drei Personen nach (Artjom, Fritz, Streitschlichter):
Erste Situation: Der Streit beginnt (M1).
Zweite Situation: Der Streit verschlimmert sich (auf dem Pausenhof).
Dritte Situation: Der Streit wird mit einer Streitschlichterin gelöst (M3, M4).
b) Spielt die Geschichte mit unterschiedlichen Lösungen und besprecht diese gemeinsam in der Klasse.

3 Schreibe die Geschichte „Ohne Worte" (M5) auf. Verwende auch die Aussagen von M4.

Streit schlichten – eine Lösung mit Gewinnern

So wie Fritz und Artjom streiten sich Schulkinder immer wieder. Oft reicht ein kleiner Anlass und eine Prügelei entsteht. Freundschaften zerbrechen. Es muss jedoch bei einem **Konflikt** nicht zwangsläufig Verlierer und Gewinner geben. Es gibt eine Möglichkeit, den Streit beizulegen: die Streitschlichtung. Die **Streitschlichtung** ist eine „Gewinnerlösung". Der Streit wird so geschlichtet, dass beide Konfliktparteien mit der Lösung zufrieden sein können und wieder normal miteinander umgehen.

Die Lösung eines Streits

1. Streitschlichterin oder Streitschlichter aussuchen
Die Schülerinnen und Schüler, die an dem Streit beteiligt sind, suchen eine Streitschlichterin oder einen Streitschlichter aus.

2. Standpunkte vortragen
Jeder hat das Recht, seine Sicht über den Streit vorzutragen. Die Streitschlichterin oder der Streitschlichter sorgt dafür, dass jeder über die Gründe, Gefühle und seinen Anteil am Streit sprechen kann.

3. Lösungen suchen
Die Beteiligten machen Vorschläge zur Lösung des Streits. Die Ideen werden gesammelt und besprochen. Es wird ein geeigneter Vorschlag ausgewählt.

4. Lösungsvorschlag umsetzen und einhalten
Der Lösungsvorschlag wird in die Tat umgesetzt. Beide Parteien verpflichten sich die Vereinbarungen einzuhalten.

M3 *Streitschlichtung*

1 *Das Problem sofort ansprechen*
Nicht zu lange warten, wenn sich ungute Gefühle aufstauen.

2 *In der Ich-Form sprechen*
Je mehr ich von meinen Gefühlen und Empfindungen spreche, umso besser lernt mich mein Gegenüber kennen und verstehen.

3 *Nicht unterbrechen*
Ich lasse mein Gegenüber ausreden und höre zu. Ich versuche die Interessen, Bedürfnisse, Gefühle meines Gegenübers herauszuhören.

4 *Die betreffende Person ansprechen*
Wenn ich etwas mitteilen will, schaue ich die betreffende Person direkt an und spreche sie an.

5 *Eine gemeinsame Sicht finden*
Worum geht es bei dem Streit? Wo sehe ich die Ursachen?

6 *Beim Thema bleiben*
Ich selbst bleibe beim Thema. Ich lasse auch nicht zu, dass mein Gegenüber von einem Thema zum anderen springt.

7 *Beschuldigungen vermeiden*
Gegenseitige Vorwürfe helfen nicht weiter. Sie verhärten die Fronten.

M4 *Sieben Regeln für erfolgreiches Streiten*

M5 *Ohne Worte*

Merke
Die Streitschlichtung ist der beste Weg, einen Streit friedlich zu beenden. So gibt es am Ende keinen Verlierer.

Grundbegriffe
- Konflikt
- Streitschlichtung

Schule in anderen Ländern

M1 *Lage von Burkina Faso und Ghana*

M3 *Unterricht in einer Dorfschule in Burkina Faso*

Schule in Burkina Faso

Kinder einer Dorfschule in Burkina Faso sitzen auf roh gezimmerten Bänken. Strohmatten spenden Schatten. Viele Schüler haben weder Bücher noch Hefte. Allein dadurch, dass sie Unterricht bekommen, sind sie begünstigt. Denn in Afrika südlich der Sahara können von 100 Menschen fast 40 weder lesen noch schreiben. In vielen Dörfern gibt es gar keine Schulen. Von drei Kindern kann nur eines die Grundschule abschließen. Meist wird der Unterricht nach europäischem Vorbild abgehalten. Daher verstehen die Kinder vieles nicht. Außerdem können sich viele Familien die Ausgaben für das Schulgeld, für Hefte und Bücher sowie den Ausfall der Arbeitskraft ihrer Kinder nicht leisten. Können die Eltern das Schulgeld für mehrere Kinder nicht mehr aufbringen, bleiben als Erstes die Mädchen „auf der Strecke". Lehrer sind schlecht ausgebildet und bezahlt. Weil es so wenig Schulen gibt, sind die Wege weit. Und am Ende haben die Schüler oft keine Aussicht für die Zukunft. Es gibt kaum eine weiterführende berufliche Ausbildung.

Aufgaben

1 a) Beschreibe den Schulalltag in Burkina Faso und China.
b) Vergleich mit deiner Situation (Was ist ähnlich, was ist anders, was gefällt dir gut, was weniger?).

2 Erkläre den Satz: „Wer hier einen Platz findet, hat Glück gehabt."

M2 *Schülerinnen der Annemarie International School in Accra, Ghana zeigen ihre Batik-Arbeiten*

Quelle 1

Lesen, Schreiben, Nähen, Färben

Die „Annnemarie International School" in einem Vorort von Accra, der Hauptstadt des afrikanischen Staates Ghana, wird von etwa 550 Schülerinnen und Schülern besucht. Sie verteilen sich auf 15 Klassen. Wer hier einen Platz findet, hat Glück gehabt. Neben Lesen, Schreiben und Rechnen können die älteren Schüler auch gleich einen Beruf lernen: Nähen, Färben, Schreibmaschineschreiben und eine erste Einführung in Buchhaltung stehen auf dem Stundenplan. Die ersten Schüler haben bereits kleine Geschäfte auf den Märkten in Accra eröffnet.

(Nach: Ruth Hilbert, in: Stern 45/2003, Seite 88–89)

M4 *Unterricht in einer Schule in Peking*

M5 *Lage von China*

Quelle 2

Schule in China

In China kommen die Kinder im Alter von sieben Jahren in die Schule. Dann besuchen sie sechs Jahre lang die Grundschule. Danach gehen sie drei Jahre auf die Mittelschule. Wenn sie dort die Abschlussprüfung bestanden haben, können sie noch die Oberstufe der Mittelschule besuchen. Wer an einer Universität studieren will, muss eine staatliche Aufnahmeprüfung bestehen.

(Nach: Katja Meuß. In: Einsichten und Perspektiven, 02/2007

Aufgabe

3 Schreibe die Vorteile und Nachteile des chinesischen Schulsystems auf.

Eine ganz normaler Schultag?

Liu Li, 16, steigt morgens um halb sieben auf ihr Fahrrad. Sie fährt in die Mittelschule Nr. 2 im Oststadt-Bezirk. Heute stehen auf ihrem Stundenplan Englisch, Chemie, Geschichte und Computerlehre. Ab 16 Uhr besucht sie noch einen Kurs für Modedesign. Gegen 18 Uhr radelt sie nach Haus. Nach dem Abendessen macht sie Hausaufgaben.

Wie Liu geht es Millionen chinesischer Kinder. Staat und Eltern stellen harte Anforderungen an die Schulkinder. Sie müssen bis tief in die Nacht lernen. Knapp die Hälfte aller Schüler schläft zu wenig. Schule in China setzt immer noch auf die alten asiatischen Tugenden wie Gehorsam, Fleiß und stures Auswendiglernen von Texten und Zahlen. Dabei besteht die Gefahr, dass den Schülerinnen und Schülern später wichtige Fähigkeiten im Umgang mit Anderen und praktische Erfahrungen fehlen.

Der chinesische Ministerpräsident hat erklärt, dass in China die Schüler aus armen Familien ab 2007 von den Gebühren für die Lehrbücher und den Unkosten befreit werden, damit alle Kinder aus armen Familien die Schule besuchen und die allgemeine Schulpflicht erfüllen können.

Merke

In Burkina Faso sind viele Schulen schlecht ausgestattet. Die Kinder haben oft keine Hefte und Bücher. Viele Kinder besuchen gar keine Schule.
In China beträgt die Schulpflicht neun Jahre. Die Kinder stehen unter einem starken Leistungsdruck.

Schule früher

M1 *In einer Schule um 1900*

Also lautet ein Beschluss, dass der Mensch was lernen muss. Nicht allein das A-B-C bringt den Menschen in die Höh'; nicht allein in Schreiben, Lesen übt sich ein vernünftig Wesen; nicht allein in Rechnungssachen soll der Mensch sich Mühe machen, sondern auch der Weisheit Lehren muss man mit Vergnügen hören. Dass dies mit Verstand geschah, war Herr Lehrer Lämpel da.

M2 *Aus „Max und Moritz" von Wilhelm Busch, 1925*

Tafel, Griffel, Rutenstock

Fünf Minuten vor Beginn des Schulunterrichts müssen die Lehrer, welche die erste Stunde zu halten haben, im Schulzimmer sein, um die Kinder zu überwachen und allen Ausschreitungen derselben vorzubeugen. Besonders haben sie darauf zu achten:

a) dass die Kinder sich sofort und still an ihren Platz begeben, die Bücher auf das Brett unter der Schulbank legen und sich ruhig verhalten;
b) dass die Kinder Gesicht, Ohren, Hals und Hände rein gewaschen und die Haare glatt gekämmt haben;
c) dass alle Schüler anständig, gerade, mit dem Rücken angelehnt und in Reihen hintereinander sitzen;
d) dass jedes Kind seine Hände gefaltet auf die Schulbank legt, damit alle Neckereien und Spielereien auf der Bank, alle ungehörigen und unsittlichen Beschäftigungen unter derselben unmöglich gemacht werden;
e) dass die Füße parallel nebeneinander auf den Boden gestellt werden, damit das Übereinanderschlagen der Beine und das Hinundherscharren der Füße nicht stattfinden können;
f) dass sämtliche Schüler dem Lehrer fest ins Auge schauen, weil demzufolge alles Sprechen, Plaudern, Lachen, Flüstern, Hinundherrücken, Essen etc. nicht vorkommen können. Bevor nicht aller Blicke auf den Lehrer gerichtet sind, beginnt der Lehrer seinen Unterricht nicht.

M3 *Aus einer Schulordnung um 1900*

M4 *Wir spielen „Schule früher“*

M6 *Schreibgeräte*

Die Entwicklung der Schrift und der Schreibgeräte

Das erste Schreibinstrument war wahrscheinlich der Zeigefinger. Mit Pflanzensaft und Tierblut haben die Menschen Zeichnungen angefertigt. Unsere heutige Schrift geht auf die lateinische Schrift der Römer zurück. Sie wurde vor etwa 2000 Jahren entwickelt. Im Mittelalter (500 – 1500) wurde viel auf Pergament (tierische Haut) geschrieben. Als Schreibwerkzeug dienten ein Stift aus Gänsefedern (Gänsekiel) und Tinte. Um 1900 schrieben die Schulkinder zuerst mit einem Griffel auf der Schiefertafel, später mit einer Stahlfeder auf Papier. 1883 wurde der erste Füllfederhalter („Füller“) entwickelt.

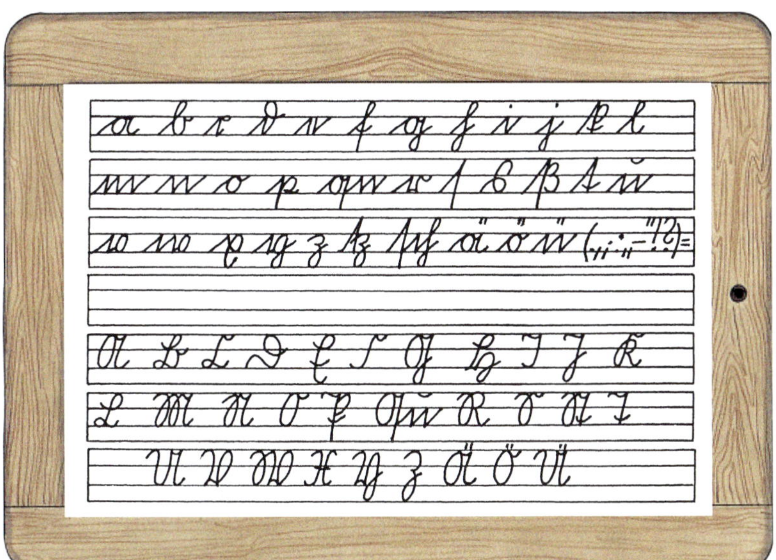

M5 *Die Buchstaben der Deutschen Schrift (auch „Sütterlin“ genannt), ca. 1900 – 1950*

Aufgaben

1 Lies das Gedicht von Wilhelm Busch (M2).
a) Schreibe auf, was Kinder in der Schule lernen sollen.
b) Lernt das Gedicht auswendig. Wer trägt es am besten vor?

2 Vergleicht eure Schulordnung mit der Schulordnung von 1900 (M3).

3 Spielt „Schule früher“. Denkt an Sitzordnung, Regeln, Kleidung und Schulmaterialien (M6).

4 Schreibe deinen Namen und deine Adresse in „Deutscher Schrift“ (M5). Du kannst auch wie früher auf einer Schiefertafel mit Griffel oder mit einer Stahlfeder und Tinte auf Papier schreiben.

Merke
Schiefertafel und Griffel waren die Schreibgeräte in der Schule um 1900. Die Schulordnung war sehr streng.

Alles klar?

Lebensraum Schule

Sensation: Wunschmaschine für perfekte Mitschülerinnen und Mitschüler!

1. Welche Eigenschaften müssten deine Mitschüler unbedingt haben, damit die Klassengemeinschaft gut funktioniert? Suche dir der Reihenfolge nach die wichtigsten heraus.

2. Bilde aus den Wortteilen sechs Wörter und ordne sie den Abbildungen A–F zu.

A

B

C

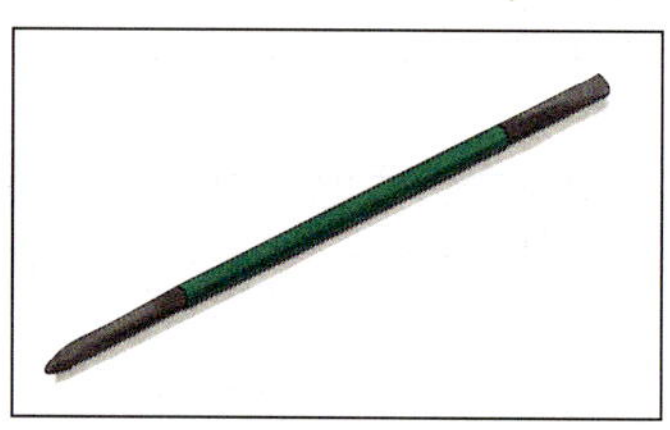

D

E

F

3. Denke dir passende Sätze aus.

M ittags gehe ich ...
E nglisch ist ...
I n der Pause ...
N ...
E ...

K ...
L ...
A ...
S ...
S ...
E ...

Weltkunde – unser neues Unterrichtsfach

Weltkunde (Wk) ist ein neues Unterrichtsfach. Es verbindet die Fächer Erdkunde (Raum), Geschichte (Zeit) und Wirtschaft/Politik (Mensch/Gesellschaft) miteinander. Weltkunde verdeutlicht die Zusammenhänge und Abhängigkeiten, in denen wir leben.

Projekt: Wir erkunden unsere Schule und gestalten unseren Klassenraum

Eine Rallye durch die Schule oder ein Fotosuchspiel helfen, sich in der neuen Schule zu orientieren. Ein Interview informiert über die Menschen, die in der Schule arbeiten.

Ein Gespräch über die Gestaltung des Klassenraums im Sitzkreis klärt die Bedürfnisse und Vorstellungen der Schülerinnen und Schüler. Eine Pflanzenecke sieht nicht nur schön aus, sondern verbessert auch die Luft im Klassenzimmer. Ein von der Klasse organisierter Pflegedienst kümmert sich um die regelmäßige Pflege.

Gewusst wie: Wir wählen unsere Klassensprecher

Die Klassensprecherin oder der Klassensprecher vertritt die Interessen der Klasse im Rahmen der Schülervertretung (SV).

Wir regeln unser Zusammensein und schlichten einen Streit

Das Zusammenleben der Klasse erzeugt gelegentlich Konflikte. Daher ist es wichtig, eine Klassenordnung zu erstellen, an die sich alle Schülerinnen und Schüler halten müssen.

Kommt es zu Auseinandersetzungen, hilft ein Streitgespräch. Die Arbeit eines Streitschlichters kann helfen. Streitschlichtung ist der beste Weg, einen Streit friedlich zu beenden. Bei dieser Form der Konfliktlösung gibt es am Ende keinen Verlierer.

Schule in anderen Ländern

In anderen Ländern wie Burkina Faso sind die Schulen oft sehr schlecht ausgestattet. Die Kinder haben teilweise keine Hefte und Bücher. Viele Kinder besuchen gar keine Schule. In China hingegen wird die Schulpflicht sehr ernst genommen. Die Kinder stehen unter einem starken Leistungsdruck.

Zeitsprung: Schule früher

Schiefertafel und Schreibgriffel gehörten zur Ausstattung der Schülerinnen und Schüler um 1900. Die Schulordnung war sehr streng.

Grundbegriffe

- Grundriss
- Regel
- Klassensprecherwahl
- Klassensprecher/Klassensprecherin
- Klassenordnung
- Klassendienst
- Konflikt
- Streitschlichtung

Color Line

Orientieren – nicht verlaufen

Vom Luftbild zur Karte

Die Sache mit dem Kompass

Einen Stadtplan lesen

Mit dem Maßstab umgehen

Eine physische Karte lesen

Mit dem Atlas arbeiten

Klimadiagramme lesen

Klimadiagramme zeichnen

M1 *Kiel aus der Luft*

Vom Luftbild zur Karte

M1 *Senkrechtluftbild von Kiel*

Kiel aus der Luft

Von einem Flugzeug aus kann man die Landschaft fotografieren. Es gibt **Schrägluftbilder** (siehe S. 30/31, M1) und **Senkrechtluftbilder** (M1). Nach einem Senkrechtluftbild kann ein Zeichner eine **Karte** zeichnen wie M3.

M3 ist eine besondere Karte: ein Stadtplan. Der Kartenzeichner lässt Einzelheiten wie Bäume und genaue Hausformen weg. Dafür trägt er die Namen von Straßen und besonderen Gebäuden ein. Bestimmte Gebäude wie zum Beispiel Kirchen erhalten ein Kreuz als Kennzeichen. Wichtige Straßen zeichnet er besonders breit und in einer anderen Farbe. So ist die Karte gut zu lesen.

Die Bedeutung der Farben und Zeichen wird in der **Legende** erklärt. Die Karte von Kiel (M3) zeigt den gleichen Ausschnitt wie das Senkrechtluftbild (M1).

M2 *Die Lage von Kiel*

Info

Legende

Die Legende ist die Zeichenerklärung in einer Karte. Alle Farben und Zeichen, die in der Karte benutzt werden, sind hier erklärt.
Jede Karte hat eine eigene Legende. Um eine Karte richtig „lesen" zu können, musst du vorher die Bedeutung der Farben und Zeichen lernen.

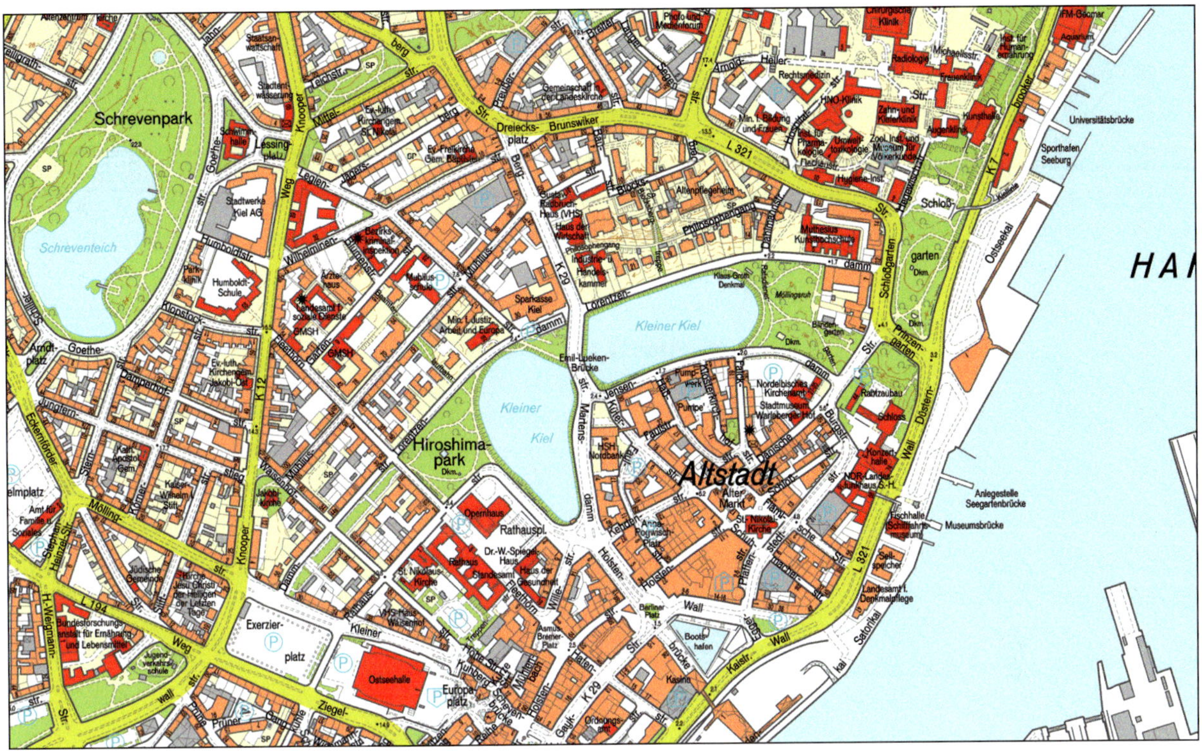

M3 *Karte (Stadtplanausschnitt) von Kiel*

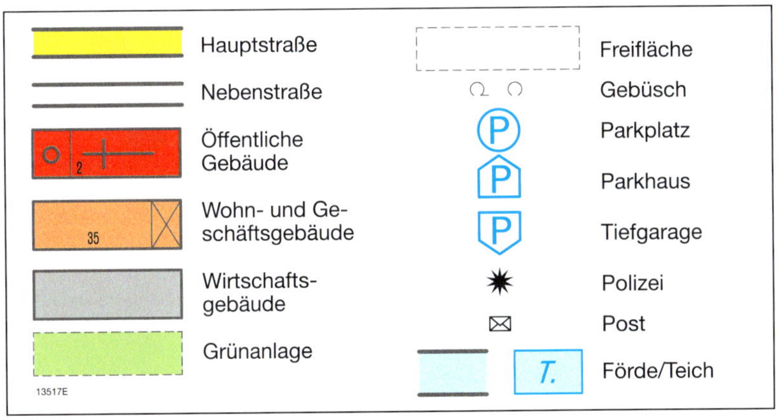

M4 *Legende zur Karte M3*

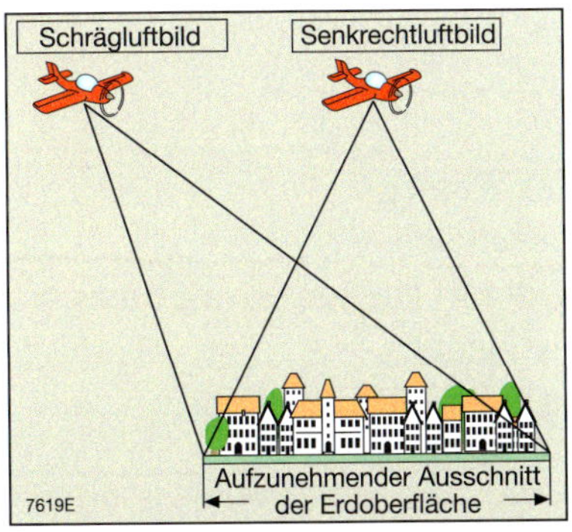

◁ **M5** *Luftbildaufnahmen*

Aufgabe

1 Nenne Gemeinsamkeiten und Unterschiede
a) von Schrägluftbild (S. 30/31, M1) und Senkrechtluftbild (M1);
b) von Senkrechtluftbild (M1) und Karte (M3).

Merke
Aus einem Senkrechtluftbild kann man eine Karte zeichnen. Die Karte ist leichter zu lesen. Sie ist vereinfacht. Sie enthält Namen, Zeichen und Farben. Diese werden in der Legende erklärt.

Grundbegriffe
- Schrägluftbild
- Senkrechtluftbild
- Karte
- Legende

Die Sache mit dem Kompass

M1 *Kompass mit Windrose*

Stimmt die Richtung?

Orientieren heißt sich zurechtfinden. Hierbei helfen dir Karten. Sie zeigen dir zum Beispiel, wo Berge, Straßen und Flüsse sind. Sie helfen dir auch, wenn du draußen bist, den Weg zu finden. In der Regel ist am oberen Kartenrand Norden. Dazu musst du aber wissen, wo welche **Himmelsrichtung** ist, und den Plan nach den Himmelsrichtungen ausrichten.

Wozu dient ein Kompass?

Wenn du einen **Kompass** hast, kannst du die Himmelsrichtungen feststellen. Die Kompassnadel ist magnetisch und richtet sich in Nord-Süd-Richtung aus, da die Erde selbst wie ein riesiger Magnet wirkt. Die markierte Spitze der Kompassnadel zeigt nach Norden.

In den Kompass wurde eine **Windrose** gezeichnet. Darauf sind die Himmelsrichtungen mit ihren Abkürzungen eingetragen.

Drehe den Kompass so lange, bis die Spitze der Kompassnadel auf den Buchstaben N für Norden zeigt.

Aufgabe

1 Musst du den Kompass in M1 nach links oder nach rechts drehen, damit du die Himmelsrichtungen richtig bestimmen kannst?

Ptolemäus war ein griechischer Wissenschaftler. Er lebte vor etwa 2000 Jahren. Er zeichnete alle seine Karten so, dass Norden am oberen Kartenrand lag. Das ist bei den meisten Karten heute noch so.

M2 *Himmelsrichtungen auf der Karte*

Wir bauen einen Kompass

Material:
Ein Magnet, eine große Nähnadel, eine Korkscheibe, eine Suppenteller.

Bauanleitung:
1. Fülle den Suppenteller mit Wasser.
2. Lege in die Mitte die Korkscheibe.
3. Streiche mit einem Ende des Magneten etwa 50 mal in einer Richtung über die Nadel.
4. Lege die Nadel vorsichtig auf die Korkscheibe.
5. Beobachte, was passiert.

Wie kommen wir ohne Kompass zurecht?

Hast du keinen Kompass und es scheint die Sonne, kannst du die Himmelsrichtungen auch am Stand der Sonne erkennen:
Süden liegt dort, wo die Sonne am Mittag steht.
Die Himmelsrichtung Norden liegt in genau entgegengesetzter Richtung.

Wenn wir nach Norden blicken, ist Westen links und Osten rechts. Mit einer Armbanduhr kannst du die Himmelsrichtungen genauer bestimmen:

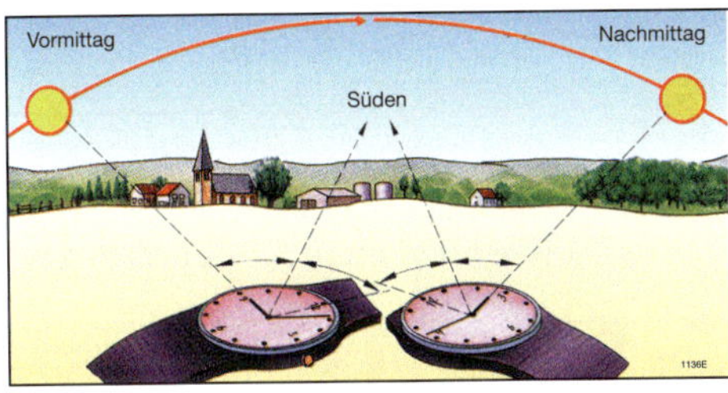

Schau von oben auf die Uhr. Dreh die Uhr so, dass der Stundenzeiger auf die Sonne zeigt. Süden liegt auf der Mitte zwischen dem Stundenzeiger und der Zwölf.

Bei bedecktem Himmel gibt es andere Hinweise zur Bestimmung der Himmelsrichtungen:

- Alte Kirchen sind zumeist von Ost nach West erbaut. Der Altar liegt im Osten. Die Türme sind im Westen.
- Auf Dächern, Zäunen und Hängen taut der Schnee zuerst auf der Südseite.
- An Baumstämmen ist die westliche Seite häufig mit Moos bewachsen, da die Niederschläge meistens aus Westen kommen.
- Bei uns weht der Wind oft aus Westen. Die Kronen frei stehender Bäume neigen sich daher nach Osten.

M3 *Frei stehender Baum*

Im Osten geht die Sonne auf,
im Süden steigt sie hoch hinauf,
im Westen wird sie untergehen,
im Norden ist sie nie zu sehen.

M4 *Merkvers*

Aufgaben

2 a) Ordne dem Bild M3 mit dem Baum zwei Himmelsrichtungen zu.
b) Begründe.

3 Schreibe drei Möglichkeiten auf, dich im Gelände zu orientieren, wenn du keinen Kompass hast.

4 In welche Himmelsrichtungen zeigen die roten Pfeile a)–i)?

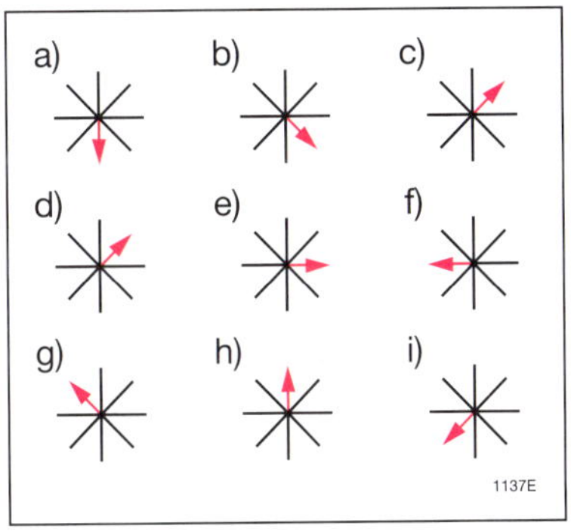

Merke
Ein Kompass ist ein Instrument zur Bestimmung der Himmelsrichtungen. Die Kompassnadel zeigt immer nach Norden. Himmelsrichtungen lassen sich auch mit Hilfe der Sonne bestimmen.

Grundbegriffe
- Himmelsrichtung
- Kompass
- Windrose

Einen Stadtplan lesen

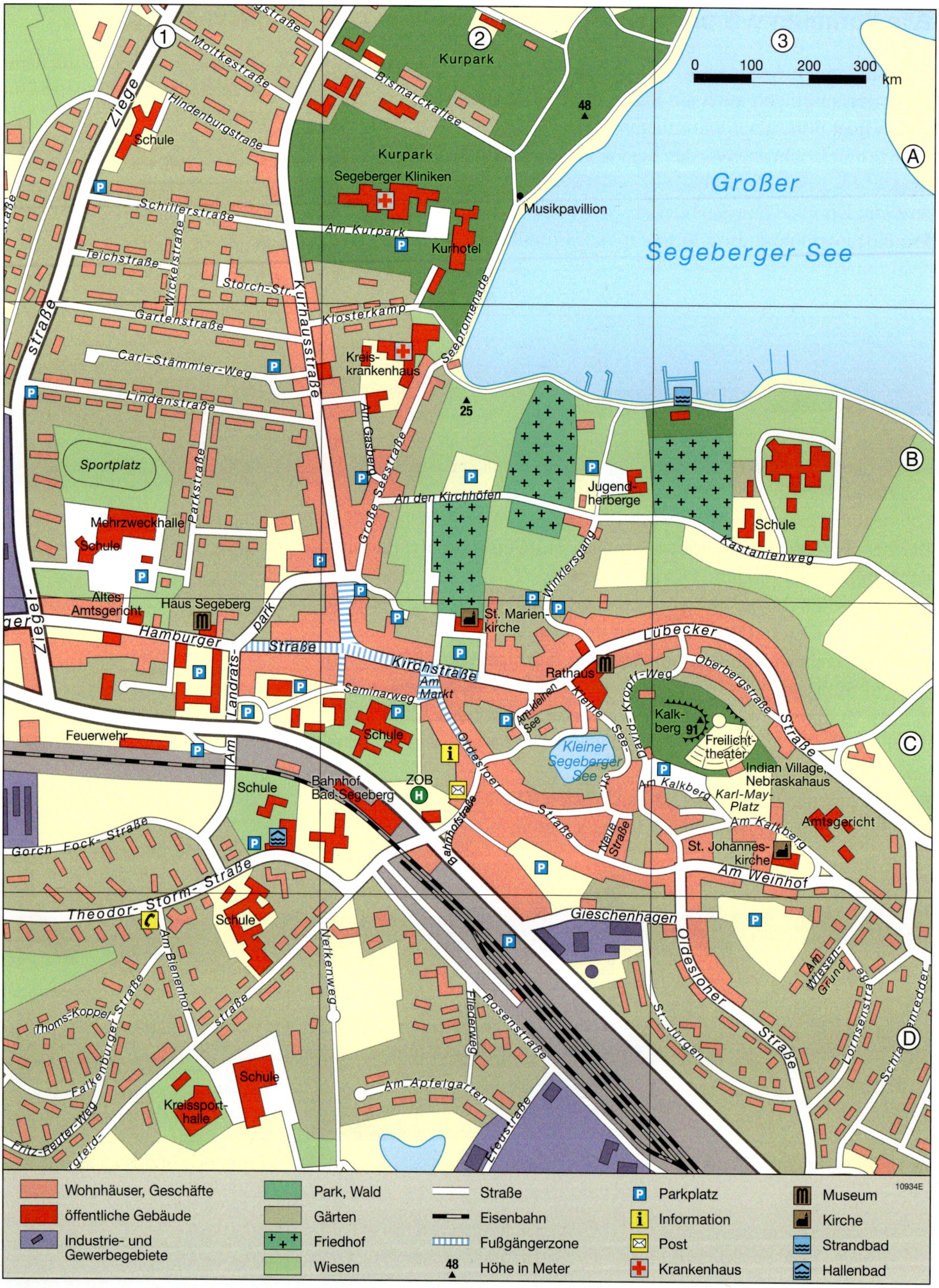

M1 *Stadtplan von Bad Segeberg*

Arbeit mit dem Stadtplan

Anne hat sich in Bad Segeberg verlaufen. Weil sie aber einen **Stadtplan** dabei hat und ihn lesen kann, findet sie zum Bahnhof zurück. Dort warten ihre Freundinnen auf sie.

M2

Info

Gitternetz
Über eine Karte (hier: den Stadtplan) ist ein Gitternetz gelegt. Das sind die schwarzen Linien. Die Linien bilden Rechtecke. Sie heißen **Planquadrate**. Oben am Kartenrand stehen Zahlen (1–3), rechts Buchstaben (A–D). So lassen sich die Planquadrate bezeichnen. Das Planquadrat unten rechts heißt zum Beispiel D3.

	A	B	C	D	E	F	G
1							
2						F2	
3							
4							
5							
6							
7							

◁ **M3** *Planquadrate*

Info

Register
Ein **Register** ist die Liste aller Namen in einer Karte (hier: Stadtplan). Diese Namen sind alphabetisch abgedruckt. Zusätzlich ist bei jedem Namen das Planquadrat angegeben, zum Beispiel Moltkestraße (A1).

Aufgaben

1 a) Suche den Standort von Anne in M1 mithilfe von M2.
In welchem Planquadrat ist er?
b) In welcher Himmelsrichtung liegt der Bahnhof?

2 In welchem Planquadrat liegen:
a) das Freilichttheater,
c) die Kreissporthalle?

3 Hilf Anne, den Weg zum Rathaus zu finden: Beschreibe den Weg mithilfe der Straßennamen (M1).

4 Der Bahnhof mit dem ZOB in M1 liegt im Planquadrat … . Ergänze.

Merke
Ein Stadtplan ist die Karte einer Stadt. Er enthält ein Gitternetz und ein Register.

Grundbegriffe
- Stadtplan
- Planquadrat
- Register

Gewusst wie

Mit dem Maßstab umgehen

Ein Rechenbeispiel:

Die Karte (M5) hat den Maßstab 1 : 850 000 (man spricht: „eins zu achthundertfünfzigtausend“). Alles ist 850 000-mal kleiner als in der Wirklichkeit. 1 cm auf der Karte sind 850 000 cm in der Wirklichkeit.
850 000 cm = 8500 m = 8,5 Kilometer.
1 cm auf der Karte sind also 8,5 Kilometer in der Wirklichkeit.
Die Entfernung zwischen zwei Punkten auf dieser Karte beträgt 5 cm.
5 · 8,5 km = 42,5 km
Die Entfernung beträgt in der Wirklichkeit also 42,5 km.

Der Maßstab – ein Maß für die Verkleinerung

Fabian hat seinen Fahrradschlüssel verloren. Dann entdeckt er ihn neben dem Eingang zur Schule hinter einem Baum. In M1 ist der Schlüssel so groß wie in Wirklichkeit. Das Bild hat den **Maßstab** 1 : 1 (man spricht: „eins zu eins“).

In M2 ist der Schlüssel 10-mal kleiner. Das Bild hat den Maßstab 1 : 10 (man spricht: „eins zu zehn“).

Die Maßstäbe der übrigen Bilder sind noch kleiner. Der Schlüssel ist nicht mehr zu erkennen. In M2 und M3 ist die Lage des Schlüssels rot markiert. Im Unterschied zu M1 bis M3 ist in M4 die ganze Schule mit der Umgebung abgebildet.

Der Maßstab ist also ein Maß für die Verkleinerung. Merke: Je größer die Zahl hinter dem Doppelpunkt, umso kleiner ist der Maßstab.

Beide Karten (M5 und M6) enthalten die Städte Kiel und Lübeck. M6 hat einen kleineren Maßstab als M5. Alles ist kleiner dargestellt. Vieles wurde weggelassen, so der Pilsberg. Dafür ist auf der Karte in M6 ein größeres Gebiet abgebildet.

Auf vielen Karten gibt es eine **Maßstabsleiste**. Sie erspart das Umrechnen. Man kann mit einem Lineal abmessen, wie lang eine Strecke auf der Karte in Wirklichkeit ist.

M1 *Maßstab 1 : 1*

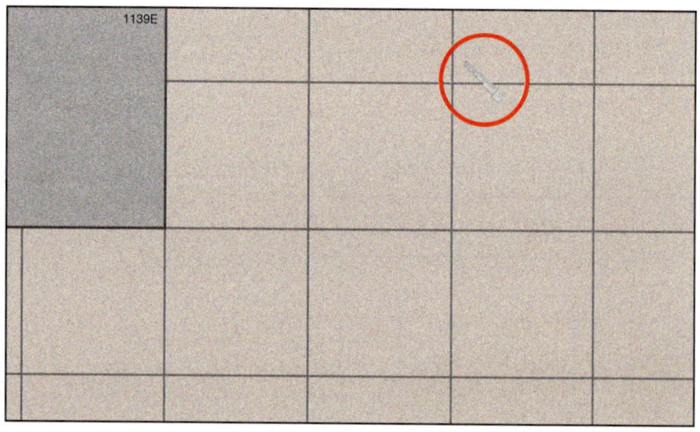

M2 *Maßstab 1 : 10*

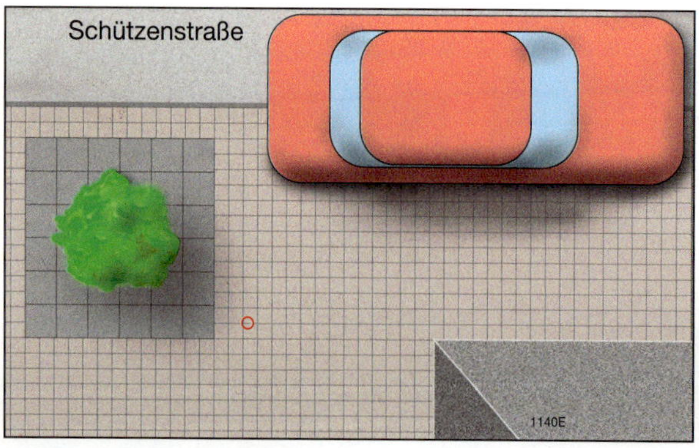

M3 *Maßstab 1 : 100*

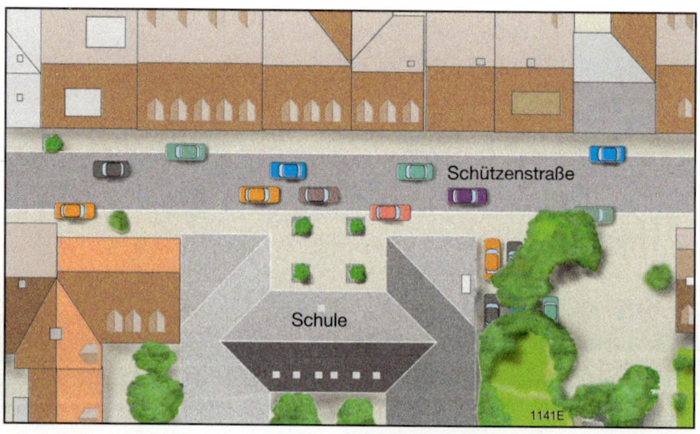

M4 *Maßstab 1 : 1000*

Gewusst wie

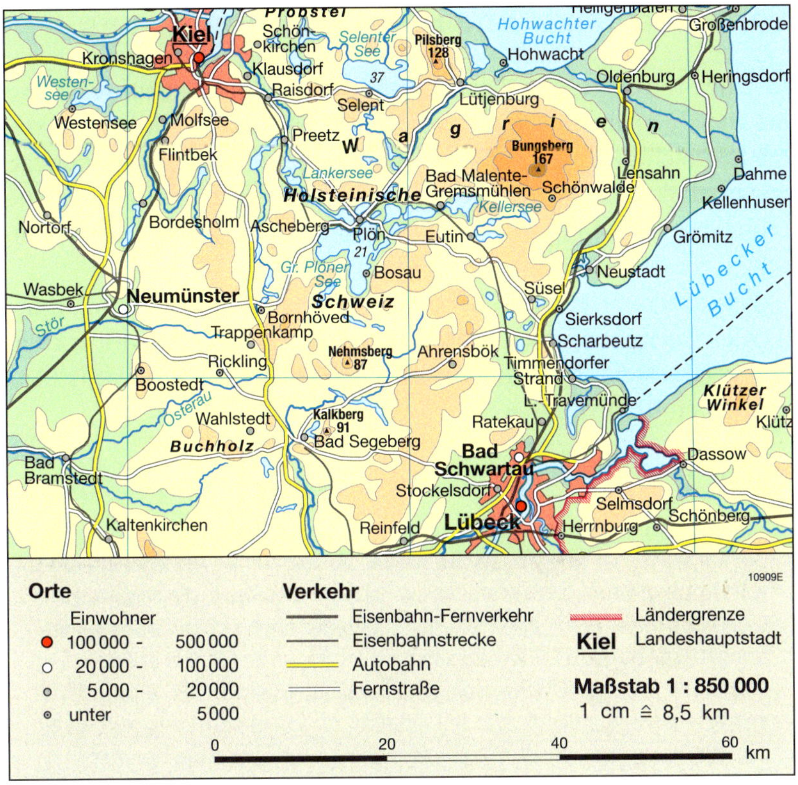

M5 *Kartenausschnitt im Maßstab 1 : 850 000*

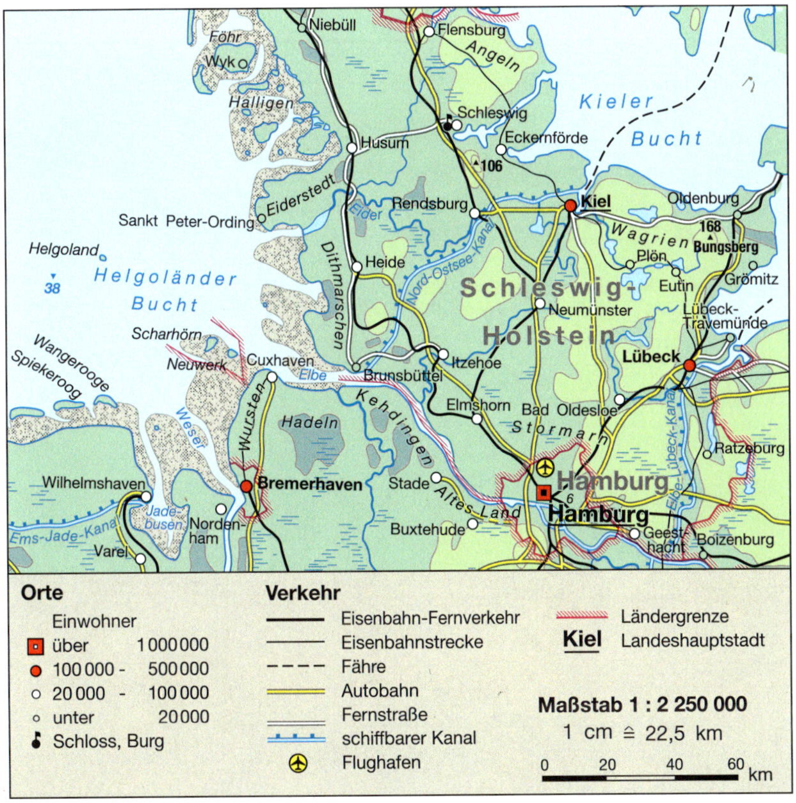

M6 *Kartenausschnitt im Maßstab 1 : 2 250 000*

Aufgaben

1 Ordne die Maßstäbe. Schreibe den größten Maßstab zuerst und den kleinsten zuletzt in dein Heft.
Maßstab 1 : 1 000 000
Maßstab 1 : 140 000 000
Maßstab 1 : 50 000
Maßstab 1 : 10 000
Maßstab 1 : 500 000

2 Fabians Fahrradschlüssel sieht immer kleiner aus. Schließlich ist er nicht mehr zu erkennen (M1 – M4). Erkläre.

3 Übertrage die Schule in M4 in dein Heft. Markiere nun die Lage von Fabians Fahrradschlüssel mit einem roten Punkt.

4 Miss auf beiden Karten (M5 und M6) mit einem Lineal die Entfernung zwischen den Städten Kiel und Lübeck in mm. Benutze die Maßstabsleisten und ermittle ungefähr die tatsächliche Entfernung. Was fällt dir auf?

Merke
Der Maßstab ist ein Maß dafür, wie stark die Inhalte einer Karte gegenüber der Wirklichkeit verkleinert sind. Mithilfe der Maßstabsleiste kann man Entfernungen auf einer Karte direkt ablesen.

Grundbegriffe
- Maßstab
- Maßstabsleiste

Gewusst wie

Eine physische Karte lesen

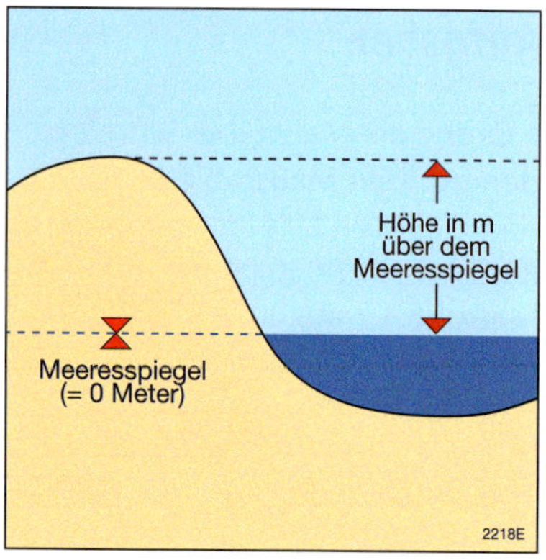

M1 *Höhenmessung vom Meeresspiegel aus*

Von Höhenlinien und Höhenschichten

In einer Karte werden die Landhöhen und die Formen der Berge auf verschiedene Weise dargestellt. **Höhenlinien** verbinden Punkte, die in gleicher Höhe über dem Meeresspiegel liegen. Du erkennst, wie hoch das Gelände ist. An besonders wichtigen Stellen wird die Höhe durch einen Punkt oder ein kleines Dreieck gekennzeichnet. Oft ist die Höhenzahl danebengeschrieben.

Höhenschichten sind Flächen zwischen zwei Höhenlinien. Sie werden farbig ausgemalt. Es entstehen Farbstufen. Tiefland wird in Grün dargestellt. Mit zunehmender Höhe wechselt die Farbe über Gelb nach Braun.

Aufgabe

1 Schreibe die vollständigen Sätze in dein Heft: Die Höhenangaben auf Karten beziehen sich auf den ... .
Höhenlinien verbinden Punkte, die ... über dem Meeresspiegel liegen.

Info

Die physische Karte

Die Karte (M2) ist eine **physische Karte**. Sie zeigt dir besonders eindrucksvoll die Landhöhen, außerdem den Verlauf der Gewässer, die Lage von Orten und vieles mehr. Alle Höhenangaben beziehen sich auf den Meeresspiegel (0 Meter). So bedeutet zum Beispiel die Zahl 168: Dieser Punkt liegt 168 Meter über dem Meeresspiegel, abgekürzt 168 m ü. M. Die Landschaft im Kartenausschnitt liegt zum Teil unter 20 m. Du erkennst die grün, gelb und hellbraun gezeichneten Gebiete östlich von Kiel und die braunen Gebiete um den Bungsberg.

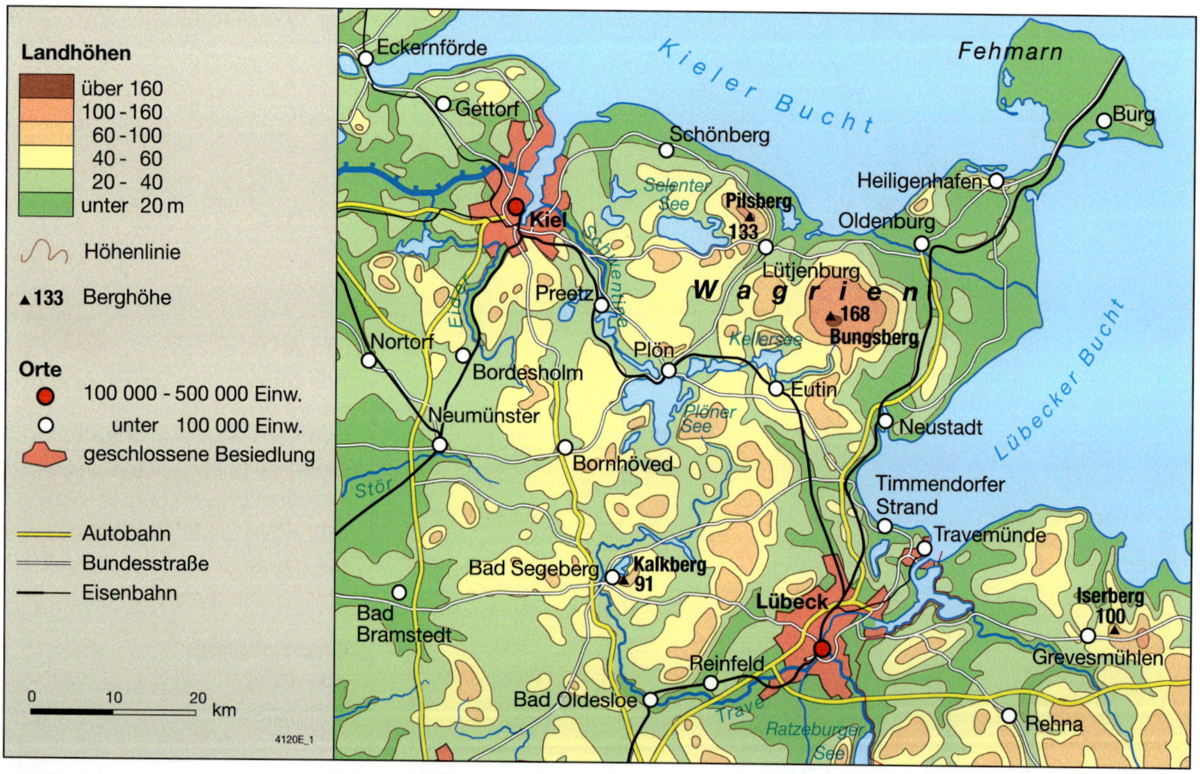

M2 *Kartenausschnitt Schleswig-Holsteins*

Vom Kartoffelberg zu Höhenschichten

M3 *Lea bei der Arbeit*

Gehe folgendermaßen vor:

1. Nimm eine große Kartoffel, reinige sie und trockne sie gut ab.
2. Schneide die Kartoffel der Länge nach durch.
3. Lege die eine Hälfte beiseite.
4. Schneide dann die andere Hälfte in drei gleich dicke Scheiben.
5. Lege die größte Kartoffelscheibe auf Pergamentpapier und umfahre sie mit einem Filzstift. Diese geschlossene Linie ist eine Höhenlinie.
6. Lege nun die nächst kleinere Kartoffelscheibe in die Mitte der Höhenlinie um umfahre sie ebenfalls. Du erhältst eine weitere Höhenlinie.
7. Verfahre ebenso mit der kleinsten Kartoffelscheibe. Nun hast du aus einem Kartoffelberg eine Höhenlinienkarte gezeichnet.
8. Lasse deine Höhenlinienkarte trocknen.
9. Male dann die Flächen zwischen den Linien gelb und braun aus. Nun hast du eine Höhenschichtenkarte.

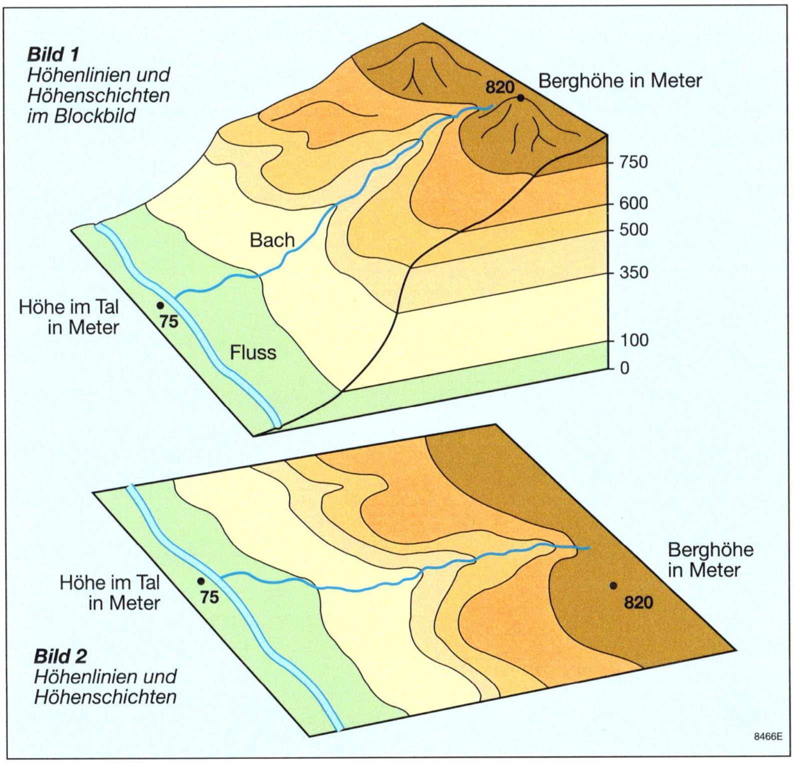

M4 *Höhendarstellungen*

Aufgaben

2 a) Wie hoch liegt der Bungsberg über dem Meeresspiegel (M2)?
b) Wie hoch liegt Oldenburg über dem Meeresspiegel (M2)?
c) Wie hoch liegt der Bungsberg über Oldenburg (M2)?

3 Übertrage die folgende Tabelle in dein Heft und ergänze mithilfe des Atlas die Höhenangaben:

Region	höchster Berg	Höhe
Schleswig- Holstein	Bungsberg	?
Deutschland	Zugspitze	?
Europa	Montblanc	?
Asien	Mt. Everest	?

4 Was bedeutet dieses Schild am Bahnhof?

Merke
Physische Karten zeigen die Landhöhen in Farbstufen von Grün über Gelb nach Braun. Sie zeigen die Lage von Orten, Flüssen und vielem mehr.

Grundbegriffe
- Höhenlinie
- Höhenschicht
- physische Karte

Mit dem Atlas arbeiten

Info

Signaturen und Flächenfarben

●■ **„Punkte":**
Diese Zeichen geben zum Beispiel die Lage von Städten sowie von bestimmten Industrie- und Bergbaustandorten an.

Linien:
Sie zeigen unter anderem den Verlauf von Flüssen, Straßen, Eisenbahnstrecken und Grenzen.

Bildhafte Zeichen:
Sie beschreiben zum Beispiel Schlösser/Burgen, Pässe und auch Industrien.

Flächen:
Diese vermitteln einen Überblick über Landhöhen, Wasserflächen, Wälder, Bodennutzung, die Flächen von Staaten und vieles andere.

Der Atlas – eine Sammlung vieler Karten

Ein wichtiges Hilfsmittel im Erdkundeunterricht ist der Atlas. Er besteht aus einer Sammlung von Karten aus aller Welt mit unterschiedlichen Themen.

Neben physischen Karten enthält der Atlas **thematische Karten**. Diese behandeln ein bestimmtes Thema: Es gibt Wirtschaftskarten, Fremdenverkehrskarten, Klimakarten, … . Bei einer thematischen Karte ist die Legende besonders wichtig. Hier haben bei jedem Kartenthema die Farben eine andere Bedeutung, und es sind besondere **Signaturen** (Kartenzeichen) und Flächenfarben vorhanden.

Eine Landwirtschaftskarte zeigt zum Beispiel, wo Zuckerrüben angebaut und Vieh gehalten wird. Hellgrün ist hier die Farbe für Viehhaltung. In einer physischen Karte wird mit dieser Farbe eine bestimmte Höhe angezeigt.

E
East London 87, C 5
Ebbe 10, E 2
Eberswalde-Finow 22, J 4
Ebro 70, C 3
Ebschloh 11, F 3
Ebsdorfergrund 11, G 3
Ecatepec 132, C 4
Ech-Chéliff 70, D 5
Echzell 11, G 4
Eckernförde 22, E 2
Ecrins 68, C 5

G
Gabès 71, F 5
Gaborone 86, C 4
Gabun 78, 1 E 6
Gafsa 71, F 5
Gail 69, K 3
Gailtaler Alpen 69, J 3
Galathea-Tief 114, J 4
Galati 67, H 4
Galdhöpiggen 56, 2 A 3
Galicien 70, A 3
Galizien 67, G 3
Gällivare 56, 2 E 2

9269E_2

M1 *Auszug aus dem Register des Atlas mit Gafsa*

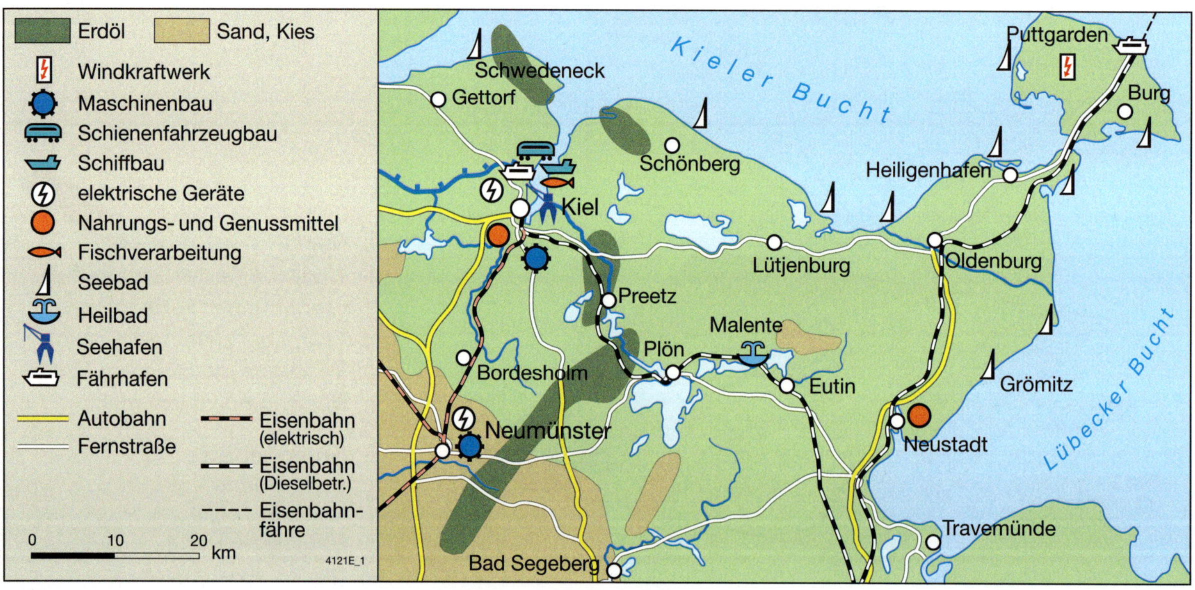

M2 *Thematische Karte: Wirtschaft in Schleswig Holstein*

Wie ist der Atlas aufgebaut?

Damit du mit dem Atlas gut und schnell arbeiten kannst, ist er in drei Teile untergliedert.

1. Das Inhaltsverzeichnis: Es enthält die Überschriften aller Karten im Atlas mit den Seitenzahlen, auf denen sie zu finden sind.
2. Die Kartensammlung: Sie enthält alle Karten. Zuerst kommen die Schleswig-Holstein-Karten, dann Karten zu Deutschland, Europa und den Kontinenten. Neben den physischen Karten gibt es zu allen Gebieten thematische Karten mit den Themen Klima, Vegetation, Wirtschaft, Geschichte, Politik, … .
3. Das Register: Es ist ein alphabetisches Verzeichnis aller Namen, die auf den Karten im Atlas vorkommen. Hinter den Namen sind die Seitenzahlen der entsprechenden Karten angegeben. Als zusätzliche Hilfe werden die Planquadrate genannt, in denen die Namen stehen.

So findest du einen Ort im Atlas

Du suchst den Namen im Register, schreibst dir die Seitenzahl und das Planquadrat auf, schlägst die entsprechende Seite auf und suchst den Ort mithilfe der Angaben zum Planquadrat.

Das Beispiel Gafsa

Der Eintrag im Register „Gafsa 71, F5" bedeutet, dass der Name sich auf einer Karte auf der Seite 71 im Atlas befindet. F5 bezeichnet das Planquadrat. Wenn du nachschlägst, stellst du fest, dass Gafsa eine Stadt in Tunesien (Afrika) ist. Ihre Einwohnerzahl liegt zwischen 20 000 und 100 000.

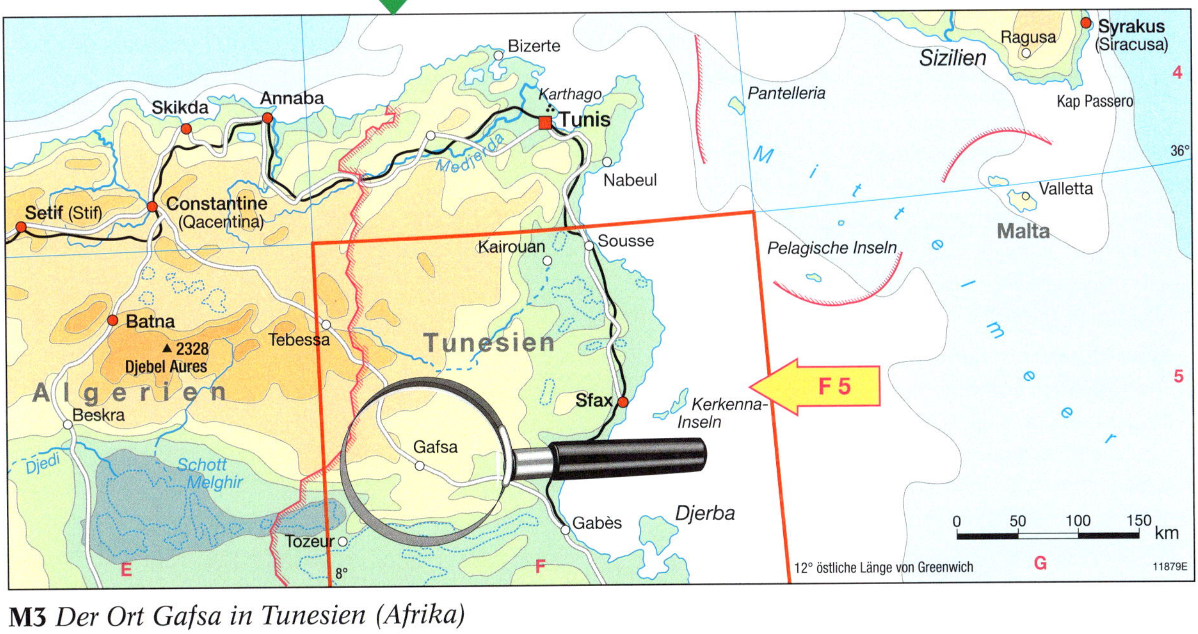

M3 *Der Ort Gafsa in Tunesien (Afrika)*

Aufgaben

1 a) Auf welchen Seiten im Atlas findest du folgende Länder: Guyana, Guinea, Aserbaidschan?
b) Suche die Länder auf den Seiten im Atlas. Schreibe die Namen ihrer Hauptstädte auf. Die Namen sind unterstrichen.

2 Schreibe den ersten und letzten Namen im Register in deinem Atlas auf.

3 Welche Industrien gibt es in Kiel (M2)?

Merke
Ein Atlas ist eine Sammlung von physischen und thematischen Karten aus der ganzen Welt. Das Register enthält die Namen aller Orte im Atlas. Es hilft bei der Atlasarbeit.

Grundbegriffe
- thematische Karte
- Signatur

Klimadiagramme lesen

Info

Wetter
Wetter ist der gegenwärtige Zustand der Lufthülle, die uns umgibt. Es setzt sich aus verschiedenen Bausteinen zusammen. Besonders wichtig sind die Lufttemperatur und der Niederschlag. Das Wetter kann sich täglich ändern.

Klima
Das Klima eines Ortes ergibt sich aus den langjährigen Durchschnittswerten des Wetters.

Klimadiagramm
Beim Klimadiagramm werden die langjährigen Werte der Temperaturen und Niederschläge in einem Kurvendiagramm für die zwölf Monate des Jahres dargestellt.

Wie errechnet man Mitteltemperaturen?

Tagesmittel: Meteorologen messen stündlich die Temperatur. Sie addieren die Messwerte und teilen die errechnete Zahl durch 24, denn ein Tag hat 24 Stunden. So erhalten sie das Tagesmittel der Temperatur.

Monatsmittel: Aus den Tagesmitteln errechnet man das Monatsmittel. Zuerst zählt man alle Tagesmitteltemperaturen eines Monats zusammen. Danach teilt man die Zahl durch die Anzahl der Tage des Monats (31, 30, 28 oder 29).

Jahresmittel: Aus den zwölf Monatsmitteln errechnet man das Jahresmittel. Zuerst zählt man alle Monatsmitteltemperaturen zusammen. Danach teilt man die Zahl durch die Anzahl der Monate (12).

Das Klima

Wetter- und Klimakundler (Meteorologen) messen Temperaturen und Niederschläge und berechnen die Mittelwerte (siehe Info). Diese Mittelwerte für einen Zeitraum von mindestens 30 Jahren geben Auskunft über das **Klima** eines Ortes. Sie werden in einem **Klimadiagramm** dargestellt.

Die Temperaturkurve

Die Temperaturen der einzelnen Monate stellt man zeichnerisch als Temperaturkurve (rot) dar. Dazu muss man zunächst die Tagesmittel aller Tage eines Monats in Grad Celsius (°C) und daraus dann das Monatsmittel errechnen. Mithilfe der Monatsmittel wird die Jahresmitteltemperatur errechnet.

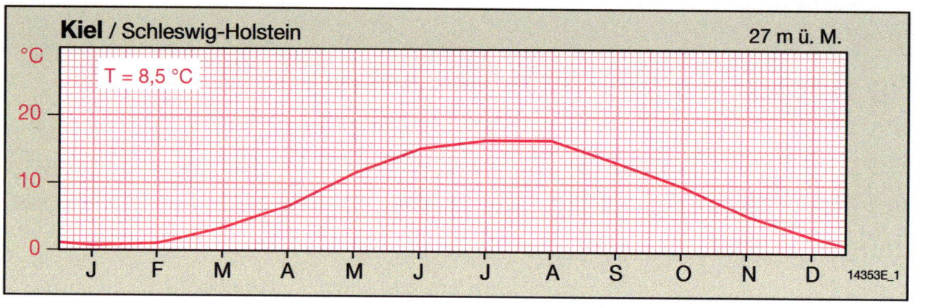

M1 *Temperaturkurve der Klimastation Kiel-Holtenau*

Die Niederschlagskurve

Bei den Niederschlägen zählt man die Niederschlagsmengen aller Tage eines Monats zusammen. Dann erhält man den Monatsniederschlag in Millimetern. (Man teilt nicht durch die Zahl der Tage eines Monats!) Die Monatsniederschläge zeichnet man als Niederschlagskurve (blau).

Die Niederschlagsmengen der zwölf Monate eines Jahres ergeben zusammengezählt den Jahresniederschlag.

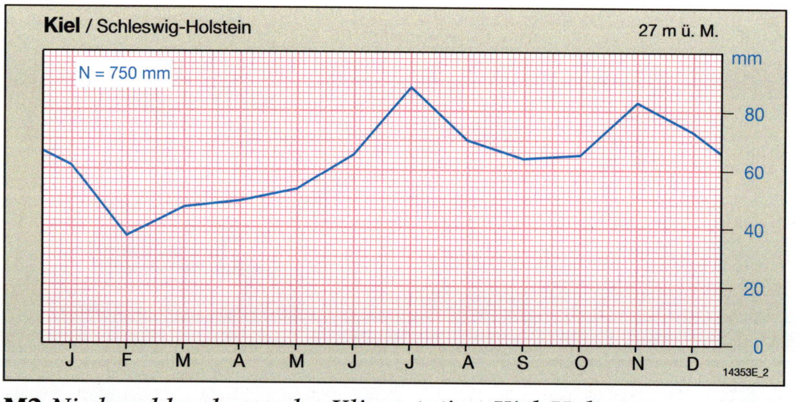

M2 *Niederschlagskurve der Klimastation Kiel-Holtenau*

So liest du die Temperaturkurve:

a) Beginne mit dem Januar (J). Lege deinen Finger auf den Buchstaben J (Januar).

b) Fahre mit dem Finger senkrecht nach oben, bis du auf die rote Kurve triffst.

c) Lies die Zahl waagerecht am linken Rand ungefähr ab (→ Monatsmittel für den Januar).

d) Mache dasselbe bei den übrigen Monaten.

e) Lies die Jahresmitteltemperatur ab (rote Zahl oben links im Diagramm).

So liest du die Niederschlagskurve:

a) Beginne mit dem Januar (J). Lege deinen Finger auf den Buchstaben J (Januar).

b) Fahre mit dem Finger senkrecht nach oben, bis du auf die blaue Kurve triffst.

c) Lies die Zahl waagerecht am rechten Rand ungefähr ab (→ Monatsniederschlag Januar).

d) Mache dasselbe bei den übrigen Monaten.

e) Lies den Jahresniederschlag ab (blaue Zahl oben links im Diagramm).

Das Klimadiagramm

In einem Klimadiagramm sind die Temperaturkurve und die Niederschlagskurve zusammen eingezeichnet. Mithilfe des Klimadiagramms kannst du zum Beispiel folgende Fragen beantworten:
- Welches ist der wärmste, welches ist der kälteste Monat im Jahr?
- Wie viele Niederschläge fallen in den einzelnen Monaten?
- Wie hoch ist die Jahresmitteltemperatur und wie viele Niederschläge fallen im Durchschnitt in einem Jahr?

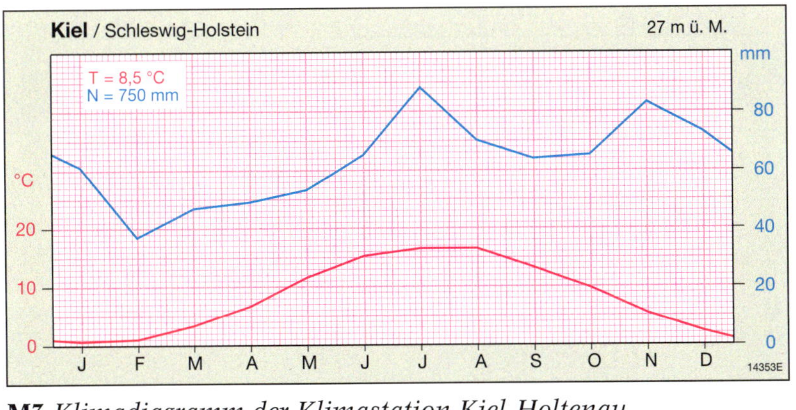

M3 *Klimadiagramm der Klimastation Kiel-Holtenau*

M4

Aufgaben

1 Erkläre, wie das Jahresmittel der Temperatur für 30 Jahre errechnet wird.

2 a) Welcher Monat ist der wärmste in Kiel (M3)?
b) Wie hoch ist ungefähr die Mitteltemperatur dieses Monats (M3)?

3 a) Wie viel Millimeter Niederschlag fallen im Durchschnitt im Monat Mai in Kiel (M3)?
b) In welchem Monat fallen die meisten Niederschläge (M3)?

Merke
Ein Klimadiagramm informiert über die Temperaturen und die Niederschläge im langjährigen Mittel, in der Regel 30 Jahre.

Grundbegriffe
- Klima
- Klimadiagramm

Klimadiagramme zeichnen

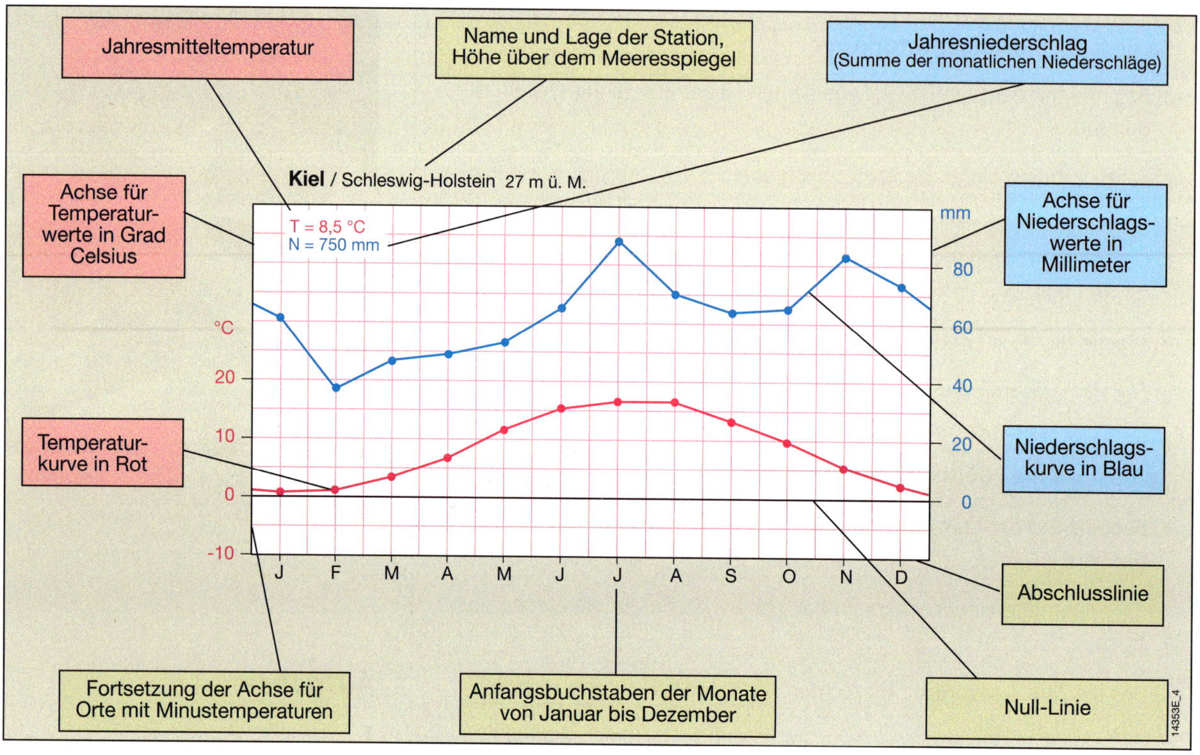

M1 *Das Klimadiagramm in seinen Einzelheiten*

Aufgaben

1 Zu welchen Werten in M2 passt die Temperaturkurve S. 47?

2 Zeichne selbst ein Klimadiagramm von einem Ort aus M2.

M3 *Materialien, die du für das Zeichnen eines Klimadiagramms brauchst*

		J	F	M	A	M	J	J	A	S	O	N	D	Jahr
Köln-Wahn (Deutschland) 68 m ü. M.	T (°C) N (mm)	1 50	2 45	5 40	9 50	13 55	17 85	18 75	18 80	15 60	10 55	6 55	3 50	10 700
Ghadames (Libyen) 360 m ü. M.	T (°C) N (mm)	11 5	13 3	17 5	22 2	27 2	31 1	33 0	31 0	28 1	23 2	17 5	11 1	22 27
Iquitos (Peru) 104 m ü. M.	T (°C) N (mm)	27 255	27 275	27 350	26 305	26 270	26 200	26 165	26 155	27 190	27 215	27 245	28 215	27 2840
Frobisher Bay (Kanada) 7 m ü. M.	T (°C) N (mm)	−27 25	−26 30	−22 20	−14 20	−3 25	4 40	8 55	7 60	2 45	−5 40	−12 40	−21 25	−9 425

M2 *Klimawerte verschiedener Orte auf der Erde*

1. Schritt:
Null-Linie zeichnen.

- Zeichne mit einem Bleistift die Null-Linie (Länge 12 cm, 1 Monat = 1 cm oder 2 Rechenkästchen). Unterteile die Null-Linie in Abschnitte von 1 cm.
- Schreibe die Anfangsbuchstaben der Monate unter die Null-Linic.

Hinweis: Bei Orten mit Minus-Temperaturen werden die Anfangsbuchstaben der Monate unter die Abschlusslinie geschrieben (M1).

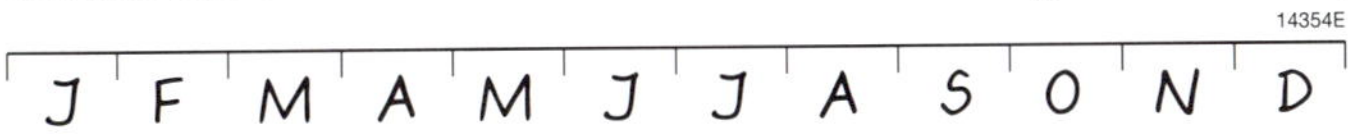

2. Schritt:
Temperaturkurve zeichnen.

- Zeichne mit Bleistift links eine senkrechte Achse für die Temperaturwerte. Unterteile die Achse (1 cm = 10 °C) und beschrifte sie in Rot.
- Trage die Temperaturwerte der Monate Januar bis Dezember jeweils mit einem roten Punkt ein.
- Verbinde die Punkte von Hand mit einem roten Buntstift zu einer Temperaturkurve.

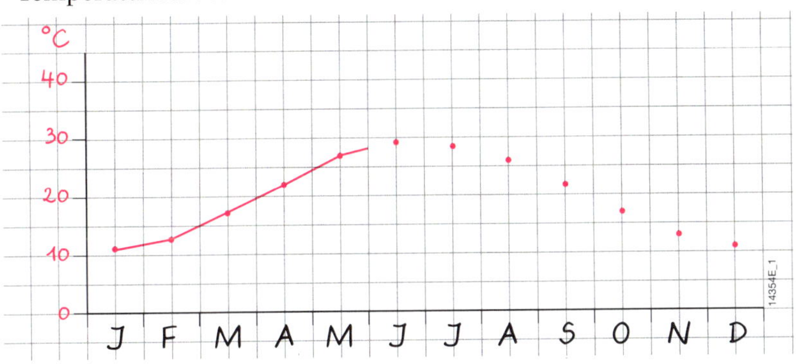

3. Schritt:
Niederschlagskurve zeichnen.

- Zeichne mit Bleistift rechts eine senkrechte Achse für die Niederschlagswerte ein. Unterteile die Achse (1 cm = 20 mm) und beschrifte sie in Blau.
- Zeichne die Niederschlagswerte der Monate Januar bis Dezember jeweils mit einem blauen Punkt ein.
- Verbinde die Punkte von Hand mit einem blauen Buntstift zu einer Niederschlagskurve.

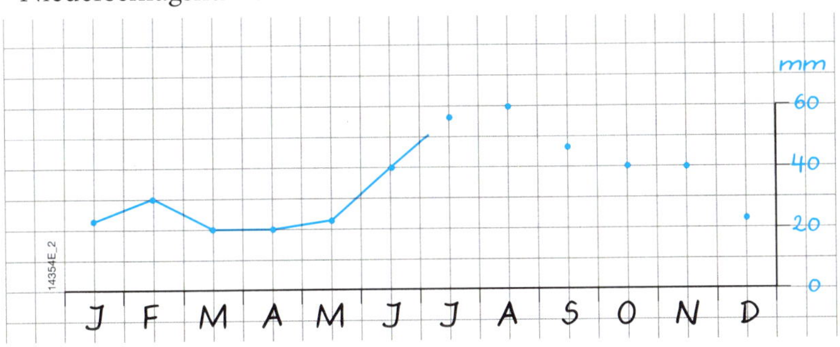

4. Schritt:
Angaben zur Klimastation eintragen.

- Vervollständige das Klimadiagramm mit folgenden Angaben:
  Name und Lage der Station (z. B. Kiel-Holtenau),
  Höhe über dem Meeresspiegel in Metern (z. B. 27 m ü. M.),
  Jahresmitteltemperatur (z. B. T = 8,5 °C),
  Jahresniederschlag (z. B. N = 750 mm).

Orientieren - nicht verlaufen

1. Bilder aus der Luft

a) Zeichne die Skizze in deine Mappe und trage die richtigen Begriffe ein.

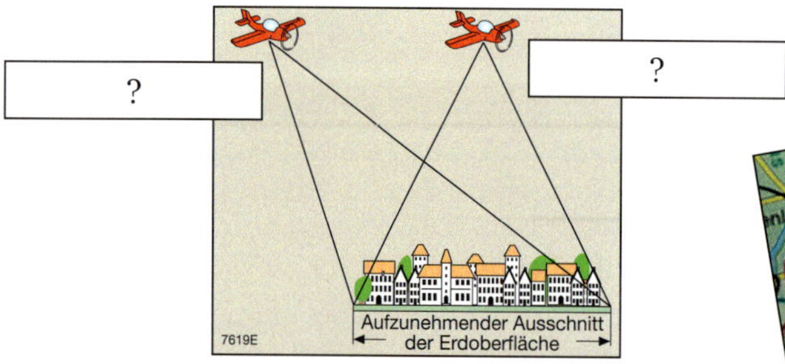

b) Ordne die Abbildungen A und B den Begriffen zu.

2. Karten

a) Notiere, wie man die abgebildeten Karten A bis C nennt.

b) Welche Karte ist am besten geeignet, wenn man sich in einer Stadt orientieren möchte?

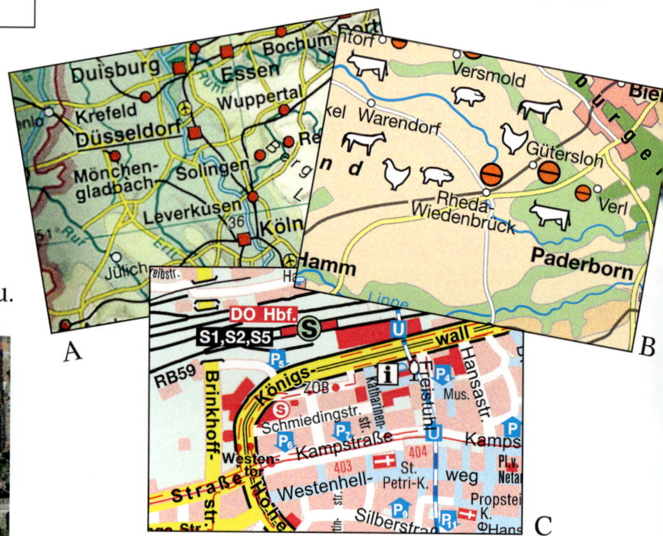

3. Städte, Himmelsrichtungen und Entfernungen

Welche Städte verbergen sich hinter den Ziffern 1 bis 6 (Atlas, Karte: Mitteleuropa)?

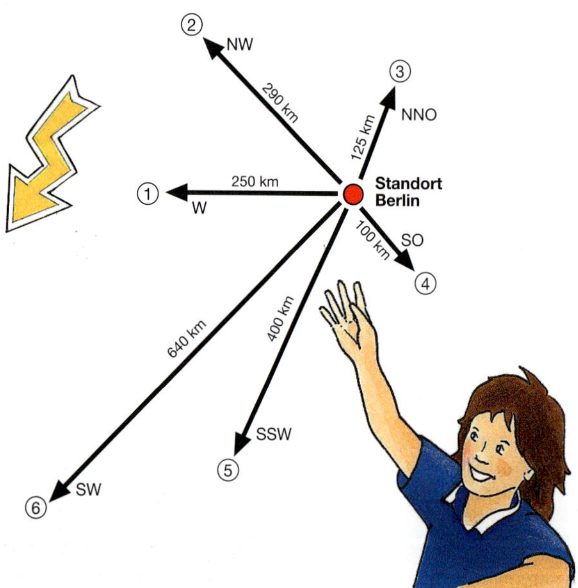

4. Ordne zu!

Bilde aus den Wortteilen sechs Wörter und ordne sie den Abbildungen A – F zu.

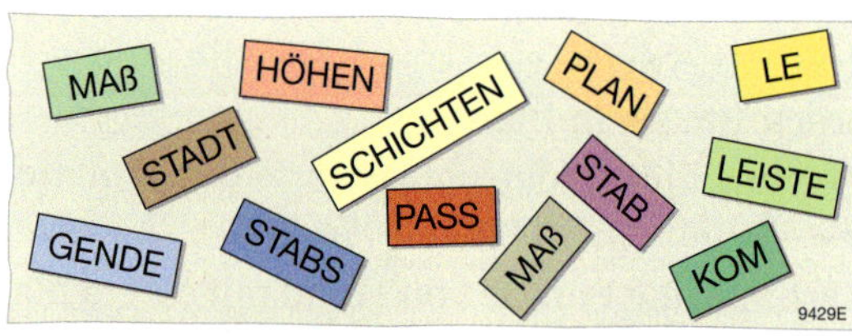

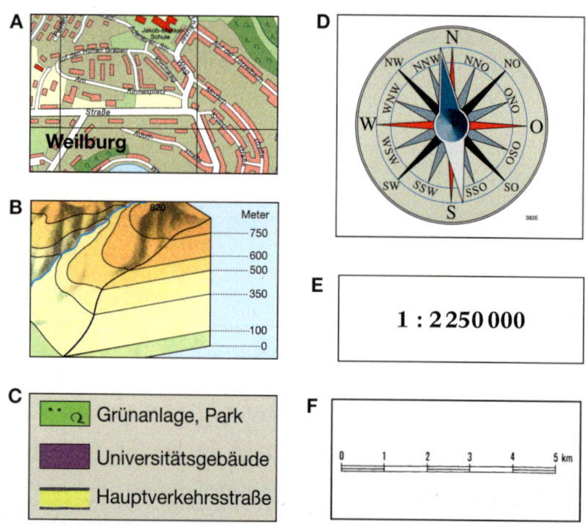

Vom Luftbild zur Karte

Eine Karte zeigt ein Gebiet der Erde ähnlich wie ein entsprechendes Senkrechtluftbild. Sie ist jedoch vereinfacht. Alles, was sich bewegt, und viele Einzelheiten sind weggelassen. Dafür sind die Namen von Straßen und Gebäuden (Stadtplan), von Landschaften, Gebirgen und Städten (physische Karte) und anderes eingetragen.

Die Sache mit dem Kompass

Ein Kompass ist ein Instrument zur Bestimmung der Himmelsrichtungen. Die Kompassnadel zeigt immer nach Norden. Himmelsrichtungen lassen sich auch mithilfe der Sonne bestimmen.

Gewusst wie: Einen Stadtplan lesen

Um sich in der Stadt zurechtzufinden, hilft ein Stadtplan. Wie auf den meisten Karten ist auch auf dem Stadtplan Norden oben. Ein Gitternetz mit Planquadraten erleichtert das Auffinden von Straßen.

Gewusst wie: Mit dem Maßstab umgehen

Der Maßstab ist ein Maß für die Verkleinerung der Karte gegenüber der Wirklichkeit. Mithilfe der Maßstabsleiste kann man Entfernungen auf einer Karte direkt abmessen.

Gewusst wie: Eine physische Karte lesen

Höhenschichten von Grün (Tiefland) nach Braun (Gebirge) stellen die Oberflächenformen einer Landschaft auf einer physischen Karte dar. Zusätzlich zu den Landhöhen zeigt diese Kartenart die Lage von Orten, Flüssen, Seen und vielem mehr.

Gewusst wie: Mit dem Atlas arbeiten

Ein Atlas ist eine Sammlung von Karten aus aller Welt. Er enthält physische und thematische Karten. Er ist untergliedert in das Inhaltsverzeichnis, die Kartensammlung und das Register. Das Register hilft beim Auffinden von Namen.

Gewusst wie: Klimadiagramme lesen und zeichnen

Das Klimadiagramm informiert über die Temperaturen und Niederschläge eines Ortes im Verlauf eines Jahres. Aus Klimawerten zu Temperaturen und Niederschlägen lassen sich Klimadiagramme zeichnen.

Grundbegriffe
- Schrägluftbild
- Senkrechtluftbild
- Karte
- Legende
- Himmelsrichtung
- Kompass
- Windrose
- Stadtplan
- Planquadrat
- Register
- Maßstab
- Maßstabsleiste
- Höhenlinie
- Höhenschicht
- physische Karte
- thematische Karte
- Signatur
- Klima
- Klimadiagramm

Mercedes-Benz

Orientieren in Deutschland

Großlandschaften in Deutschland

Übungskarte Deutschland

Eine Kartenskizze zeichnen

Die Länder Deutschlands

Berlin – Hauptstadt mit Herz

M1 *Berlin – Potsdamer Platz*

Großlandschaften in Deutschland

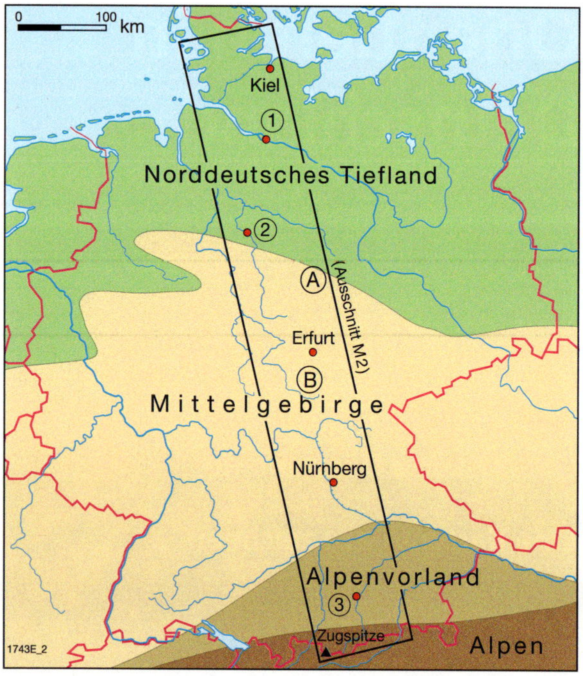

M1 *Die Großlandschaften Deutschlands*

M3 *Norddeutsches Tiefland*

Im Norden Deutschlands liegt das norddeutsche **Tiefland**. Es ist eine tief gelegene Landschaft mit geringen Höhenunterschieden. Die Landhöhen liegen etwa zwischen 2 m unter dem Meeresspiegel und 200 m Höhe. Diese Landschaft erstreckt sich von der Küste im Norden bis etwa 200 km nach Süden.

Aufgaben

1 Ordne den Großlandschaften Deutschlands folgende Städte zu: Rostock, Reutlingen, Münster, München (Atlas, Register und Karte: Deutschland – physisch).

2 Nenne a) die Nord-Süd- und b) die West-Ost-Ausdehnung von Deutschland mithilfe von M2 und der Entfernungsleiste im Atlas.

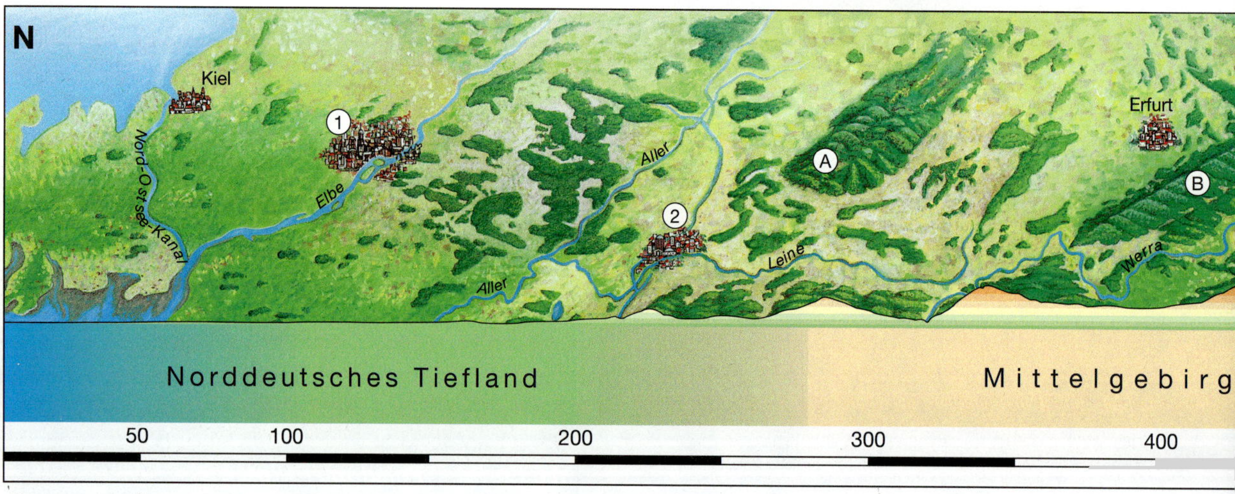

M2 *Von der Küste bis zu den Alpen – ein Landschaftsquerschnitt: Findest du die Namen der Städte (1–3)*

M4 *Mittelgebirge*

M5 *Alpenvorland und Alpen*

In der Mitte Deutschlands befinden sich die **Mittelgebirge**. Es sind Bergländer mit abgerundeten, bewaldeten Höhenzügen und langgestreckten Tälern. Die Berge sind bis zu 1500 Meter hoch. Steile Gipfel und hohe Felswände gibt es nicht.

Das **Alpenvorland** zeigt nur geringe Höhenunterschiede. Es steigt von 300 m südlich der Donau auf 800 m am Alpenrand an.
Die Alpen sind ein **Hochgebirge**. Sie erreichen in Deutschland Höhen von 1500 bis fast 3000 m und sind oft von engen Tälern zerschnitten.

und der Gebirge (A, B) mithilfe des Atlas?

Merke
Deutschland gliedert sich in die Großlandschaften Tiefland, Mittelgebirge, Alpenvorland und Alpen.

Grundbegriffe
- Tiefland
- Mittelgebirge
- Alpenvorland
- Hochgebirge

Übungskarte Deutschland

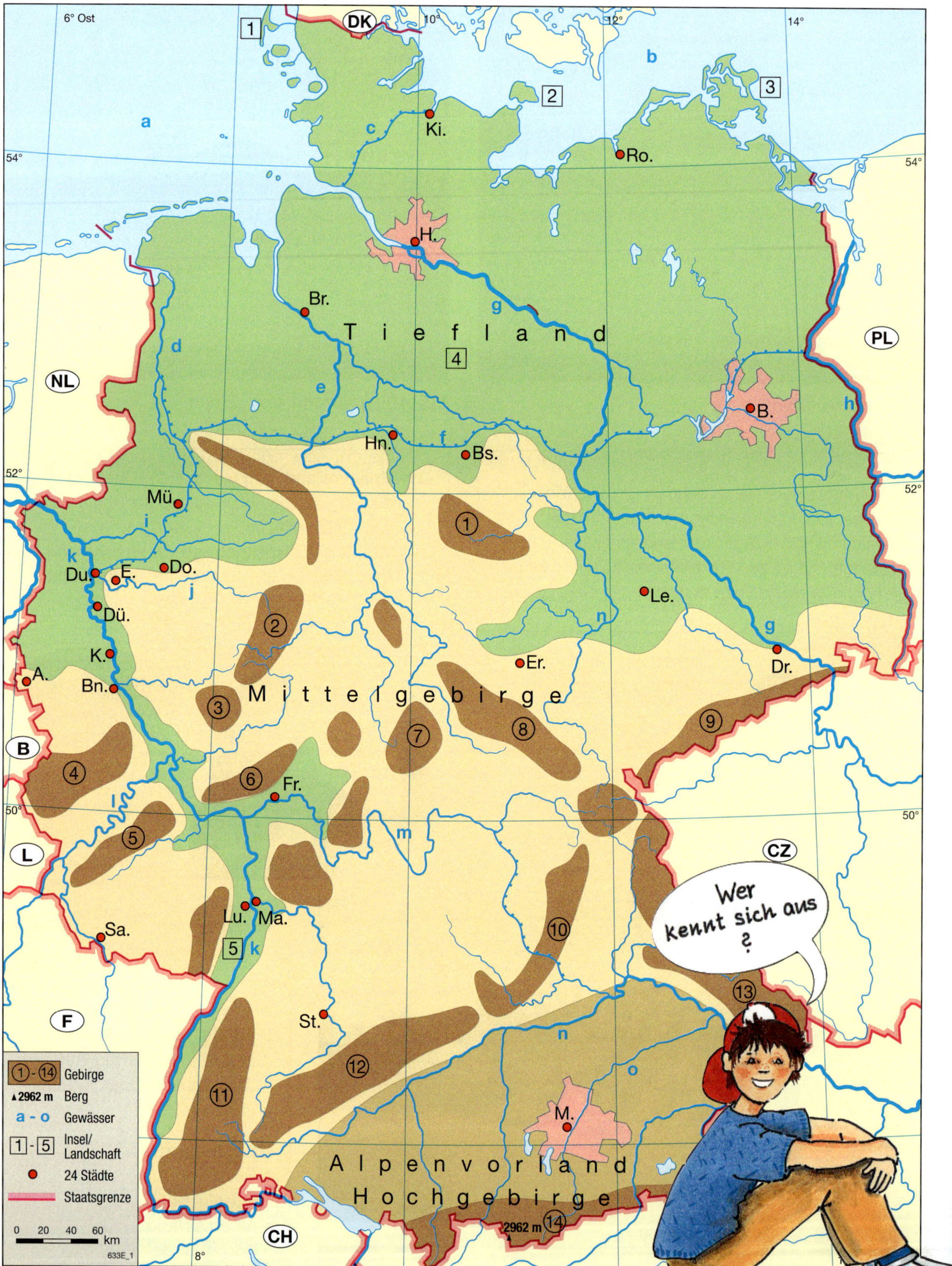

M1 *Übungskarte Deutschland*

Eine Kartenskizze zeichnen

1. Zeichne zuerst den groben Umriss des Raumes, zum Beispiel die Grenzen Deutschlands. Gerade Hilfslinien erleichtern die Arbeit.
2. Lege nun eine Auswahl von Gebirgen, Städten, Flüssen fest. Zeichne sie ein.
3. Beschrifte anschließend alle eingezeichneten Gebirge, Flüsse und Städte mit Zahlen oder mit Buchstaben.
4. Erstelle dann zu den Buchstaben und Zahlen eine Namensliste.
5. Durch Farben lassen sich die Eintragungen hervorheben: zum Beispiel Gebirge braun, Tiefland grün, Alpenvorland hellbraun und übriges Land gelb ausmalen; Städte als rote Punkte markieren usw.
6. Lege eine Legende an und gib der Skizze eine Unterschrift.

M2 *So zeichnest du die Kartenskizze Deutschland*

Das brauchst du zum Zeichnen:
- 6 Buntstifte (in Grün, Gelb, Hellbraun, Dunkelbraun, Rot und Blau)
- 1 Bleistift (Härte 2)
- 1 Radiergummi
- 1 Lineal oder Geodreieck

M3 *Handwerkszeug für eine schöne Kartenskizze*

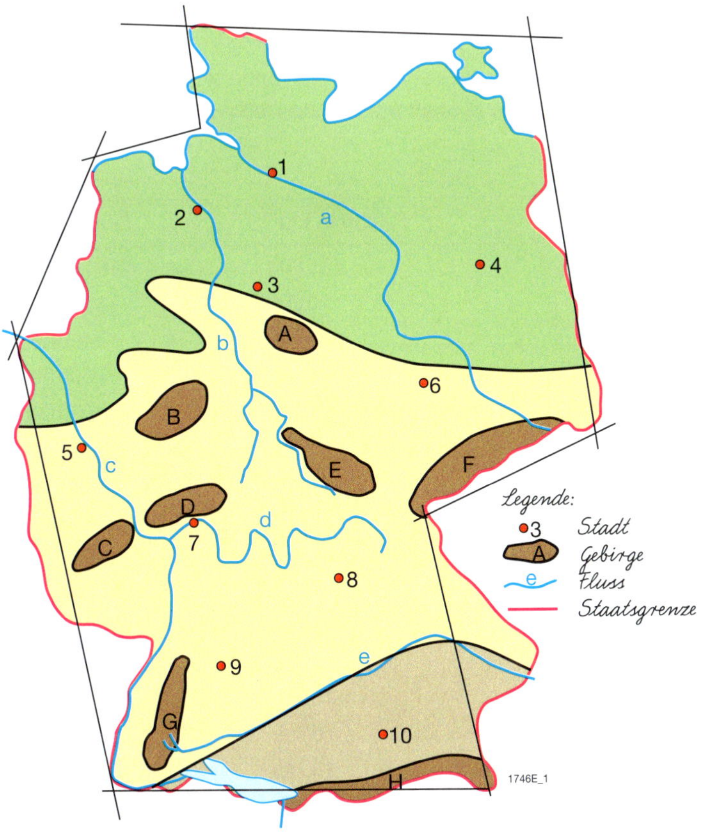

M4 *Kartenskizze Deutschland*

Aufgaben

1 Finde die Namen in der Übungskarte M1 (Atlas).

2 Nimm ein DIN-A4-Blatt und zeichne wie in M4 eine Kartenskizze von Deutschland, nur größer. Zeichne in deine Skizze Folgendes ein:

- Flüsse: Rhein, Main, Donau, Elbe, Weser
- Gebirge: Harz, Rothaargebirge, Erzgebirge, Thüringer Wald, Hunsrück, Taunus, Schwarzwald, Alpen
- Städte: Hamburg, Berlin, Leipzig, Frankfurt/Main, Köln, Bremen, Hannover, München, Stuttgart, Nürnberg

Merke
Eine Kartenskizze ist die einfache Darstellung eines Raumes (Ort, Region, Land, Kontinent).

Die Länder Deutschlands

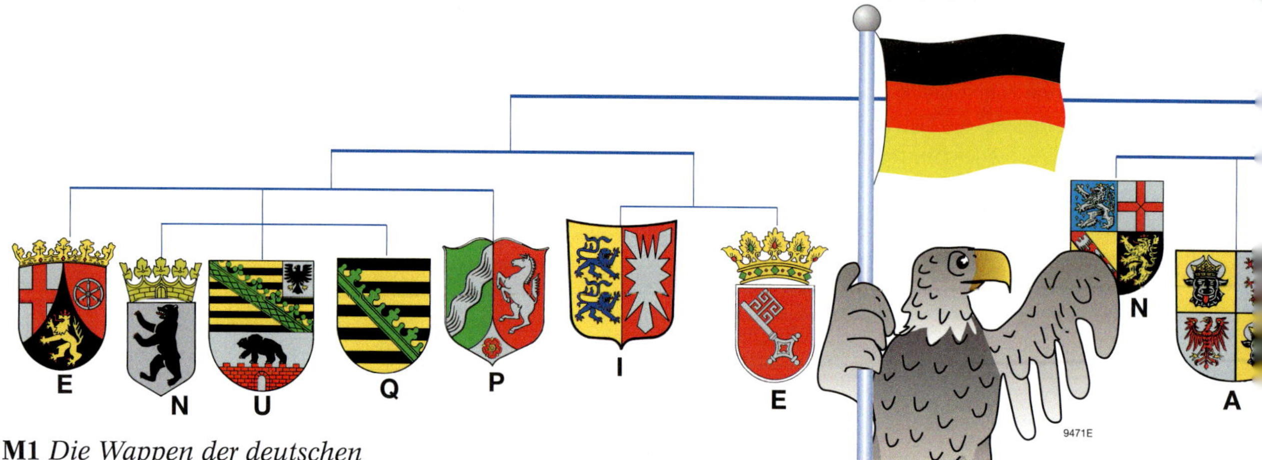

M1 *Die Wappen der deutschen Länder*

Ein Staat mit 16 Ländern

Die Bundesrepublik Deutschland ist ein **Staat** mit einer Staatsfläche von rund 357 000 km². Auf dieser Fläche liegen 16 unterschiedlich große **Länder** (auch **Bundesländer** genannt). Die **Hauptstadt** von Deutschland ist Berlin.

Info

Flächenstaaten und Stadtstaaten

Die 16 Länder Deutschlands sind unterschiedlich groß. 13 Länder bezeichnet man als *Flächenstaaten* mit einer größeren Landesfläche, einer eigenen Landeshauptstadt und vielen anderen Städten.
Weiterhin gibt es die drei *Stadtstaaten* Berlin, Hamburg und Bremen mit Bremerhaven. Sie sind jeweils Stadt und Bundesland zugleich.

Land (Bundesland)	Fläche in km²	Einwohner
Baden-Württemberg	35 800	10 700 000
Bayern	70 600	12 500 000
Berlin	890	3 400 000
Brandenburg	29 100	2 600 000
Freie und Hansestadt Bremen	400	700 000
Freie und Hansestadt Hamburg	760	1 700 000
Hessen	21 100	6 100 000
Mecklenburg-Vorpommern	23 600	1 700 000
Niedersachsen	47 400	8 000 000
Nordrhein-Westfalen	34 100	18 100 000
Rheinland-Pfalz	19 800	4 100 000
Saarland	2 600	1 100 000
Sachsen	18 300	4 300 000
Sachsen-Anhalt	20 400	2 500 000
Schleswig-Holstein	15 700	2 900 000
Thüringen	16 300	2 400 000

M2 *Größe und Einwohner der Länder Deutschlands*

Aufgaben

1 Ordne den alphabetisch aufgelisteten Ländern der Bundesrepublik Deutschland (M2) das richtige Wappen aus M1 zu (Atlas, Karte: Bundesrepublik Deutschland – politisch).
Die Buchstaben, die unter dem jeweiligen Wappen stehen, ergeben von oben nach unten gelesen ein Lösungswort.

2 Welche Länder Deutschlands haben ein Wappentier?

3 Schreibe mithilfe der Tabelle (M2) die 16 Länder Deutschlands nach der Größe der Landesfläche auf.

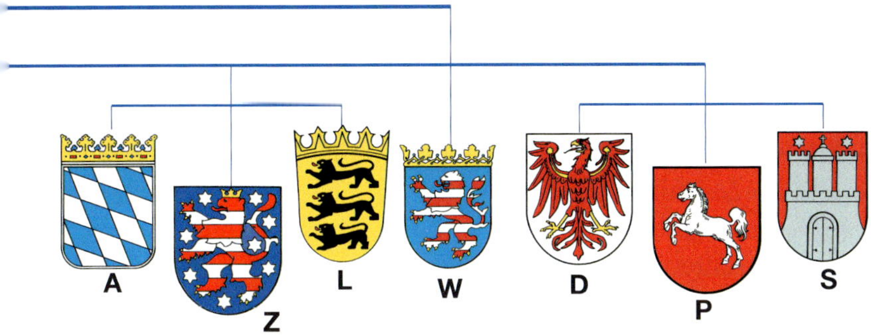

Aufgabe

4 Ordne die Länderbausteine in M4 den einzelnen Ländern Deutschlands (M3) zu (z. B. 1–Schle…).

Die Länder liegen wie große und kleine Puzzlestücke über der Fläche Deutschlands verteilt. Jedes Land hat eine eigene Landeshauptstadt und eine eigene Landesregierung.

Auch dein Heimatland Schleswig-Holstein ist ein Land der Bundesrepublik Deutschland. Die Landeshauptstadt ist Kiel. Schleswig-Holstein hat eine vergleichsweise kleine Landesfläche. Sie liegt im nördlichen Teil der Staatsfläche Deutschlands.

M3 *Die Länder (Bundesländer) Deutschlands*

M4 *Bausteine der Länder (Bundesländer)*

Merke
Deutschland ist ein Staat mit 16 Ländern. Diese werden auch Bundesländer genannt.

Grundbegriffe
- Staat
- Land (Bundesland)
- Hauptstadt

Berlin – Hauptstadt mit Herz

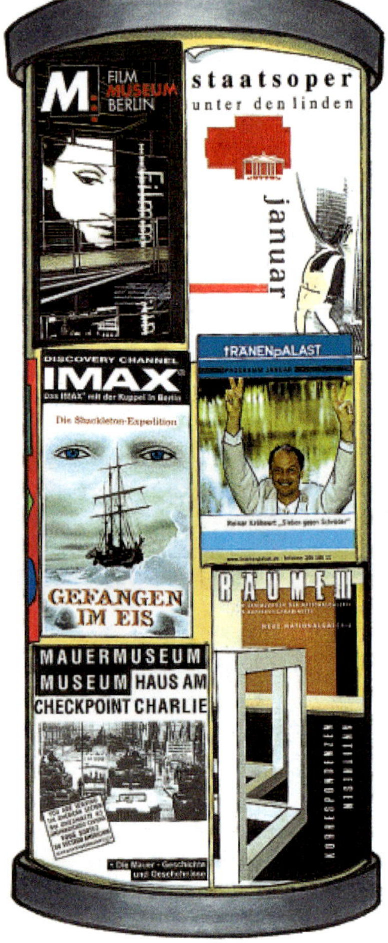

M1 *Weltstadtangebot*

Weltstadt Berlin – Angebot ohne Grenzen

Berlin ist die Hauptstadt der Bundesrepublik Deutschland und deshalb das politische Zentrum des Landes. Die Anziehungskraft Berlins geht aber weit über die Grenzen Deutschlands hinaus. Mehr als fünf Millionen Touristen aus fast allen Ländern der Erde kommen jedes Jahr nach Berlin. Viele besuchen eine der zahlreichen Veranstaltungen, wie Bühnenshows, Messen, Kongresse oder Sportveranstaltungen von internationalem Rang. Zu ihnen gehören die „Internationale Funkausstellung (IFA)“ , die „Grüne Woche“ oder die Filmfestspiele „Berlinale“. Berlin ist „in“ und international. Künstler, Musikgruppen und Orchester von Weltrang leben und arbeiten in Berlin. Plattenfirmen und Aufnahmestudios, Film- und Fernsehstudios produzieren hier für den deutschen und internationalen Unterhaltungsmarkt.

Zahllose Ausstellungen in über 150 Museen locken die Besucher ebenso wie die Kinopaläste am Potsdamer Platz oder die über 50 Theater der Stadt. Das kulturelle Angebot Berlins ist nahezu grenzenlos und weltstädtisch. Berlin ist wie New York, Paris, London oder Rom eine **Weltstadt**.

1 Waldbühne
2 Olympiastadion
3 Messegelände
4 Deutschlandhalle
5 Funkturm
6 ICC (Internationales Congress Zentrum)
7 Charlottenburger Schloss
8 Kaiser-Wilhelm-Gedächtniskirche
9 Europacenter
10 Siegessäule
11 Reichstag
12 Brandenburger Tor
13 Fernsehturm am „Alex“
14 Trabrennbahn
15 Staatsoper
16 Schauspielhaus
17 Sportforum Berlin

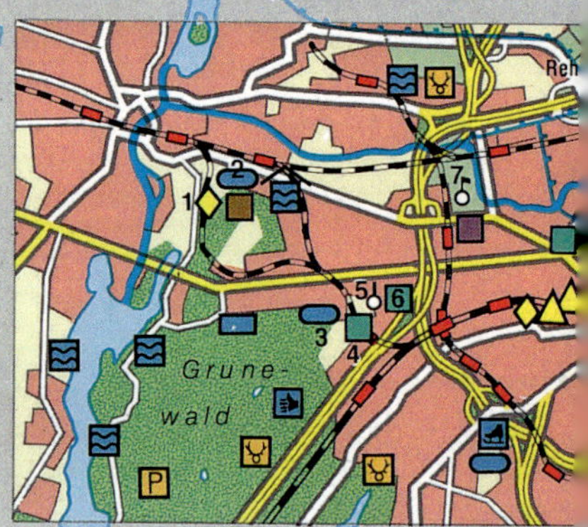

Aufgaben

1 Warum wird Berlin als Weltstadt bezeichnet?

2 Stadtbummel in Berlin: Ordne die Gebäude a bis h (M2) den Ziffern im Stadtplan (M3) zu.

3 Weltstadtangebot in Berlin: Lies die Plakate auf der Litfaßsäule (M1). Ordne sie danach, für welche Veranstaltungen geworben wird: Kino, Musik, Theater, Ausstellung.

Erstaunlich!

Berlin ist in vielerlei Hinsicht eine Stadt der Rekorde. Die Stadt besitzt mit fast 200 km Länge das längste und auch das älteste U-Bahnnetz in Deutschland. Der Fernsehturm ist mit 368 m das höchste Bauwerk in Deutschland. Mit fast Tausend Brücken hat Berlin mehr Brücken als Venedig. In Berlin liegt nach Duisburg der zweitgrößte Binnenhafen Deutschlands. Die Stadt hat die meisten innerstädtischen Wasserstraßen und besitzt mit dem Tiergarten den größten innerstädtischen Park.

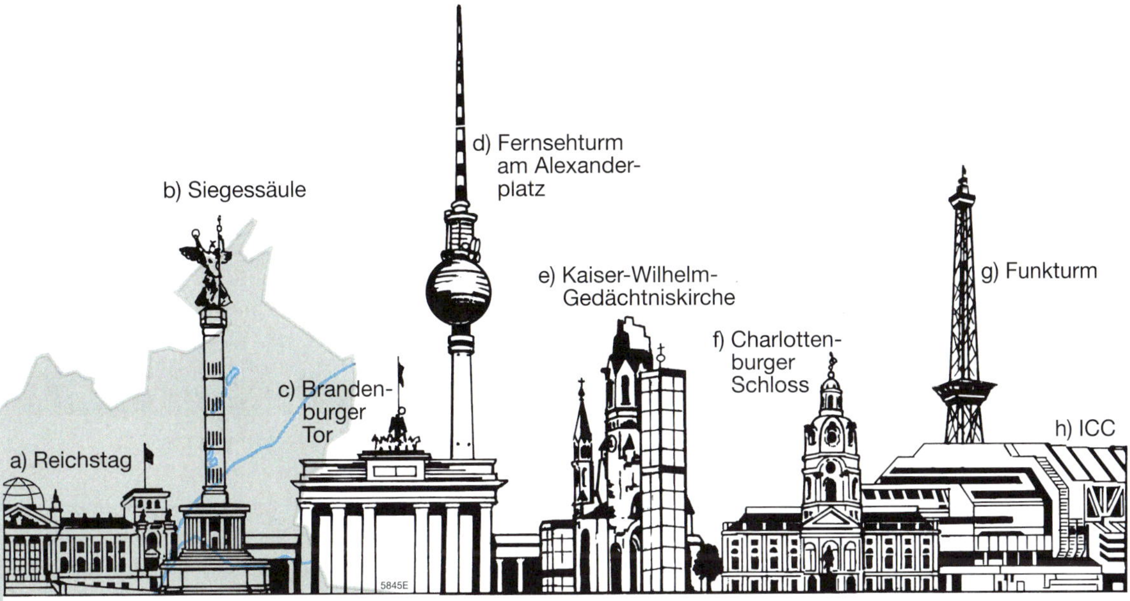

M2 *Sehenswürdigkeiten in Berlin*

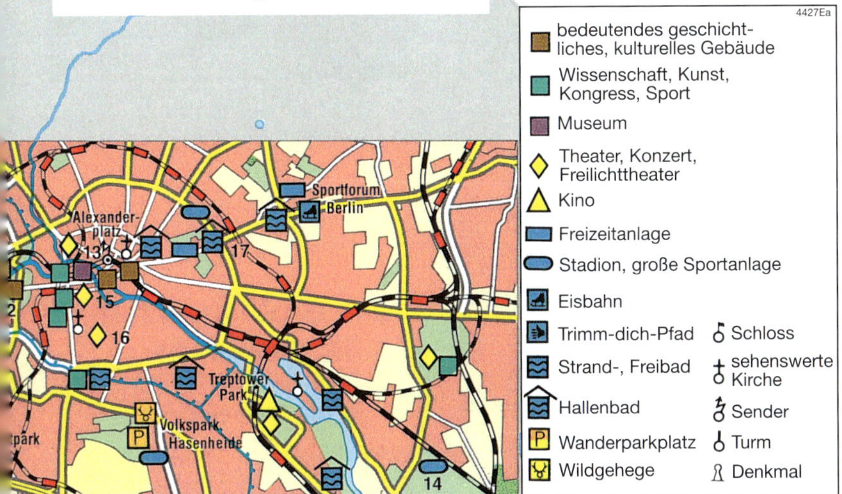

M3 *Was gibt es wo in Berlin?*

Aufgabe

4 Suche folgende Veranstaltungsorte in der Karte (M3) und nenne ihre Kennziffern:
- Rockkonzerte in der Waldbühne
- Fußballländerspiel im Olympiastadion
- Pferderennen auf der Trabrennbahn
- Kongress im ICC
- Funkausstellung auf dem Messegelände
- Violinkonzert im Charlottenburger Schloss
- Holiday On Ice in der Deutschlandhalle

M4 *Auf der Berlinale (Filmfestspiele)*

Merke
Berlin ist die Hauptstadt von Deutschland und eine Weltstadt.

Grundbegriff
- Weltstadt

Alles klar?

Orientieren in Deutschland

1. Bilderrätsel

Finde die Städte, Flüsse und Begriffe, die sich in den Rätseln verstecken. Du kannst den Atlas zu Hilfe nehmen.

A *Hafenstadt an der Nordsee*

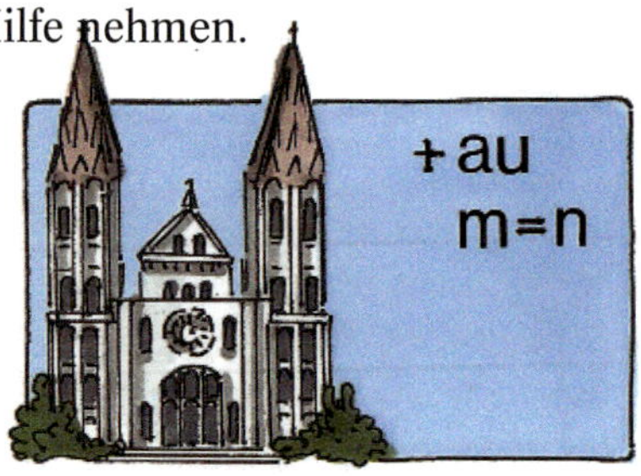

F *Fluss, der ins Schwarze Meer mündet*

K *Berg im Harz*

B *Gebirge im Südwesten Deutschlands*

G *Höchster Berg Deutschlands*

L *Stadt an der deutsch-französischen Grenze*

C *Längster Fluss Deutschlands*

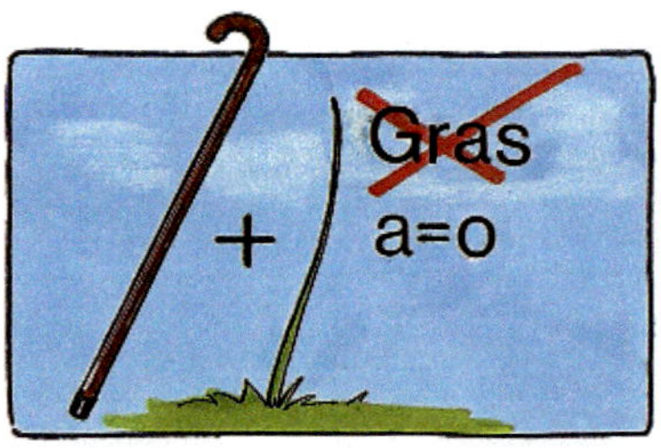

H *Stadt in Nordeuropa*

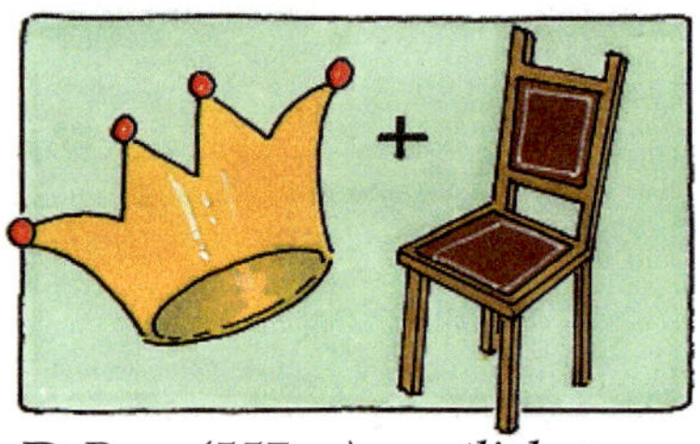

D *Berg (557 m) westlich von Freiburg*

I *Stadt in Österreich*

E *Größter See Deutschlands*

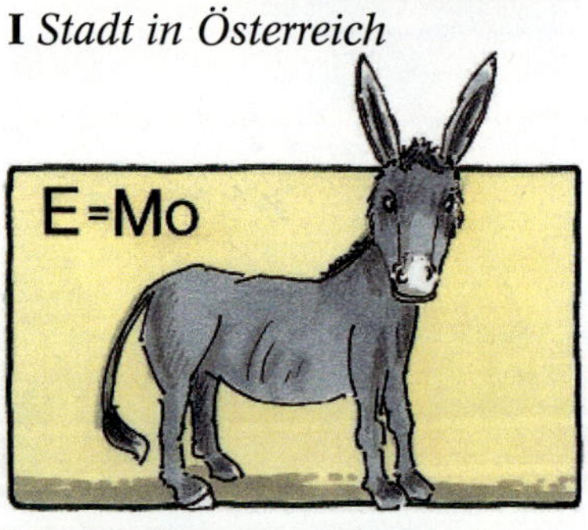

J *Nebenfluss des Rheins*

2. Die Großlandschaften Deutschlands

Notiere die Namen der Großlandschaften Deutschlands (A – D) in deiner Mappe oder deinem Heft.

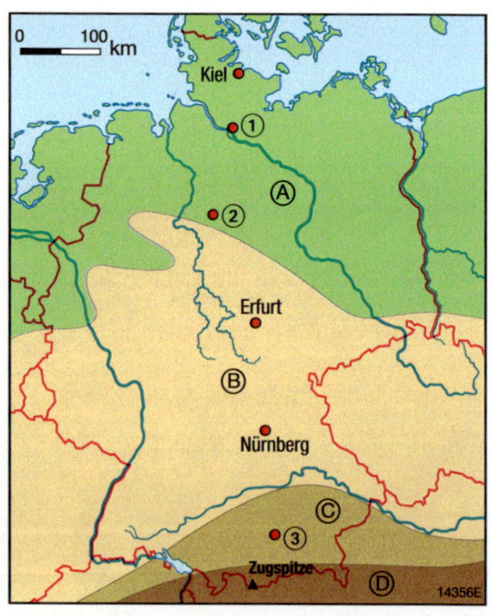

Großlandschaften in Deutschland

Deutschland gliedert sich von Norden nach Süden in folgende Großlandschaften: Norddeutsches Tiefland, Mittelgebirge, Alpenvorland und Alpen (Hochgebirge).

Gewusst wie: Eine Kartenskizze zeichnen

Die Kartenskizze zeigt in einfacher Darstellung einen Raum, zum Beispiel ein Land oder einen Kontinent. Zu jeder Kartenskizze gehören eine Unterschrift und eine Legende. Diese erklärt die Karteninhalte.

Die Länder Deutschlands

Die Bundesrepublik Deutschland ist ein Staat mit 16 Ländern (auch Bundesländer genannt). Sie untergliedern sich in Flächenstaaten und Stadtstaaten. Alle Länder haben eine Landesregierung und ein Landeswappen, die Flächenstaaten auch eine Landeshauptstadt. Unser Bundesland heißt Schleswig-Holstein und unsere Landeshauptstadt Kiel.

Grundbegriffe

- Tiefland
- Mittelgebirge
- Alpenvorland
- Hochgebirge
- Staat
- Land (Bundesland)
- Hauptstadt
- Weltstadt

Berlin – Hauptstadt mit Herz

Berlin ist die Hauptstadt von Deutschland.
Wegen des großen kulturellen Angebots, seiner Bedeutung als internationale Kongress- und Messestadt, seiner wirtschaftlichen Bedeutung und der Millionen Touristen aus aller Welt ist Berlin eine Weltstadt.

Die Erde – unser Lebensraum

Die Erde auf einen Blick

Ein Stabdiagramm zeichnen

Das Gradnetz der Erde

Wir zeichnen eine Weltkarte

Die Erde im Sonnensystem

Die Entwicklung des Menschen

M1 *Die Erde – aus einer Entfernung von fast 40000 km aus gesehen*

Die Erde auf einen Blick

M1 *Ein Astronaut schwebt im Weltall (Fotomontage).*

Aufgaben

1 Welche Form hat die Erde?

2 Warum kannst du ein Schiff nicht sofort ganz sehen, wenn es sich der Küste nähert (M4)?

3 Wie heißen die sieben Kontinente und die drei Ozeane auf der Erde (M3)?

4 Welche Kontinente liegen
a) nur auf der Nordhalbkugel?
b) nur auf der Südhalbkugel?
c) auf beiden Halbkugeln (M2)?

Die Erde aus dem Weltraum betrachtet

Astronauten können die Erde als Ganzes sehen. Aus ihren Raumfahrzeugen können sie erkennen, dass die Erde eine Kugel ist. Bilder, die von den Besatzungen der Raumfahrzeuge gemacht werden, können auch uns diese Eindrücke vermitteln. Die Astronauten umkreisen den Himmelskörper Erde in einem großen Abstand.

Die Abbildung auf den Seiten 62/63 zeigt die Erde in ihrer vollen Größe im Weltraum. Du siehst deutlich, dass es auf der Erde neben den Landflächen große Wasserflächen gibt. Die Wasserflächen sind mehr als doppelt so groß wie die Landflächen. Außerdem sind Wasser und Land sehr unterschiedlich verteilt. Auf der oberen Erdhälfte, der **Nordhalbkugel**, liegen mehr Landflächen. Auf der unteren Hälfte, der **Südhalbkugel**, findet man mehr Wasserflächen. Die großen, zusammenhängenden Landflächen sind die **Kontinente**. Die großen Wasserflächen werden als **Ozeane** bezeichnet.

Info

Äquator

Auf Abbildungen (z. B. Karten) werden die beiden Erdhälften durch eine Linie, den **Äquator**, getrennt. Er wäre auf der Erde etwa 40 000 Kilometer lang. Wenn du jeden Tag 30 km läufst, so brauchst du mehr als dreieinhalb Jahre, um die Erde ein Mal zu umrunden.

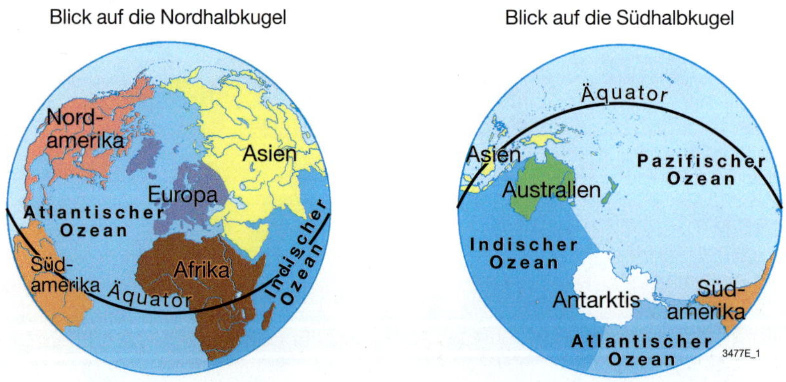

M2 *Halbkugeln der größten Land- und Wasserflächen*

M3 *Kontinente und Ozeane*

M4 *Ein Schiff nähert sich der Küste – Wie sieht man es zuerst?*

Umfang am Äquator:	40 000 km
Wasserfläche:	361 000 000 km²
Landfläche:	149 000 000 km²

M6 *Unsere Erde*

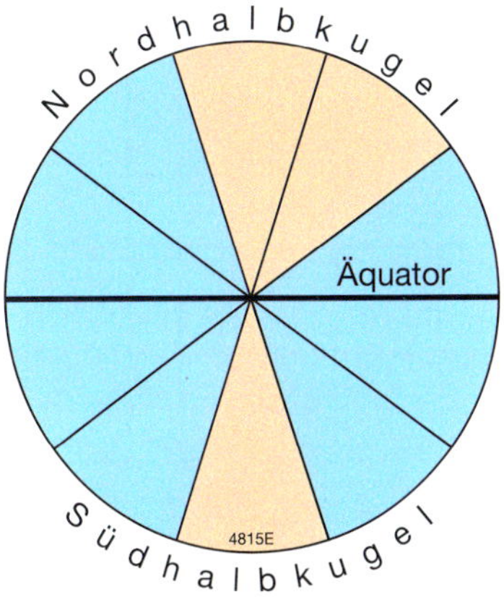

◁ **M5** *Halbkugeln der größten Land- und Wasserflächen. Die Wasserflächen der Erde sind blau dargestellt, die Landflächen ockergelb.*

Merke

Die Erde hat die Form einer Kugel. Es gibt Kontinente und Ozeane. Der Äquator trennt auf Abbildungen die Erde in eine Nordhalbkugel und eine Südhalbkugel.

Grundbegriffe

- Äquator
- Nordhalbkugel
- Südhalbkugel
- Kontinent
- Ozean

Ein Stabdiagramm zeichnen

Wk M

M1 *Globus*

Info

Quadratkilometer

Quadratkilometer (km^2) ist ein Flächenmaß. 1 km^2 bezeichnet die Fläche von 1 Kilometer Länge und 1 Kilometer Breite.

Der Globus – ein verkleinertes Modell der Erde

Ein verkleinertes Abbild der Erde ist der **Globus**. Er zeigt besonders gut die Lage der Kontinente und Ozeane. Auf dem Globus findest du auch den Nordpol und den Südpol. Beide Pole sind durch einen Stab verbunden. Er stellt die **Erdachse** dar. Weil die Erdachse zur Sonne schräg steht, ist die Achse (der Stab) des Globus auch schräg.

Aufgaben

1 Welche Kontinente zeigt der Globus in M1 ganz oder teilweise? Welche Ozeane erkennst du (Atlas)?

2 a) Zeichne nach M2 ein Diagramm „Größe der Kontinente und Ozeane". Das Diagramm M3 kannst du als Vorlage nehmen und ergänzen.
b) Vergleiche dann die Größe der Kontinente und Ozeane. Was stellst du fest?

Zahlen in Tabellen und Diagrammen

Die Zahlenreihen in Tabellen sind oft schwer zu verstehen. M2 ist eine Tabelle. Wenn die Tabelle in ein Diagramm umgewandelt ist (M3), sind die Größen der Zahlen besser zu erkennen. In M3 werden die Größen der Kontinente durch Stäbe angezeigt. Du siehst auf einen Blick, dass Asien der größte Kontinent ist. Er ist mehr als viermal so groß wie der kleinste Kontinent Australien.

Um ein Stabdiagramm zu zeichnen, gehst du so vor:

1. Zeichne zwei Linien im rechten Winkel auf Millimeterpapier. Auf der senkrechten Linie werden die Werte eingetragen, z. B. die Zahlen für die Größen der Kontinente und Ozeane in Mio. km^2. Die Linie muss so lang sein, dass man den höchsten Wert noch eintragen kann.
2. Auf der waagerechten Linie werden nebeneinander die Stäbe gezeichnet, z. B. für die Kontinente.
3. Gib dem Diagramm eine Unterschrift.

Australien	9 000 000
Europa	10 000 000
Antarktis	14 000 000
Südamerika	18 000 000
Nordamerika	24 000 000
Afrika	30 000 000
Asien	44 000 000
Indischer Ozean	75 000 000
Atlantischer Ozean	106 000 000
Pazifischer Ozean	180 000 000

M2 *Tabelle: Größe der Kontinente und Ozeane in km²*

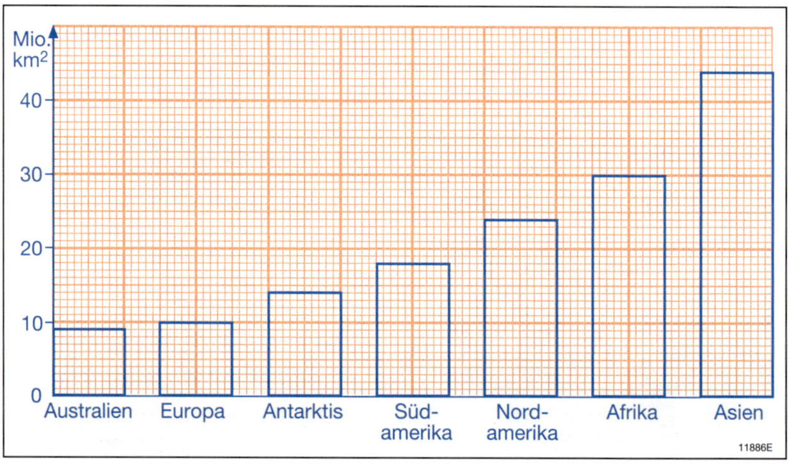

M3 *Stabdiagramm: Größe der Kontinente in Mio. km²*

Die Erde auf einen Blick

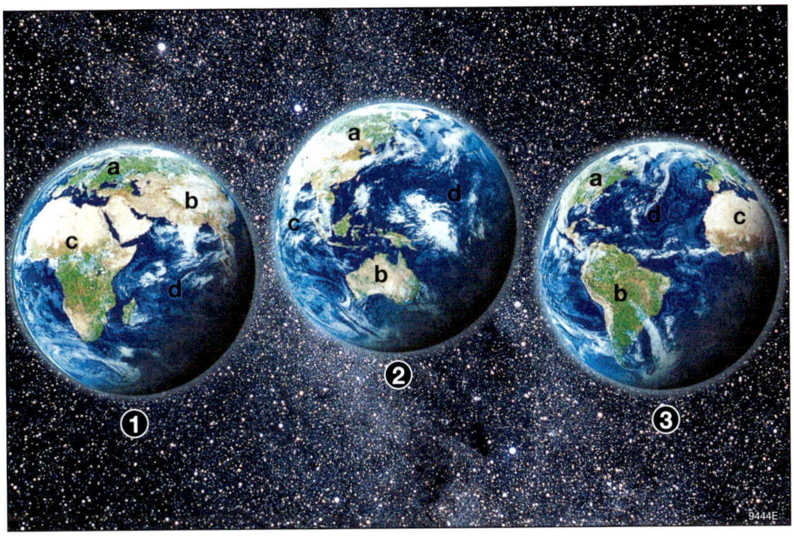

M4 *Verschiedene Ansichten der Erde*

Tag und Nacht auf der Erde

Die Sonne bestrahlt die Erde. Diese dreht sich einmal in 24 Stunden um ihre eigene Achse. So kommt es, dass die Sonne immer nur die ihr zugewandte Seite der Erdkugel beleuchtet. Dort ist es Tag. Die andere Seite liegt im Dunkeln. Dort ist Nacht.

In 24 Stunden ist es überall auf der Erde einmal Tag und einmal Nacht, nur dass das zu unterschiedlichen Zeiten auf den verschiedenen Kontinenten der Fall ist.

Aufgaben

3 Schreibe die folgenden Sätze in dein Heft und ergänze:
Der größte Kontinent heißt ... .
Der kleinste Kontinent heißt ... .
Insgesamt gibt es ... Kontinente und ... Ozeane.

4 Wie entstehen die Tageszeiten? Stelle mithilfe eines Globus und einer Lampe Tag und Nacht auf der Erde dar. Überlege, in welche Richtung du den Globus drehen musst (M5).

Merke
Die Erde gliedert sich in sieben Kontinente und drei Ozeane. Der Globus ist ein Modell der Erde. Die Erde dreht sich um ihre eigene Achse. Dadurch entstehen Tag und Nacht.

Grundbegriffe
- Globus
- Erdachse

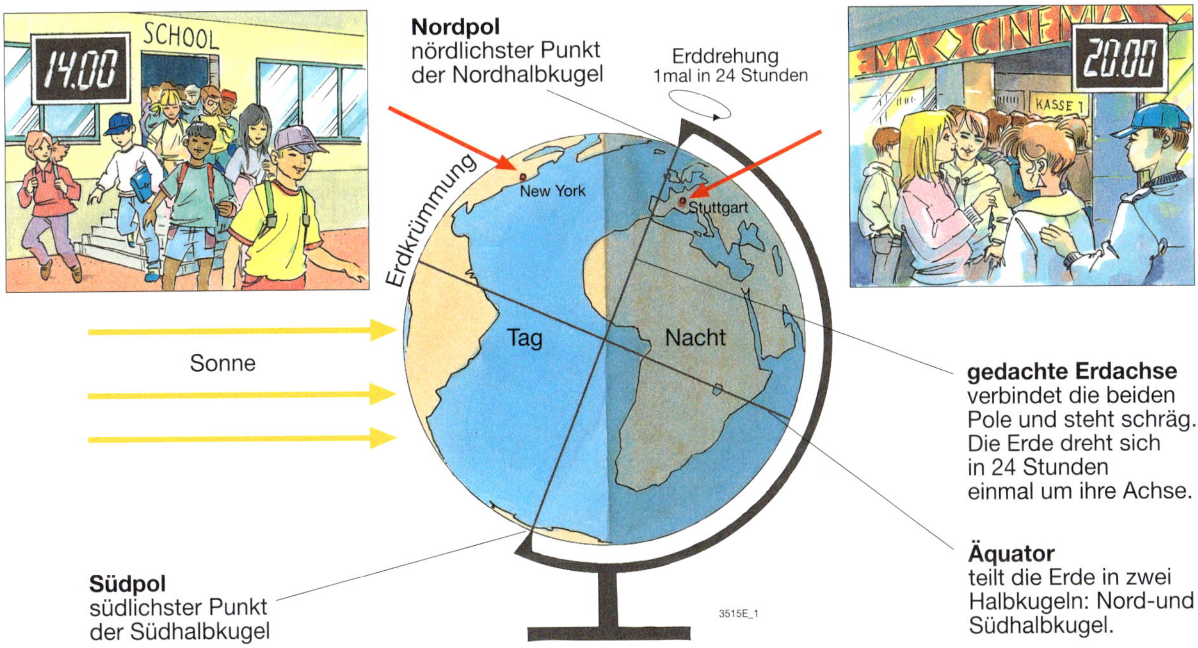

M5 *Die Erde dreht sich.*

Das Gradnetz der Erde

Info

GPS

GPS ist die Abkürzung für **G**lobal **P**ositioning **S**ystem. Es ist ein erdumspannendes System von Satelliten, die an bestimmten Punkten über der Erde stehen. Benutzer eines GPS-Geräts können bis auf wenige Meter genau ihre Position in Bezug auf Längengrad und Breitengrad bestimmen.

Was geht hier vor?

Die Erde ist fast rund und sie bewegt sich frei im Weltall (siehe S. 72–73). Es gibt kein Oben, kein Unten, keinen Anfang, kein Ende. Wie soll man sich da zurechtfinden? Ganz einfach! Die Menschen haben festgelegt: Oben ist der Nordpol, unten ist der Südpol. Das ist willkürlich, aber es funktioniert. Zusätzlich wurde ein Netz von Hilfslinien zur Orientierung entwickelt: Die **Längengrade** und die **Breitengrade**. Die Längengrade, **Meridiane** genannt, beginnen am Nordpol und enden am Südpol. Sie sind alle gleich lang. Der **Nullmeridian** verläuft durch den Ort Greenwich bei London. Von dort aus verlaufen je 180 Grade nach Westen (westl. L. v. Gr. oder abgekürzt W) und nach Osten (östl. L. v. Gr. oder abgekürzt O).

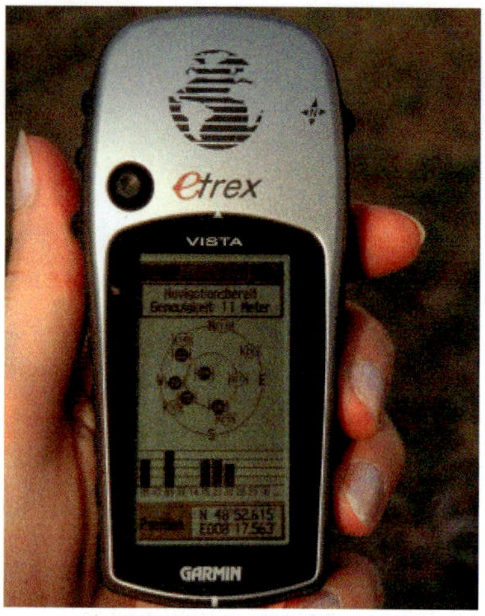

M1 *GPS-Empfänger*

Ein Gürtel teilt die Erde

Die Breitengrade sind wie Gürtel um die Erde gelegt. Der größte Breitengrad ist der Äquator. Er teilt die Erde in eine Nord- und eine Südhalbkugel. Nach Norden und Süden gibt es jeweils 90 solcher Gürtel, die immer im gleichen Abstand um die Erde gelegt sind. Sie werden nach Norden und Süden immer kleiner. An den Polen sind sie nur noch ein Punkt. Liegt ein Ort auf der nördlichen Halbkugel, so liegt er auf einem Breitenkreis nördlicher Breite (n. Br. oder N). Ein Ort auf der Südhalbkugel liegt auf einem Breitenkreis südlicher Breite (s. Br. oder S). Längengrade und Breitengrade bilden zusammen das **Gradnetz** der Erde. Nun ist es leicht, die Lage eines Ortes auf der Erde eindeutig zu bestimmen. Auf den meisten Karten im Atlas ist das Gradnetz eingezeichnet. Die Gradzahlen stehen am Kartenrand.

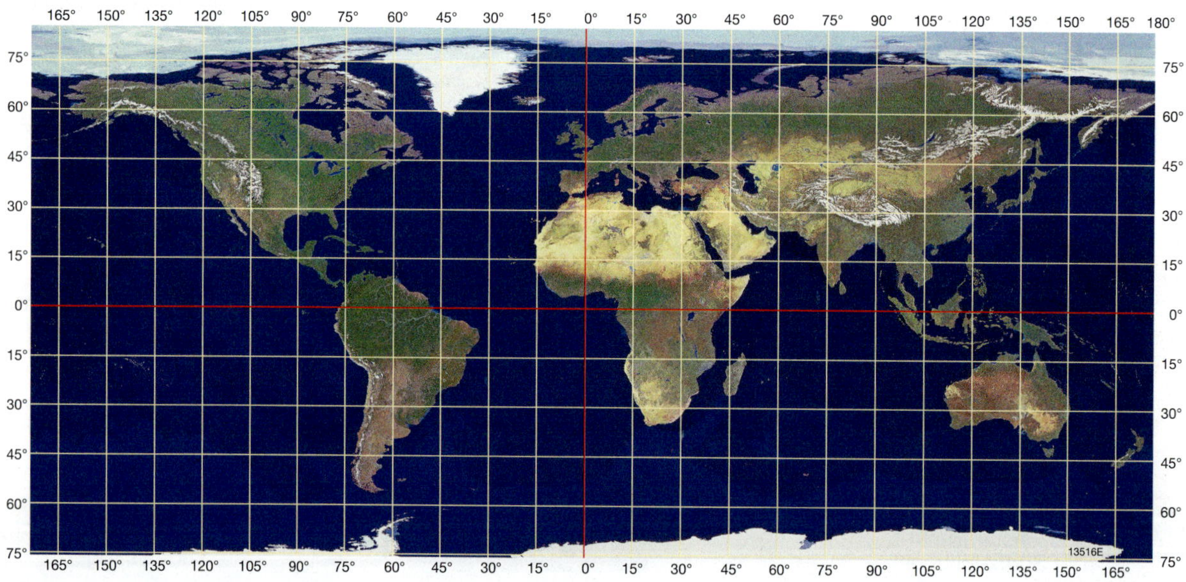

M2 *Satellitenbild der Erde mit eingezeichnetem Gradnetz*

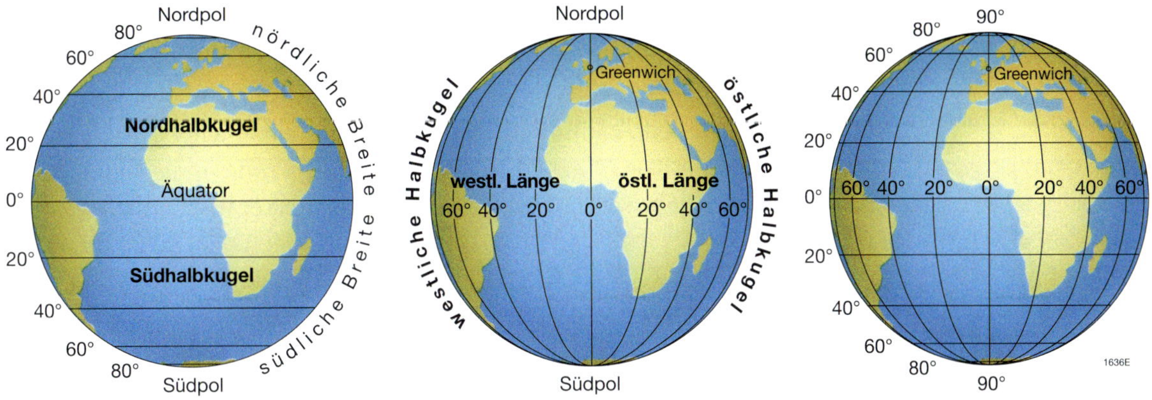

M3 *Das Gradnetz der Erde*

M4 *Gradnetz in Schleswig-Holstein*

M6 *Bei 54° N und 10° O*

M5 *Der Verlauf des Nullmeridians durch Greenwich*

Aufgaben

1 Erläutere das Gradnetz der Erde. Benutze die Begriffe Längengrad, Breitengrad, Äquator, Nullmeridian.

2 Suche im Atlas und im Internet (www.confluence.org) die in M4 angegebenen Schnittpunkte und beschreibe die Lage (Stadt, Gebirge, Fluss).

3 In der Nähe welcher Stadt wurde das Foto M6 aufgenommen?

4 Ermittle die Lage folgender Städte (Atlas): a) Prag, b) London, c) Berlin, d) Moskau, e) Kapstadt?

Merke
Das Gradnetz der Erde besteht aus Längengraden (Meridianen) und Breitengraden. Es ermöglichst die genaue Bestimmung von Punkten auf der Erde.

Grundbegriffe
- Längengrad
- Breitengrad
- Meridian
- Nullmeridian
- Gradnetz

Wir zeichnen eine Weltkarte

Material, das ihr braucht:
- Overheadprojektor
- Weltkarte im Atlas zum Durchpausen
- Folie
- wasserlöslicher Folienstift zum Zeichnen der Karte auf Folie
- helle Pappe oder ein Stück Tapetenrolle (z. B. 80 x 60 cm)
- Klebestreifen zum Befestigen der Pappe an der Wand oder Tafel
- schwarze Filzstifte zum Nachzeichnen der Weltkarte
- farbige Filzstifte zum Einzeichnen der „Rekorde"

9305E

M1

Die Karte der „Rekorde der Erde" – ein Klassenschmuck

Ihr sollt selbst eine Karte wie in M4 anfertigen, allerdings groß, auf einem Plakat zum Aufhängen. Wenn ihr wisst, wie es geht, könnt ihr auch andere Themen (nicht nur die „Rekorde"), die im Unterricht behandelt werden, in einer solchen Karte veranschaulichen.

So geht ihr vor:

Legt das benötigte Material bereit. Dann geht es los.

1. Übertragt eine Weltkarte im Atlas auf die Folie. Zeichnet die Umrisse der Kontinente nur grob nach.
2. Befestigt helle Pappe mit Klebestreifen an der Wand oder an der Tafel.
3. Legt die Folie auf den Tageslicht-Projektor und bildet die Karte auf der Pappe ab. Zeichnet die Umrisse der Kontinente mit einem schwarzen Filzstift nach.
4. Färbt das Meer hellblau ein.
5. Zeichnet nun die „Rekorde" ein und beschriftet sie.

M2 *Der Trick mit dem Tageslichtprojektor*

Ein Tipp:

Zeichnet die „Rekorde" nicht direkt in die Karte, sondern auf Papier und schneidet sie aus. Steckt sie dann mit Pinn-Nadeln auf die Karte.
So könnt ihr die Weltkarte auch noch für andere Themen im Unterricht verwenden.

Rekorde der Erde

Spitzenleistungen gibt es nicht nur im Sport. Auch unsere Erde kann solche „Rekorde" bieten. Immer wieder wird in einem Rätsel oder bei einem Quiz nach dem höchsten Berg oder dem längsten Fluss gefragt.

Hier sind einige „Rekorde" aufgelistet:

Die TOP 13 der Erde

Das Gebirge mit den höchsten Bergen:	Himalaya
Der höchste Berg:	Mount Everest (8872 m)
Die tiefste Meeresstelle:	Witjas-Tief (-11034 m)
Die tiefste Stelle der Landoberfläche:	am Toten Meer (-401 m)
Der höchstgelegene schiffbare See der Erde:	Titicacasee (3812 m)
Das längste Gebirge:	Rocky Mountains/Anden(14000 km)
Der längste Fluss:	Nil (6671 km)
Der tiefste See:	Baikalsee (1620 m)
Die größte Insel:	Grönland (2 Mio. km^2)
Die größte Halbinsel:	Arabien (3 Mio. km^2)
Der größte Kontinent:	Asien (44 Mio. km^2)
Der größte See:	Kaspisches Meer (371800 km^2)
Der höchste Vulkan:	Cotopaxi (5897 m)

M3

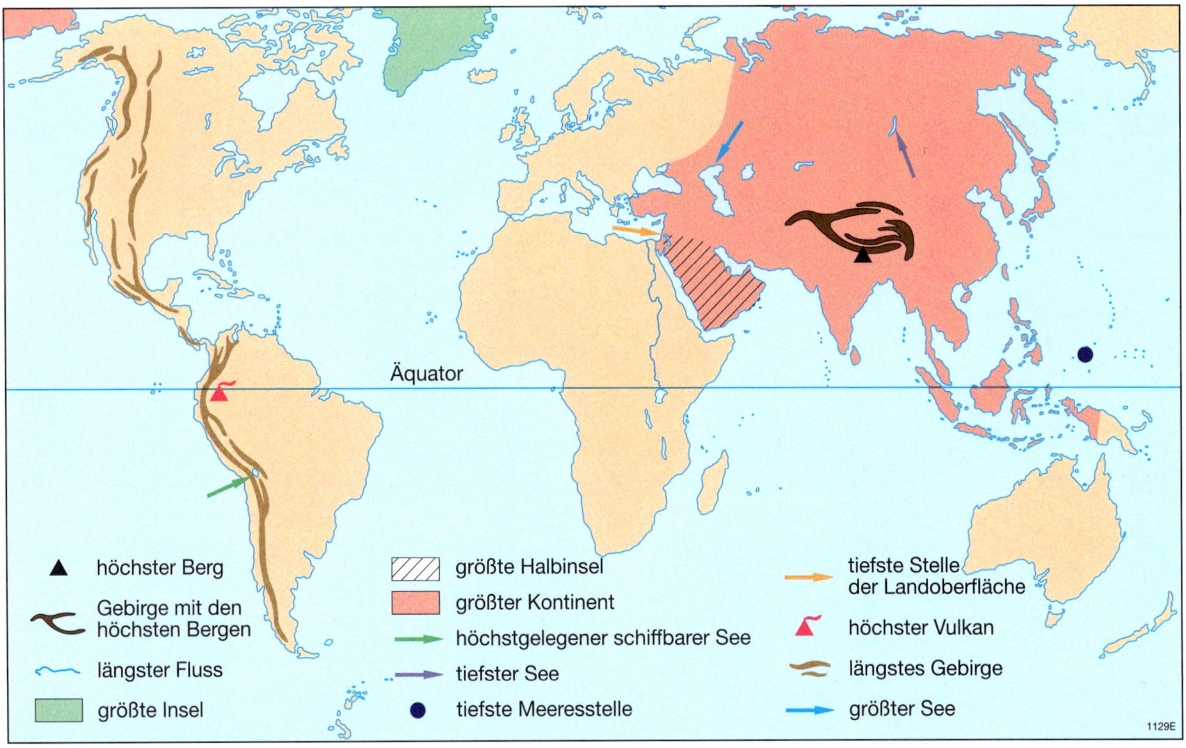

M4 *Karte der Rekorde der Erde*

Aufgabe

1 Ordne die „TOP 13 der Erde" den Kontinenten zu. Beginne so: Das Gebirge mit den höchsten Bergen liegt in A … .

Die Erde im Sonnensystem

Aufgaben

1 Unser Sonnensystem:
a) Welches ist der größte und welches der kleinste Planet?
b) Welche Planeten unseres Sonnensystems sind nicht in M1 dargestellt?

2 Nenne die Namen aller Planeten in der Reihenfolge der Entfernung von der Sonne und schreibe sie auf. Die „Eselsbrücke" hilft dir dabei.

3 a) Ein Stecknadelkopf mit einem Durchmesser von einem Millimeter soll die Erde sein. Wie groß muss dann die Sonne sein (Text und M4)?
b) Stellt die Entfernung von der Sonne zur Erde auf dem Schulhof nach.

Die Erde – ein Planet der Sonne

Das **Weltall** ist so groß, dass wir uns das nicht mehr vorstellen können. Hier gibt es unzählige **Sterne**, auch Sonnen genannt. Einer dieser Sterne ist unsere Sonne. Sie ist der Mittelpunkt unseres **Sonnensystems**. Ein Stern (bzw. eine Sonne) leuchtet selbst. Unsere Sonne hat einen Durchmesser von etwa 1400000 km.

Acht **Planeten** umkreisen unsere Sonne. Früher waren es neun, aber 2006 haben Wissenschaftler dem Pluto die Bezeichnung „Planet" aberkannt; er ist nur noch ein „Zwergplanet". Die Planeten leuchten nicht selbst. Man sieht sie nur, weil sie von der Sonne angestrahlt werden. Einer der Planeten ist die Erde. Die Erde braucht ein Jahr, um die Sonne einmal zu umkreisen.
Die meisten Planeten werden von **Monden** umkreist. Auch sie leuchten nicht selbst. Der Mond der Erde braucht etwa einen Monat, um die Erde zu umkreisen.

M1 *Die Sonne mit ihren Planeten im Weltraum*

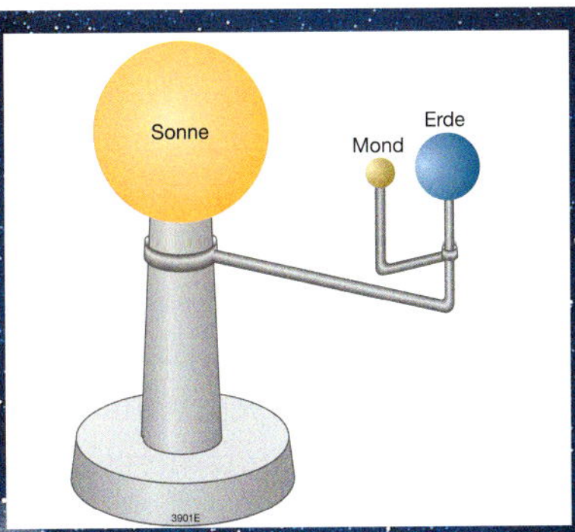

M2 *Modell: Sonne, Erde, Mond*

M3 *Merkhilfe*

Planet	Durchmesser	Monde	Abstand zur Sonne
Jupiter	143 000 km	63	779 Mio. km
Saturn	120 000 km	47	1 432 Mio. km
Uranus	51 100 km	27	2 884 Mio. km
Neptun	49 500 km	13	4 509 Mio. km
Erde	12 760 km	1	150 Mio. km
Venus	12 100 km	–	108 Mio. km
Mars	6 970 km	2	228 Mio. km
Merkur	4 800 km	–	58 Mio. km

M4 *Die Planeten des Sonnensystems, geordnet nach ihrer Größe*

Merke

Sterne (oder Sonnen) im Weltall leuchten selbst. Unsere Sonne wird von der Erde – als einem der acht Planeten unseres Sonnensystems – in einem Jahr umkreist.
Der Mond umrundet die Erde in etwa einem Monat.

Grundbegriffe
- Weltall
- Stern (Sonne)
- Sonnensystem
- Planet
- Mond

Die Entwicklung des Menschen

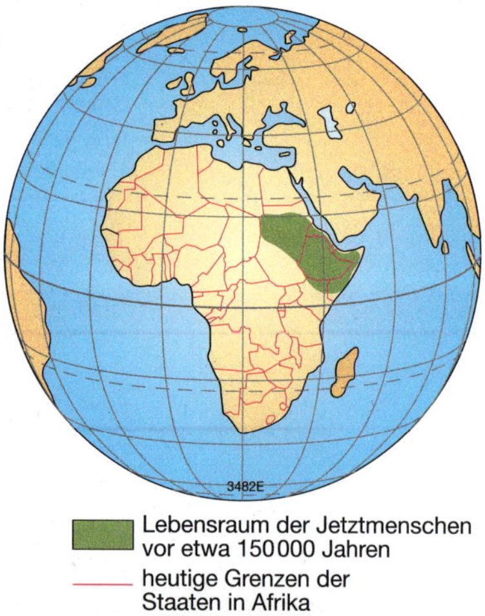

M1 *Die Wiege der Menschheit liegt in Ostafrika*

Es begann vor 2 500 000 Jahren

Vor knapp fünf Millionen Jahren lernten affenähnliche Wesen aufrecht zu gehen. Diese **Vormenschen** waren bis zu 1,40 m groß. Ihr Gehirn war bereits größer als das der Menschenaffen.

Die Geschichte der Menschheit begann vor 2 500 000 Jahren mit den **Frühmenschen**. Diese erreichten eine Größe von bis zu 1,60 m. Ihr Gehirn war etwa doppelt so groß wie das der Menschenaffen. Sie benutzten Werkzeuge aus Stein, wie zum Beispiel Steinmesser. Sie hatten eine flache, fliehende Stirn, ein hervorstehendes Gebiss und dicke Wülste über den Augen. Im Jahr 1907 wurde bei Heidelberg der Unterkiefer eines solchen Frühmenschen entdeckt. Nach dem Fundort nannte man ihn Heidelberger.

Vor etwa 250 000 Jahren entstanden die **Altmenschen**. Sie waren etwa genauso groß wie die Frühmenschen. Die Form ihres Kopfes war jedoch deutlich weiterentwickelt. Die Wülste über den Augen waren flacher, die Stirn steiler und das Gehirn größer. Im Jahr 1856 wurden im Neandertal bei Düsseldorf Knochenreste der Altmenschen gefunden. Nach dem Fundort nennt man diese Altmenschen auch Neandertaler. Bis vor 30 000 Jahren lebten Neandertaler in Europa, Afrika und Asien. Danach verschwanden sie aus unbekannten Gründen.

Bereits vor etwa 150 000 Jahren entstanden in Afrika die **Jetztmenschen**. Sie waren bis zu 1,70 m groß und sahen bereits so aus wie die Menschen heute. Seit etwa 40 000 Jahren sind die Jetztmenschen auch in Europa nachgewiesen.

Aufgaben

1 a) Berichte mit eigenen Worten über die Entwicklung der Menschen (M2, Text). Benutze die Begriffe Vormensch, Frühmensch, Altmensch, Jetztmensch.

b) Lege eine Tabelle an:

Mensch	Aussehen	Größe	Zeit
Vormensch	affenartig	1,40 m	vor 5 Mio.
Frühmensch	....	....	....
Altmensch	....	....	....
Jetztmensch	....	....	....

2 Ostafrika gilt als „Wiege der Menschheit". Erläutere.

3 Welche heutigen Staaten bilden die „Wiege der Menschheit" (M1 und Atlas, Karte: Afrika – Staaten/Bevölkerung)?

M2 *Frühmensch – Altmensch – Jetztmensch*

Vergiss deine Hautfarbe – auch du bist ein Afrikaner

Die heutigen Menschen unterscheiden sich durch Aussehen und Hautfarbe. Es gibt Schwarze, Weiße, Indianer, ... Doch eins ist sicher: Die Ur-Heimat aller Menschen liegt in Ostafrika. Hier entwickelten sich vor etwa 150 000 Jahren die Jetztmenschen. Von Afrika aus zogen sie im Laufe der Jahrtausende nach Asien, Australien, Europa und Amerika.

Wie aber lassen sich Funde von Menschenschädeln in aller Welt erklären, die über zwei Millionen Jahre alt sind? Die Antwort der Wissenschaftler lautet: Die Menschen haben mehrmals von Afrika aus die Welt besiedelt. Bereits vor über zwei Millionen Jahren breiteten sich Frühmenschen zum ersten Mal aus. Damals erreichten sie jedoch noch nicht Australien und Amerika.

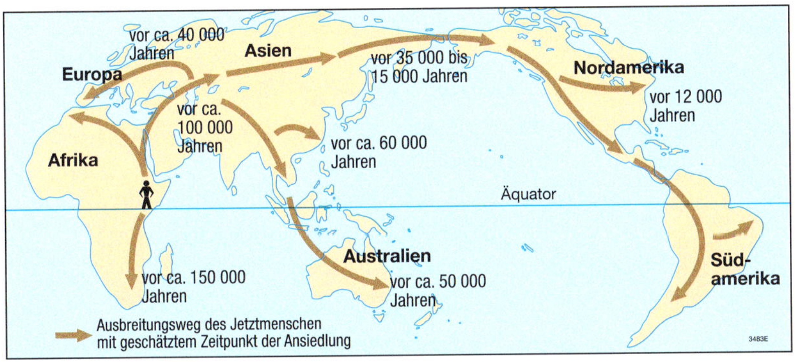

M3 *Die Ausbreitung des Jetztmenschen*

M5 *Menschen aus verschiedenen Teilen der Erde*

M4 *Altmenschen (So könnten sie vor 200 000 Jahren ausgesehen haben.)*

Merke
Vor etwa 2 500 000 Jahren begann die Geschichte der Menschen. Vor etwa 150 000 Jahren entstanden in Ostafrika die Jetztmenschen.

Grundbegriffe
- Vormensch
- Frühmensch
- Altmensch
- Jetztmensch

Die Erde – unser Lebensraum

1. Eine geheime Botschaft

Ono schreibt einige Wörter in einem Code. Entschlüssele sie.

Vom Weltraum aus wirkt die Erde wie eine 7–17–3–1–8. Das verkleinerte 9–11–26–1–8–8 ist der 3–8–11–24–17–15. Die großen Landflächen auf der Erde heißen 7–11–10–16–5–10–1–10–16–1. Auf der Südhalbkugel gibt es mehr 19–23–15–15– 1–14 als 8–23–10–26.

2. Quiz

Was ist richtig? Erläutere deine Entscheidung.

1. Der Äquator teilt die Erde
   a) in eine West- und Osthalbkugel.
   b) in eine Nord- und Südhalbkugel.
2. Die Halbkugel mit der größten Wasserfläche ist
   a) die Südhalbkugel.
   b) die Nordhalbkugel.
3. Die Erde dreht sich einmal
   a) in einem Jahr um ihre eigene Achse.
   b) in 24 Stunden um ihre eigene Achse.
4. Der Globus ist
   a) ein Modell der Erde.
   b) ein Bild der Erde.
5. Die Erdachse
   a) steht senkrecht.
   b) ist schräg geneigt.

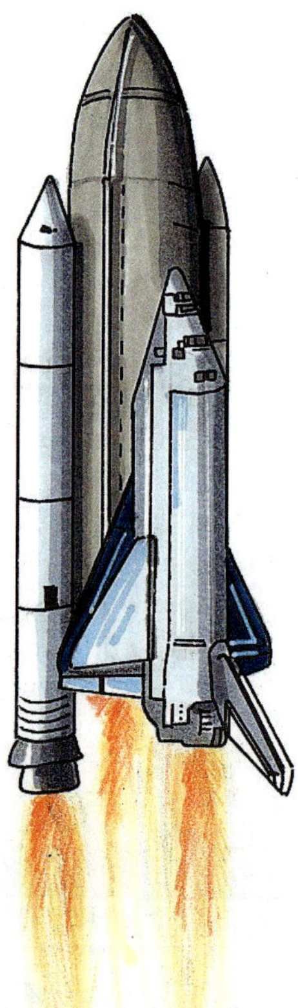

3. Weltkunde-Experte gesucht

1. Finde in dem Silbenrätsel vier Kontinente und drei Ozeane und schreibe die Lösung auf.
   EU – AUS – ANT – TRA – AT – PA – KA – LI – EN – TIK – FIK – RO – ZI – IN – ARK – AF – PA – DIK – LAN – TIS – RI
2. Zähle die sieben Kontinente auf.
3. Ordne die drei Ozeane nach der Größe.
4. Zeichne einen Globus und trage ein:
   Nordpol, Südpol, Äquator, Erdachse.
5. Wie heißt der längste Fluss der Erde?

Die Erde auf einen Blick

Im Weltraum von der Erde aufgenommene Fotos zeigen die Kugelgestalt der Erde.

Das verkleinerte Modell der Erde ist der Globus. Durch den Nordpol und den Südpol verläuft die Erdachse. Der Äquator teilt die Erde auf dem Globus oder auf Karten in eine Nordhalbkugel und in eine Südhalbkugel.

Die großen Landflächen auf der Erde werden als Kontinente bezeichnet. Auf der Südhalbkugel herrschen die Wasserflächen der großen Ozeane vor.

Das Gradnetz der Erde

Das Gradnetz der Erde ist ein Netz von Hilfslinien, um sich auf der Erde zurechtzufinden. Es besteht aus Längengraden (Meridianen) und Breitengraden und ermöglichst die genaue Bestimmung von Punkten auf der Erde. Die Längengrade (Meridiane) beginnen am Nordpol und enden am Südpol. Sie sind alle gleich lang. Die Breitengrade sind wie Gürtel um die Erde gelegt. Der größte Breitengrad ist der Äquator. Nach Norden und Süden werden sie immer kleiner. An den Polen sind sie nur noch ein Punkt. Auf den meisten Karten im Atlas ist das Gradnetz eingezeichnet. Die Gradzahlen stehen am Kartenrand.

Grundbegriffe

- Äquator
- Nordhalbkugel
- Südhalbkugel
- Kontinent
- Ozean
- Globus
- Erdachse
- Längengrad
- Breitengrad
- Meridian
- Nullmeridian
- Gradnetz
- Weltall
- Stern
- Sonnensystem
- Planet
- Mond
- Vormensch
- Frühmensch
- Altmensch
- Jetztmensch

Die Erde im Sonnensystem

Im Weltall gibt es unzählige Sterne, das heißt Himmelskörper, die selber leuchten. Sie sind in Sternenhaufen, auch Milchstraßen oder Galaxien genannt, angeordnet. Die Sonne, ein Stern, bildet den Mittelpunkt unseres Sonnensystems. Die Erde ist einer ihrer acht Planeten. Die Planeten leuchten nicht selbst. Sie werden von der Sonne angestrahlt. Der Mond ist der Trabant der Erde.

Die Entwicklung des Menschen

Affenähnliche Vormenschen gibt es seit fast fünf Millionen Jahren. Die Geschichte des Menschen begann vor 2500000 Jahren. Vom Frühmensch über den Altmensch entstand der Jetztmensch. Jetztmenschen entwickelten sich zuerst vor etwa 150000 Jahren in Ostafrika.

Die heutigen Menschen unterscheiden sich unter anderem durch Aussehen und Hautfarbe.

Mit Feuer und Faustkeil – so fingen wir an

Vormenschen – schon vor fünf Millionen Jahren

Jäger und Sammler in der Altsteinzeit

Lebensverhältnisse in der Jungsteinzeit

Neue Techniken erleichtern das Leben

Eine Erkundung im Museum

Aus der Arbeit der Steinzeitforscher

Werkstoffe Bronze und Eisen

Informationen gewinnen

Jäger und Sammler heute

M1 *Neandertaler vor ihrer Wohnhöhle (Nachbildung). Diese „Altmenschen" führten ein hartes und gefährliches Leben. Sie mussten sich gegen Löwen, Bären und Wölfe verteidigen.*

Vormenschen – schon vor fünf Millionen Jahren

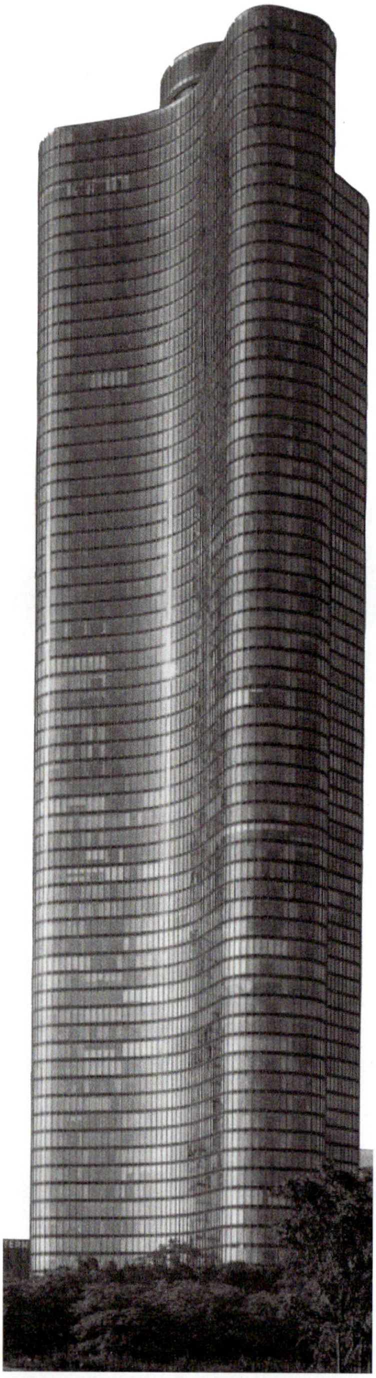

M1 *Der Lake Point Tower in Chicago (USA) ist 197 Meter hoch. In diesem Wohnhochhaus sind etwa 900 Wohnungen untergebracht. Außerdem gibt es zahlreiche Geschäfte, mehrere Restaurants, Tennisplatz und Swimmingpool.*

M2 *Schlafnest in einem Baum vor etwa vier Millionen Jahren*

Wann beginnt die Geschichte?

Geschichtsforscher bezeichnen die Zeit bis zur Überlieferung von schriftlichen Aufzeichnungen als **Vorgeschichte**. Die Zeit nach der Erfindung der Schrift ist die **Geschichte**.

In Ägypten wurde die Schrift um 3000 vor Christus (v. Chr.) erfunden (siehe S. 180). Bei uns kam sie erst weit nach Christi Geburt auf. Dieses Kapitel berichtet über die Vorgeschichte.

Einst haben die Kerls auf den Bäumen gehockt,
behaart und mit böser Visage.
Dann hat man sie aus dem Urwald gelockt
und die Welt asphaltiert und aufgestockt
bis zur dreißigsten Etage.

Da saßen sie nun, den Flöhen entflohn
in zentralgeheizten Räumen.
Da sitzen sie nun am Telefon.
Und es herrscht noch genau derselbe Ton
wie seinerzeit auf den Bäumen. (...)

So haben sie mit dem Kopf und dem Mund
den Fortschritt der Menschheit geschaffen.
Doch davon mal abgesehen und
bei Licht betrachtet sind sie im Grund
noch immer die alten Affen.

M3 *Gedicht von Erich Kästner*

M4 *So stellt man sich heute das Leben der Vormenschen vor.*

Aufgaben

1 „Wie der erste Mensch!“ Was fällt dir zu diesem Ausspruch ein?

2 Lies das Gedicht von Erich Kästner (M3). Erläutere die Aussage: „Sie sind im Grund noch immer die alten Affen“.

3 Die Behausung schützt den Menschen. Betrachte M1 und M2. Nenne Gemeinsamkeiten und Unterschiede.

Merke
Die Zeit bis zur Erfindung der Schrift heißt Vorgeschichte. Danach beginnt die Geschichte. Die Menschen entwickelten sich aus den Vormenschen.

Grundbegriffe
- Vorgeschichte
- Geschichte

Operiert wurde schon vor 7000 Jahren

Der älteste Nachweis einer erfolgreichen Schädeloperation in Europa

Der Medizinmann schneidet mit einer messerscharfen Klinge aus Feuerstein ein Loch von 6 cm Durchmesser in den Schädel eines Kranken. Die Klinge ist frischgeschlagen und dadurch keimfrei. Sie muss den harten Knochen durchdringen, ohne die darunter liegenden Hirnhäute zu beschädigen. Nach der Operation deckt der Medizinmann das Loch mit einem Wundverband aus Malven und Sonnenhut ab.
Ob diese Operation vor rund 7000 Jahren den unerträglichen Schmerz linderte oder einen bösen Geist entweichen ließ, wissen wir nicht. Der operierte Schädel wurde jetzt bei Ausgrabungen in Frankreich bei Colmar gefunden. Der Mann hat nach der Operation noch viele Jahre gelebt. Die Wissenschaftlerinnen und Wissenschaftler erkennen das an neu gebildeten Knochen.
(Nach: Badische Zeitung)

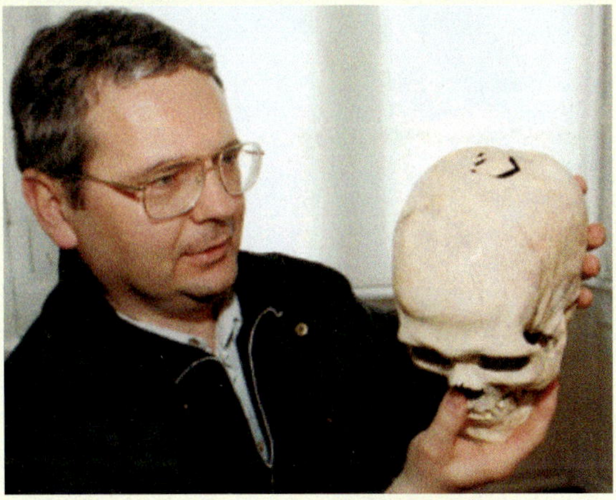

Der Fund des Schädels zeigt, dass die Menschen um 5000 v. Chr. bereits große Kenntnisse in der Medizin hatten

M5

Jäger und Sammler in der Altsteinzeit

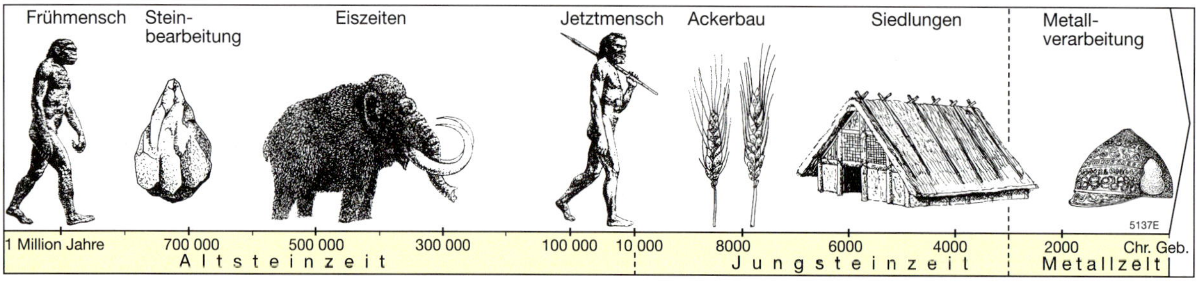

M1 *Zeitleiste*

Info

Zeitleiste
Eine **Zeitleiste** zeigt von links nach rechts ausgewählte Ereignisse einer bestimmten Zeitspanne. Die Ereignisse sind in der Reihenfolge eingetragen, in der sie sich damals abgespielt haben

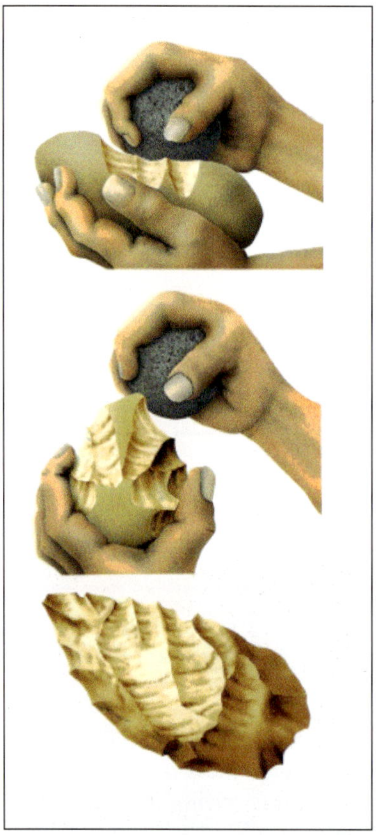

M2 *Herstellung eines Faustkeils*

Spuren der Vergangenheit

Die Menschen der Vorgeschichte (siehe S. 74) haben keine schriftlichen Aufzeichnungen hinterlassen. Trotzdem wissen wir viel über ihr Leben. Dieses Wissen verdanken wir **Höhlenmalereien** und Fundsachen, die tief im Boden erhalten blieben. Noch heute findet man bei Grabungen bisher verborgene Spuren dieser Menschen: Knochen, Waffen, Werkzeuge, Schmuck und Tierfiguren.

Ein Abschnitt der Vorgeschichte heißt **Steinzeit**, weil bei Grabungen hauptsächlich Steingeräte gefunden wurden. Der erste Abschnitt der Steinzeit ist die **Altsteinzeit**.

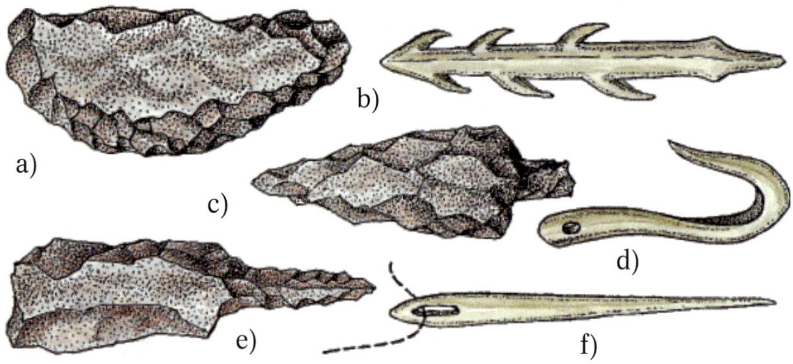

M3 *Waffen und Geräte der Altsteinzeit*

Erste Waffen und Geräte

Die Frühmenschen nutzten Äste und Steine gezielt für bestimmte Zwecke. Das Allzweckgerät war der **Faustkeil**. Er bestand aus behauenem Feuerstein und hatte scharfe Kanten. Er sah aus wie eine Mandel und war etwa acht bis zehn Zentimeter groß. Man konnte damit schneiden, schaben, hacken, stechen, klopfen, ... , aber auch einen Gegner im Kampf verletzen oder sogar töten.

Mit der Zeit entwickelten die Menschen weitere Geräte und Waffen aus Steinen, Holz, Knochen und Geweihen: Speere, Harpunen, Schaber, Kratzer, Nähnadeln, ... Die Menschen der Altsteinzeit waren ausgezeichnete Handwerkerinnen und Handwerker.

M4 *So stellen Forscher sich das Entstehen einer Höhlenmalerei vor. Der Junge hält einen Ast bereit, den er vorher in ein Feuer gehalten hat. Der Mann arbeitet an einem Tierbild.*

Die Nutzung des Feuers

Die Menschen kannten das Feuer wegen der Brände, die durch Blitzeinschläge entstanden. Mit der Zeit lernten sie, dieses Feuer zu nutzen: Sie wärmten sich daran. Sie erleuchteten die Nacht und dunkle Höhlen. Sie kochten darauf und verscheuchten wilde Tiere damit.

Anfangs hüteten die Menschen das Feuer sorgsam. Es durfte nicht ausgehen. Sie nahmen die Glut auf ihre Wanderungen mit. Dazu benutzten sie Beutel aus Fellen, die mit Lehm ausgekleidet waren.

Später lernten sie, ein Feuer selbst anzuzünden. Sie schlugen zwei Feuersteine oder rieben zwei Holzstöcke aneinander. So konnten sie kleine, sehr trockene Zweige und Blätter in Brand setzen.

Info

Höhlenmalerei

Wichtige Zeugnisse der Steinzeit sind Höhlenmalereien. Sie bestehen aus kunstvoll gemalten Tieren und Menschen auf der Jagd. Wozu die Malereien dienten, darüber haben die Forscher verschiedene Ansichten. Manche meinen, die Menschen malten ihr Alltagsleben, wie zum Beispiel den Erfolg bei der Jagd. Andere sind der Ansicht, dass die Bilder als Hintergrund für magische Tänze und religiöse Bräuche dienten.

Aufgaben

1 Wodurch wissen wir, wie die frühen Menschen lebten?

2 Beschreibe die Herstellung eines Faustkeils (M2).

3 Ordne den Buchstaben a) bis f) in M3 folgende Geräte zu: Faustkeil aus Stein, Pfeilspitze aus Stein, Stichel aus Stein, Harpune aus Knochen, Nähnadel aus Knochen, Haken aus Knochen.

4 Arbeite wie ein Höhlenmaler. Zeichne ein Tier deiner Wahl.

5 Fertige eine Zeitleiste über dein eigenes Leben an.

6 a) Der Faustkeil gilt als erstes technisches Gerät der Menschheit. Begründe.
b) Welche technischen Geräte haben ihn heute ersetzt?

Merke

Die Steinzeit gliedert sich in die Altsteinzeit und die Jungsteinzeit. Der Name Steinzeit kommt daher, dass aus dieser Zeit Geräte aus Stein gefunden wurden.

Grundbegriffe
- Zeitleiste
- Höhenmalerei
- Steinzeit
- Altsteinzeit
- Faustkeil

Jäger und Sammler in der Altsteinzeit

Wie lebten die Menschen in der Altsteinzeit?

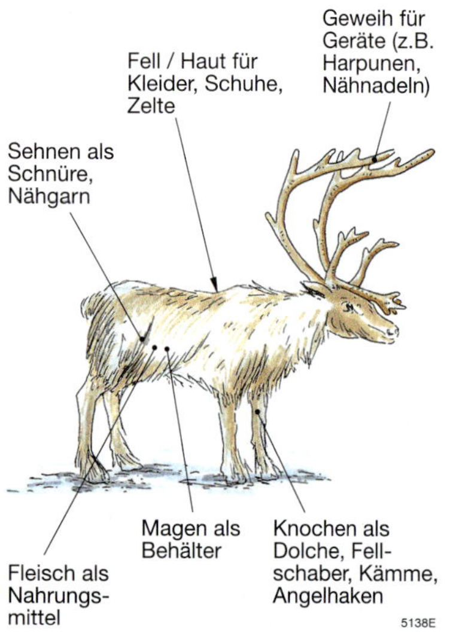

M1 *Verwendung eines Rentieres*

Die Menschen der Altsteinzeit lebten in Gruppen von 20 bis 50 Personen zusammen. Solche Gruppen nennt man heute Horden. Sie waren als **Jäger und Sammler** ständig auf Nahrungssuche. Dabei folgten sie Tierherden auf ihren langen Wanderzügen. Mit Lanzen, Holzspeeren und Wurfhölzern jagten sie große Tiere; auch Tierfallen und Treibjagden waren bekannt. Eine wichtige Rolle in der Ernährung spielten die Pflanzen. Wenn die Männer zum Beispiel ein Rentier erlegt hatten, rastete die Horde eine kurze Zeit, um sich zu erholen. Dann sammelten die Frauen und Kinder weitere Nahrungsmittel wie essbare Wurzeln, Pilze, Haselnüsse, Kräuter, Beeren, Früchte, Eier, Insekten. Das Rentier war nicht nur zur Nahrungsbeschaffung wichtig, sondern es diente den Menschen zur Anfertigung vieler anderer Gegenstände (M1).

Die Menschen mussten jeden Tag Nahrung und Trinkwasser finden. Sie kannten keine Vorratshaltung. Sie wussten nicht, wie man Lebensmittel über einen längeren Zeitraum haltbar macht. Fleisch zum Beispiel verdirbt innerhalb weniger Tage, wenn es nicht luftgetrocknet, in Salz eingelegt oder gekühlt wird.

M2 *So stellen sich Forscher das Leben in der Altsteinzeit vor.*

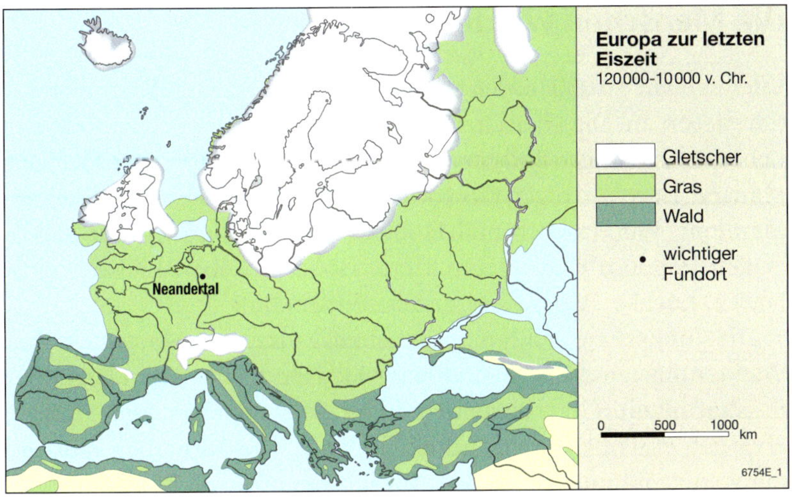

M3 *Europa während der letzten Eiszeit*

Leben mit dem Eis

Das Klima in Europa änderte sich mehrmals. Zwischen 600 000 und 10 000 v. Chr. wechselten **Eiszeiten** und Warmzeiten mehrmals. Während der Eiszeiten lag eine 3 000 m dicke Eisdecke über Teilen Europas. Im Sommer betrug die Durchschnittstemperatur +5 °C, im Winter fielen die Temperaturen bis auf -40 °C.

Viele Tiere wanderten ab oder starben aus. Dagegen konnten die Menschen überleben. Sie passten ihre Lebensweise und ihre Kleidung der Wärme oder Kälte an.

Quelle

In der Eiszeit

Die Männer waren auch in der Eiszeit Jäger und die Frauen Sammlerinnen. Da es aber kaum noch Pflanzen zum Sammeln gab, wurde Fleisch ein besonders wichtiges Nahrungsmittel. Sogar die Knochen wurden aufgeschlagen, um an das Mark und damit an energiereiche Nährstoffe zu gelangen.

(Ausstellungskatalog, Köln 1999)

Aufgaben

1 Betrachte M2.
a) Was tun die Menschen? Unterscheide Frauen, Männer und Kinder.
b) Finde einen Überbegriff für all diese Tätigkeiten.
c) Lege eine Liste mit den Pflanzen und Tieren an.

2 Schreibe einen Text über die Nahrungsversorgung in der Altsteinzeit.

3 Zwischen 600 000 v. Chr. und heute änderte sich das Klima mehrmals. Erläutere (M4).

4 Welche Staaten Europas waren in der letzten Eiszeit mit Eis bedeckt, welche waren eisfrei (M3; Atlas, Karte: Europa – Staaten)?

Merke

Die Menschen der Altsteinzeit lebten als Jäger und Sammler. Eiszeiten und Warmzeiten prägten das Klima.

Grundbegriffe
- Jäger und Sammler
- Eiszeit

M4 *Eis- und Warmzeiten von 600 000 v. Chr. bis heute*

Lebensverhältnisse in der Jungsteinzeit

M1 *Nutzpflanzen in der Jungsteinzeit*

Die Menschen werden sesshaft

Vor ungefähr 10 000 Jahren endete die letzte Eiszeit. Die Temperaturen stiegen an. Die Gletscher schmolzen und zogen sich zurück. Die Lebensbedingungen änderten sich. Dichte Wälder breiteten sich aus. Manche Tiere vertrugen das Klima nicht. Es wurde ihnen zu warm. Mammut, Wollnashorn und Höhlenbär starben aus. Dafür gab es in den Wäldern jetzt andere Tiere: Hirsche, Rehe, Wildschweine, Hasen, Luchse. Diese Tiere sind besonders flink.

Die Menschen stellten ihre Lebensweise um. Sie gaben ihre Wanderungen auf und bauten feste Häuser. Es war der Beginn der **Sesshaftigkeit**. Gern siedelten sie an Seen, Bächen und Flüssen. Hier gab es Trinkwasser und wenig Wald. Die Menschen mussten nur wenige Bäume fällen, um ihre Häuser zu bauen. Der Boden war weich. Die Pfosten für das Grundgerüst der Häuser ließen sich leicht in den Boden einrammen.

Quelle 1

Neues Klima, neue Möglichkeiten

Es herrschten in der Jungsteinzeit völlig andere Lebensbedingungen. Es entstand ein dichter, großer Wald. Das Klima wurde milder und die Landschaften immer fruchtbarer. In den Wäldern gab es jetzt Rehe, Rothirsche, Wildschweine und in den Seen und Flüssen lebten nun viele Fisch.

M2 *So stellen sich Forscher das Leben in einem Dorf der Jungsteinzeit vor.*

Aus Jägern werden Bauern

Ein Grund für das Sesshaftwerden der Menschen war der Beginn der Vorratshaltung in der **Jungsteinzeit**. Die Sommer waren wärmer und es regnete mehr. Die Menschen sammelten mehr Getreidekörner, als sie zum Leben brauchten. Sie lagerten die überzähligen Körner in Erdgruben und hatten Wintervorräte.

Zwischen 8000 und 7000 v. Chr. beobachteten die Menschen, dass weggeschüttete Körner keimten und neues Getreide wuchs. Sie legten Äcker an und säten die Körner aus. Dies war der Beginn des Getreidebaus. Bald lernten die Menschen, wie sie die Ernte verbessern konnten: Sie bearbeiteten den Boden vor der Aussaat und schützten die Äcker vor Wildtieren. Für die Aussaat wählten sie besonders große Körner aus. So wurden aus Wildpflanzen allmählich unsere heutigen Getreidesorten.

Die Männer gingen weiterhin auf die Jagd, denn Fleisch war ein wichtiger Teil der Nahrung. Die Jäger kamen auf die Idee, die Tiere nicht sofort zu töten, sondern sie zu fangen. Sie setzten sie in Gehege, gaben ihnen zu fressen und schlachteten sie nach und nach. Und die Menschen begannen Hunde zu halten.

Aufgaben

1 Erst als das Klima wärmer geworden war, konnten die Menschen sesshaft werden. Begründe diese Aussage.

2 Betrachte die Zeichnung (M2).
a) Beschreibe die Tätigkeiten der Menschen, das Aussehen der Häuser und Felder.
b) Schreibe die Namen der Gegenstände und Werkzeuge auf und ihre Verwendung.
c) Welche Haustiere entdeckst du?

3 Sehr große Veränderungen in der Lebensweise der Menschen werden auch Revolution genannt. Kann man die Veränderungen in der Jungsteinzeit als erste Revolution der Menschheit bezeichnen?

Quelle 2

Das erste Getreidefeld
Vielleicht geschah es so: Jemand warf eines Tages die letzten Körner des Wintervorrates fort und legte damit das erste Getreidefeld der Menschheit an. Die aufkeimenden Pflanzen wurden gegossen und geerntet.

(Quellen 1 – 3 nach P. Theisen, T. Thiemeyer: Das große Steinzeitbuch. Ravensburg 1995, S. 43)

Quelle 3

Wildtiere werden gezähmt
Wenn man Pflanzen züchten kann, muss man das auch mit Tieren machen können. Wildschweine, Auerochsen, Bergziegen und Wildschafe waren schon eingefangen worden, um sie im Winter zu essen. Nun achtete man darauf, dass sich die Tiere in Gefangenschaft vermehrten. So wurden aus Wildtieren Haustiere.

Merke
Um 8000 v. Chr. verbesserten sich die Lebensbedingungen der Menschen. Aus Jägern und Sammlern wurden sesshafte Bauern. Es ist der Beginn der Jungsteinzeit.

Grundbegriffe
- Sesshaftigkeit
- Jungsteinzeit

Lebensverhältnisse in der Jungsteinzeit

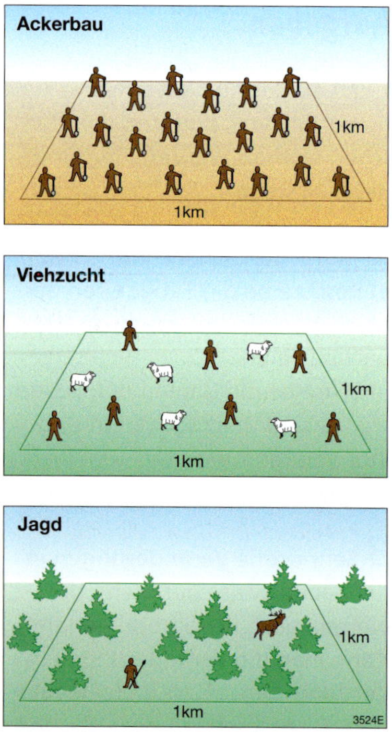

M1 *Im 8. Jahrtausend v. Chr. konnten auf einem Quadratkilometer so viele Menschen ernährt werden.*

Die neue Lebensweise breitet sich aus

Die ersten sesshaften Bauern der Jungsteinzeit siedelten im sogenannten **Fruchtbaren Halbmond**. Sie bauten ihre Häuser nebeneinander. Die ersten Dörfer entstanden. Man konnte gemeinsam säen, ernten, das Vieh hüten und auf die Jagd gehen. Bei Angriffen von Feinden und wilden Tieren halfen die Menschen sich gegenseitig. Kranke und Alte konnten besser gepflegt und versorgt werden. Die Bevölkerung nahm zu. Bald reichte das Ackerland nicht mehr aus, um alle Menschen zu ernähren.

Çatal Hüyük ist eine Siedlung der Jungsteinzeit in der heutigen Türkei. Sie liegt am Rand des Fruchtbaren Halbmonds. Innerhalb von 800 Jahren wuchs die Bevölkerung von einer sehr kleinen Zahl auf über 7000 Menschen. Ein Teil von ihnen musste auswandern. Die Menschen nahmen Saatgut, Haustiere und Vorräte und zogen nach Nordwesten. Wo sie fruchtbares Land fanden, gründeten sie neue Siedlungen. Sie rodeten den Wald, bauten Häuser und legten Felder an. Ihre Kenntnisse über Ackerbau und Tierhaltung gaben sie an die dort lebenden Menschen weiter. Um das Jahr 5000 v. Chr. ließen sich die ersten Ackerbauern auch in unserem Raum nieder.

Info

Fruchtbarer Halbmond

Fruchtbarer Halbmond ist die Bezeichnung für ein vom Klima begünstigtes Gebiet in Westasien. Es erstreckt sich über etwa 1700 Kilometer wie ein Halbmond vom Mittelmeer bis zum Persischen Golf. Hier wurden Ackerbau und Haustierzucht entwickelt. Funde aus der Steinzeit lassen darauf schließen, dass in dieser Region vor rund 10 000 Jahren der Ackerbau entwickelt wurde.

Aufgaben

1 Viele Menschen mussten in der Jungsteinzeit ihre Heimat verlassen. Erkläre.

2 Beantworte die folgenden Fragen zur Ausbreitung des Ackerbaus (M2):
a) Wann wurde in Çatal Hüyük Ackerbau betrieben?
b) Wann erreichte der Ackerbau das heutige Griechenland?
c) Wann erreichte der Ackerbau das heutige Schleswig-Holstein?

3 Was versteht man unter dem Fruchtbaren Halbmond?

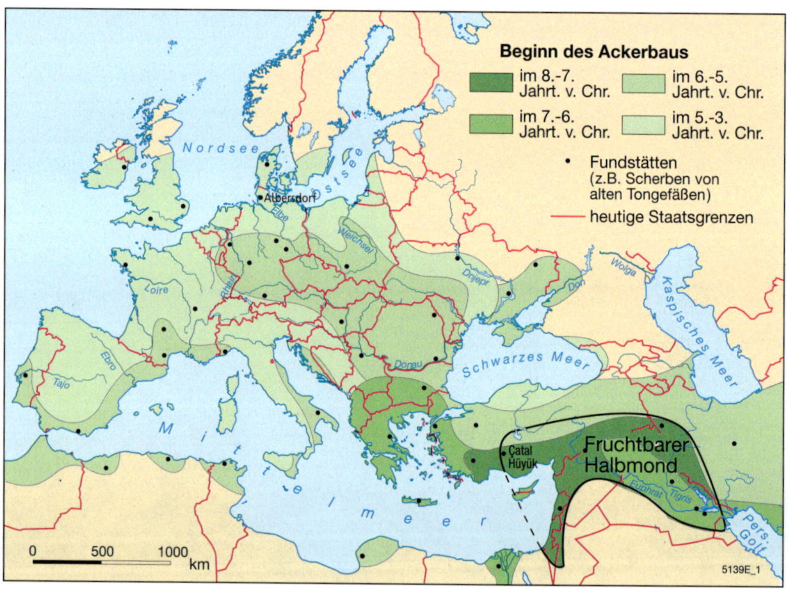

M2 *Die Ausbreitung des Ackerbaus*

M3 *Zeichnung eines Dorfes der Jungsteinzeit (nach Ausgrabungsfunden)*

In Albersdorf stand um 5 000 v. Chr. vermutlich ein Dorf. In einem Freizeitpark wird dieses Steinzeitdorf heute nachgebaut. Es bestand aus mehreren Häusern. Ein Haus war etwa 35 m lang und fünf bis sieben Meter breit. Für den Bau wurden zunächst Pfosten in den Boden gerammt. Die Wände wurden aus Weidenruten geflochten. Das Flechtwerk wurde zum Schluss mit einem Brei aus Lehm zugeschmiert. Das Dach bestand aus Reisig oder Stroh. Die Häuser standen in größeren Abständen voneinander. Dazwischen lagen die Felder. Sie waren meistens von einem Zaun umgeben.

M4 *Albersdorf – ein Dorf der Jungsteinzeit*

Merke

Die ersten sesshaften Bauern siedelten um 10 000 v. Chr. im Gebiet des Fruchtbaren Halbmonds. Um 5000 v. Chr. erreichten sie das heutige Deutschland.

Grundbegriff

- Fruchtbarer Halbmond

M5 *Schülerin vor dem Modell eines jungsteinzeitlichen Hauses*

Neue Techniken erleichtern das Leben

Wir töpfern ein Tongefäß

1. Besorge dir einen Klumpen Ton.

2. Forme daraus Kugeln. Sie sollen etwa so groß sein wie Tischtennisbälle.

3. Rolle eine Kugel vorsichtig mit einem Nudelholz zu einer runden Scheibe aus. Sie soll etwa einen Zentimeter dick sein. Die Scheibe ist der Boden deines Gefäßes.

4. Forme nun aus den anderen Kugeln etwa ein Zentimeter dicke Wülste.

5. Lege die Wülste ringförmig übereinander auf die Bodenscheibe.
Achte darauf, dass das Gefäß zunächst nach oben weiter wird.

6. Verstreiche die Wülste außen und innen, sodass eine glatte Fläche entsteht.

7. Brenne dein Gefäß in einem Ofen für Gegenstände aus Ton.

M1 *Töpfern wie in der Jungsteinzeit*

Erfindungen für den Alltag

Die Menschen in der Jungsteinzeit bauten außer Getreide weitere Nutzpflanzen an: Erbsen und Linsen, Beeren, einige Obstsorten wie Äpfel und Birnen sowie Gewürz- und Heilpflanzen. Sie lernten, das Getreide auf einem Mahlstein zu Mehl zu verreiben. Aus dem Mehl backten sie Fladenbrote oder kochten Brei, Mehlsuppe und Grütze. Aus den Samen von Lein und Mohn pressten sie Öl. Forscherinnen und Forscher nehmen an, dass die Menschen auch schon Bier brauen konnten.

Im Lauf der Zeit entwickelten die Menschen der Jungsteinzeit neue Materialien, Werkzeuge und Waffen. So lernten sie, aus der Flachspflanze Fasern zu gewinnen. Die Fasern haben sie dann zu Fäden versponnen.

M2 *Keramikgefäß aus der Jungsteinzeit*

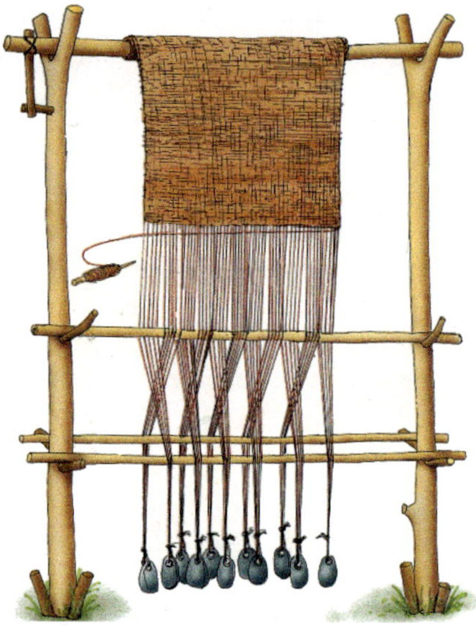

M3 *Webstuhl (Nachbau)*

Die Menschen hatten es schwer, wenn sie Wasser vom Fluss holen oder Milch aufbewahren wollten. Welche Gefäße sollten sie nehmen? Worin konnten sie Brei kochen oder Vorräte aufbewahren? Zuerst benutzten sie das, was sie in der Natur fanden: Sie höhlten Kürbisse aus und benutzten Beutel und Schläuche aus Tierhäuten und Tierdärmen. Doch auf das Feuer konnte man diese Gefäße nicht stellen. Mit der Zeit fanden die Menschen heraus, dass Ton und Lehm im Feuer hart werden. Sie formten nun mit den Händen Gefäße aus Ton und brannten sie. In jedem Haus wurden bald Töpferwaren hergestellt und benutzt. So entwickelten sich verschiedene Formen und Muster wie Bandverzierungen, Wellenmuster und Spiralmuster.

M4 *Gefäße*

Aufgaben

1 Welche Vorteile haben Gefäße aus Ton gegenüber Kürbissen und Tierhäuten?

2 Erfindungen in der Jungsteinzeit haben das Leben der Menschen erleichtert. Erläutere.

Die Menschen lernten das Spinnen und Weben. Zum Verspinnen von Schafwolle und Flachs benutzten sie Spindeln, zum Weben von Stoffen bauten sie Webstühle. Damit verloren Tierfelle als Kleidung vor allem im Sommer an Bedeutung, denn die Stoffe waren nicht so schwer und trotzdem haltbar.

M5 *Spinnen und Weben*

Für den Ackerbau entwickelten die Menschen der Jungsteinzeit neue Werkzeuge und Geräte. Zuerst bearbeiteten sie ihre Felder mit Grabstöcken, Spaten und Hacken. Später erfanden sie den Hakenpflug aus Holz. Er wurde von einem Ochsen gezogen und erleichterte die Feldarbeit erheblich. Zum Schneiden des Getreides benutzte man eine Sichel aus Feuerstein.

M6 *Geräte für die Landwirtschaft*

M7 *Beil (zwei Teile) und Getreidemahlsteine*

Die Menschen entdeckten außerdem, wie sie ihre Waffen und Werkzeuge verbessern konnten: Sie bearbeiteten Gesteine, Knochen, Horn und Holz durch Schlagen, Sägen, Bohren und Polieren. Zur Herstellung eines Beiles schlug man zuerst eine Klinge aus hartem Gestein. Diese schliff man auf einem Schleifstein mit Wasser und Sand scharf. Dann streute man feuchten Sand auf die Klinge, setzte einen Röhrenknochen oder einen harten Holzstab darauf und drehte diesen so lange, bis die Klinge durchbohrt und ein kreisrundes Loch entstanden war. Zuletzt bestrich man einen Stiel aus Holz unten mit Pech und schob ihn in das Loch. Die Klinge war nun fester und sicherer mit dem Stiel verbunden. Bisher hatte man die Klinge mit Schnüren an dem Stiel befestigt.

M8 *Ein Beil entsteht*

M9 *Hakenpflug*

Aufgaben

3 Töpfere ein Tongefäß nach der Anleitung in M1.

4 Wozu dienten wohl die Gewichte am Webstuhl (M3)?

5 Welche Aufgaben hat der Mann, der hinter dem Pflug geht (M9)?

6 Wie lebten die Menschen in der Altsteinzeit (Seite 84, M2) und in der Jungsteinzeit? Lege eine Liste an:

Bereich	Altsteinzeit	Jungsteinzeit
Werkzeuge	Faustkeil	geschliffene Axt
Kleidung	?	?
Nahrung	?	?
Wohnen	?	?
Heizung	?	?
Vorräte	?	?

7 Vergleiche das heutige Leben mit dem Leben in der Jungsteinzeit.

Merke
Die Menschen der Jungsteinzeit entwickelten neue Materialien, Werkzeuge und Waffen. Sie brannten Gefäße aus Ton, stellten Stoffe her und pflügten die Äcker mit dem Grabstock.

Eine Erkundung im Museum

Steinzeitlexikon

Paläolithikum	= Altsteinzeit
Neolithikum	= Jungsteinzeit
Experiment	= Probe, Versuch
Keramik	= gebrannte Tonwaren
konservieren	= erhalten, bewahren
Kult	= Gottesverehrung
original	= echt
Region	= Gebiet, Gegend
rekonstruieren	= nachbilden
Revolution	= Umsturz
Rötel	= roter Erdfarbstoff

5144E

M1

M3 *Werkzeuge aus der Steinzeit und heutige Werkzeuge im Vergleich*

Ein 5000 Jahre alter Dolch aus Feuerstein. Er konnte sich so gut erhalten, weil er luftdicht unter Gletschereis verborgen war. Deshalb hat nicht nur die Steinklinge überdauert, sondern sogar der Holzgriff mit Schnur.

M2 *Tafel in einem Museum*

Museumserkundung

In vielen Museen sind Funde aus der Steinzeit ausgestellt. Nimm dir Zeit, wenn du dir solche Funde ansiehst. Das Museum hilft dir, wenn du mehr über die Steinzeit und einzelne Funde wissen willst:

Tafeln mit Texten geben Hinweise über das Leben in dieser Zeit. Auch Zeichnungen, Fotos und Tonbilder informieren dich.

Bei den einzelnen Funden befinden sich Hinweise, die die Gegenstände benennen und einordnen. Das Museum benutzt dabei oft Fachausdrücke. Deren Bedeutung kannst du mithilfe eines Lexikons ermitteln. In vielen Museen erhältst du auch kleine Hefte, die dir deine „Spurensuche" erleichtern.

Die sechs Fragen an ein Ausstellungsstück mit den Antworten

1. **W**as?	Gegenstand	Dolch
2. **W**oraus?	Material	Feuerstein, Holz, Tiersehnen
3. **W**ie?	Verarbeitung	Stein als Klinge zugeschlagen, Holz als Griff grob geformt, Sehnen als Schnur
4. **W**ann?	Zeit	Ende der Jungsteinzeit
5. **W**o?	Fundort	Gletscher in den Ötztaler Alpen
6. **W**ozu?	Verwendung	stechen, schneiden, schnitzen

M4 *Ein Grab aus der Jungsteinzeit*

Wir besuchen unser Heimatmuseum

Heute findet der Weltkundeunterricht in einem Museum statt. Im ersten Raum sehen die Schülerinnen und Schüler ein Grab mit einem Toten aus der Jungsteinzeit. Frau Mayerle, die Museumsführerin, erklärt:

„Dieses Skelett haben wir auf einem jungsteinzeitlichen Friedhof entdeckt. Die meisten Toten lagen so im Grab mit angewinkelten Beinen und Armen.

Bei vielen Toten fanden sich Beigaben für das Jenseits: Werkzeuge, Tongefäße für Speis und Trank und ein roter Erdfarbstoff. Er heißt Rötel und galt als Farbe des Lebens. Von der Kleidung fand sich noch Zubehör, zum Beispiel Gürtelschnallen und Schmuck aus Muscheln. Der Tote, der in diesem Grab hockt, wurde nur 10 bis 15 Jahre alt. Von seiner Tracht haben sich durchbohrte Perlen und ein Armreif aus Muscheln erhalten. Die Muscheln stammen aus dem Roten Meer. Dieser Fund beweist, welche weiten Handelswege schon die Steinzeitmenschen überwanden. Solche wertvollen Stükke waren wohl nicht nur Schmuck, sondern auch zauberkräftiger Schutz zur Abwehr des Bösen.

Der Tote bekam auch Werkzeuge mit ins Jenseits. Hier seht ihr ein geschliffenes Beil und eine Hacke aus Felsgestein."

Aufgaben

1 Die Beigaben des Toten aus dem Museum sind aus verschiedenen Materialien. Lies den Text nochmals durch und zähle die verwendeten Werkstoffe auf.

2 An welcher Stelle des Armes trägt der Tote aus dem Museum den Reif aus Muscheln (M4)?

3 Stelle zu dem beigegebenen Beil am oberen Bildrand in M4 (siehe Pfeil) die sechs „W-Fragen" und entwirf ein Museumsschild mit den Antworten.

4 Soll man Tote im Museum ausstellen? Schreibe einen kurzen Text.

M6 *Zum Unterricht ins Museum*

M5 *Vorgeschichtliche Museen in Schleswig-Holstein*

Aus der Arbeit der Steinzeitforscher

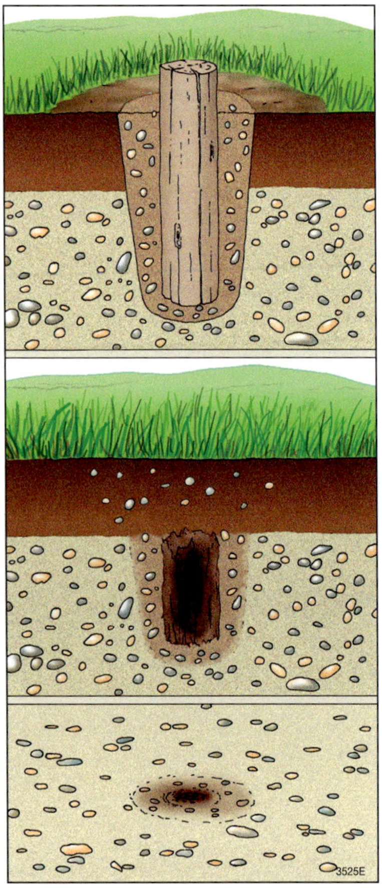

M1 *Vom Holzpfosten bleibt nur ein kreisrundes Pfostenloch.*

Mit dem Flugzeug in die Steinzeit

Leider haben sich keine Häuser aus der Jungsteinzeit erhalten. Trotzdem weiß man, wie solche Häuser gebaut waren: Ihre verrotteten Holzpfosten bilden noch heute dunkle, kreisrunde Flecken im Boden. Vom Flugzeug aus kann man solche „Pfostenlöcher" am besten aufspüren: Man fliegt in geringer Höhe und beobachtet, welche Farbe der Boden hat, wo der Boden friert oder taut, wie der Schatten fällt, wie Getreide oder Gras wächst. Es wächst auf der „holzigen" dunklen Erde der Pfostenlöcher höher.

Die Summe der dunkel verfärbten Kreise ergibt den Grundriss eines Hauses. Demnach waren Häuser der Jungsteinzeit rechteckig. Die Wände flocht man aus Ästen und verputzte das „Wandgitter" mit Lehm. Dies weiß man, weil man die Reste dieser Baustoffe in Abfallgruben fand. Dort war das verkohlte Material luftdicht abgeschlossen und es verrottete nicht.

Archäologen haben solche Pfostenhäuser nachgebaut. Sie wollten überprüfen, ob so ein Haus auch hält.

Info

Archäologen (auch Altertumskundler genannt)

Archäologen erforschen alle Dinge, die Menschen in vergangenen Zeiten im Boden hinterlassen haben. Dazu gehören Werkzeuge, Töpferwaren, Häuser, Tempel und Gräber. Auch eine Abfallgrube ist von Interesse. Sie gibt Hinweise, wie die Menschen früher gelebt haben. Knochen und Getreidekörner verraten zum Beispiel viel über die Ernährungsgewohnheiten in früheren Zeiten.

M2 *Aus der Luft kann man im Sommer steinzeitliche Hausgrundrisse gut erkennen.*

M3 *Ein Archäologe beim Baumfällen mit einem nachgebauten Beil*

M4 *Nachbau eines Hauses aus der Jungsteinzeit nach dem Grundriss aus einem Luftbild (M2)*

M5 *Verwendung von Materialien im Nachbau, die auch den Menschen früher zur Verfügung standen*

Info

Wie lange dauerte ein Hausbau vor 6500 Jahren?

Der Zeitaufwand hing (wie heute) von der Personenzahl ab. Bauten das Haus zehn Leute, war es in etwa 25 Tagen fertig.

(Experimentelle Archäologie in Deutschland. Oldenburg 1990, S. 42)

Ein Puzzle, das nie fertig wird

Steinzeitforscher entdecken immer wieder neue Funde und entwickeln neue Untersuchungsmethoden. Hierbei hilft ihnen der Computer. So haben wir heute ein anderes Bild über die Menschen der Steinzeit als noch vor 100 Jahren.

Die gefundenen Menschenknochen enthalten oft noch Muskelansätze. Daraus können die Forscher Größe, Körperbau und das Gesicht der Menschen nachbilden.

M6 *So stellen sich Forscher heute einen Menschen vor, der vor 200 000 Jahren gelebt hat.*

M7 *So stellten sich Forscher im Jahr 1909 einen Menschen vor, der vor 200 000 Jahren gelebt hat.*

Aufgaben

1 Auf welche Weise finden Forscher heraus, wie Häuser der Steinzeit wahrscheinlich ausgesehen haben?

2 Lege Transparentpapier auf M2 und zeichne die Grundrisse der Häuser nach.

3 Wie baut man ein Haus aus der Steinzeit heute möglichst naturgetreu auf (M4, M5)?

4 Die Menschen aus der Zeit vor 200 000 Jahren sind in M6 und M7 sehr unterschiedlich dargestellt. Begründe.

Merke

Archäologen erforschen Dinge, welche die Menschen vergangener Zeiten hinterlassen haben. Durch neue Forschungserkenntnisse verändert sich das Bild nach und nach, so auch über die Menschen der Steinzeit.

Grundbegriff

- Archäologe

Werkstoffe Bronze und Eisen

Zu dieser Gussform aus Stein gehörte eine zweite Hälfte.

M1 *Bronzegussform*

M2 *Geräte und Schmuck aus der Bronzezeit*

Die Metallzeit löst die Steinzeit ab

Im Gebiet von Babylon im heutigen Irak machten die Menschen um etwa 3000 v. Chr. eine bahnbrechende Entdeckung: die Gewinnung und Verarbeitung von Metallen. Zunächst wurde in einem **Bergwerk** metallhaltiges Gestein (Erz) zutage gefördert. Dann wurde es erhitzt und das flüssige Metall floss heraus. Man goss es in Steinformen zu verschiedenen Gegenständen.

Zu Beginn der **Metallzeit** gewannen die Menschen das Metall Kupfer. Es eignete sich sehr gut für Schmuckwaren. Für Waffen jedoch war Kupfer zu weich. Erst durch die Beimischung von Zinn entstand ein neuer bedeutender Werkstoff: Bronze. Er war widerstandsfähiger. Etwa 1000 Jahre später entdeckten die Menschen das Eisen und mach ten daraus Werkzeuge. Es war noch härter als Bronze. Die Metallzeit dauert bis heute an, denn auch jetzt sind Metalle wichtige Werkstoffe.

M3 *Schmelzen von Kupfererz*

M4 *Im Bergbau werden Metalle abgebaut.*

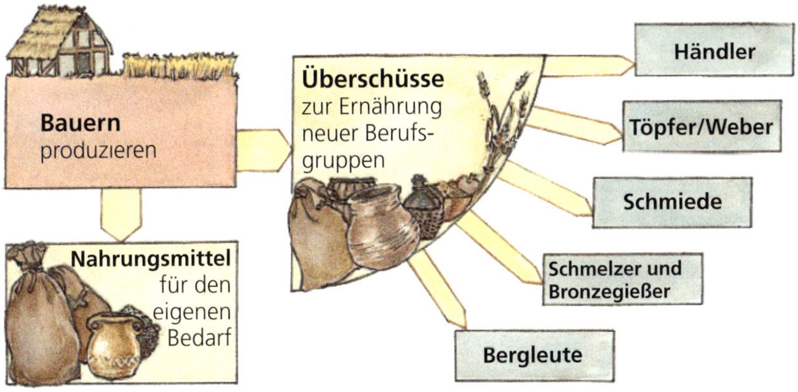

M5 *Neue Berufe*

Spezialisierung bei der Arbeit

In der Jungsteinzeit und auch in der Metallzeit rodeten die Männer den Wald, bearbeiteten die Felder für den Ackerbau, bauten Häuser, jagten, stellten Werkzeuge und Waffen her.

Die Frauen versorgten wahrscheinlich die Kinder, sammelten Früchte, töpferten Gefäße und webten Stoffe. Die Feldarbeiten und die Versorgung der Tiere erledigten Männer und Frauen möglicherweise gemeinsam. Die Kinder halfen schon früh bei allen Arbeiten mit.

Die Gewinnung der Metalle und die Herstellung der Geräte erforderten besondere Kenntnisse. Diese Arbeiten konnten Bauern nicht nebenher erledigen. Deshalb begannen die Menschen, sich beruflich zu spezialisieren. Töpfer stellten Gefäße her, Bergleute förderten Erze. Händler zogen durch das Land. Sie tauschten Rohstoffe und Waren. Der Fernhandel begann.

M6 *Kohlebergbau heute*

Aufgaben

1 Die neuen Werkstoffe Bronze und Eisen waren dem Werkstoff Stein überlegen. Erläutere.

2 Beschreibe den Erzbergbau (M4).

3 Vom Erz zum Bronzeschmuck. Erläutere die Vorgänge (M1 – M3).

4 a) Wie war die Arbeit zwischen Frauen und Männern aufgeteilt?
b) Welche Aufgaben übernahmen die Kinder?

5 Die Menschen der Metallzeit haben sich spezialisiert. Erkläre (M5).

6 Arbeit im Bergbau damals und heute: Vergleiche (M4, M6).

Merke
Um 3000 v. Chr. lernten die Menschen, Gegenstände aus Metall herzustellen. Diese Arbeit erforderte besondere Kenntnisse. Neue Berufe entstanden. Die Metallzeit begann.

Grundbegriffe
- Bergwerk
- Metallzeit

Informationen gewinnen

Auszug aus dem Jugendbuch von Claudia Schnieper und Udo Kruse-Schulz: „Auf den Spuren des Menschen"

Das Mädchen Vinny hilft heute bei einer archäologischen Ausgrabung
„Magst du Puzzles?", fragte May Anna [die Archäologin].
„Manchmal." [antwortet Vinny.]
„Versuch mal dieses hier!"
Auf dem Tisch lagen kleine Dinger, eine Art Steinplättchen, die auf zwei Tabletts sorgfältig angeordnet waren. Die meisten Splitter waren kleiner als eine Centmünze. Zwischen den beiden Tabletts lag ein runder Klumpen Knetmasse. Auf diesem klebten einige wenige passend aneinander gefügte Felder, ungefähr halb so groß wie Vinnys Handfläche.
„Ein Schädel?", fragte Vinny.
„Ja. Ein Bursche namens homo habilis. Vielleicht. Vielleicht auch nicht. Sieht aus, als hätten wir den halben Hinterkopf, wenn wir alle Stücke zusammensetzen können. Dieser Teil da … ", May Anna strich sich mit zwei Fingern über ihren eigenen Hinterkopf.
„Wie alt ist er – oder sie?", fragte Vinny.
„Wenn es der habilis ist, ungefähr zwei Millionen Jahre oder auch zweieinhalb." …
Aus den Büchern, die ihr Vater ihr empfohlen hatte, kannte Vinny den Begriff homo habilis. Der Name bezeichnet ein Geschöpf halb auf dem Weg zum Mensch, das erstmals Werkzeug verwendet hat: einen aufrecht gehenden Gesellen, affenähnlich, jedoch mit größerem Gehirn …

M1

Auszug aus dem Jugendbuch: Peter Dickinson: Die große Welle
Die junge Frau Li lebt in der Steinzeit

Als der Kampf endet, stand die Sonne hoch am Himmel. Deshalb ruhte die Horde im seichten Uferwasser aus; die Familiengruppen fanden sich wieder zusammen und man bemühte sich um jeden, der im Handgemenge verletzt worden war. Alle waren unglücklich und verunsichert. Die Älteren suchten und fanden Presh, der halb im Wasser lag. Er war nun bei Bewusstsein, hatte aber die Augen geschlossen und stöhnte bei den geringsten Bewegungen seines Beines …
Li konnte das Bein im klaren Wasser deutlich sehen. Fuß und Knöchel waren dick geschwollen. Sie hörte das Knirschen der Knochen, wenn sich das Bein bei jedem Wellenschlag bewegte. Sie musste das Aneinanderreiben der Knochen verhindern … Was konnte sie dafür verwenden? Im Meer trieb nichts Geeignetes … Da, zwischen den Algen schimmerte etwas Weißes. Ein Knochen? Li zog den Gegenstand heraus und sah, dass es ein krummer Ast war, alt und sonnengebleicht. Li legte das Holz an ihr Bein an. Sein gebogenes Ende folgte genau der Kurve ihres Fußes … Er [Presh] musste unbedingt ans Ufer. Im Wasser konnten sie nicht arbeiten … [Sie hoben Presh hoch und diesmal zögerte er mit seinen Protesten. Nun trugen sie ihn weiter] … Sobald er oben auf dem Strand lag, kniete Mama neben ihm nieder, streichelte ihm tröstend übers Haar … Als Li das verletzte Bein zu schienen begann, versuchte Presh sie mit dem gesunden Bein wegzustoßen. Drei Männer mussten ihn festhalten. Presh lag schließlich freiwillig still und zuckte nur stöhnend zurück, als Li das Bein heben musste, um die Ranken darunter durchzuziehen … Die Hordenmitglieder kamen in regelmäßigen Abständen, um nach Presh zu sehen … Vertrauen und Sicherheit kehrten zurück.
Die Horde hatte ihren Anführer wieder, auch wenn dieser verletzt war. Li würde dafür sorgen, dass alles gut ausging …

M2

So informierst du dich und deine Mitschüler aus Büchern; hier: zum Thema Steinzeit

In diesem Kapitel hast du einiges über das Leben der Menschen in der Steinzeit erfahren. Um dir weitere Kenntnisse zu verschaffen helfen Kinderromane und Sachbücher. Sie enthalten Informationen und sind oft spannend zu lesen. M1 und M2 stellen Auszüge aus zwei Büchern dar. Du kannst dir selbst ein Buch aus der Schulbibliothek, der Stadt- oder Gemeindebibliothek ausleihen und es lesen.

Du kannst über dieses Buch ein Referat halten. Dann lernen deine Mitschüler ebenfalls den Inhalt kennen und bekommen vielleicht Lust, es selbst zu lesen. Die folgende Gliederung mit den Fragen gibt dir Hinweise, wie du dein Referat aufbauen kannst.

Gliederung für ein Referat

1. Das Buch
Wer hat es geschrieben? Wie lautet der Titel? Wie alt ist es? Wie viel Seiten hat es? Wie hoch ist der Anteil von Text, Bildern und Karten? Was kannst du über den Autor in Erfahrung bringen?

2. Der Inhalt
Worum geht es in dem Buch? Ist es ein Roman? Wer sind die Personen? Was machen sie? Wie geht die Geschichte aus? Was wird über die Steinzeit ausgesagt? Ist es ein Sachbuch? Welche Informationen kennst du bereits aus dem Schulbuchkapitel? Welche Informationen sind neu?

3. Das Urteil
Was hältst du von dem Buch? Ist es verständlich geschrieben? Ist es spannend oder langweilig? Hilft das Buch, die Steinzeit besser zu verstehen?

Ausgewählte Internet-Adressen

Über die Steinzeit gibt es sehr viele interessante Adressen. Leider weiß man nicht, welche davon langfristig Bestand haben. Es kann sein, dass sie nach einiger Zeit wieder gelöscht werden. Bei den beiden folgenden Adressen müsstest du jedoch fündig werden:
http://www.pestenacker-online.de
http://www.neanderthal.de

Um weitere aktuelle Internet-Adressen zu erhalten, hilft eine Suchmaschine. Du gibst zum Beispiel das Stichwort „Steinzeit" ein und erhältst dann eine Liste mit Adressen, die mit diesem Stichwort zusammenhängen. Du kannst dann eine Adresse oder mehrere Adressen davon auswählen.
Suchmaschinen (Auswahl):
http://www.google.de; http://www.yahoo.de; http://altavista.de

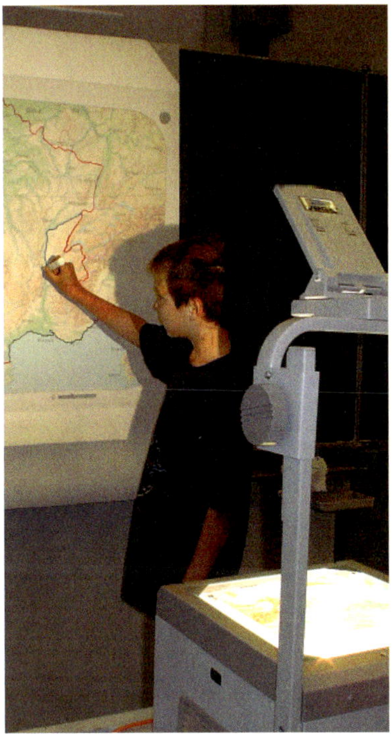

M3 *Ein Schüler bei seinem Referat*

Aufgaben

1 Lies den Text in M1.
a) In welcher Zeit spielt die Geschichte?
b) Worum geht es in der Geschichte?
c) Schreibe auf, was du in dieser Geschichte gelernt hast.

2 Lies den Text in M2.
a) In welcher Zeit spielt die Geschichte?
b) Worum geht es in der Geschichte?
c) Ist es eine Szene aus der Altsteinzeit oder der Jungsteinzeit? Begründe.

3 Informiere dich im Internet über die Steinzeit und schreibe einen Text.

Jäger und Sammler heute

M1 *Die Lage der Kalahari*

Eine Reise in eine uns fremde Welt

In manchen Gebieten der Erde leben noch heute Menschen als Sammler und Jäger, so wie unsere Vorfahren vor mehr als 10 000 Jahren in der Altsteinzeit. Sie bewohnen abgelegene Gebiete: dichte Regenwälder am Äquator, einsame Inseln, unzugängliche Gebirge oder die Randgebiete großer Wüsten. Forscher erkunden die Lebensweise dieser Völker. Sie erhoffen sich dadurch auch Erkenntnisse, wie die Menschen bei uns in der Steinzeit gelebt haben.

Die amerikanische Völkerkundlerin Marjorie Shostak lebte zweieinhalb Jahre bei den Kung am Rand der Kalahari in Afrika. Die Angehörigen dieser Volksgruppe sind ständig auf Wanderschaft und nur kurze Zeit an einem Ort. Die Völkerkundlerin hat Berichte eines Kung-Mädchens aufgeschrieben. Dieses Mädchen heißt Nisa.

Info

Die Kalahari

Die Kalahari ist ein wüstenhaftes Gebiet in Südafrika. Die Flüsse sind meistens trocken. Nur etwa alle fünf Jahre fällt so viel Niederschlag, dass sie für kurze Zeit Wasser führen.

Am Nordrand der Kalahari leben die Kung, ein Sammler- und Jägervolk.

Quelle 1

Erfolg bei der Jagd

„Wir leben jetzt im Busch. Mein Vater stellt Fallen und erlegt Antilopen. Wir essen das Fleisch und die Pflanzen aus dem Busch. Wir sammeln Knollen, zerstampfen sie im Mörser und backen daraus Fladen, die sehr gut schmecken. Wir essen auch süße Beeren und Bohnen. Ich beobachte meinen Vater, wenn er mit anderen Männern frühmorgens das Lager verlässt. Er trägt den Köcher über der Schulter. Normalerweise bleiben die Männer den ganzen Tag weg. Abends bringen sie die erlegten Antilopen mit. Sie tragen die toten Tiere auf Speeren über den Schultern. Dann bin ich glücklich. Ich rufe: Mama! Papa kommt und bringt Fleisch! Ho ho, wir haben Fleisch zu essen!"

M2 *Zurück von der Jagd*

Quelle 2

Trockenzeit

„Es ist die heiße, trockene Jahreszeit. Nirgends gibt es Wasser. Die Sonne brennt! Wir sind schon lange gewandert, als mein Bruder einen Bienenstock sieht. Wir rasten und mein Vater spaltet einen Baum. Wir helfen alle, den Honig herauszuholen. Ich fülle mein kleines Gefäß, bis es voll ist. Wir bleiben dort, essen etwas Honig und ich werde sehr durstig. Ich nehme meinen Honig, den Grabstock und wir gehen weiter.
Die Hitze ist mörderisch und wir sterben fast vor Durst. Schließlich kommen wir an ein Wasserloch, aber es gibt dort leider kein Wasser. Das einzige Wasser, das wir finden, kommt von einer Kwa. Das ist eine große wasserhaltige Wurzel. Meine Mutter schabt das Fruchtfleisch zu kleinen Häufchen zusammen und presst das Wasser heraus, damit ich trinken kann."

M4 *Nisa*

Quelle 3

Regenzeit

„Vor zehn Tagen sahen wir die ersten Regenwolken am Himmel. Nach und nach zogen immer mehr Regenwolken auf, die dann bewegungslos am Himmel hingen. Plötzlich begann es zu regnen und es goss in Strömen. Die Regenzeit hatte begonnen. Die Sonne ging auf, die Sonne ging unter und es regnete. Es regnete und regnete. Jetzt sind die Wasserlöcher voll und mein Herz ist froh. Wir leben gut und essen Fleisch und Mangonüsse und alles schmeckt wunderbar. Es gibt auch Raupen zu essen. Wir graben Wurzeln aus und sammeln Pflanzen. Mein Herz quillt über vor Freude. Ich esse viel und ich tobe herum wie ein junger Hund."

(Quellen 1 – 3 nach M. Shostak: Nisa erzählt. Reinbek 2001, S. 116)

M3 *Hütte der Kung*

Aufgaben

1 Berichte über das Leben von Nisa in der Trockenzeit (Quelle 2) und in der Regenzeit (Quelle 3).

2 Warum ist das Leben der Kung für Forscher interessant?

3 Das Leben der Kung verändert sich. Viele Kung-Familien werden sesshaft. Sie wohnen in Dörfern und halten Ziegen- und Rinderherden. Sie benutzen Töpfe, Pfannen, Besteck, Taschenlampen und Radios. Versuche, eine Erklärung für diese Entwicklung zu geben.

Merke
Die Kung leben als Jäger und Sammler am Rand der Wüste Kalahari. Forscher erkunden ihr Leben. Sie erhoffen sich Erkenntnisse darüber, wie die Menschen bei uns in der Steinzeit gelebt haben.

Mit Feuer und Faustkeil

1. Alt- oder Jungsteinzeit?

Ordne die Bilder a) – e) den Begriffen Altsteinzeit und Jungsteinzeit zu.

a)

b)

c)

d)

e)

2. Kennst du dich aus?

Achtung!
Ä = 1 Kästchen

Lege Transparentpapier auf die Kästchen unten und löse das Rätsel.

1 In dieser Zeit lebten die Menschen als Sammler und Jäger und kannten nur wenige Werkzeuge.
2 Die „Erfindung“ brachte den Menschen Wärme, Licht und Schutz vor gefährlichen Tieren.
3 „Berufsbezeichnung“ einer Frau in der Altsteinzeit.
4 In dieser Zeit wurden die Menschen sesshaft und entwickelten viele neue Werkzeuge.
5 Eines der ersten Haustiere des Menschen. Es lebt noch heute in vielen Familien.
6 Neuer Werkstoff, der die Steinzeit beendete.
7 Auf den Feldern bauten die Menschen in der Jungsteinzeit diese Pflanzen an.
8 Erstes Steinwerkzeug des Menschen
9 Wissenschaftler, der sich mit Ausgrabungen beschäftigt.
10 Gerät für die Landwirtschaft, das von einem Ochsen gezogen wird.
11 Am Ende dieser kalten Zeit veränderten sich die Lebensbedingungen der Menschen.
12 „Berufsbezeichnung“ eines Mannes, der in der Altsteinzeit lebte.

Lies die markierten Kästchen von oben nach unten. Dann findest du das Lösungswort.

Vormenschen – schon vor fünf Millionen Jahren

Vor fünf Millionen Jahren traten die ersten Vormenschen auf. Die Menschheitsgeschichte beginnt mit den Frühmenschen vor 2500000 Jahren. Archäologen nennen den Zeitraum von den Anfängen der Menschen bis zur Überlieferung von schriftlichen Aufzeichnungen Vorgeschichte. Mit der Erfindung der Schrift beginnt die Geschichte.

Jäger und Sammler in der Altsteinzeit

Die Steinzeit ist der Abschnitt der Vorgeschichte, in dem bei Grabungen viele Steingeräte gefunden wurden. Sie dauerte von vor 2500000 Jahren bis 3000 v. Chr. und gliedert sich in die Altsteinzeit und die Jungsteinzeit. Die Menschen der Altsteinzeit waren vor allem Jäger und Sammler. Das Klima änderte sich mehrmals. Es gab Warmzeiten und Kaltzeiten, genannt Eiszeiten.

Lebensverhältnisse in der Jungsteinzeit

Mit Beginn der Jungsteinzeit vor etwa 10000 Jahren gaben die Menschen ihre Wanderungen auf und wurden sesshaft. Sie siedelten sich in Dörfern an, lernten Getreide anzubauen und Haustiere zu halten.

Neue Techniken erleichtern das Leben

Die Menschen der Jungsteinzeit entwickelten neue Geräte und verbesserten die Erträge aus dem Getreideanbau. Sie brannten Gefäße aus Ton, lernten Garn zu spinnen und Stoffe zu weben. Die Äcker pflügten sie mit Grabstock und Hakenpflug.

Aus der Arbeit der Steinzeitforscher

Archäologen entdecken immer wieder neue Funde und entwickeln neue Methoden. Dadurch verändert sich auch das Bild über das Leben der Menschen in der Steinzeit.

Werkstoffe Bronze und Eisen

Die Steinzeit wurde etwa 3000 v.Chr. durch die Metallzeit abgelöst. Die Menschen lernten zunächst Kupfer, später Bronze herzustellen. Etwa 2000 v.Chr. entdeckten die Menschen das Metall Eisen. Neue Berufe entstanden.

Zeitsprung: Jäger und Sammler heute

Die Kung sind ein Jäger- und Sammlervolk in Afrika. Ihre Lebensweise ist noch ursprünglich, so wie die unserer Vorfahren.

Grundbegriffe

- Vorgeschichte
- Geschichte
- Zeitleiste
- Höhlenmalerei
- Steinzeit
- Altsteinzeit
- Faustkeil
- Jäger und Sammler
- Eiszeit
- Sesshaftigkeit
- Jungsteinzeit
- Fruchtbarer Halbmond
- Archäologe
- Bergwerk
- Metallzeit

Drinking

Niemand verlässt gern seine Heimat

Meine Nachbarin ist Ausländerin

Menschen verlassen ihre Heimat

Ein Asylantenheim in unserer Stadt

Arbeiten in der Fremde

Rückkehr nach Hause

M1 *Flüchtlinge aus Ruanda*

Meine Nachbarin ist Ausländerin

Fotografieren

zum Beispiel
- Türklingeln
- Wohnhäuser
- Geschäfte
- Plätze
- Straßen
- Menschen

Notiert auf einem Blatt, was ihr wo an welchem Tag und zu welcher Uhrzeit fotografiert habt. Dann fällt es euch hinterher leicht, die Fotos richtig zu beschriften.

Aufgaben

1 a) Welche Familiennamen an den Türklingeln (M1) sind deiner Meinung nach ausländische Namen?
b) Aus welchen Ländern könnten diese Menschen stammen?

2 Ordne den Modell-Häusern in M6 die richtigen Hausnummern aus M4 zu.

3 a) In welchen Ländern wurden die in M3 befragten Personen geboren?
b) Wie viele von ihnen leben seit mehr als 20 Jahren in Deutschland?

M1 *Am Eingang eines vierstöckigen Wohnhauses*

Mehr über Ausländerinnen und Ausländer zu wissen bedeutet, sie besser zu verstehen!

Wir kommen häufig mit Menschen aus anderen Ländern zusammen. Oft können wir uns ihr Verhalten nicht erklären, weil wir bisher zu wenig über sie selbst, ihre Heimatländer und ihre **Kultur** erfahren haben. Es kommt zu Missverständnissen oder gar Vorurteilen, die wir abbauen müssen.

- Leute mit einem ausländischen Namen können einen deutschen Pass haben, also Deutsche sein.
- Man weiß nicht, ob in einer Wohnung eine einzelne Person oder eine Familie lebt.
- Man kann nicht sagen, wie viele Personen in einer Wohnung leben.
- Man kann oft nicht feststellen, in welchem Stockwerk die Leute ihre Wohnung haben.

M2 *Die Namensschilder an den Türklingeln „verraten" nicht alles.*

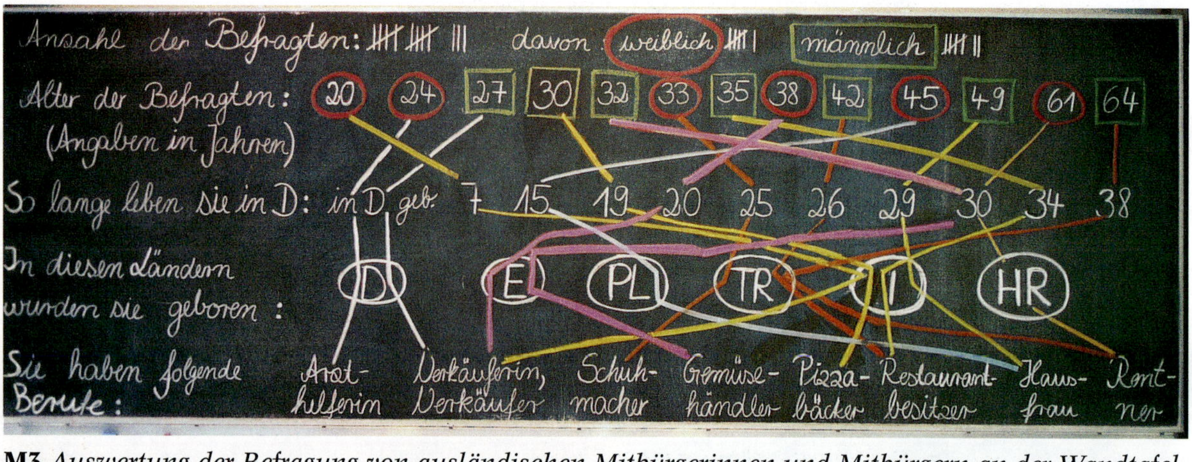

M3 *Auswertung der Befragung von ausländischen Mitbürgerinnen und Mitbürgern an der Wandtafel*

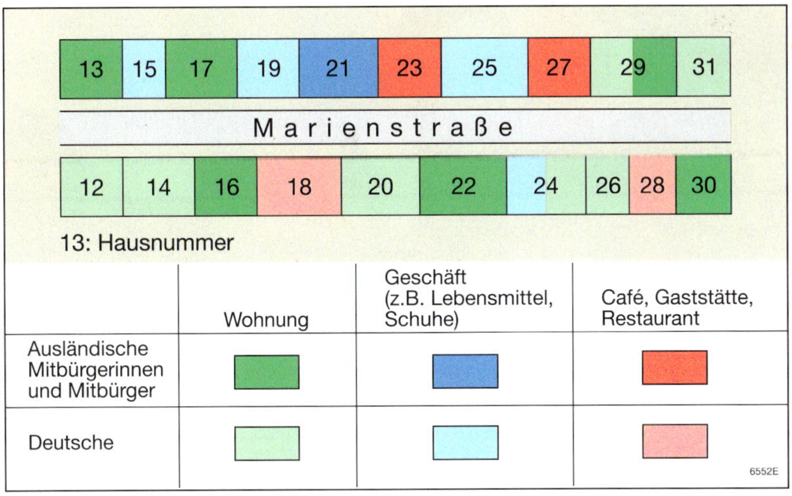

M4 *Nutzungskartierung des Erdgeschosses*

Kartieren

zum Beispiel
- einzelne Straßen
- Stadtviertel

Besorgt euch Karten bei der Gemeindeverwaltung.
Legt gemeinsam eine Legende fest.
Fertigt eine Zeichnung von der Nutzungskartierung an (M4).
Fasst eure Erfahrungen (z.B. Schwierigkeiten) in einem Bericht zusammen.

Herr Ismail Türköz ist 42 Jahre alt. Er wurde in Bursa (Türkei) geboren und lebt seit über 20 Jahren in Deutschland. Vor zehn Jahren eröffnete er zusammen mit seiner Frau Keziban, die er in seiner Heimat kennen lernte und dort heiratete, das Restaurant „Istanbul". Sie haben einen Sohn, der Mohammed heißt. Er wurde in Deutschland geboren und ist 18 Jahre alt. Die Familie Türköz wohnt in einer Mietwohnung direkt über dem Restaurant.
Herr Türköz fährt mit seiner Frau und seinem Sohn einmal im Jahr für fünf bis sechs Wochen nach Bursa. Dort leben die Eltern von Herrn Türköz, seine Schwiegereltern und weitere Verwandte. Die Familie Türköz will nicht mehr in die Türkei zurückziehen, da sie hier in Deutschland viele Freunde hat und sich auch sehr wohlfühlt. Innerhalb der Familie wird ausschließlich Türkisch gesprochen. Die deutsche Staatsbürgerschaft will weder das Ehepaar Türköz noch der Sohn haben. Sie sind stolz darauf, Türken zu sein.

M5 *Bericht von Tina und Jan zum Interview mit Herrn Türköz*

Befragen

zum Beispiel
- ausländische Schülerinnen und Schüler
- alte Menschen
- Berufstätige (z.B. Verkäuferin)

Erstellt einen Fragebogen und kopiert diesen, damit jeder von euch mindestens eine Befragung durchführen kann. Wertet die Ergebnisse aus (M3). Schreibt zu jeder Befragung einen Bericht (M5).

M6 *Modellbau eines Teils der Marienstraße. Jedes Haus ist 6 cm lang und 4 cm breit. Ein Stockwerk ist 3 cm hoch. Die Farben stimmen mit denen der Nutzungskartierung (M4) überein.*

Merke
Viele ausländische Mitbürgerinnen und Mitbürger wohnen schon lange in Deutschland und wollen hier bleiben. Sie haben eine eigene Kultur.

Grundbegriff
- Kultur

Menschen verlassen ihre Heimat

Wk Rel

Zehntausende fliehen vor Hurrikan „Isabel". Notstand an der Ostküste der USA.
(Badische Neueste Nachrichten, 18.9.2003)

Grenzkrieg zwischen Äthiopien und Eritrea. 500 000 Menschen auf der Flucht.
(Süddeutsche Zeitung, 23.5.2000)

Ausbruch des Vulkans Nyiragongo im Kongo. Bis zu 400 000 Menschen retten sich nach Ruanda.
(Süddeutsche Zeitung, 19./20.1.2002)

Immer mehr Indonesier flüchten vor der Armut übers Meer.
(Süddeutsche Zeitung 21./22.3.1998)

M1 *Schlagzeilen aus Zeitungen*

M3 *Während des Krieges wurden im Kosovo 120 000 Wohnhäuser, Schulen, Krankenhäuser sowie zahlreiche Strom- und Wasserleitungen zerstört.*

Aufgaben

1 Ordne den Schlagzeilen (M1) einzelne Fluchtgründe aus M2 zu.

2 a) Warum kam es zu einem Krieg im ehemaligen Jugoslawien (Info).
b) Nenne die Länder, die aus dem ehemaligen Jugoslawien entstanden sind (M5).

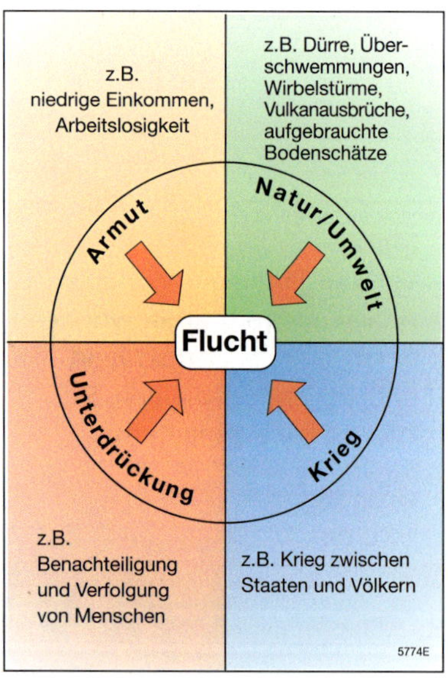

M2 *Fluchtgründe*

Auf der Suche nach einem neuen Zuhause

Jedes Jahr verlassen Tausende von Menschen ihr Heimatland. Viele tun dies freiwillig wie Familie Teichmann aus Heilbronn, die in die USA gezogen ist. Herr Teichmann ist Computerfachmann und hat in San Francisco eine Stelle bei der Firma Microsoft bekommen.

Andere Menschen sind dazu gezwungen, Haus und Hof zurückzulassen und ins Ausland zu fliehen, weil sie um ihr Leben fürchten. Häufig sind daran Kriege schuld, wie zum Beispiel der **Völkerkrieg** im ehemaligen Jugoslawien.

Info

Jugoslawien

Bis zum Jahr 1990 gab es zwischen Italien, Österreich, Ungarn, Rumänien, Bulgarien, Griechenland und Albanien nur einen Staat. Er hieß Jugoslawien. Hier lebten viele Völker mit eigenen Bräuchen, ihrer eigenen Geschichte und Sprache. Die einzelnen Völker wollten selbstständig sein. Deshalb kam es zum Krieg zwischen den Völkern.

Jugoslawien zerfiel in fünf einzelne Staaten. Einer davon heißt heute „Serbien und Montenegro". Dort lebten in der Provinz Kosovo 1,8 Millionen Albaner. Sie wollten unabhängig von Jugoslawien sein. Es kam zu heftigen Kämpfen zwischen Serben und Albanern. Die Serben vertrieben zahlreiche Albaner aus dem Kosovo. Im März 1999 griff die **NATO** ein, um den Krieg zwischen den Völkern zu beenden. Von Flugzeugen und Schiffen aus wurde Jugoslawien bombardiert.

Die NATO ist ein militärisches Bündnis von 26 Staaten. Dazu gehören zum Beispiel die USA, Großbritannien, Frankreich und Deutschland.

M4 *Auf der Flucht*

Aus dem Kosovo, einem Gebiet in Serbien, mussten Hunderttausende Familien albanischer Abstammung fliehen. Die serbische Polizei hat die albanische Bevölkerung mit Waffen angegriffen und vertrieben. Viele Serben sind der Meinung, dass der Kosovo ihnen gehört. Nach den Angriffen suchten etwa 460 000 Albaner Zuflucht in den benachbarten Ländern Albanien und Makedonien. Auch viele europäische Länder haben Flüchtlinge aufgenommen; darunter Menschen aus Bosnien und Herzegowina, wo bis zum Jahr 1995 ebenfalls ein Völkerkrieg herrschte.

Quelle

„Eines Tages packte meine Mutter eine Tasche und einen Koffer. Sie sagte, es sei Krieg und wir müssten uns in Sicherheit bringen. Auf der **Flucht** hatten wir Todesangst. Noch heute träume ich oft vom Knattern der Gewehre und schrecklichen Bombenexplosionen.
Seit fünf Jahren wohnen wir jetzt in Ravensburg. Mir gefällt es hier gut. Ich habe die deutsche Sprache schnell gelernt. Meine Freundin Ina hilft mir aber immer noch bei den Hausaufgaben. Wann wir wieder in unsere Heimat zurückkehren können, wissen wir nicht."

(Nach einem Bericht von Mirela Doderovic, 12 Jahre, aus Bosnien-Herzegowina)

M5 *Staaten und Völker*

Aufgaben

3 Berichte von den Folgen eines Krieges am Beispiel von Mirela Doderovic (Quelle, M3, M4).

4 Stell dir vor, du müsstest mit deinen Eltern innerhalb einer Stunde die Wohnung verlassen und ins Ausland fliehen. Du kannst nur einen Koffer mitnehmen. Was würdest du einpacken? Begründe deine Entscheidung.

Merke

Armut und Krieg sind wichtige Gründe, warum Menschen ihr Heimatland verlassen und Zuflucht im Ausland suchen.

Grundbegriffe
- Völkerkrieg
- NATO
- Flucht

Ein Asylantenheim in unserer Stadt

Wk Rel

Artikel 16a
[Asylrecht]

(1) Politisch Verfolgte genießen Asylrecht.

M1 *Aus dem Grundgesetz für die Bundesrepublik Deutschland*

Info

Asylbewerber

Menschen, die in ihrem Heimatland aus politischen Gründen verfolgt wurden, ins Ausland geflohen sind und Asyl beantragt haben, sind Asylbewerber. Asyl bedeutet Aufnahme und Schutz von Verfolgten.

Quelle 1

Nimmt die Gemeinde Indersdorf weitere Asylbewerber auf?

„Im Landkreis Dachau konnten bereits 620 **Asylbewerber** in angemieteten Wohnungen, Wohnhäusern, in einem Kloster und anderen Sammelunterkünften untergebracht werden. Nun suchen wir ein Grundstück für den Bau einer Gemeinschaftsunterkunft für weitere 80 Asylbewerber aus Bosnien-Herzegowina. Wir wollen zwei ebenerdige Holzhäuser in Fertigbauweise errichten.

Da in der Gemeinde Indersdorf schon Asylbewerber wohnen, wäre dort eine zweite Sammelunterkunft geradezu ideal. Die Betreuung der Personen wäre dann von unserer Seite aus besser zu organisieren. Zur Betreuung gehören zum Beispiel die Beschaffung von Haushaltsgegenständen, die Versorgung der Asylbewerber mit Lebensmitteln und ein Schulangebot für die Kinder der Asylbewerber.

Als Standort für die Fertighäuser kommt eine landwirtschaftlich genutzte Fläche in Indersdorf infrage. Die Kosten für die Errichtung der Gemeinschaftsunterkunft würde das Bundesland Bayern übernehmen."

(G. Weber, Pressesprecher des Landkreises Dachau)

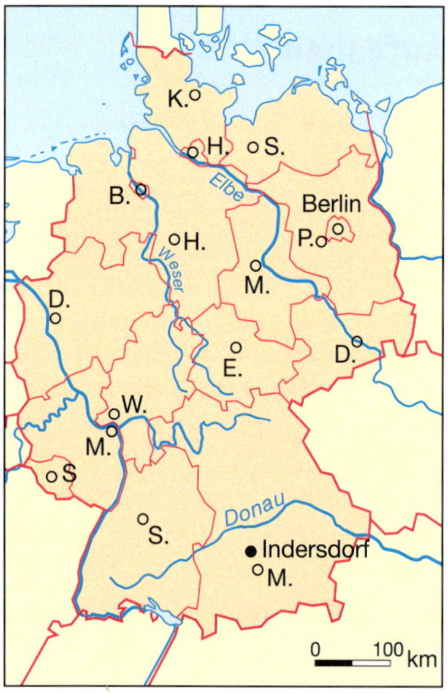

M2 *Lage von Indersdorf (Landkreis Dachau)*

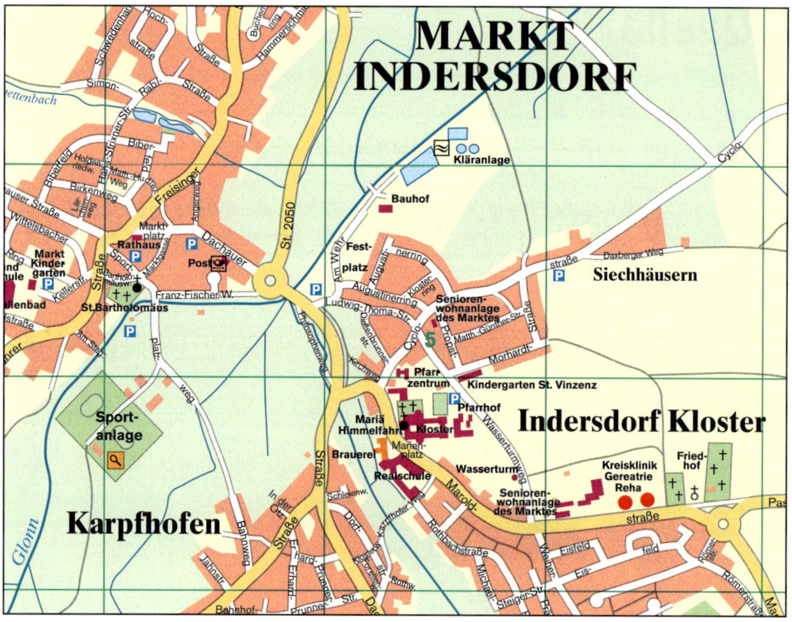

M3 *Plan der Gemeinde Indersdorf (Ausschnitt)*

Aufgabe

1 a) Welche Einstellung haben die Einwohner von Ried zum Bau der geplanten Gemeinschaftsunterkunft in Indersdorf (Quelle 3)?
b) Nenne Gründe für ihre Haltung (M3, Quelle 5).
c) Gibt es Interessenkonflikte? Erkläre.

Quelle 2

Der Bürgermeister ist der Meinung, dass das Grundstück für die Errichtung einer Gemeinschaftsunterkunft geeignet ist. Durch das Industriegebiet führt eine Straße bis zu dem Grundstück, auf dem die Holzhäuser aufgebaut werden sollen. Es gibt auch die Möglichkeit für einen Wasser- und Kanalanschluss. Außerdem befinden sich in der Nähe der geplanten Unterkunft Einkaufsmöglichkeiten und auch der Bahnhof.

(Nach Protokoll der Gemeinderatssitzung vom 5.7.1992)

Quelle 3

„Meine 15-jährige Tochter muss zweimal täglich an den Unterkünften der Asylbewerber vorbei zum Bahnhof radeln. Dabei ist mir nicht ganz wohl." (Ursula Deichl, Landwirtin)

„Ich bin strikt dagegen, so nahe bei einem Dorf Asylbewerber unterzubringen. Da traut sich bald keiner mehr aus dem Haus." (Josef Götz, Landwirt)

„Es müsste viel mehr bekannt gemacht werden, dass die breite Bevölkerung gegen die Aufnahme von Asylbewerbern ist. Die Politiker sollten das berücksichtigen." (Therese Wackerl, Hausfrau)

„Ich befürchte, dass durch den Zuzug der Asylbewerber mehr gestohlen wird. Von den älteren Bewohnern habe ich schon öfter gehört, dass sie sich fürchten, wenn sie allein daheim sind. Wahrscheinlich werden auch einige Asylbewerber zu uns zum Betteln kommen. Im Grunde genommen habe ich nichts gegen diese Menschen. Es sind ja auch Leute wie du und ich, aber es kommen einfach zu viele." (Hans Doll, Landwirt)

(Dachauer Zeitung vom 27.7.1992)

Quelle 5

Leserbrief in den Dachauer Nachrichten vom 8.9.1992

Wir sehen es als unsere Pflicht an, allen Menschen Respekt und Achtung entgegenzubringen. Das gilt sowohl für Ausländer als auch für Deutsche, vor allem für diejenigen, die in Not geraten sind. Alle Menschen haben Anspruch darauf, mit Würde behandelt zu werden. Deshalb sollten wir keine Menschen vorverurteilen, die wir gar nicht kennen.

(Beatrix du Moulin und Georg Weigl, Wählergruppe Um(welt)denken)

M4 *Asylbewerber vor einer Gemeinschaftsunterkunft*

Aufgaben

2 Auf einer Bürgerversammlung informiert der Bürgermeister die Einwohner von Indersdorf über den Bau der geplanten Gemeinschaftsunterkunft. Führt dazu ein Rollenspiel durch.

3 Informiere dich bei der Stadt- oder Kreisverwaltung, ob in deinem Wohnort oder in benachbarten Gemeinden Asylbewerber wohnen. Wie werden sie betreut und wie sind sie untergebracht?

Quelle 4

„Es gab bei uns noch nie größere Probleme mit den Asylbewerbern. Dennoch reagierten die Leute im Ortsteil Ried zum Teil hysterisch auf meinen Vorschlag, die Flüchtlinge in unserer Gemeinde unterzubringen. Das macht mich sehr traurig. Ich bin Christ und empfinde, dass es meine Pflicht ist, den Menschen aus Bosnien-Herzegowina zu helfen. Deshalb freut es mich, dass die Mitglieder des Gemeinderates genauso denken wie ich."

(Josef Kaspar, Bürgermeister von Indersdorf, am 5.8.1992)

Merke

In Deutschland suchen Asylbewerber Zuflucht. Sie kommen aus verschiedenen Ländern.

Grundbegriff

- Asylbewerber

Arbeiten in der Fremde

(Aus: B. Gesthuisen und Jerman, T. [Hrsg.]: Die in der Fremde arbeiten. Duisburg 1983, S. 24)

M1 *Zeichnung von Naci Yavuz*

Arbeitskräfte gesucht!

Nach 1950 wuchs die Wirtschaft in Deutschland sehr schnell. Überall fehlten Arbeitskräfte, vor allem im Bergbau und auf dem Bau. Deshalb entschied die deutsche Regierung, Arbeiter im Ausland anzuwerben.

Herr Ali Öztürk berichtet: „Ich bin in einem Dorf in der Türkei aufgewachsen. Als Kind musste ich auf dem Bauernhof meiner Eltern mithelfen. Dann lernte ich Sema kennen. Wir heirateten. Ihr Bruder erzählte mir, dass in Deutschland **ausländische Arbeitnehmer** gesucht werden. Er arbeitete als Kellner in München und verdiente gut. Der Gedanke, endlich Geld zu verdienen, ließ mich nicht mehr los. Im Jahr 1962, drei Wochen nach unserer Hochzeit, zog ich allein nach Bochum. Dort arbeitete ich als Bergmann. Ich verdiente damals umgerechnet 550 Euro im Monat. So viel verdienten meine Eltern nicht in einem Jahr. Dann bekam ich eine Stelle bei Mercedes in Stuttgart. Ich konnte mir eine eigene Wohnung leisten und holte meine Frau nach."

Quelle 1

Wie sich der türkische Arbeiter in einem fremden Land verhalten soll

Die deutschen Arbeitgeber wissen, dass wir Türken fleißig sind. Arbeitet daher wie Bienen, seid wachsam und lernt schnell, was ihr noch nicht wisst. Beginnt die Arbeit pünktlich. Lasst euch nicht krankschreiben, wenn es nicht unbedingt notwendig ist. Seid nicht grob und laut zu eurem Vorarbeiter und dem Arbeitgeber.

(Nach: Türkische Anstalt für Arbeit und Arbeitsvermittlung 1963)

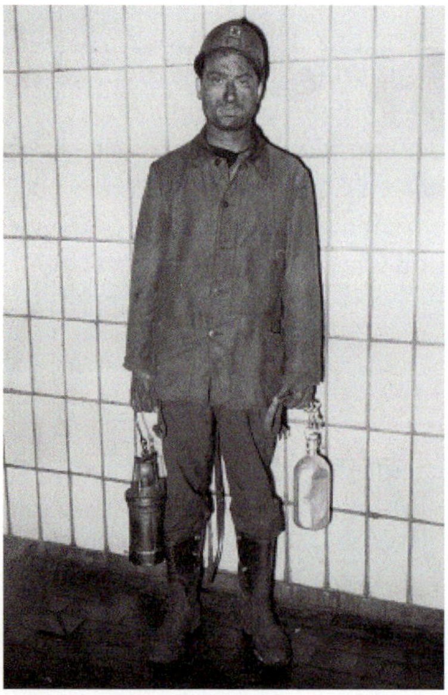

M2 *Ali Öztürk 1963*

M3 *Hier wohnte Herr Öztürk von 1962 bis 1968.*

M4 *Ausländische Frauen und Männer arbeiten in vielen Bereichen.*

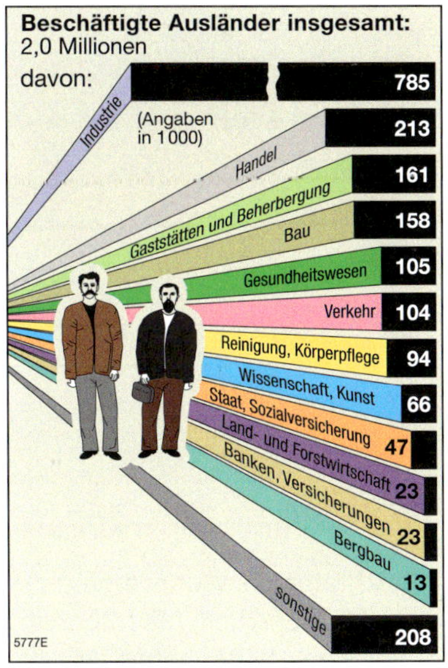

M6 *Zahl der ausländischen Arbeitnehmer nach Bereichen*

In Deutschland sind zwei Millionen ausländische Arbeitnehmer (Arbeiter und Angestellte) beschäftigt. Davon sind:

564 000 Türken	62 000 Kroaten
203 000 Italiener	53 000 Polen
200 000 Serben und Montenegriner	48 000 Portugiesen
114 000 Griechen	42 000 Spanier
81 000 Franzosen	34 000 Niederländer
63 000 Österreicher	536 000 Sonstige

M5 *Ausländische Arbeitnehmer nach Staatsangehörigkeit*

Quelle 2

Was würde passieren, wenn plötzlich alle ausländischen Arbeitnehmer Deutschland verlassen?

- Auf zahlreichen Baustellen wird nicht mehr gearbeitet. Es fehlen Arbeitskräfte.
- In allen deutschen Autofabriken stehen die Fließbänder still. Bis auf weiteres werden keine Autos mehr produziert.
- Auf den Bürgersteigen quellen die Mülltonnen über, weil sie nur noch alle sechs Wochen geleert werden.
- In vielen Hotels müssen die Gäste ihre Betten selbst machen.
- In den Krankenhäusern fehlen zahlreiche Fachärzte. Es gibt lange Wartezeiten für Operationen.
- In Deutschland müssen Lehrerinnen und Lehrer umgeschult werden. An manchen Schulen ist die Zahl der Schülerinnen und Schüler um die Hälfte zurückgegangen.

(Nach PZ, Extra 1, Bonn)

Aufgaben

1 Warum hat Herr Öztürk 1962 die Türkei verlassen (M1, M2, Text)?

2 a) Beschreibe die Fotos Ⓐ bis Ⓔ in M4.
b) Ordne sie den einzelnen Bereichen in M6 zu.

3 Schildere die Folgen, wenn alle ausländischen Arbeitnehmer auf einmal Deutschland verlassen würden (Quelle 2).

Merke
In Deutschland sind 2 Millionen ausländische Arbeitnehmer beschäftigt, die meisten davon in der Industrie. Verließen diese Arbeitnehmer Deutschland, hätte dies schwerwiegende Folgen für die Wirtschaft.

Grundbegriff
- ausländischer Arbeitnehmer

Rückkehr nach Hause

M1 *Lage von Incesu in der Türkei*

Aufgaben

1 Beschreibe die Wohnverhältnisse der Menschen, die früher im Ausland gearbeitet haben (M2, M3, Quelle 2).

2 Die Arbeitsbelastung der Frauen und Männer in Incesu erscheint unterschiedlich. Erläutere (Text, Quelle 1).

3 Ermittle die Namen in M6 mithilfe des Atlas (Karte: Südosteuropa/Türkei – physisch).

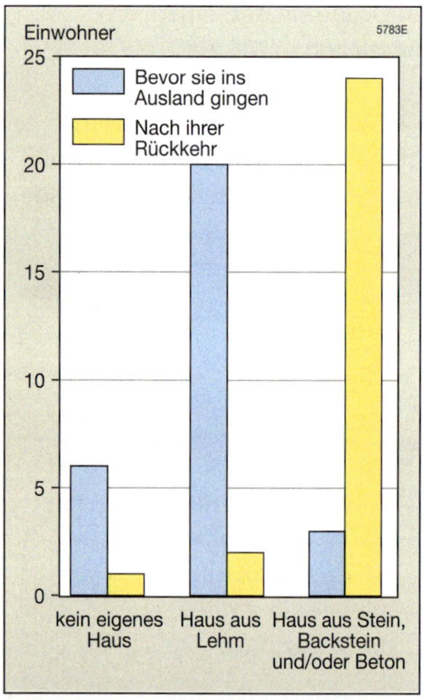

M2 *Wohnverhältnisse der Einwohner von Incesu, die früher im Ausland gearbeitet haben*

M3 *Das neue Haus von Ali und Sema Öztürk*

Incesu – die Heimat von Ali und Sema Öztürk

Herr Öztürk (57) und seine Frau (52) leben seit drei Jahren wieder in Incesu in der Türkei. Sie sind in ihre Heimat zurückgekehrt. In Deutschland haben sie sparsam gelebt. Von ihren Ersparnissen haben sie in Incesu ein Grundstück gekauft und ein Haus gebaut. Das hat umgerechnet 20 000 Euro gekostet. Außerdem hat Herr Öztürk das Teehaus im Ort gekauft.

Frau Öztürk arbeitet auf dem Bauernhof ihrer Schwiegereltern, die über 80 Jahre alt sind. Wie die anderen Frauen muss Frau Öztürk hart arbeiten. Sie erledigt den gesamten Haushalt und ist auch für alle Feldarbeiten zuständig. Frau Öztürk pflanzt Gemüse, sät Getreide aus, lockert den Boden mit der Harke und bringt die Ernte ein. Nur wenn die Arbeit besonders schwer ist, hilft ihr Mann mit. Herr Öztürk betreibt nun das Teehaus. Das ist der wichtigste Treffpunkt der Männer im Dorf. Sie verbringen dort die meiste Zeit des Tages und tauschen Neuigkeiten aus. Frauen betreten das Teehaus in der Regel nicht. Frauen und Männer verbringen ihre Freizeit meist getrennt.

Quelle 1

Zur Stellung der Frau in der Familie

Obwohl die Frau zum Lebensunterhalt der Familie einen großen Beitrag leistet, ist ihr Mitspracherecht in der Familie gering. Der Vater oder – in seiner Vertretung – der älteste Sohn ist das Familienoberhaupt. Das erwirtschaftete Geld wird von ihm verwaltet. Er ist für das Ansehen seiner Familie und für den Verkauf der landwirtschaftlichen Erzeugnisse verantwortlich.

(Nach: Informationen zur politischen Bildung, Nr. 277/2002, S. 32)

M4 *Vor dem Teehaus*

M5 *Feldarbeit*

Quelle 2

„In Incesu leben 770 Menschen. Davon haben 60 Männer und Frauen früher im Ausland gearbeitet. Sie haben fast alle ein Auto. Die Wohnungen der Familien sind modern eingerichtet. Sie haben Kühlschränke, Waschmaschinen, Radios, Fernseher und Videogeräte. Einige der ehemaligen ausländischen Arbeitnehmer haben sich einen Traktor gekauft, weil sie eine Landwirtschaft betreiben."

(Nach M. Bilir: Das Dorf Incesu. Essen 1997)

Merke
Ausländische Arbeitnehmer, die in Deutschland gearbeitet haben, kehren oft in ihre Heimatländer zurück. Sie bauen sich mithilfe ihrer Ersparnisse eine neue wirtschaftliche Existenz auf.

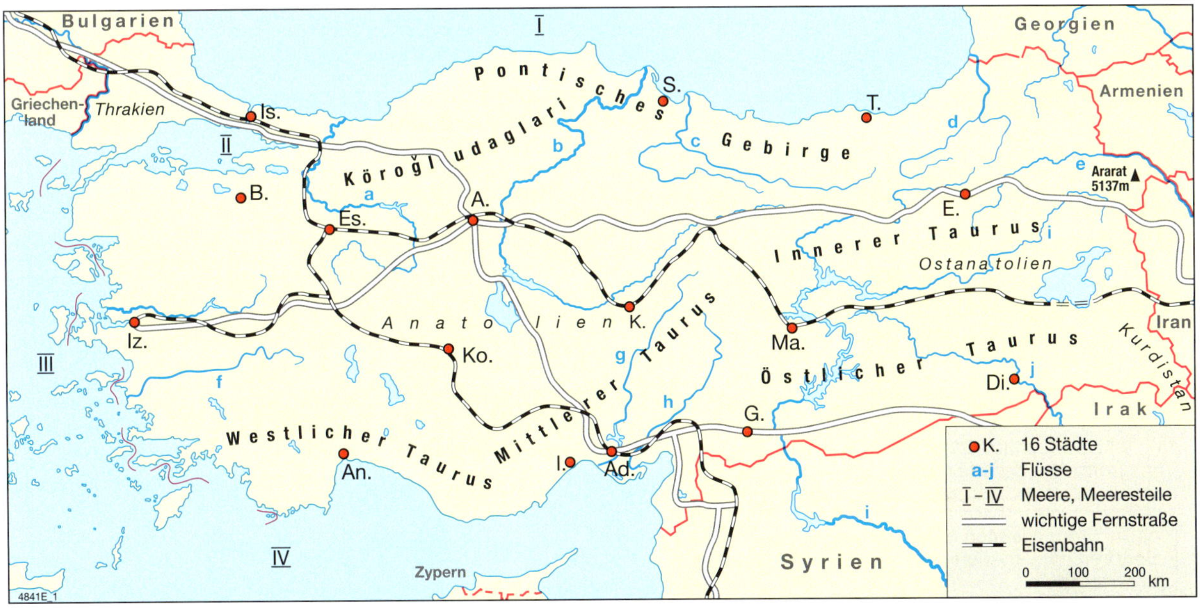

M6 *Übungskarte Türkei*

Unterwegs in der Fremde

1. Fluchtgründe

Übertrage die Zeichnung in dein Heft. Schreibe bei jedem Fluchtgrund ein Beispiel oder mehrere Beispiele dazu.

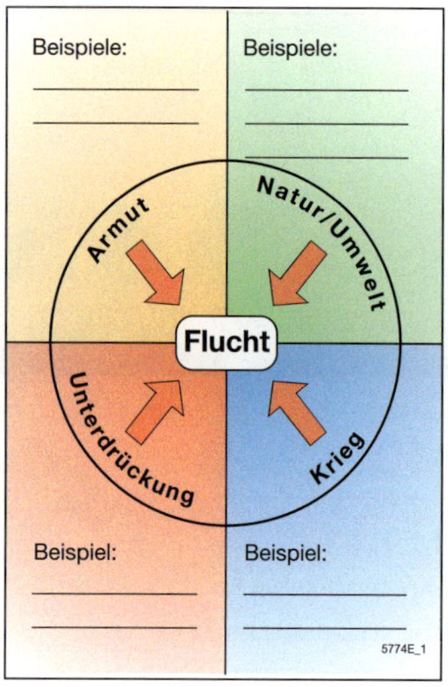

2. Türschilder

Was verraten die Namensschilder an den Türklingeln nicht?

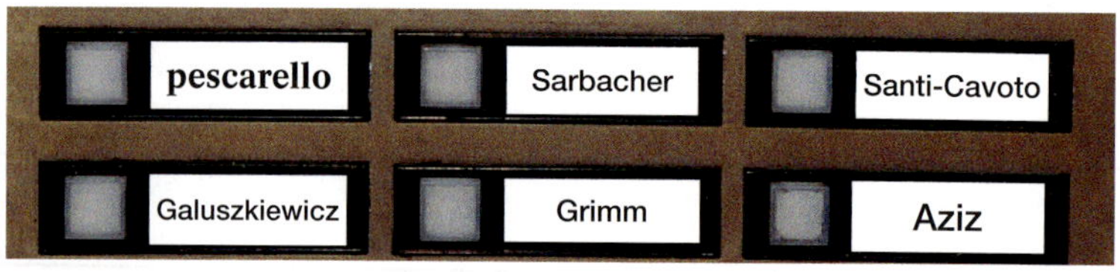

3. Rätsel

Schreibe das Rätsel ab oder lege Transparentpapier darauf. Trage darauf die Lösungen ein (Ö = OE).

1 Provinz in Serbien, aus der Hunderttausende Albaner vertrieben wurden.
2 Begriff, der „Aufnahme und Schutz von Verfolgten" bedeutet.
3 Wichtiger Fluchtgrund.
4 Name eines Staates, in den das ehemalige Jugoslawien zerfiel.
5 Hauptstadt von Bosnien-Herzegowina.
6 Militärisches Bündnis von 26 Staaten, dem auch Deutschland angehört (Abkürzung).
7 Genaue Bezeichnung des deutschen Gesetzes, in dem steht, dass politisch Verfolgte Asylrecht genießen.

4. Richtig oder falsch?

Finde heraus, welche dieser Aussagen auf die Türkei zutreffen und welche nicht.

a) Der größte Teil der Türkei gehört zum Kontinent Asien; ein kleiner Teil zum Kontinent Europa.

b) Das Teehaus ist ein wichtiger Treffpunkt der Männer.

c) Die Frauen leisten einen großen Beitrag zum Lebensunterhalt der Familie.

d) Incesu ist eine Stadt in der Türkei

e) Über 560 000 türkische Frauen und Männer sind in Deutschland als ausländische Arbeitnehmer beschäftigt.

f) An der Küste im Süden kann man im Schwarzen Meer schwimmen.

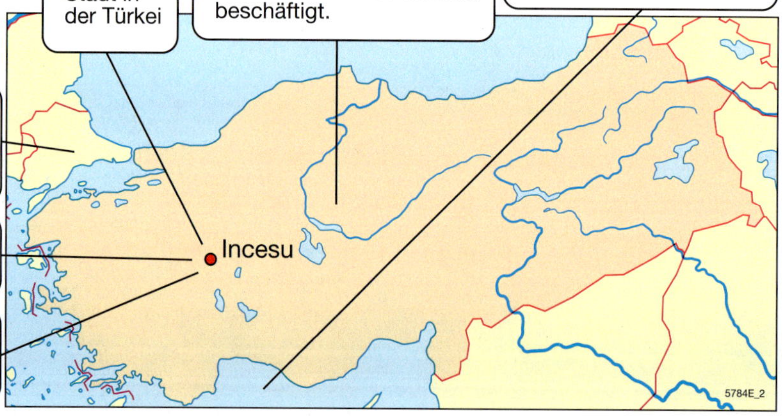

Menschen verlassen ihre Heimat

Aus den Ländern des ehemaligen Jugoslawien sind Hunderttausende von Menschen ins Ausland geflüchtet, weil in ihrer Heimat Krieg herrschte. Viele europäische Länder haben Flüchtlinge aufgenommen. Der Grund für den Krieg waren die großen Gegensätze zwischen den einzelnen Völkern. Jedes Volk hat seine eigene Geschichte, seine eigene Sprache und seine eigenen Bräuche.

Arbeiten in der Fremde

In Deutschland gab es in den 1950er-Jahren nicht genügend Arbeitskräfte. Die Regierung warb deshalb Arbeitskräfte im Ausland (z.B. in der Türkei) an. Es kamen Menschen nach Deutschland, die in ihrer Heimat keine Arbeit fanden.

Heute gibt es in Deutschland rund zwei Millionen ausländische Arbeitnehmer. Die meisten von ihnen arbeiten in der Industrie, im Handel und im Gaststätten- und Beherbergungsgewerbe. Würden alle ausländischen Arbeitnehmer Deutschland auf einmal verlassen, hätte dies nachteilige Folgen für die gesamte Wirtschaft.

Rückkehr nach Hause

Zahlreiche ausländische Arbeitnehmer kehren nach Jahren in Deutschland wieder in ihre Heimatländer zurück. Dort bauen sie sich oft eine neue berufliche Existenz auf. Ihre Lebens- und Wohnverhältnisse sind meist besser als die der anderen Bewohner, denn die Heimkehrer bringen häufig Ersparnisse mit. In der Regel passen sie sich den Lebensgewohnheiten im Heimatland wieder an.

Grundbegriffe

- Kultur
- Völkerkrieg
- NATO
- Flucht
- Asylbewerber
- ausländische Arbeitnehmer

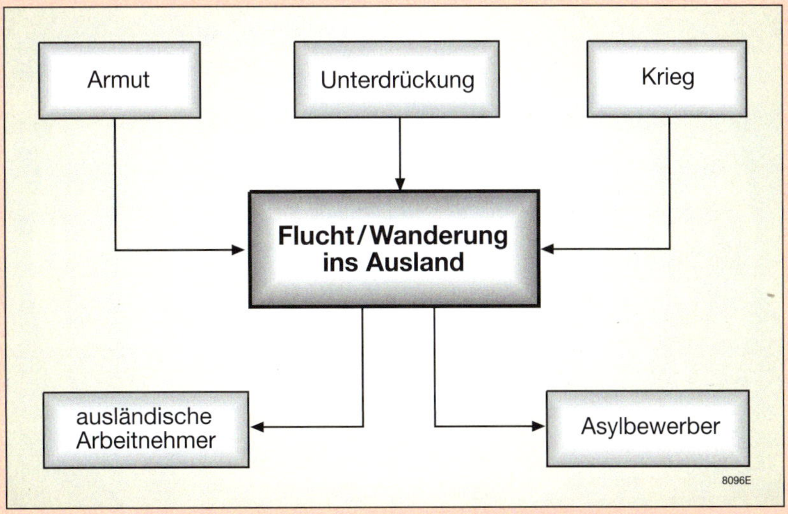

①–③ Gebirge
1–5 Inseln
ⓐ–ⓔ Meere, Binnenmeere
In diesem Land sprudeln heiße Quellen.
In dieser Hauptstadt schlägt Big Ben.
Diese Meeresstraße trennt Europa von Afrika.
Auf dieser Urlaubsinsel liege ich gern in der Sonne.
Hier kann ich 4000 m hohe Berge bezwingen.

8092E

Reise durch Europa

- Orientierung in Europa
- Europa
- Urlaub in Frankreich
- „Bonjour Paris“
- Politische Gliederung
- Wirtschaftsräume
- Massentourismus auf Mallorca
- Ländliche Räume in Europa
- Tomaten aus den Niederlanden
- Weizen aus der Ukraine
- Holzwirtschaft in Finnland
- Obst und Gemüse aus Spanien
- Ein Land untersuchen
- Europa-Steckspiel

Orientierung in Europa

M1 *Sage von der Entstehung Europas*

M3 Der Weg der Entführung der Königstochter Europa

Aufgabe

1 Bestimme den Namen des heutigen Staates, aus dem Europa entführt wurde, das Meer, über das der Weg führte, und die Insel, auf der sie ankam (M3; Atlas, Karte: Südosteuropa/Türkei – physisch).

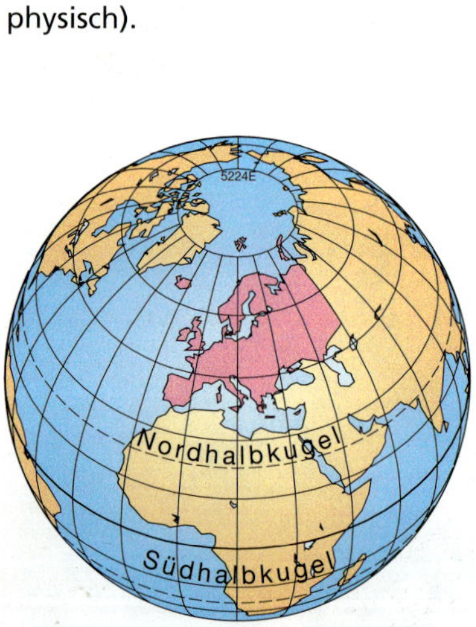

M2 *Die Lage Europas*

Europa – Lage und Abgrenzung

Der Name Europa stammt vermutlich von dem asiatischen Wort „ereb“ (dunkel). Europa liegt von Asien aus im Westen, dort „wo die Sonne abends untergeht“. Es ist das „Abendland“. Mit rund 10 Mio. km^2 Landfläche ist Europa nach Australien der kleinste Kontinent. Im Gegensatz zu den anderen Kontinenten, die nach allen Himmelsrichtungen klar abgegrenzt sind, ist der Kontinent Europa Teil des Doppelkontinents **Eurasien**.

Nach Norden, Westen und Süden hin wird Europa vom Europäischen Nordmeer, dem Atlantischen Ozean und dem Mittelmeer begrenzt. Als Grenze nach Osten und Südosten gelten das Uralgebirge, der Fluss Ural, die Manytschniederung und die Meerenge des Bosporus. Die Straße von Gibraltar trennt im Südwesten Europa von Afrika (siehe Atlas, Karte: Europa – physisch).

Europa – vielfältig gegliedert

Kein anderer Erdteil ist so stark gegliedert wie Europa. Meere und Meeresbuchten haben sich tief in das Festland eingeschnitten. Interessante Landformen sind dabei entstanden. So gleicht die Halbinsel von Skandinavien in Nordeuropa einem „Bären“. Im Mittelmeerraum bilden die Länder Spanien und Portugal eine „Faust“. Italien sieht aus wie ein „Stiefel“.

Viele Inseln sind dem europäischen Festland vorgelagert, so zum Beispiel die Britischen Inseln.

Auch die Oberflächenformen Europas sind sehr unterschiedlich. Es gibt sowohl tief gelegene Gebiete als auch Gebirge. Mit Bergen von über 3000 Meter Höhe bilden die Pyrenäen und die Alpen die Grenze zwischen Mittel- und Südeuropa. Die Karpaten sind das große Gebirge in Südosteuropa.

M5 *Steckbriefe zu Europa*

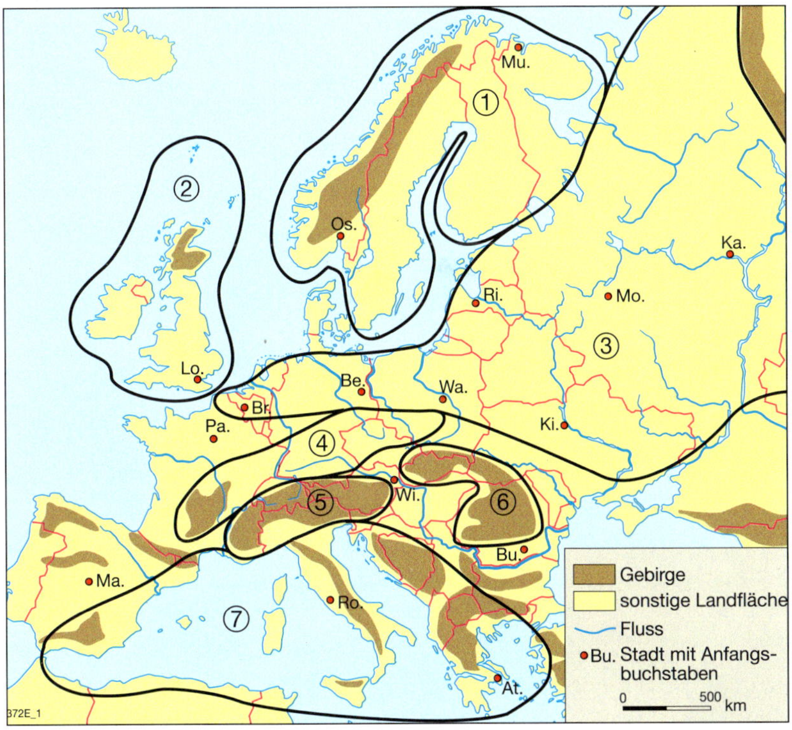

M4 *Großräume in Europa*

Aufgaben

2 Ordne den in M4 eingezeichneten Großräumen und Landschaften Europas den richtigen Namen zu. Hier die Namensliste: Alpenraum, Mittelmeerraum, Skandinavien, mittel- und osteuropäisches Tiefland, Britische Inseln, Karpatenraum, europäische Mittelgebirge (Atlas, Karte: Europa – physische Übersicht).

3 Erstelle zu folgenden Teilräumen Europas Steckbriefe wie in M5 (M4; Atlas, Karte: Europa – Staaten): Skandinavien, Alpenraum, Karpatenraum, Britische Inseln, Mittelmeerraum.

Merke
Der Kontinent Europa ist der westliche Teil des Doppelkontinents Eurasien. Die Grenze zwischen Europa und Asien bilden das Uralgebirge und der Fluss Ural.

Grundbegriff
- Eurasien

Europa

Aufgaben

1 Ordne die Fotos ⓧ, ⓨ und ⓩ den Farbpunkten auf der Karte zu (M2; Atlas, Karte: Europa – physisch).

2 Suche zu jeder der drei Großlandschaften (M1) zwei Beispiele, die nicht in ⓧ, ⓨ und ⓩ abgebildet sind (Atlas, Karte: Europa – physisch).

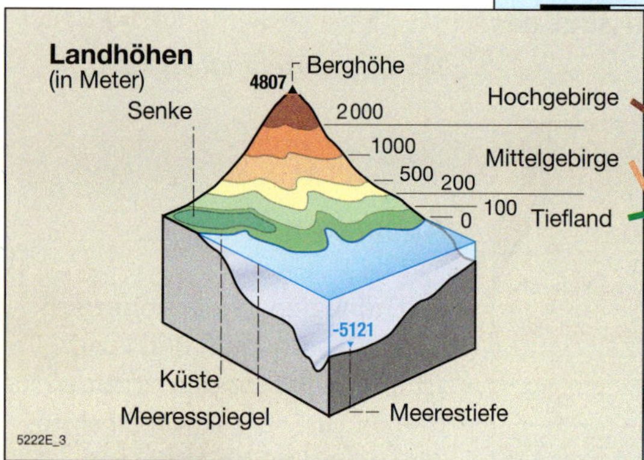

M1 *Landhöhen in Europa (Schema)*

3 Finde die Namen in der Übungskarte (M2, Atlas).

Großlandschaften in Europa

Wie in Deutschland gibt es auch in Europa Großlandschaften: Das *Tiefland* reicht bis zu einer Höhe von etwa 200 m. Die *Mittelgebirge* sind unter 2000 m hoch. Am höchsten sind die *Hochgebirge* wie die Skanden, die Apenninen oder die Alpen. Der höchste Berg Europas liegt in den Alpen (Montblanc, 4807 m).

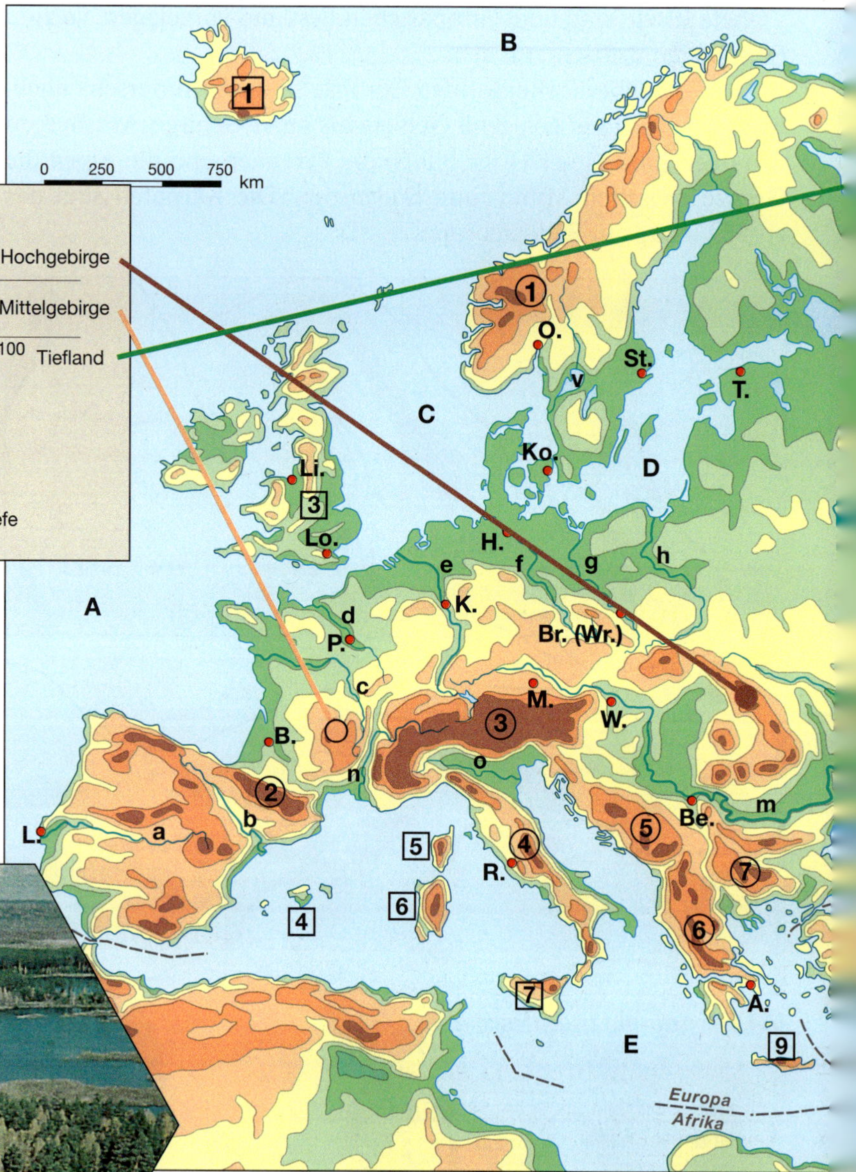

M2 *Übungskarte Europa*

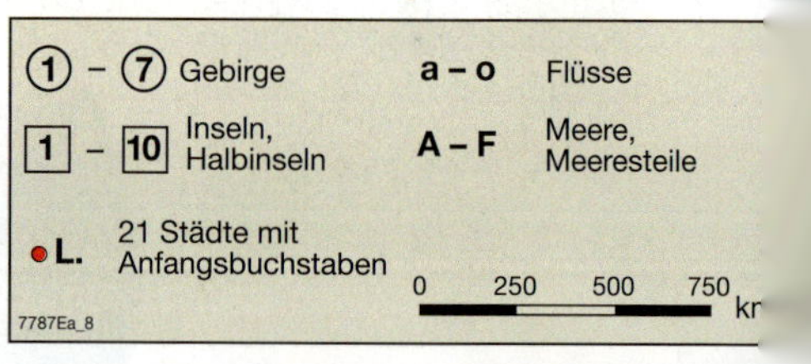

Aufgabe

4 Löse das Silbenrätsel (M3, Atlas). Lege Transparentpapier auf die Silben. Hefte es mit einer Büroklammer fest. Streiche dann die Silben ab.

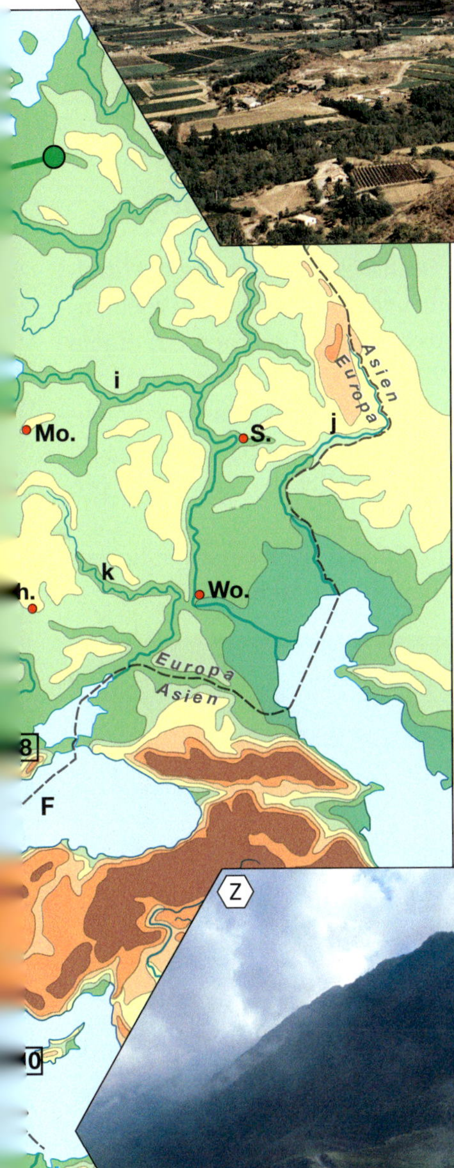

39 Silben – 17 Europa-Fragen

„Da ist aber etwas gründlich durcheinandergeraten bei Europa“, denkt Toppi. „Ob ich es wohl schaffe, daraus 17 europäische Namen zusammenzusetzen? Klar schaffe ich das! Ich bin doch fit für Europa! Und du?“

1. Kontinent westlich von Asien
2. Staat nordwestl. von Rumänien
3. Großer Staat in Osteuropa
4. Meer nördlich von Polen
5. Staat in Südeuropa mit der Hauptstadt Lissabon
6. Hauptstadt Griechenlands
7. Fluss in Spanien, an dem Zaragoza liegt
8. Inselstaat in Nordeuropa
9. Hauptstadt Bulgariens
10. Teil des französischen Zentralmassivs
11. Deutsche Millionenstadt an der Elbe
12. Staat in Nordeuropa mit der Hauptstadt Tallinn
13. Höhenzug, der die Kontinente Europa und Asien trennt
14. Stadt in Süditalien am Tyrrhenischen Meer
15. Staat westlich von Großbritannien
16. Hauptstadt von Norwegen
17. Staat, der an Deutschland und Belgien grenzt

athen – bir – burg – ce – de –
der – ebro – est – eu – fia –
gal – garn – ge – ge – ham –
ir – is – lan – land – land –
land – land – lo – nea – nen –
nie – os – ost – pa – pel – por –
ro – russ – see– so – tu – un –
ural – ven

M3 *Silbenrätsel Europa*

Urlaub in Frankreich

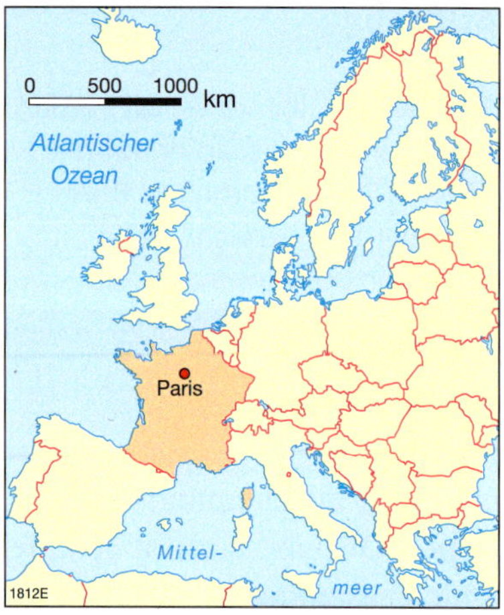

M1 *Lage von Frankreich in Europa*

Aufgaben

1 Was fällt dir bei den Stichwörtern „Frankreich" und „Franzosen" ein?

2 Verfolge die Fahrt von Kerstin und ihrer Mutter von Kiel nach Arcachon (Atlas, Karte: Westeuropa).
a) Nenne drei Flüsse, die die beiden auf ihrer Fahrt überqueren.
b) In welchem Mittelgebirge liegt der Vulkankegel (M2)?

3 Ermittle die Namen in der Übungskarte (M3; Atlas, Karte: Westeuropa).

Info

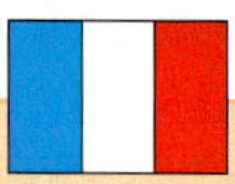

Frankreich

Fläche:	544 000 km^2
Einwohner:	62 Mio.
Hauptstadt:	Paris
Religionen:	78 % Christen
	4,5 % Muslime
Sprache:	Französisch

Infos zu Frankreich unter:
www.frankreich.de; Französisches Fremdenverkehrsamt, Unter den Linden 108, 10117 Berlin

Urlaub im Nachbarland

Kerstin aus Plön fährt mit ihrer Mutter in den Sommerferien nach Frankreich. Auf einem Campingplatz etwa zehn Kilometer südlich von Arcachon (sprich: Arkaschon) an der französischen Atlantikküste haben sie einen Platz vorbestellt. Kerstin badet gern in den hohen Wellen des Atlantischen Ozeans. Ihre Mutter schätzt den weiten Sandstrand. Außerdem ist es dort im Sommer nicht so heiß wie am Mittelmeer und nicht so kalt wie an der Nordsee.

Höhepunkt des Urlaubs ist die Besteigung der „Düne von Pilat". Sie ist die größte Düne Europas: 105 m hoch, drei Kilometer lang und 500 m breit.

Frankreich: Form, Landschaften, Bevölkerung

Frankreich hat etwa die Form eines Sechsecks. Hochgebirge, Mittelgebirge und Tiefland sind auch hier wichtige Landschaftselemente. Im Durchschnitt leben in Frankreich 106 Menschen auf einem Quadratkilometer (in Deutschland 228). Die tatsächliche Verteilung sieht jedoch ganz anders aus. Im Großraum Paris, einem Verdichtungsraum, leben die meisten Menschen (siehe Seiten 126 – 127). In den übrigen Gebieten ist die Bevölkerungsdichte (Einwohner pro Quadratkilometer) geringer.

Auch gibt es ausgedehnte ländliche Räume. Weit verstreut liegende Dörfer und Bauernhöfe prägen hier die Landschaft.

M2 *Vulkankegel in Le Puy*

Tiefland, Ebenen
Hügelland
Bergland, Mittelgebirge
Hochgebirge
①-⑤ Gebirge
a - g Flüsse
• T. 19 Städte

0268E_2a

M3 *Übungskarte Frankreich*

Aufgabe

4 Die Düne von Pilat „wandert" in den angrenzenden Wald hinein. Suche hierfür in M4 Hinweise.

Merke
Frankreich ist ein Nachbarland im Westen von Deutschland. Es hat die Form eines Sechsecks. Die Hauptstadt ist Paris.

M4 *Die Düne von Pilat, südlich von Arcachon*

„Bonjour Paris“

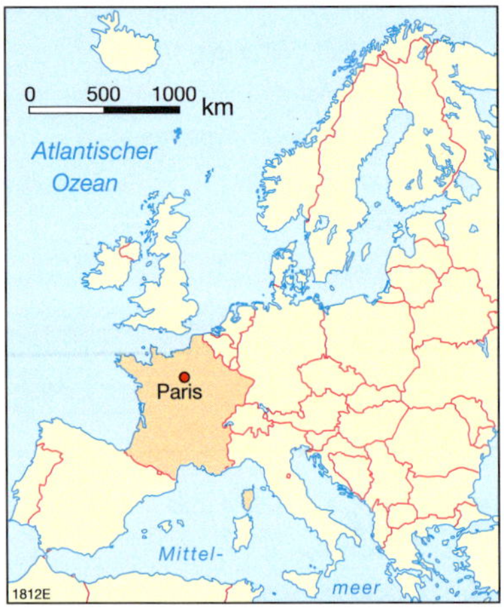

M1 *Die Lage von Paris in Frankreich*

Quelle

„Als ich einmal in Orléans arbeitete, fuhr ich täglich mit dem Zug nach Paris. Dort gab es allein in der Straße, in der ich wohnte, mehrere Kinos, Restaurants und die Begegnung mit außergewöhnlichen Menschen.“

(Nach: Les Nuits de la Pleine Lune, Spielfilm, Regie: Eric Rohmer)

Paris in unseren Köpfen

Mindestens 700 Anfragen bekommt die Stadt Paris jedes Jahr von Filmgesellschaften, die hier einen Film drehen möchten. Das begehrteste Motiv ist der Eiffelturm. Ein französischer Regisseur sagte einmal: „Man braucht vom Eiffelturm nur ein winziges Stück zu zeigen und schon entfaltet sich in der Fantasie der Zuschauer das Bild der Weltstadt Paris.“

Paris – das Zentrum Frankreichs

Paris ist das wirtschaftliche, kulturelle und politische Zentrum Frankreichs. Viele Straßen und Eisenbahnlinien laufen sternförmig auf die Stadt zu. Paris besuchen jährlich etwa 20 Mio. Touristen. Sehenswürdigkeiten sind unter anderem der Eiffelturm, der Triumphbogen und die Kirche Nôtre Dame.

Der Großraum Paris verfügt über zirka 25 Prozent der Industriebetriebe des Landes. Die französischen Automobilfirmen Citroën und Peugeot haben in Paris ihre Hauptverwaltungen. Wegen des riesigen Absatzmarktes lassen sich Betriebe gern in Paris nieder. Die Stadt ist berühmt für Mode und Kosmetik-Artikel. Bekannte Firmen wie Chanel und Dior sind dort angesiedelt.

Auch die meisten großen **Dienstleistungsunternehmen** des Landes, insbesondere Banken und Versicherungen, haben ihren Sitz in Paris.

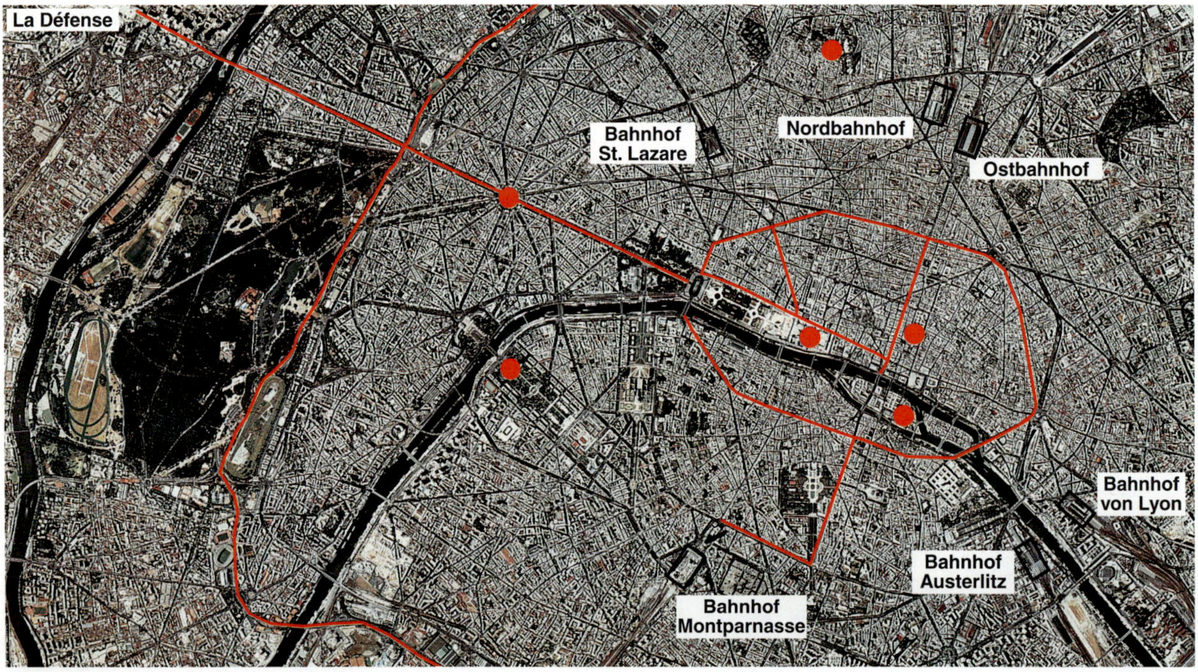

M2 *Paris im Senkrechtluftbild*

M3 *Auf den Triumphbogen laufen die Straßen sternförmig zu.*

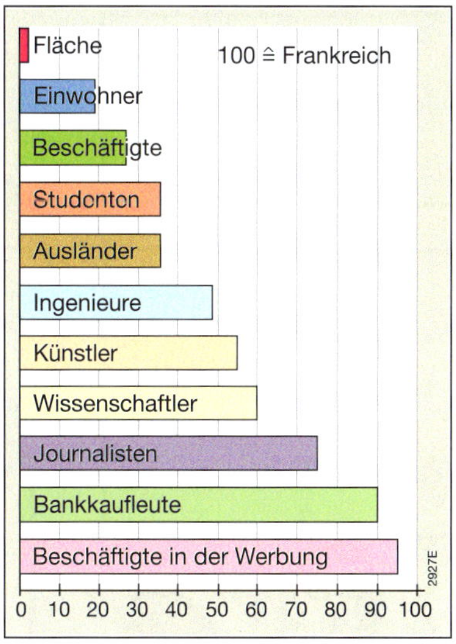

M5 *Die Bedeutung von Paris*

Info

Paris in Zahlen

- Die Stadt Paris ist 105 km² groß. Hier wohnen 2,1 Millionen Menschen.
- Der Großraum Paris ist 12 000 km² groß. Hier wohnen 11 Millionen Menschen.
- Die Pariser Untergrundbahn (Metro) befördert jeden Tag etwa fünf Millionen Passagiere.
- In Paris gibt es etwa 100 Museen, 200 Kunstgalerien, 50 Konzertsäle, 1250 Hotels, 12 000 Restaurants und Kneipen.

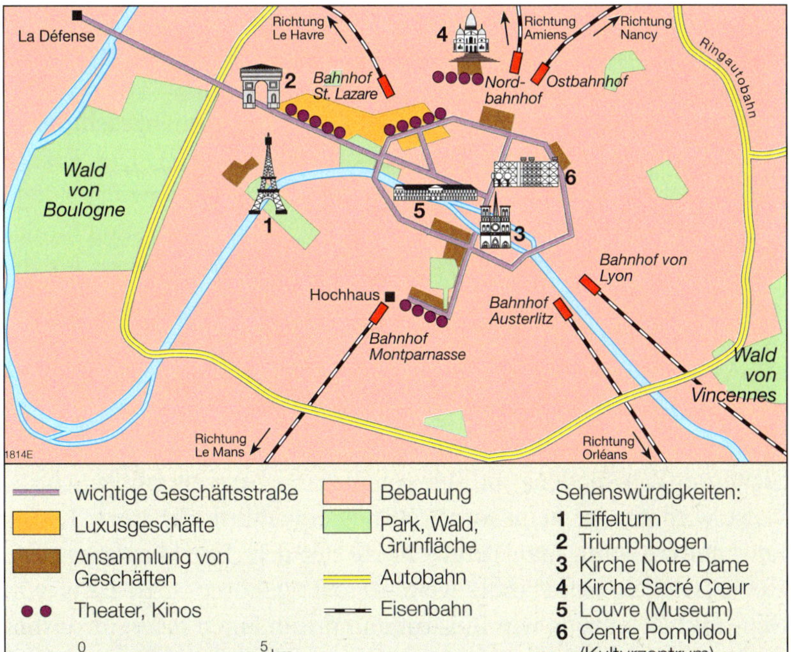

M4 *Paris – Luxusgeschäfte und Sehenswürdigkeiten*

Aufgaben

1 a) Wie viele Kilometer ist Orléans von Paris entfernt (Atlas, Karte: Westeuropa – physisch)?
b) Wie beurteilst du, dass jemand in Orléans arbeitet und die weite Fahrt nach Paris in Kauf nimmt?

2 a) Lege Transparentpapier auf M2. Übertrage die Punkte für die Sehenswürdigkeiten. Beschrifte sie mit Zahlen und lege eine Legende an.
b) Markiere mit einem Farbstift den Bereich der Luxusgeschäfte und mit Kreuzen die Kinos. Ergänze deine Legende.

Merke
Die Stadt Paris ist eine Weltstadt. Sie ist das wirtschaftliche, kulturelle und politische Zentrum des Landes. Ihr Wahrzeichen ist der Eiffelturm.

Grundbegriffe
- Dienstleistungsunternehmen

Politische Gliederung

M1 *Stimmen zur EU*

Die Staaten Europas

In Europa gibt es über 40 **Nationalstaaten**. Je nach ihrer Lage innerhalb des Kontinents kann man einzelne Staaten zu Staatengruppen zusammenfassen. Wir unterscheiden Nordeuropa, Westeuropa, Mitteleuropa, Südeuropa, Südosteuropa und Osteuropa.

27 Staaten in Europa haben sich politisch zusammengeschlossen. Sie bilden zusammen die **Europäische Union (EU)**. Das Erkennungszeichen der EU ist die Europaflagge. Sie enthält zwölf goldene Sterne auf einem blauen Hintergrund. Die blaue Farbe steht für das Blau des Himmels über Europa. Die zwölf Sterne stehen für die Völker Europas. Die Zahl zwölf ist dabei unveränderlich. Sie ist das Zeichen der Vollständigkeit und Vollkommenheit. Sie umfasst alle Völker Europas. Der Kreis ist das Zeichen für die Einheit und Geschlossenheit der Völker.

Wichtige Ziele der EU sind ein gemeinsamer Binnenmarkt, die Sicherung des Friedens und eine gemeinsame Umweltpolitik. Schrittweise wird eine gemeinsame Währung eingeführt: der **Euro**. In vielen Ländern kann man bereits heute mit dem Euro bezahlen. Die EU entwickelt sich ständig weiter. Heute gehören auch Länder in Süd- und Osteuropa wie Bulgarien und Rumänien dazu, die bisher noch nicht in der EU waren.

Aufgaben

1 Erläutere die Symbole der Europa-Flagge.

2 Schreibe die Mitgliedstaaten der EU mit Hauptstädten auf (M3).

3 Welche Vorteile bietet die EU ihren Bürgern (M1 und Text)?

4 Die EU ist ein politischer Zusammenschluss in Europa. Erläutere.

M2 *Die Staaten Europas und ihre Zugehörigkeit zu den europäischen Großregionen*

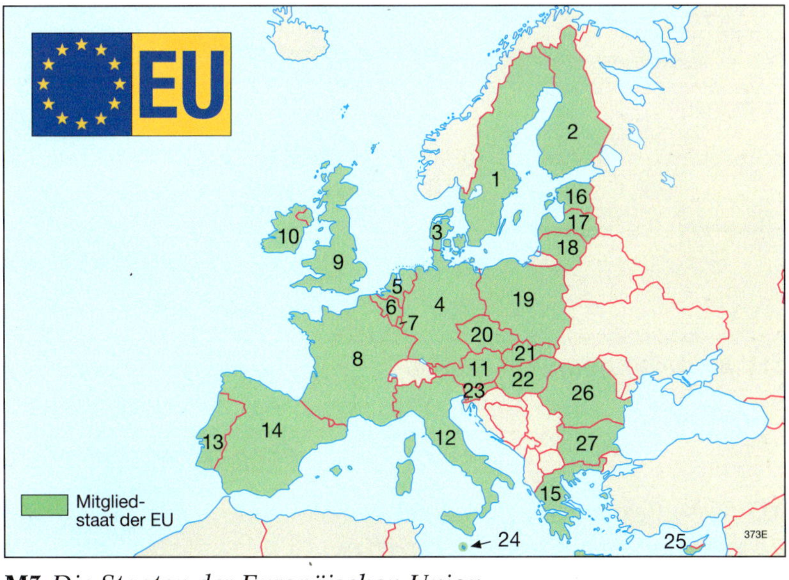

M3 *Die Staaten der Europäischen Union*

M4 *Die Europaflagge*

M1 *Hier entstand Ende des 19. Jahrhunderts das damals größte Industriegebiet der Welt*

M2 *In dieser Stadt entwickelte sich der größte Wirtschaftsraum des Landes*

M3 *Diese Region lebte bis vor 50 Jahren überwiegend vom Steinkohlenbergbau. Heute zeigt sich ein Wandel*

Wirtschaftsräume im Überblick

Die Wirtschaftsräume Europas sind nicht gleichmäßig über den Kontinent verstreut. In der Karte M4 erkennst du ein zusammenhängendes Band, das in Großbritannien von Liverpool bis London verläuft, sich auf dem Festland über Randstad, Rhein-Ruhr, Frankfurt, Zürich etwa bis Mailand fortsetzt. Eine Leitlinie für die Ballung der Wirtschaftsräume auf dem Festland von Europa ist der Rhein. Ein zweites, etwas kleineres Industrieband verläuft von Hamburg über

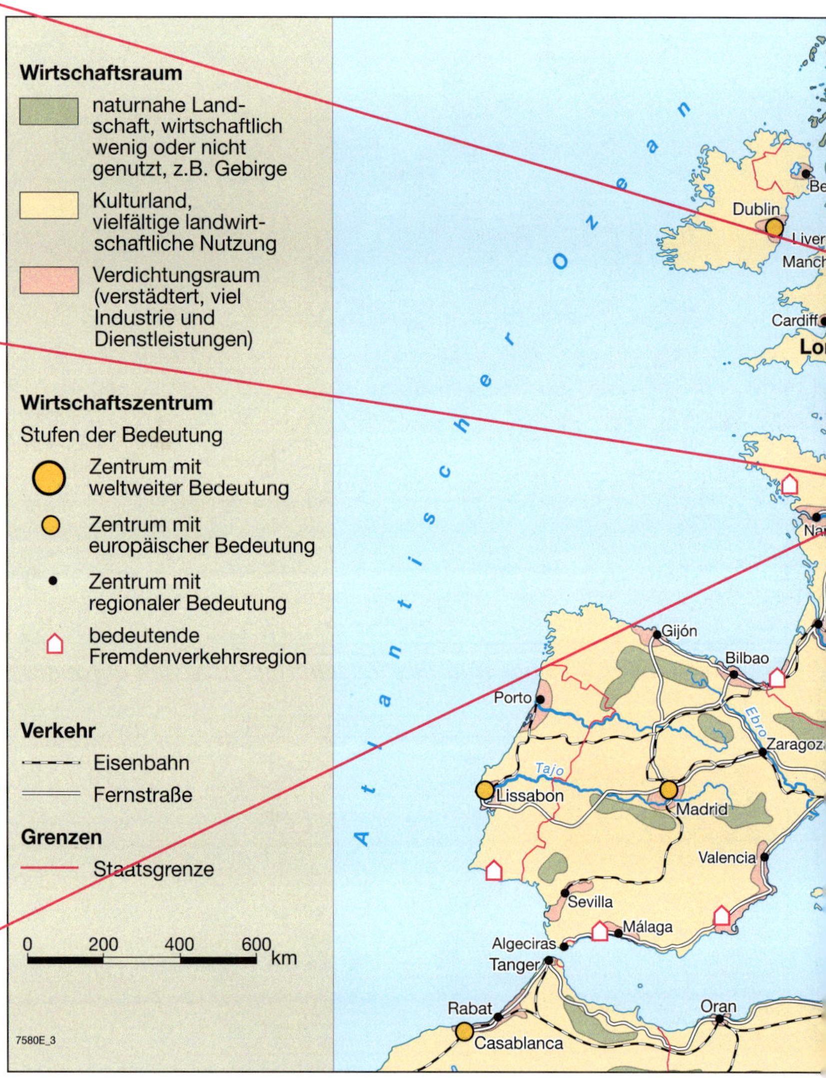

M4 *Wirtschaftsräume in Europa*

Berlin, Prag, Wien bis Budapest. Von Paris aus verläuft ein drittes Band mit mehreren Unterbrechungen über Lyon, Barcelona, Zaragoza nach Madrid. Zwischen diesen Wirtschaftsräumen mit viel Industrie und einem hohen Anteil von Dienstleistungen in den Städten wie Banken, Rechtsanwälten und Versicherungen liegen naturnahe Landschaften und Kulturland, das landwirtschaftlich genutzt wird. Hier liegen auch die Fremdenverkehrsregionen.

M6 *Diese Stadt ist ein wichtiges Finanzzentrum in Deutschland. Der Flughafen der Stadt gehört zu den zehn wichtigsten auf der ganzen Welt*

M7 *Hier liegt ein großes Industriegebiet in Polen. Es ist geprägt durch Kohleförderung und Eisen- und Stahlerzeugung*

◀ **M5** *An dieser Küste befindet sich eine bedeutende Fremdenverkehrsregion in Südeuropa.*

Aufgaben

1 Finde mithilfe des Atlas (Karte: Mittel- und Westeuropa – Wirtschaft) die Namen der Städte und Regionen heraus, aus denen die Fotos M1 – M3 und M5 – M7 stammen

2 Die Wirtschaftsräume in Europa sind nicht gleichmäßig über den Kontinent verteilt. Erläutere (M4)

Massentourismus auf Mallorca

M1 *Mallorca, ein beliebtes Reiseziel*

MALLORCA
Cala Millor
eine Woche
249 €
pro Person im Doppelzimmer mit Halbpension

Zwei Stunden mit dem Flugzeug und Sie fühlen sich wie im Sommer! Nur so lange brauchen Sie vom Flughafen Düsseldorf bis zur Mittelmeerinsel Mallorca. Genießen Sie den Strand und das Meer. Die Landschaften sind zum Verlieben. Mallorca ist ein Paradies. Schnappen Sie zu! Sonderangebote für Familien bis zum 15. März!!!

M4 *Angebot eines Reisebüros*

Sonne, Strand und Meer

Von Mai bis Oktober herrscht Hochbetrieb auf der Mittelmeerinsel Mallorca. Es ist Ferienzeit. Alle zwei bis drei Minuten landet ein Passagierflugzeug auf dem Flughafen von Palma de Mallorca. Die meisten Passagiere sind Urlauber. Viele davon haben eine **Pauschalreise** in einem Reisebüro gebucht. Sie werden mit Bussen in die Fremdenverkehrsorte an der Küste gebracht.

Die Zimmer in den Hotels sind alle ausgebucht. Auch die Ferienwohnungen sind an Urlauber vermietet. Tagsüber sind die Strände überfüllt. Abends bekommt man kaum einen Platz in den Restaurants und Lokalen am Strand. Diskotheken und Bars haben bis in die frühen Morgenstunden geöffnet. Der **Massentourismus** hat die Insel Mallorca verändert.

Jahr	Zahl der Urlauber
1950	80 000
1970	1 900 000
1990	4 900 000
2010	7 000 000 *

* geschätzt

M2 *Entwicklung des Tourismus auf Mallorca*

M3 *Am Strand von Magaluf, südwestlich von Palma de Mallorca*

Sonnenseiten des Massentourismus

Pedro Gonzales hat ein kleines Café am Strand von Palma de Mallorca. Seine Schwester Maria verkauft am Strand Strohhüte, Baseballkappen und Modeschmuck. Die Geschwister Gonzales und viele andere Mallorquiner leben von den Urlaubern.

Durch den Fremdenverkehr sind neue Arbeitsplätze entstanden: insgesamt 40 000 in den letzten zehn Jahren. Es wurden zum Beispiel Köche, Taxifahrer, Reiseführer, Maurer und Schreiner neu eingestellt. Der Wohlstand der Bevölkerung ist gestiegen. Auf Mallorca verdient man im Durchschnitt 1400 Euro pro Monat (zum Vergleich: im übrigen Spanien 1100 Euro).

M6 *Die Gäste von Pedro Gonzales sind fast nur Touristen.*

Schattenseiten des Massentourismus

An der Küste von Mallorca ragen unzählige Hotels in den Himmel. Außerdem wurden Feriensiedlungen, Jachthäfen, Golfplätze und Straßen gebaut, damit viele Menschen auf der Insel ihren Urlaub verbringen. Die Naturlandschaft entlang der Küste wurde zerstört. Aber das ist nicht das einzige Problem. Im Sommer regnet es kaum; dann herrscht manchmal Wassernot. Außerdem fällt durch die vielen Touristen eine große Menge Müll an.

Die Regierung von Mallorca will die Probleme beseitigen. Sie hat zum Beispiel den Bau von großen Hotelanlagen an der Küste verboten. Eine neue Müllverbrennungsanlage soll gebaut werden. Auch ist eine weitere Anlage, mit der man aus Meerwasser Trinkwasser herstellen kann, geplant.

M5 *Ein altes Hotel an der Küste von Mallorca wird gesprengt.*

Aufgaben

1 Beschreibe die Entwicklung des Tourismus auf Mallorca (M2).

2 Jedes Jahr machen 3 Mio. Deutsche Urlaub auf Mallorca. Nenne mögliche Gründe.

3 Der Tourismus hat Vorteile und Nachteile mit sich gebracht (M3, M6, Text). Zeichne dazu ein Bild. Beschrifte die Zeichnung.

4 Mallorcas Regierung will Probleme, die mit dem Tourismus zusammenhängen, beseitigen. Erläutere (M5, Text).

Merke
Mallorca ist ein beliebtes Reiseziel. Durch den Tourismus sind Arbeitsplätze entstanden. Der Wohlstand ist gestiegen. Der Tourismus hat aber auch zu Problemen geführt.

Grundbegriffe
- Pauschalreise
- Massentourismus

M1 *Etwa so viel essen die Einwohner von Schleswig-Holstein an einem Tag.*

Aus europäischen Ländern frisch auf den Tisch

Zum Frühstück frische Brötchen mit Erdbeermarmelade, mittags ein Schweinesteak mit Kartoffeln und Salat, abends ein Käsebrot mit Tomaten: Hast du dir schon einmal überlegt, woher all diese Nahrungsmittel kommen? Wo wächst zum Beispiel das Getreide, mit dem Brot und Brötchen gebacken werden, oder wo kommt das Fleisch her? Ein Großteil der Nahrungsmittel stammt aus den **ländlichen Räumen**. Dort bauen Landwirte Getreide, Obst und Gemüse an oder halten Tiere. Sie tragen dazu bei, dass in den Geschäften und auf den Wochenmärkten genügend Nahrungsmittel angeboten werden.

Aufgaben

1 Aus welchen Ländern kommen die Nahrungsmittel, die ihr zu Hause esst? Schau auf die Verpackungen im Kühlschrank und im Vorratsschrank.

2 Suche aus den Anzeigen (M3) die Ländernamen heraus. Erstelle eine Liste:

Produkt	Land

3 Nenne je drei europäische Länder, in denen
a) Weide,
b) mittelmeerischer Anbau
vorkommt (M2, Atlas)?

Info

Ländliche Räume
So nennt man Gebiete, in denen überwiegend Land- und Forstwirtschaft betrieben wird. Dort gibt es kaum Industrie. In den ländlichen Räumen ist die Bevölkerungsdichte (Zahl der Einwohner pro km^2) gering. Die Menschen müssen oft weit fahren, um in die nächste Stadt zu kommen.

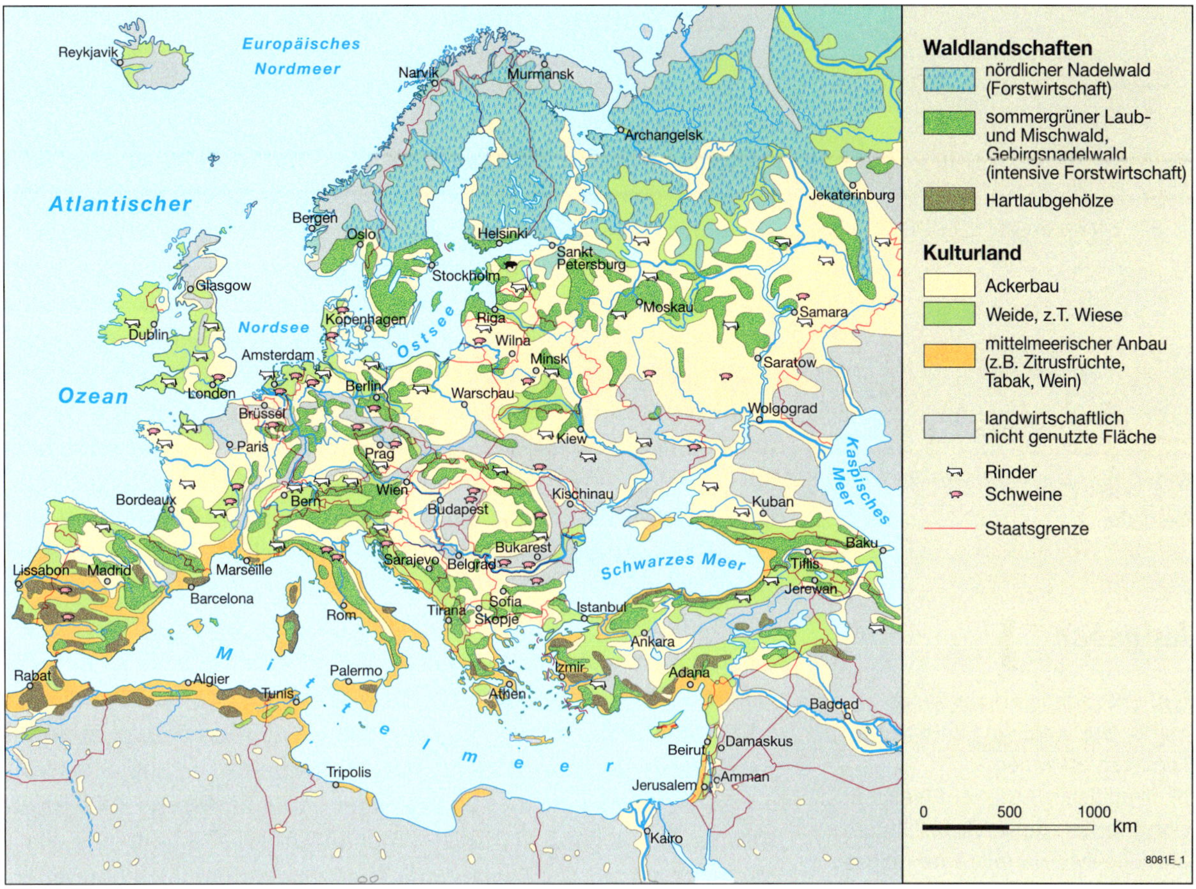

M2 *Europa: Landwirtschaft und Forstwirtschaft*

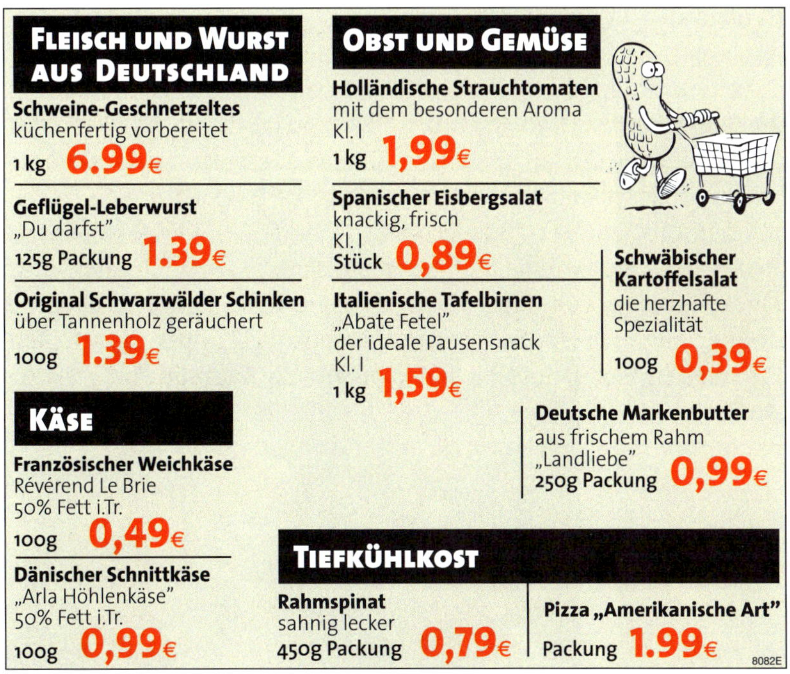

FLEISCH UND WURST AUS DEUTSCHLAND

Schweine-Geschnetzeltes
küchenfertig vorbereitet
1 kg **6.99€**

Geflügel-Leberwurst
„Du darfst"
125g Packung **1.39€**

Original Schwarzwälder Schinken
über Tannenholz geräuchert
100g **1.39€**

KÄSE

Französischer Weichkäse
Révérend Le Brie
50% Fett i.Tr.
100g **0,49€**

Dänischer Schnittkäse
„Arla Höhlenkäse"
50% Fett i.Tr.
100g **0,99€**

OBST UND GEMÜSE

Holländische Strauchtomaten
mit dem besonderen Aroma
Kl. I
1 kg **1,99€**

Spanischer Eisbergsalat
knackig, frisch
Kl. I
Stück **0,89€**

Italienische Tafelbirnen
„Abate Fetel"
der ideale Pausensnack
Kl. I
1 kg **1,59€**

Schwäbischer Kartoffelsalat
die herzhafte Spezialität
100g **0,39€**

Deutsche Markenbutter
aus frischem Rahm
„Landliebe"
250g Packung **0,99€**

TIEFKÜHLKOST

Rahmspinat
sahnig lecker
450g Packung **0,79€**

Pizza „Amerikanische Art"
Packung **1.99€**

8082E

M3 *Warenangebot aus der Tageszeitung*

Merke
Landwirte in Europa tragen dazu bei, dass das Angebot an Nahrungsmitteln in den Geschäften und auf den Wochenmärkten groß ist. Landwirtschaft wird vor allem in den ländlichen Räumen betrieben.

Grundbegriff
- ländlicher Raum

Tomaten aus den Niederlanden

M1 *Lage der Niederlande in Europa*

Frische Tomaten auch im Winter

Die Tomate stammt ursprünglich aus Südamerika. Sie ist eine Frucht, die eine Temperatur von ca. 20 °C braucht, um gut zu gedeihen. Deswegen kann sie bei uns im Freiland nur im Sommer angebaut werden. Doch auch im Winter müssen wir auf frische Tomaten nicht verzichten. Wie ist das möglich?

Etwa ein Viertel der in Deutschland angebotenen Tomaten stammt aus den Niederlanden. Dort wachsen die Tomaten in Gewächshäusern. Das sind große Gebäude aus Glas. Sie stehen dicht an dicht auf riesigen Flächen von zum Beispiel 25 ha (250 000 m^2).

Klimaanlagen verschaffen den Tomatenpflanzen optimale Wachstumsbedingungen. Sie regeln die Temperatur, die Luftfeuchtigkeit, die Frischluftzufuhr, sorgen für schadstofffreie Luft und die richtigen Lichtverhältnisse in den Gewächshäusern. Die Klimaanlagen sind in gesonderten Gebäuden untergebracht, weil sie viel Platz einnehmen.

Die Pflanzen werden in Steinwolle gesetzt. Sie ist pflegeleichter als Erde. Auch können hier die Pflanzen Nährstoffe besser aufnehmen. Die Versorgung der Tomaten erfolgt ebenso wie das Setzen vollautomatisch. Die Setzlinge werden auf Förderbändern zu ihren Standorten transportiert und mit Minirobotern in die Steinwolle gesetzt. Über eine Leitung erhalten sie eine Wasser-Nährstoff-Lösung. Diese wird in riesigen Behältern per Computer je nach Wachstumsstand der Tomatenpflanzen gemixt und auch computergesteuert den Pflanzen zugeführt. Die Ernte der Früchte erfolgt per Hand. Dann werden die Tomaten mit Kühlwagen zu Großmärkten transportiert und verkauft.

Aufgaben

1 a) Erkunde in einem Supermarkt, aus welchen Ländern die Tomaten stammen.
b) Ermittle im Atlas, auf welchen Kontinenten diese Länder liegen und wie ihre Hauptstädte heißen.

2 Worin könnten die Ursachen in den unterschiedlichen Ernte-Ergebnissen der in M6 genannten Länder liegen?

M2 *Tomatenanbau im Gewächshaus*

M3 *Tomatenernte*

M4 *Gewächshäuser in den Niederlanden*

	Ertrag in Tonnen pro Hektar Anbaufläche
Niederlande	459
Großbritannien	415
Belgien	325
Deutschland	152
Portugal	68
Spanien	60
Italien	55
Griechenland	50

M6 *Tomatenerträge in einigen Ländern Europas 2002 (Freiland und Gewächshäuser)*

Aufgaben

3 Beschreibe die Wachstumsbedingungen, die Tomatenpflanzen in niederländischen Gewächshäusern haben (M2, M3, Text).

4 Aus welchen Gründen müssen immer mehr Gewächshausbetriebe in den Niederlanden schließen (M5)?

Zukunftsprobleme der Gewächshaustomate

Den Haag. Viele niederländische Gewächshausbetriebe müssen schließen, da zunehmende Konkurrenz aus Spanien, Israel und Marokko auf das Preisniveau der Gewächshaustomate drückt.

Diese Länder können Tomaten aufgrund ihres warmen Klimas teilweise im Freiland anbauen und ihre Waren somit billiger anbieten. Die Klimaanlagen, die den Gewächshausanbau regeln, sind nicht nur in der Anschaffung und in der Wartung sehr teuer, sie verbrauchen auch große Mengen an Energie.

Viele Verbraucher sagen, dass die im Freiland angebauten Tomaten viel besser schmecken als die im Gewächshaus aufgezogenen Tomaten. Darüber hinaus hat der niederländische Anbau von Gewächshausgemüse ein negatives Ansehen, da die Anbaumethoden als unnatürlich betrachtet werden.

M5 *Zeitungsartikel*

Merke
In Deutschland werden viele Tomaten aus den Niederlanden angeboten. Große Gewächshäuser mit Klimaanlagen bieten gute Wachstumsbedingungen. Tomaten aus Spanien sind billiger. Sie werden im Freiland angebaut.

Weizen aus der Ukraine

M1 *Lage der Ukraine in Europa*

M2 *Die Steppe wird umgepflügt: Aus Naturland wird Kulturland*

Weizenfelder – so weit das Auge reicht

Fruchtbare Böden, warme Sommer und mindestens 350 mm Niederschlag im Jahr – das sind günstige Voraussetzungen für den Anbau von Weizen. Ähnliche Bedingungen herrschen in den Steppengebieten der Ukraine.

Bis ins 19. Jahrhundert hinein war die Steppe Weideland. Dann wurde das Grasland in Ackerland umgewandelt und auf den Feldern immer mehr Weizen angebaut. Das Land ist eben.

Die **Schwarzerdeböden** lassen sich mit Maschinen und Geräten wie Traktor, Pflug oder Mähdrescher gut bearbeiten. Die Böden sind reich an Nährstoffen und bringen hohe Erträge. Die Weizenmenge eines Jahres würde ausreichen, um den Bedarf von allen europäischen Ländern zu decken. Die Ukraine wird deshalb auch „Kornkammer" Osteuropas genannt.

Wenn die Weizenfelder abgeerntet sind, werden die Getreidestoppeln untergepflügt. Dann ist die Ackerfläche in den baumlosen Ebenen der Sonne und dem Wind ausgeliefert. Der Boden trocknet aus, zerfällt zu Staub und wird weggeweht. Bei starken Regenfällen wird der Boden weggespült. Durch die **Erosion** des Windes und des Wassers ging bereits ein Drittel des fruchtbaren Bodens verloren.

Info

Steppen

Die Steppen sind Grasländer, in denen keine oder nur vereinzelt Bäume wachsen. Da der Weizen ursprünglich ein wild wachsendes Steppengras war, eignen sich die Steppen für den Anbau von Weizen.

Quelle

„Eine schwarze, zehn Meter hohe Staubwolke kam direkt auf uns zu. Die Sonne verblasste zu einer roten Scheibe. Man konnte gerade noch die Hand vor Augen sehen. Es war ein regelrechter Staubsturm aus feinsten Schwarzerdeteilchen. Als der Sturm vorbei war, war die oberste Schicht des Bodens vollkommen weggeweht."

(Nach L. Berg: Die geographischen Zonen der Sowjetunion, Bd. II. Leipzig 1956, S. 9)

Aufgaben

1 Fast überall in der Ukraine sind die Voraussetzungen für den Anbau von Weizen günstig. Erkläre (M2, M3).

2 Beschreibe die Entwicklung
a) der Getreideernte insgesamt,
b) der Weizenernte
in der Ukraine (M6).

3 Warum wird die Ukraine als „Kornkammer" bezeichnet?

M3 *Weizenernte in der Ukraine*

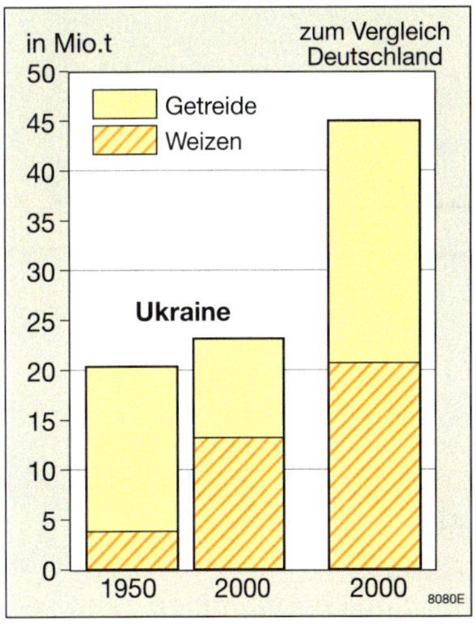

M6 *Getreideernte*

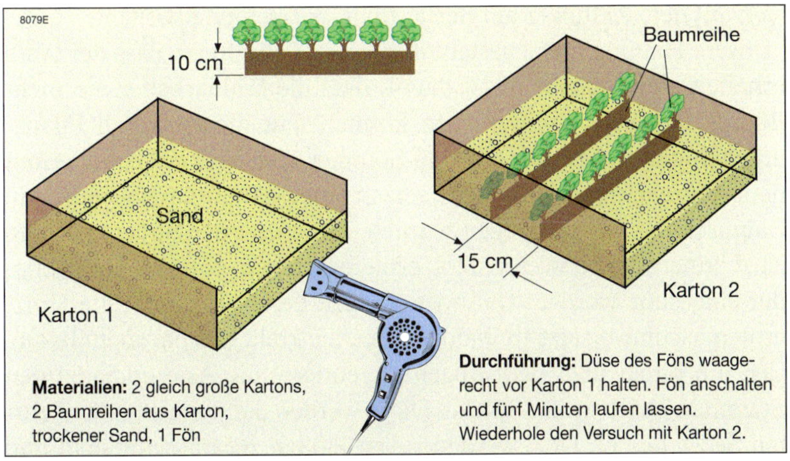

M4 *Versuch zur Bodenerosion durch Wind*

Aufgaben

4 a) Beschreibe M3.
b) Nach der Ernte sind die Felder der Bodenerosion ausgesetzt. Erläutere warum. Wie schafft man heute in einigen Gebieten Abhilfe (M4)?

5 Führe den Versuch in M4 durch. Beschreibe das Ergebnis.

Wir backen Weizenküchlein

Zutaten für 4 Personen: 125g Weizenmehl, 2 kleine Eier, 1/8 l Milch, 1/8 l Wasser, 1 Prise Backpulver, 1/2 Teelöffel Zucker, 3 Bananen, Fett zum Braten

Anleitung:

1. Trenne die Eier und schlage das Eiweiß zu Eischnee.
2. Schneide die Bananen in Scheiben.
3. Verrühre das Mehl mit dem Eigelb, der Milch, dem Backpulver und dem Zucker zu einem dickflüssigen Teig.
4. Ziehe vorsichtig den Eischnee darunter.
5. Gib den Teig esslöffelweise in eine Pfanne mit ausgelassenem Fett, lege je eine Bananenscheibe drauf und brate die Küchlein von beiden Seiten goldgelb.

Tipp: Du kannst dieses Rezept auch noch mit einem anderen Mehl herstellen.
Viel Spaß beim Backen und guten Appetit!

M5 *Weizen – vom Korn zum Küchlein*

Merke
In der Ukraine wurden die Grasländer der Steppen in Ackerland umgewandelt. Auf fruchtbaren Schwarzerdeböden wird Weizen angebaut. Die Böden sind durch Erosion gefährdet.

Grundbegriffe
- Schwarzerdeboden
- Erosion

Holzwirtschaft in Finnland

Wk Bio

M1 *Lage Finnlands in Europa*

Holz – Finnlands wichtigster Rohstoff

Finnlands Landschaft wird von zwei Besonderheiten geprägt: den rund 60 000 Seen und den riesigen Nadelwäldern. Fast drei Viertel der Fläche Finnlands bestehen aus Wald. Die **Holzwirtschaft** des Landes hat damit eine reiche Rohstoffquelle. Es wachsen vor allem Fichten und Kiefern. Obwohl es in Mittel- und Nordfinnland nur etwa 100 Tage ohne Frost im Jahr gibt, können hier noch Bäume wachsen. Erst ab Mitte Juni beginnt das Frühjahr und ab Ende September ist bereits mit Nachtfrösten zu rechnen.

Nachhaltige Holzwirtschaft

Förster Koiranta hat sein Revier am Keitelesee, rund 80 Kilometer südöstlich der Stadt Oulu. Die von ihm betreute Waldfläche ist 60 km^2 groß. Er berichtet einer Jugendgruppe aus Mannheim, die sich auf dem Zeltplatz am See aufhält, von seiner Arbeit:

„Unsere Hauptaufgabe besteht darin, dafür zu sorgen, dass der Wald erhalten bleibt. Gemeint ist damit, dass die Waldarbeiter nie mehr Bäume fällen als nachwachsen können. Für die Fäll- und Pflanzarbeiten gibt es Maschinen. Den Sommer über sind die Arbeiter mit dem Aufforsten beschäftigt. Sie setzen junge Bäume ein, die vorher in Baumschulen herangezogen wurden. Erst wenn der Boden gefroren ist, können die schweren Holzerntemaschinen und die Holzverlader eingesetzt werden. Dann ist die Zeit der Holzernte. Eine Holzerntemaschine ersetzt 15 Waldarbeiter. Sie krallt sich um einen Baum, sägt ihn direkt über dem Bogen ab, entfernt die Äste und sägt den Stamm in gleich große Stücke. Diese werden dann meist zum nächsten See gebracht. Dort werden sie zu Flößen zusammengestellt und auf dem Wasser zur Verarbeitung ins Sägewerk transportiert.

Aufgaben

1 Erkläre mithilfe von M2 die Holzwirtschaft in Finnland.

2 Warum wird das Fällen der Bäume in der kalten Jahreszeit durchgeführt?

3 Eine Rechenaufgabe (M2):
a) Wie viel m^3 Holz exportiert Finnland jedes Jahr?
b) Wie viel m^3 werden in der Holz verarbeitenden Industrie veredelt?

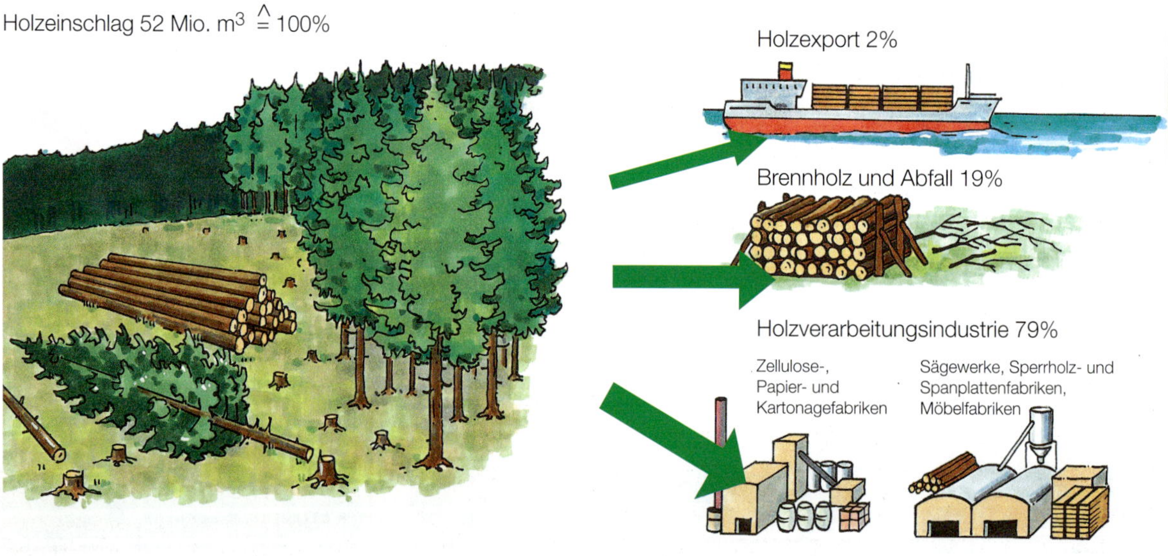

M2 *Holzwirtschaft in Finnland*

M3 *Holzerntemaschine im Einsatz*

Zeitungspapier „made in Finland"

Der Rohstoff Holz wird in vielfältiger Weise verarbeitet, man sagt auch „veredelt". In Betrieben werden aus Fichten- und Kiefernstämmen Möbel, Papier und Kartonagen hergestellt. Selbst Fertighäuser werden produziert. Finnlands Wirtschaft hat sich darauf spezialisiert, in der **Verarbeitungsindustrie** den Rohstoff Holz zu Fertigprodukten zu veredeln. Rund ein Drittel der arbeitenden Bevölkerung Finnlands hat eine Beschäftigung, die mit der Holzgewinnung oder -verarbeitung zu tun hat.

Die Holz verarbeitende Industrie gehört allerdings auch zu den großen Luft- und Wasserverschmutzern des Landes. Inzwischen hat die Regierung strenge Auflagen zum **Umweltschutz** erlassen. Die Abwässer der Zellstoff- und Papierfabriken müssen in Kläranlagen gereinigt werden. Der Ausstoß von Schadstoffen wird durch Luftfilter verringert.

Auch der Baumbestand selbst muss geschützt werden. Noch vor 20 Jahren wurden nur einzelne Bäume gefällt, heute roden die Holzerntemaschinen große Gebiete. Früher blieben die kleinen Bäume unberührt, heute ist es Pflicht, die gerodeten Flächen aufzuforsten.

Nur ein geringer Teil der Produkte aus der Holzverarbeitungsindustrie wird im Land selbst verkauft. Fast 90 Prozent werden in andere Länder exportiert (ausgeführt). Hauptabnehmer sind die Länder Mitteleuropas.

Info

Zellulose – Grundstoff für Papier

Aus dem Rohstoff Holz wird ein Stoff gewonnen, den man Zellulose oder auch Zellstoff nennt. Das ist eine feinfaserige, weiche, weiße Masse. Sie ist Ausgangsprodukt für die Herstellung von Papier, Karton oder Kunstseide (z.B. Viskose).
Fichten und Kiefern liefern das Rohmaterial. Das entrindete, zerkleinerte Holz wird unter hohem Druck bei ca. 140–180 °C mehrere Stunden gekocht. Dabei werden verschiedene Chemikalien zugesetzt. Die gewonnene Zellulose ist ein fester Stoff.
Aus einem Kubikmeter Holz lassen sich ungefähr 150 Kilogramm Zellulose gewinnen.

Aufgaben

4 Nenne zwei Umweltprobleme, die durch die Holzverarbeitungsindustrie entstehen.

5 Welche Maßnahmen werden in Finnland gegen die Umweltverschmutzung durchgeführt?

Merke

Holz ist in Finnland der wichtigste Rohstoff. Möbel, Papier, Karton usw. werden gefertigt und zum größten Teil exportiert.

Grundbegriffe
- Holzwirtschaft
- Verarbeitungsindustrie
- Umweltschutz

Obst und Gemüse aus Spanien

In der Huerta von Murcia

So wurden früher die Felder bewässert – reine Wasserverschwendung.

Das ist die wassersparendste Bewässerungsart.

In diesen Rohren wird das Wasser vom 400 km entfernten Fluss Tajo zur Huerta geleitet.

Apfelsinen- und Zitronenbäume machen weniger Arbeit als Gemüsebeete.

M1 *Aus Carmens Fotoalbum*

Wasser ist kostbar

Carmen verbringt ihre Ferien bei Verwandten in der **Huerta** von Murcia. Ihr fällt auf: Das Gebiet um die Stadt Murcia sieht aus wie ein Garten. Überall gibt es bewässerte Felder, auf denen Obst und Gemüse angebaut werden. Kleine Gehöfte liegen in den Feldern. Ihr Onkel erklärt: „Huerta heißt Garten. Die meisten Huertanos (Bauern) besitzen nur ein bis zwei Hektar Land. Sie können aber das ganze Jahr hindurch anbauen und ernten, weil sie **Bewässerungsfeldbau** betreiben."

„Woher kommt das Wasser?", will Carmen wissen. „Wir nutzen das Grundwasser und das Flusswasser des Segura. Zusätzlich bekommen wir Wasser aus dem Fluss Tajo. Es wird 400 Kilometer weit durch Röhren hierher geleitet.

Früher ließ man das Wasser in Furchen auf die Felder fließen. Dabei verdunstete jedoch ein großer Teil. Deshalb wird diese *Furchenbewässerung* nur noch selten angewendet.

Oft verwenden die Huertanos heute die *Schlauchbewässerung*. Dazu wurden auf den Feldern Schläuche verlegt, die das Wasser zu den Pflanzen bringen. So kann es nicht ungenutzt versickern oder verdunsten.

In den neuen Gewächshäusern weit draußen am Rande der Huerta wird noch sparsamer bewässert. Dort läuft das Wasser durch Kunststoffleitungen zu jeder einzelnen Pflanze. Die Pflanzen erhalten genau die Wassermenge, die sie benötigen. Das ist die *Tropfbewässerung*. In der „neuen" Huerta sind auch die Grundstükke größer. Deswegen lohnt sich hier die Landwirtschaft. Die meisten Produkte werden exportiert.

In der ‚alten' Huerta lohnt sich die Landwirtschaft oft nicht mehr. Die Felder sind zu klein. Viele Huertanos verkaufen ihren Besitz und hier entstehen Fabriken und Wohnblocks."

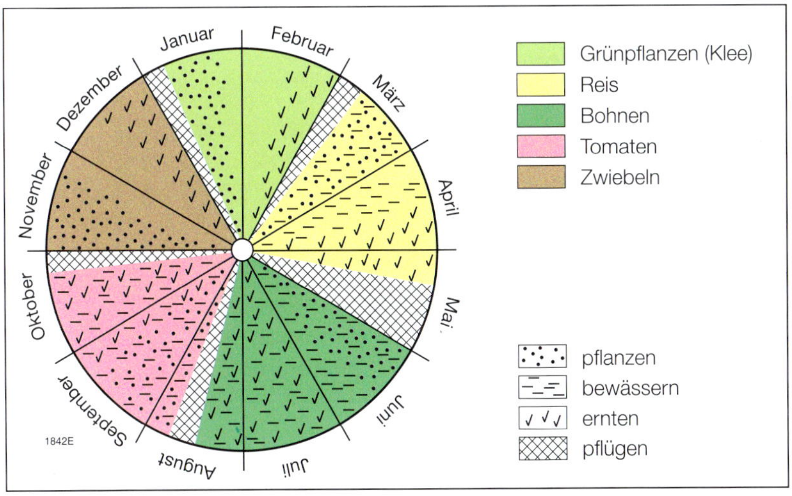

M2 *Arbeitsplan eines Huertano*

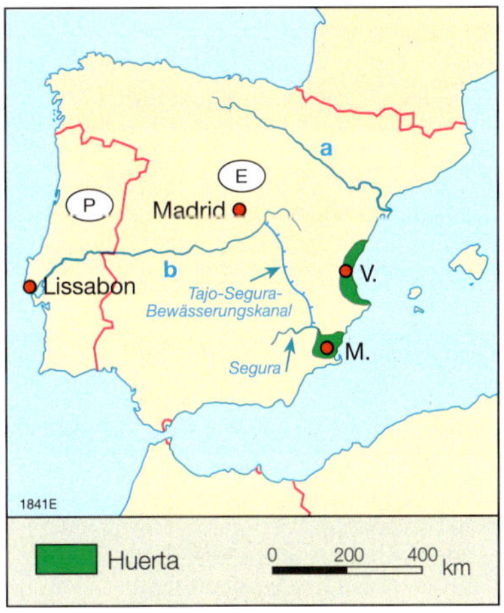

M3 *Huertas in Spanien*

Aufgaben

1 Suche im Atlas (Karte: Südwesteuropa – physisch) die beiden Huerta-Gebiete (M3).
Notiere einen Ort aus jeder Huerta.

2 Wähle in M2 zwei Pflanzen aus und berichte, was für den Huertano wann zu tun ist.

3 a) Zwei der Bilder in Carmens Fotoalbum (M1) zeigen Bewässerungsmethoden. Welches Foto zeigt welche Methode?
b) Eine Bewässerungsmethode ist nicht abgebildet. Welche ist es?

4 Die Huerta von Murcia verändert sich. Erläutere.

Merke
In der Huerta von Murcia wird Bewässerungsfeldbau betrieben. Das ganze Jahr über sind Anbau und Ernte möglich.

Grundbegriffe
- Huerta
- Bewässerungsfeldbau

Ein Land untersuchen

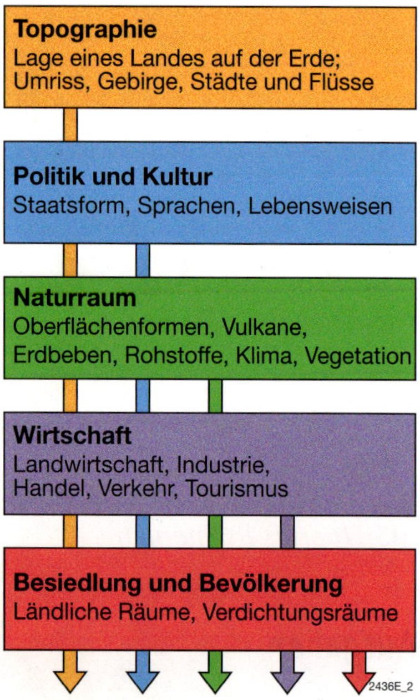

M1 *Viele Merkmale prägen einen Raum.*

Ein Land unter der Lupe

In Europa gibt es 45 Staaten. Alle Staaten haben verschiedene Landschaften, Naturräume, Traditionen und Eigenheiten, eine eigene Sprache und Kultur. Sie sind unterschiedlich groß und haben eine unterschiedlich hohe Einwohnerzahl. Auf dieser Seite lernst du, wie man ein Land „unter die Lupe nimmt“ und es auf einem Plakat vorstellt.

Aufgaben

1 Finde die Namen der Länder und Städte in der Karte in M2 heraus (Atlas).

2 Ordne die in M2 abgebildeten Informationen und Abbildungen den Bereichen in M1 zu.

3 Wähle ein anderes europäisches Land aus und nimm es „unter die Lupe“.

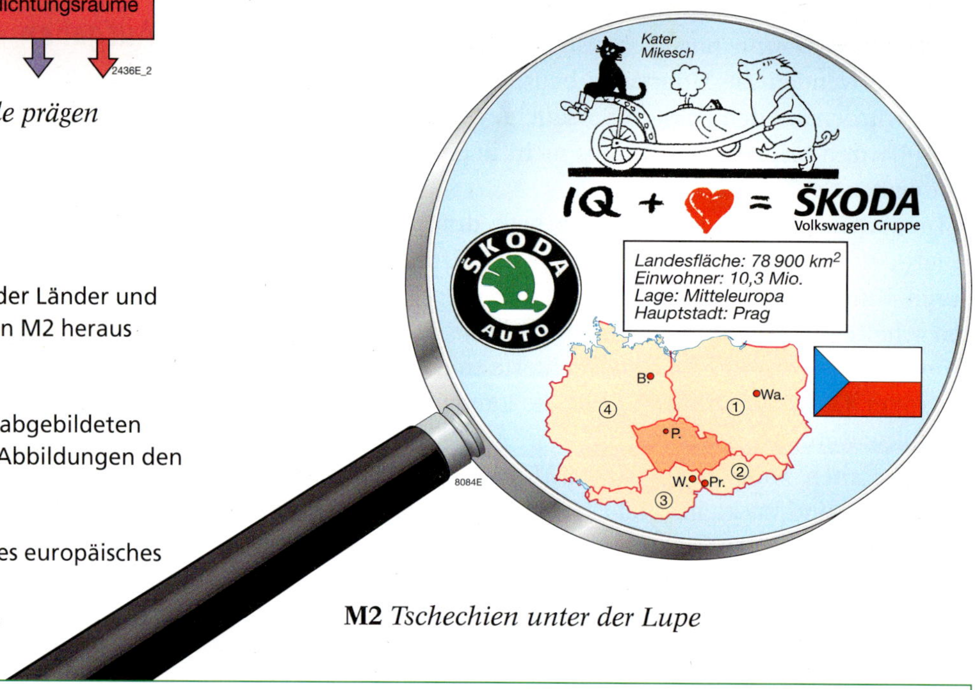

M2 *Tschechien unter der Lupe*

Schritt 1: Wir bilden Arbeitsgruppen
Wenn wir ein Land untersuchen wollen, dann halten wir uns an das Schema in M1. Jede Gruppe übernimmt einen Aspekt der dort angegebenen fünf Bereiche.

Schritt 2: Wir beschaffen uns Informationen
- Wir überlegen, woher wir Informationen bekommen.
- Wir legen fest, wer welche Materialien besorgen soll.

Schritt 3: Wir werten die Materialien aus
- Wir suchen uns aus den Materialien die passenden aus.
- Wir zeichnen einen Länderumriss und tragen dort wichtige Landschaften, Städte und Flüsse ein.
- Wir lesen Texte und fassen sie schriftlich zusammen.
- Wir ergänzen die Informationen mit passenden Bildern, Grafiken und Tabellen.

Schritt 4: Wir stellen die Ergebnisse dar
- Wir beschaffen uns ein Plakat, auf dem die Ergebnisse präsentiert werden.
- Wir ordnen die Materialien sinnvoll und schön an und kleben sie auf.

M3 *Arbeitsschritte zur Untersuchung eines Landes*

Europa-Steckspiel

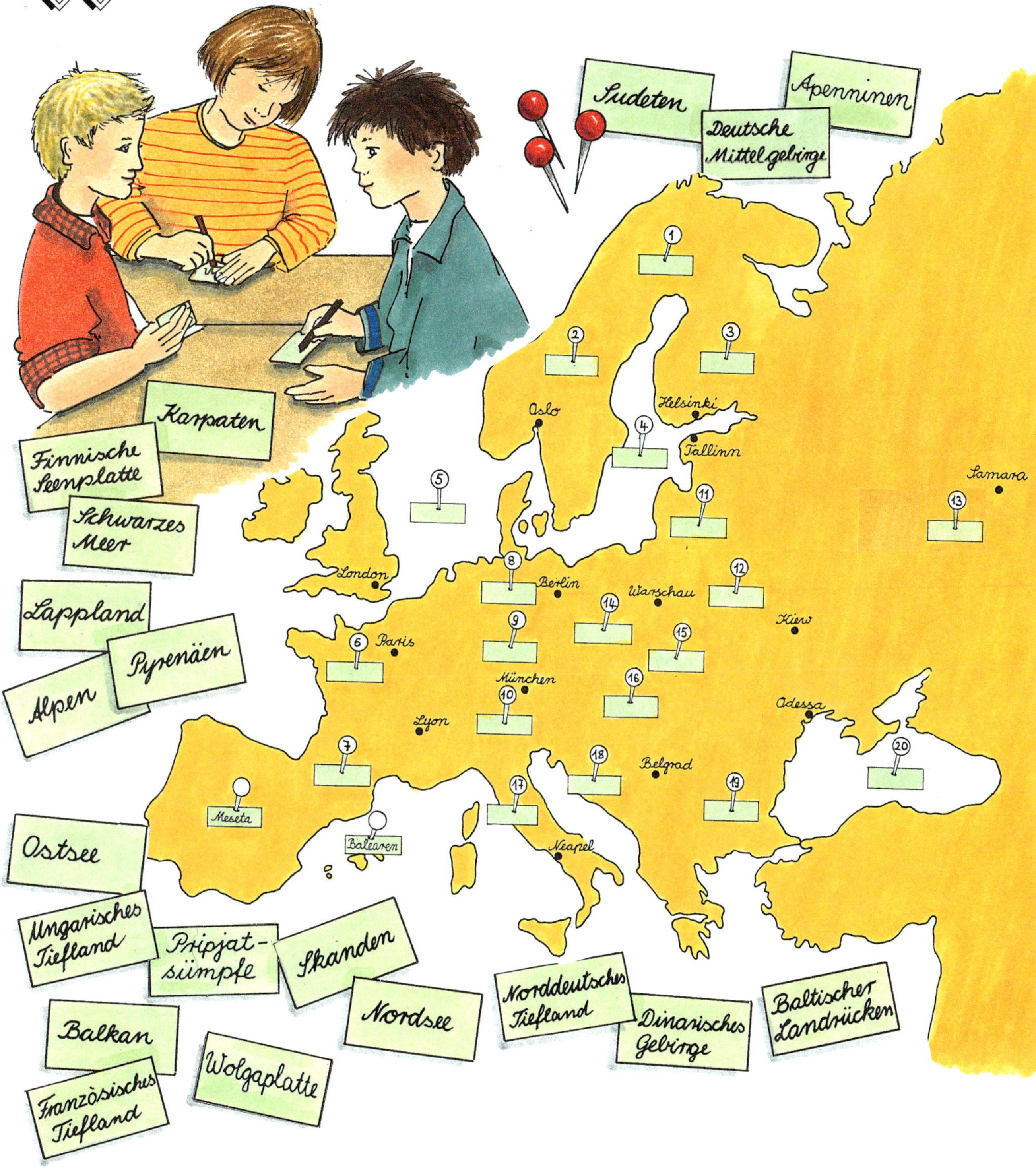

Euro-Pinn

Leicht gesagt, dass man bei den vielen Landschaftsnamen in Europa den Überblick behalten soll! Macht es doch wie auf der Abbildung. Schneidet den Umriss Europas aus Tonpapier aus und befestigt ihn an der Wand. Nun wird die Karte mit den Namensschildern von Meeren, Gebirgen und Landschaften Europas gefüllt.

4 Welche Kärtchen gehören zu den Pinn-Nadeln 1 – 20 (Atlas, Karte: Europa – physische Übersicht)?

Europa im Überblick

1. Sagenhaftes Europa

Schreibe den Text ab und ergänze die fehlenden Begriffe:
Nach einer Sage war ... eine Königstochter in ... . Sie war so schön, dass der Göttervater ... sich in sie verliebte. Er verwandelte sich in einen ... und entführte die Königstochter auf seinem Rücken vom Kontinent ... zum Kontinent ... . Dort lebte sie auf der Insel ... als Königin. Der Kontinent, zu dem die Insel gehört, sollte ihren Namen tragen: ... .

2. Europa-Rätsel

a) Welche Länder Europas sind hier abgebildet?
b) In welchen Teilräumen Europas liegen sie

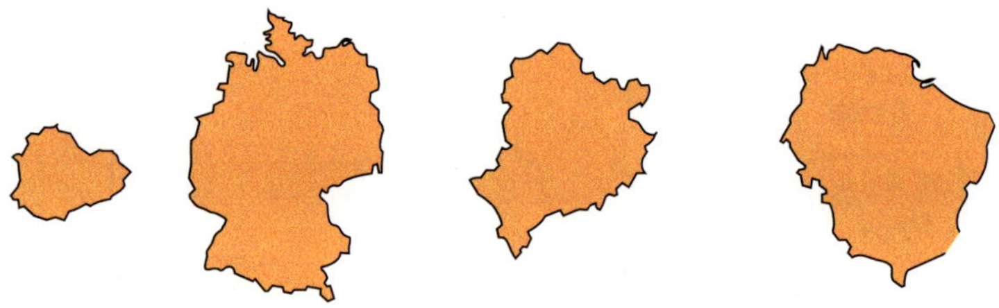

3. Tomaten, Weizen, Holz

Diese drei Texte sind leider nicht vollständig. Statt der Fragezeichen sind die nachfolgenden Wörter bzw. Worteile einzusetzen. Schreibe sie auf ein Blatt Papier und streiche sie Wort für Wort ab, wenn du sie verwendet hast:

nachwachsen, 350 mm, 20 °C, Fichten, Schwarzerdeböden, Klimaanlagen, Kornkammer, „veredelt", Setzen, fruchtbare, Rohstoff, Freiland, warme, drei Viertel, Verarbeitungs, Wasser, Kiefern, Maschinen, Ernte, erhalten, Erosion, Holzwirtschaft, Gewächshäusern, eben

Text 1: Rund um die Tomate
Die Tomate braucht eine Temperatur von **?**, um gut zu gedeihen. In den Niederlanden wachsen die Tomaten nicht im Freien, sondern in **?**. Dort gibt es **?**, die für die Tomatenpflanzen optimale Wachstumsbedingungen schaffen. Die Versorgung der Tomaten mit **?** und Nährstoffen erfolgt ebenso wie das **?** der jungen Pflanzen vollautomatisch. Die **?** der Früchte muss allerdings per Hand vorgenommen werden. In Spanien werden Tomaten im **?** angebaut.

Text 2: Weizenfelder, so weit das Auge reicht
Günstige Voraussetzungen für den Anbau von Weizen sind **?** Böden, **?** Sommer und mindestens **?** Niederschlag im Jahr. Solche Bedingungen herrschen in der Ukraine. Die Landoberfläche ist **?** und lässt sich daher gut mit **?** bearbeiten. Der Typ der Böden heißt aufgrund seiner Farbe **?**. Man nennt die Ukraine wegen ihrer hohen Weizenerträge auch die **?** Osteuropas. Ein Problem ist allerdings die **?** durch Wind.

Text 3: Wälder in Europas Norden
Fast **?** der Fläche Finnlands bestehen aus Wald. Die **?** des Landes hat damit eine reiche **?**quelle. In den Wäldern wachsen vor allem **?** und **?**. Heute wird in Finnland stark darauf geachtet, dass der Wald **?** bleibt. Gemeint ist damit, dass nie mehr Bäume gefällt werden als **?** können. Der Rohstoff „Holz" wird in vielfältiger Weise in der **?**industrie genutzt, man sagt auch **?**.

Orientierung in Europa

Europa ist der westliche Teil des Doppelkontinents Eurasien. Er ist durch Inseln, Halbinseln und Buchten gegliedert. Tiefland, Mittelgebirge und Hochgebirge sind die Großlandschaften.

Urlaub in Frankreich und „Bonjour Paris"

Frankreich hat etwa die Form eines Sechsecks. Hochgebirge, Mittelgebirge und Tiefland sind wichtige Großlandschaften. Paris ist das wirtschaftliche, kulturelle und politische Zentrum. Wichtige Sehenswürdigkeiten sind: Eiffelturm, Triumphbogen, Kirche Nôtre-Dame.

Politische Gliederung und Wirtschaftsräume

In Europa gibt es über 40 Nationalstaaten. 27 Staaten haben sich zur Europäischen Union (EU) zusammengeschlossen. Schrittweise wird eine gemeinsame Währung eingeführt: der Euro.

Die Verdichtungsräume durchziehen den Kontinent wie Bänder. Dazwischen liegen die landwirtschaftlich genutzten Gebiete und die Fremdenverkehrsregionen.

Massentourismus auf Mallorca

Mallorca ist ein beliebtes Reiseziel. Durch den Tourismus sind Arbeitsplätze entstanden. Der Wohlstand der Bevölkerung ist gestiegen. Der Tourismus hat aber auch zu Problemen geführt.

Ländliche Räume in Europa

Ein Großteil der Nahrungsmittel stammt aus den ländlichen Räumen. Hier wird überwiegend Land- und Forstwirtschaft betrieben. Industrie gibt es kaum. Die Bevölkerungsdichte ist gering. Die Landwirte bauen Getreide, Obst und Gemüse an oder halten Tiere.

Etwa ein Viertel der in Deutschland angebotenen Tomaten kommt aus den Niederlanden. Sie wachsen dort in Gewächshäusern. Klimaanlagen machen es möglich, dass die Tomaten auch im Winter gedeihen.

Weizen wächst besonders gut auf den fruchtbaren Schwarzerdeböden der Ukraine. Doch in der Ukraine gibt es oft einen Mangel an Nahrungsmitteln, da der Boden der Erosion ausgesetzt ist.

Die ausgedehnten Nadelwälder Nordeuropas liefern den Rohstoff Holz für die Holzverarbeitungsindustrie in Finnland. Vor allem Papier, Pappe und Möbel sind für den Export wichtig.

Die Huertas in Spanien sind Obst- und Gemüseanbaugebiete, in denen das ganze Jahr hindurch angepflanzt und geerntet wird. Möglich wird dies durch den Bewässerungsfeldbau.

Grundbegriffe
- Eurasien
- Dienstleistungsunternehmen
- Nationalstaat
- Europäische Union (EU)
- Euro
- Pauschalreise
- Massentourismus
- ländlicher Raum
- Schwarzerdeboden
- Erosion
- Holzwirtschaft
- Verarbeitungsindustrie
- Umweltschutz
- Huerta
- Bewässerungsfeldbau

Alles Experten

Expertenrätsel: Wer bin ich?

Aufgaben

5 Wofür sind die Personen Experten? Begründe.

6 Erstelle selbst Steckbriefe für Experten.

7 Sicher gibt es auch bei euch in der Klasse Experten. Befragt sie.

Freizeit in früheren Zeiten

Aufgaben

1 Stell dir vor, du bist Sklave in Rom. Dein Herr verspricht dir die Freiheit, wenn du als Gladiator in der Arena kämpfst. Wie würdest du dich entscheiden? Begründe.

2 a) Erkundige dich, welche Kämpfe auch heute noch auf Leben und Tod ausgetragen werden.
b) Du bekommst die Gelegenheit, einen solchen Kampf anzuschauen. Wie entscheidest du dich? Begründe.

3 Zirkus ist heute ganz anders als zur Zeit der Römer. Stelle in einer Tabelle gegenüber:

Circus Maximus	Zirkus heute
...	...

Spiele für das Volk

Viele Feste sollten im alten Rom die Bürger unterhalten. Der Eintritt war kostenlos, damit das Volk zufrieden war.

Es gab Wagenrennen im Circus Maximus (siehe S. 284, M2). Dabei konnte man jeden Lenker an der Farbe seiner Kleidung erkennen, oft kamen sie von weit her. Die Rennen waren sehr gefährlich. Besonders in den Kurven kam es häufig zu tödlichen Unfällen. Wer bei den Wagenrennen überlebte und mehrmals gewann, galt als Held.

Genauso beliebt waren die Gladiatorenkämpfe im Colosseum. Gladiatoren waren besonders ausgebildete Kämpfer, oft Sklaven. In jedem Kampf ging es um Leben und Tod. Kaiser und Publikum entschieden mit Daumenzeichen, ob der Unterlegene weiterleben durfte: Daumen nach oben bedeutete Leben, Daumen nach unten Tod. Manchmal mussten die Gladiatoren auch gegen wilde Tiere, wie zum Beispiel Löwen, antreten.

Weniger grausam waren die Theateraufführungen. Die Römer mochten besonders Lustspiele. Für jede Rolle gab es ein bestimmtes Kostüm. Die Schauspieler trugen Masken.

M1 *Filmszene aus „Ben Hur" – Wagenrennen*

Kinderspiele im alten Rom

Römische Kinder spielten mit Steinen, Knöchelchen, Nüssen oder Glas. Bei vielen Ausgrabungen wurden solche Spielsteine gefunden. Auf gepflasterten Plätzen und Steintreppen fand man eingeritzte Spielpläne, die hölzernen Spielbretter dagegen sind nicht erhalten. Aus Abbildungen kennen wir auch angefertigtes Spielzeug: Puppen, kleine Wagen aus Ton, Kreisel und Jo-Jos.

Die Mädchen liebten Puppen, Bälle oder Geschicklichkeitsspiele. Jungen übten sich mehr in sportlichen Spielen und Wettkämpfen.

Das Deltaspiel

In einem Gedicht beschreibt ein römischer Schriftsteller ein Spiel. Deshalb kennen wir heute die Spielregeln. Es wird mit Walnüssen gespielt. Dieses Spiel haben vor 2000 Jahren die Kinder im alten Rom gespielt. Es war sehr beliebt und man kann es auch heute noch sehr gut spielen. Hierzu sind allerdings einige Vorbereitungen nötig.

Auf dem Boden wird ein Dreieck mit einer Grundlinie von ca. 1,5 m gezeichnet. Es kann auch in die Erde geritzt werden. Die Fläche wird in 10 gleich große Querstreifen eingeteilt und von der Grundlinie aus mit den Ziffern I bis X beschriftet (M2). Jeder Spieler bekommt 10 Nüsse. Außerdem müssen zusätzlich noch viele Nüsse in einem „Gemeinschaftstopf" bereitstehen. Reihum wirft jeder Mitspieler eine Nuss. Wenn er zum Beispiel in das Feld Nummer V trifft, erhält er fünf Nüsse. Nüsse, die außerhalb des Dreiecks oder auf einer Linie landen, sind verloren. Wer nach 10 Würfen die meisten Nüsse hat, ist Sieger.

Aufgabe

4 a) Spiele das Deltaspiel nach den vorgegebenen Regeln.
b) Spiele es nach selbst erfundenen Regeln.

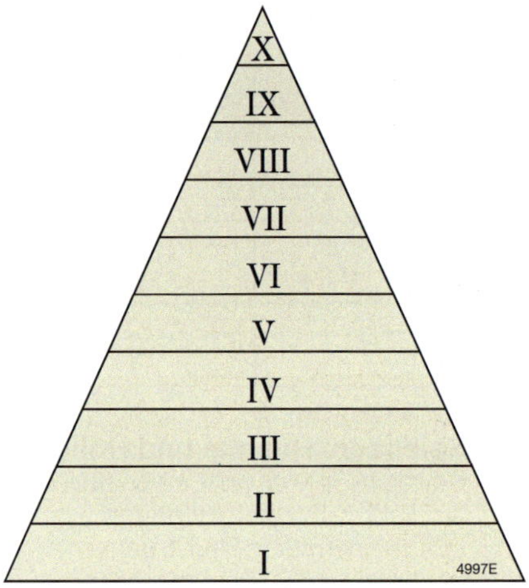

M2 *Spielfeld des Delta-Spiels*

Ein Spiel erfinden

So könnte ein Spielfeld ausgesehen haben, das in eine Stufe eingeritzt war. Dazu gibt es keine Spielregel mehr.
Stell dir vor, du lebst zu Zeiten der alten Römer.
Überlege dir, ob du das Spiel drinnen oder draußen spielen willst.
Stelle dann den Spielplan her. Die Größe hängt von der Art des Spiels ab (Hüpf-, Wurf-, Legespiel...). Lege Regeln fest und gib deinem Spiel einen Namen.
Verwende für Plan und mögliches Zubehör nur Materialien aus der Natur.

M1 *„Himmel und Hölle“*

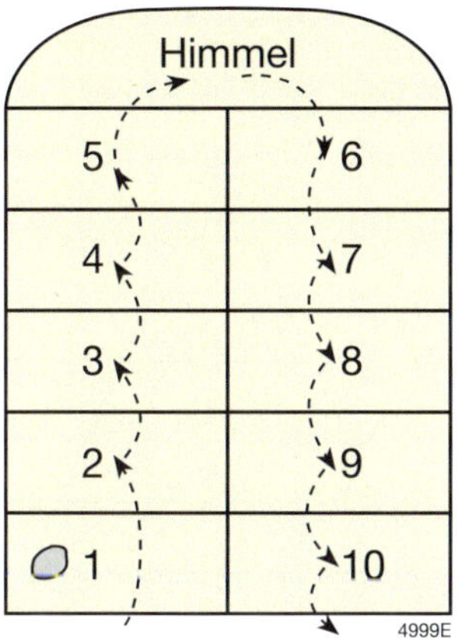

Spielregel Himmel und Hölle
Der erste Spieler wirft einen Stein auf Feld 1. Dann überspringt er auf einem Bein Feld 1 und landet in Feld 2. Er hüpft weiter auf einem Bein bis zum „Himmel“. Dort darf er sich ausruhen. Danach kehrt er über Feld 6 bis 10 wieder zum Anfang zurück. Jetzt wird der Stein in Spielfeld 2 geworfen. Immer das Feld, in dem der Stein liegt, muss übersprungen werden. Wer auf eine Linie springt, kommt in die „Hölle“ und muss eine Runde aussetzen.

Info

Geschichte des deutschen Fernsehens

1935 1. Fernsehsendung
1953 ARD beginnt zu senden
1963 ZDF geht auf Sendung
1967 Fernsehen in Farbe
1985 Privatsender kommen auf

M2 *Ein Fernseher für viele (Öffentliches Fernsehen 1953)*

Freizeit – ohne ...

Tante Helga (53) erzählt:
„Kinder, Kinder, das waren Zeiten – so ganz ohne Fernseher. Ich wohnte, als ich 11 Jahre alt war, mit meinen Eltern und Onkel Herbert in Gemünden. Was war das für eine Aufregung, als zum ersten Mal ein Fernseher im Schaufenster des Elektrogeschäftes stand. Samstags oder sonntags drängten sich die Leute vor dem Schaufenster, weil da die Sportschau lief. Einen eigenen Fernseher zu besitzen, war der Traum eines jeden. Doch dafür mussten die meisten Familien jahrelang sparen.

Trotzdem wurde es uns Kindern auch ohne Fernseher niemals langweilig. Meine Mutter schimpfte immer mit mir, weil sie mich im Sommer eigentlich nur beim Essen sah. Sonst traf ich mich mit allen Kindern unserer Straße zum Spielen. Räuber und Gendarm, Himmel und Hölle, der Kaiser schickt seine Soldaten aus und Gummitwist waren unsere beliebtesten Spiele. Meine große Freundin Ursel beschützte mich immer, wenn wir gegen Kinder aus der Nachbarstraße antraten. Im Winter waren wir mit dem Schlitten unterwegs oder auf dem zugefrorenen Teich zum Schlittschuhlaufen. Manchmal haben wir auch etwas gebastelt oder gemalt.“

Ein Freizeittagebuch anlegen

Freizeit – mit...

Das Fernsehen hat unser Freizeitverhalten stark beeinflusst. Um etwas zu sehen, muss man nicht mehr in die Welt hinaus, sie kommt per Bildschirm ins Wohn- oder Kinderzimmer. Das Fernsehen informiert, vermittelt Wissen und unterhält. Jeder kann nach seinem Geschmack auswählen.

Durch das Fernsehen lernt man Freizeitbeschäfigungen und Sportarten aus anderen Ländern kennen. Inline-Skating, Skateboard-Fahren, Streetball und vieles andere wurden durch das Fernsehen bei uns bekannt. Inzwischen sind sie aus der Freizeit der Jugendlichen nicht mehr wegzudenken.

Viele Untersuchungen bei Kindern haben gezeigt, dass häufiges Fernsehen zu Seh- und Haltungsschäden, Konzentrationsstörungen und Kontaktschwierigkeiten führen kann.

Durchschnittliche Sehdauer der Zuschauer (in Minuten)

	14 – 19 Jahre	ab 20 Jahre
Montag	99	184
Dienstag	98	183
Mittwoch	98	180
Donnerstag	97	178
Freitag	107	187
Samstag	127	203
Sonntag	128	228

M4 *Die tägliche Fernsehdauer in Deutschland*

Lege ein Freizeittagebuch an:

Name: Ingrid *Kalenderwoche:* 25.			*Fernsehen*		*Sonstiges*
Tag	*Uhrzeit*	*Titel*	*Dauer*	*Inhalt*	*Sport*
Montag	17.10	Tierpark	30 Min.	Gorillas	Schwimmen

M3 *Viele Fernseher für eine Familie*

Aufgaben

1 Informiere dich bei älteren Leuten über die Kinderspiele in ihrer Jugend und stelle sie in der Klasse vor.

2 a) Führe eine Woche lang ein Freizeittagebuch.
b) Vergleiche dein Ergebnis mit denen der anderen.

3 Vergleiche M2 und M3 und erläutere die Bildunterschriften.

4 a) Gestalte eine fernsehfreie Woche.
b) Stellt ein „Klassenbuch" mit Tipps für fernsehfreie Tage zusammen.
c) Schmückt das Buch mit Zeichnungen, Fotos, usw.

Freizeit in anderen Ländern

Kinder erzählen:

Esta

Ich gehöre zu den Massai. Wir sind ein afrikanisches Hirtenvolk. Ich spreche zwei Sprachen, zu Hause unsere Stammessprache und in der Schule Suaheli. Viel Freizeit habe ich nicht, weil ich jeden Tag für die Familie Wasser holen muss. Für den Weg brauche ich mehr als zwei Stunden. Mit meinen Freundinnen spiele ich gerne Ball. Dafür umwickeln wir eine Wildtomate mit Gras.

Tadesse

Wegen der großen Dürre gibt es bei uns häufig Hungersnöte. Unsere Mutter kann uns nicht ernähren. Deshalb lebe ich mit meinen vier Geschwistern im Waisenhaus. Hier geht es mir gut. Mit meinen Freunden spiele ich sooft es geht Fußball. Außerdem lese ich gern Bücher über Äthiopien, aber ich mag auch Filme.

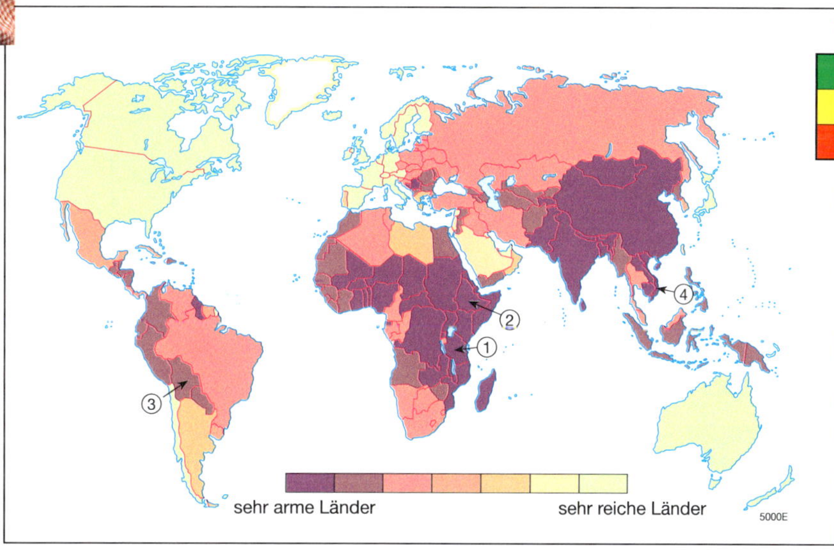

M1 *Arme und reiche Länder*

Oskar

Mit meiner Mutter und meinen drei Geschwistern lebe ich in der Nähe des Titicacasees in den Anden. Meine Leidenschaft ist Fußball. Die Weltmeisterschaft im Fernsehen zu sehen, war mein schönstes Erlebnis. Busfahren finde ich aufregend. Meine längste Fahrt dauerte eine Stunde. Sie führte in die nächste Stadt.

Thi Lien

Meine Eltern sind Bauern. Wir wohnen in den Bergen und bauen alles an, was wir zum Leben brauchen: Reis, Obst, Süßkartoffeln, Gemüse. Wir essen mit Stäbchen. Die Arbeit auf dem Feld macht Spaß, wenn ich auf unserem Wasserbüffel reiten kann. Mein Lieblingsspiel heißt Truyen.

M2 *Man muss sich nur zu helfen wissen. Ein chinesisches Mädchen mit selbst gebastelten Stelzen.*

Aufgaben

1 Suche im Atlas die Länder, in denen Esta, Tadesse, Oskar und Thi Lien leben und schreibe ihre Namen auf.

2 a) Stelle aus Naturmaterialien oder Abfallprodukten (Holz, Stein, Dosen...) ein Spiel oder Spielsachen her.
b) Baut mit euren Spielen eine Ausstellung auf.

3 Überlege zu dem Spiel Truyen weitere Spielregeln und probiere sie aus.

4 Wende dich an die Organisationen UNICEF und terre des hommes und bitte um Informationen über Kinder in anderen Kontinenten.

Spielen – Lieblingsbeschäftigung aller Kinder der Welt

Kinder spielen im Haus oder im Freien, alleine oder in Gruppen. Einige Spiele sind überall beliebt. Dazu gehören z.B. Fußball, Karten- und Würfelspiele. In den reichen Ländern besitzen die meisten Kinder viele Spielsachen. Oft können sie sich nicht entscheiden, womit sie spielen wollen. Viele Familien in den ärmeren Ländern können kein Geld für Spielzeug ausgeben. Die Kinder stellen sich häufig selbst Spielsachen her. Ein Stein, eine alte Dose, ein Stück Schnur usw. bringen sie auf gute Ideen.

Adressen:
UNICEF
Höninger Weg 104
50969 Köln

terre des hommes
Ruppenkampstr. 11a
49031 Osnabrück

Truyen, ein Spiel aus Vietnam
Material: 10 Stäbchen, die etwa gleich lang sind.
1 kleine, harte Frucht (z.B. Zitrone, Orange)

Spielregeln:
1. Lege die Stäbchen wie in M3: 1 Stäbchen senkrecht und 9 waagrecht darüber.
2. Wirf die Frucht in die Höhe, nimm ein Stäbchen weg und fange die Frucht wieder auf.
3. Die erste Runde ist zu Ende, wenn du alle Stäbchen aufgenommen hast.
4. In der zweiten Runde musst du jedes Mal zwei Stäbchen wegnehmen, in der dritten Runde drei Stäbchen, usw.
5. In der letzten Runde sollst du alle 10 Stäbchen auf einmal fassen.

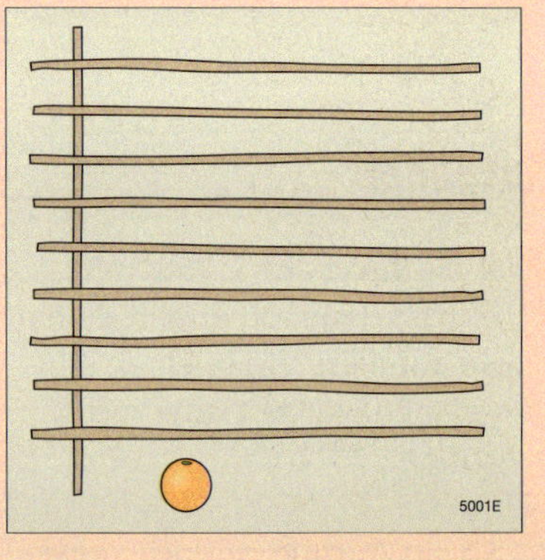

M3 *Truyen*

Wir planen einen Ausflug mit der Klasse

Vieles will bedacht sein

Es ist nie einfach, die Wünsche einer großen Gruppe in Einklang zu bringen. Jedes Mal war jemand mit einem Vorschlag für den Klassenausflug nicht einverstanden. Da hatte Frau Meyer, die Klassenlehrerin, eine Idee:
Wir machen einen Gruppenwettbewerb daraus. Sie heftete die Bedingungen für den Ausflug an die Pinnwand.

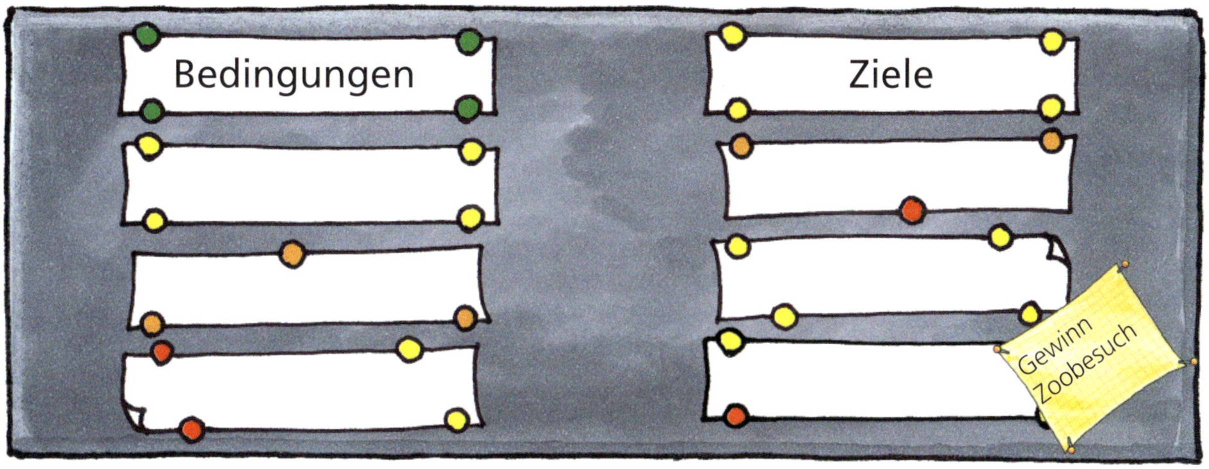

1. Arbeit in Gruppen
Die Schülerinnen und Schüler stürzten sich mit Feuereifer in die Planung. Es war auch in der kleinen Gruppe nicht so einfach, sich zu einigen. Die Mädchen und Jungen studierten Landkarten, telefonierten mit Busunternehmen, fragten bei der Bahn nach, lasen Fahrpläne, planten gemeinsame Aktivitäten, wie Spiele, Rallyes, usw.

Aufgaben

1 Lies die Texte auf S. 168/169 durch. Überlege, ob du mit deiner Klasse auf diese Weise einen Ausflug planen würdest oder nicht. Begründe.

2 „So ein Ausflug ist doch keine Freizeit". Was meinst du zu dieser Behauptung.

2. Werbung

Jede Gruppe überlegte sich, wie und wodurch sie die anderen am besten von ihrer Idee überzeugen könnte. Eine Gruppe entwarf ein Plakat, eine andere zeigte einen Ausschnitt aus einem Videofilm. Spiele wurden vorgestellt, Wegskizzen an die Tafel gezeichnet, usw. Besondere Mühe gaben sich alle beim Begründen. Jede Gruppe erklärte, warum ihr Beitrag alle Bedingungen und Ziele besonders gut erfüllte.

3. Abstimmung

Jeder aus der Klasse vergab 5 Wertungspunkte. Alle Vorschläge entsprachen den Vorgaben. Am Ende gewann die Gruppe 3.

4. Durchführung

Morgens um 3 Uhr trafen sich die Jungen und Mädchen mit Frau Meyer an der Schule. Leise liefen sie durch die menschenleeren Straßen, hinaus aus der Stadt. Nach einer Stunde waren sie im Wald. Damit sich niemand verlief, wurden alle mit einer Hand an einem langen Tau festgebunden. Die Taschenlampen blieben aus. An einer Lichtung im Wald machten sie verschiedene Spiele, wie Bäume erfühlen, Geräusche erkennen, lautloses Anschleichen, usw. Als es hell wurde, wanderte die Klasse zur Schule zurück. Dort ging es zuerst eine halbe Stunde ins Schwimmbad. Jetzt durfte getobt und gelärmt werden. Anschließend freuten sich alle an einem gemeinsamen Frühstück, das die Eltern vorbereitet hatten.

5. Bewertung

Alle waren der Meinung, dass sich der Ausflug gelohnt hat. Es war für alle eine neue Erfahrung. Viele hörten zum ersten Mal bewusst Geräusche, die sie nie vorher wahrgenommen hatten. Es war billig, umweltfreundlich und hat Spaß gemacht.

Aufgabe

3 Der Ausflug sollte einen Beitrag zu einer besseren Klassengemeinschaft leisten und auf die Umwelt Rücksicht nehmen. Beurteile den Ausflug der Klasse 6b unter diesen Gesichtspunkten.

Malteser

Ich bin bei der Malteser-Jugend

Jeder Mittwochnachmittag ist bei mir verplant. Da treffe ich mich mit der Malteser Jugend. In unserer Gruppe sind acht Mädchen und sechs Jungen, alle etwa in meinem Alter. Unser Gruppenleiter lässt sich immer etwas für uns einfallen. Wir machen zum Beispiel Spiele, gehen ins Schwimmbad, machen eine Museumsrallye, unterhalten uns oder planen einen gemeinsamen Ausflug. Natürlich werden wir auch in Erster Hilfe ausgebildet. Mittlerweile kenne ich mich da schon ganz gut aus. Später möchte ich auf jeden Fall Rettungssanitäter werden. Ich weiß, dass es ein sehr anstrengender Beruf ist, aber bestimmt auch abwechslungsreich.

Wenn unsere Maltesergruppe eine Aktion startet, dürfen sich auch die Jüngsten daran beteiligen. Beim letzten „Tag der offenen Tür“ war es meine Aufgabe, andere Kinder durch unsere Räume zu führen. Ich durfte ihnen auch einen Rettungswagen zeigen. Am meisten gefallen mir jedoch unsere Zeltlager. Beim letzten Mal nahmen auch behinderte Kinder und Jugendliche teil. Jeder aus unserer Gruppe war „helfender Partner“ für ein behindertes Kind. Auf der Heimfahrt hatte ich zum ersten Mal das Gefühl, einem anderen Menschen wirklich geholfen zu haben. Das tat gut. Ich habe mir vorgenommen, an unserer Aktion „kostenloser Einkaufstaschen-Abholdienst für ältere Bürger“ mitzuwirken.

Informationen:
Malteser-Hilfsdienst e.V.
Generalsekretariat
Leonhard-Tietz-Straße 8
50676 Köln

Individueller Umgang mit der Zeit

Die Freizeit kann man als Einzelner und in der Gruppe verbringen. In jeder Gemeinde gibt es viele Freizeiteinrichtungen: Schwimmbad, Bücherei, Spielplatz, Sportgelände, Wanderwege, usw. Jeder kann seine Freizeit so verbringen, wie er möchte. Grenzen bestehen durch: Altersbeschränkung, zu hohe Kosten, fehlendes Angebot oder das Verbot der Eltern.

Möglichkeiten sinnvoller Freizeitgestaltung

Es macht Spaß, die Freizeit mit anderen zu verbringen. Besondere Vorhaben sollte man in der Gruppe gründlich planen. Es ist wichtig, dass jeder seine Interessen und Wünsche verwirklichen kann. Um die Freizeit sinnvoll zu nutzen, muss jeder für sich herausfinden, was ihm besonders liegt. Freizeit kann auch alleine Freude machen.

Anderen zu helfen oder für andere etwas zu tun, gehört für viele Jugendliche zu ihrem festen Freizeitprogramm.

Freizeit in früheren Zeiten

Im antiken Rom gab es Wagenrennen, Gladiatorenkämpfe und Theateraufführungen, um das Volk zu unterhalten. Bei den Spielen passierten häufig Unfälle und Menschen oder Tiere starben. Auf der Straße spielten die römischen Kinder vor allem mit dem, was sie fanden. Mädchen übten sich mehr in Geschicklichkeitsspielen, Jungen im sportlichen Wettkampf.

Durch die Erfindung des Fernsehens hat sich das Freizeitverhalten der Menschen verändert. Die Zuschauer können sich bilden, entspannen und unterhalten. Zu langes Fernsehen kann schaden.

Freizeit in anderen Ländern

Kinder in armen Ländern haben meistens weniger Freizeit als bei uns. Sie müssen oft zu Hause helfen und regelmäßige Arbeiten erledigen. Ihre Spielsachen stellen sie häufig selbst her und denken sich Spiele aus. Alle Kinder spielen gern und viele Spiele spielt man auf der ganzen Welt.

Grundbegriffe
- Freizeit

Herrschaft über Land und Menschen: Ägypten

Der Nil – Lebensader Ägyptens

Leben unter der Herrschaft der Pharaonen

Schreiben wie die alten Ägypter

Alltagsleben im alten Ägypten

Die Bedeutung der Pyramiden

Die ägyptischen Götter

Leben am Nil heute

M1 *Die Pyramiden von Gizeh*

Der Nil – Lebensader Ägyptens

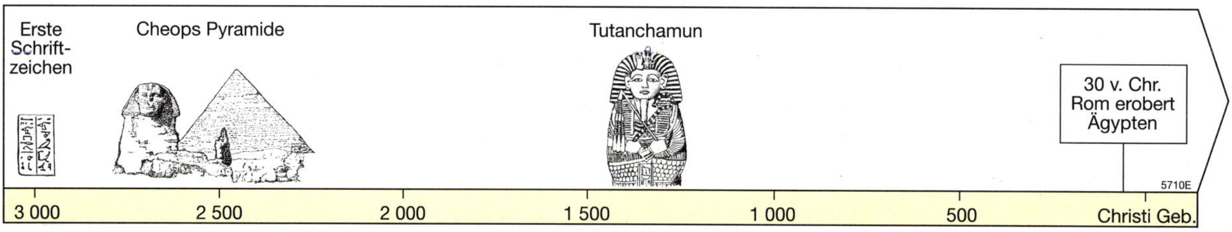

M1 *Zeitleiste der ägyptischen Hochkultur*

Aufgaben

1 Beschreibe die geographische Lage Ägyptens (Kontinent, angrenzende Meere, Staaten).

2 Finde die Namen in der Übungskarte (M2) mithilfe des Atlas (Karten: Stromoase Nil und Nordafrika – physisch).

Eine frühe Hochkultur

Vor etwa 5000 Jahren lebten die Menschen bei uns noch als Sammler und Jäger. In anderen Gebieten der Erde hatten sich zu dieser Zeit bereits frühe **Hochkulturen** entwickelt. Sie entstanden entlang von großen Flüssen und hatten gemeinsame Merkmale: Durch Bewässerung war die Landwirtschaft sehr ertragreich. Die Menschen verständigten sich nicht nur mündlich. Sie entwickelten eine Schrift. Diese war wichtig für die Verwaltung der Gebiete. Handwerker schufen Luxusgüter aus kostbaren Materialien.

Eine dieser frühen Hochkulturen entstand in der großen **Flussoase** des Nil im heutigen Ägypten. Durch das trockene Wüstenklima sind viele Gegenstände sehr gut erhalten: Bauwerke, Kunstgegenstände und Malereien. Daher weiß man heute vieles über die Menschen in dieser Zeit.

Die ägyptische Geschichte beginnt um 3000 v. Chr. Damals wurde in Ägypten eine Schrift erfunden. Seitdem gibt es Funde mit schriftlichen Aufzeichnungen. Das alte Ägypten endet mit der Eroberung durch die Römer im Jahr 30 v. Chr.

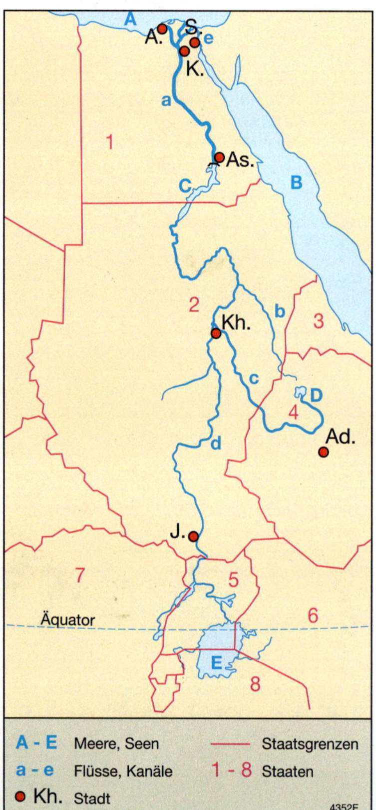

M2 *Übungskarte: Ägypten und der Nil*

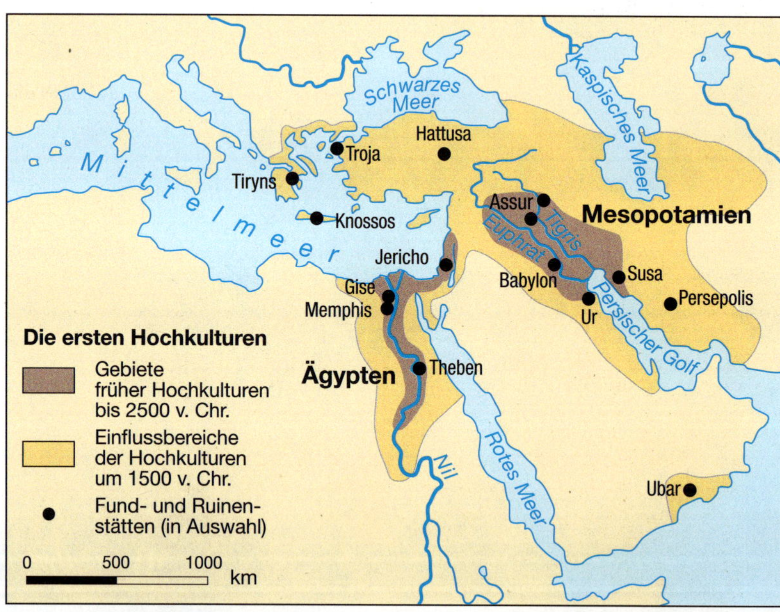

M3 *Die Anfänge früher Hochkulturen*

M4 *In der Niloase südlich von Kairo heute*

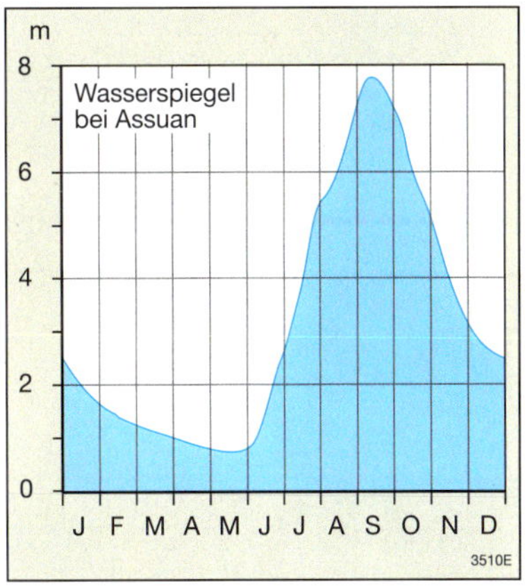

M6 *Die Wasserstände des Nil im Verlauf des Jahres*

Der Nil – ein Fremdlingsfluss

Der Nil ist heute der einzige Fluss, der die Wüste Sahara durchquert. Er ist eine Flussoase. Sie ist etwa 1100 km lang, 25 km breit und wird zum Teil von hohen Felswänden begleitet. Der Nil hat zwei Quellflüsse, den Blauen Nil und den Weißen Nil. Sie kommen aus den regenreichen Gebieten am Äquator.

Einmal im Jahr gab es für etwa vier Monate ein Hochwasser. Der Wasserstand des Flusses stieg um etwa acht Meter. Diese **Nilschwelle** verwandelte das Niltal in einen einzigen großen See. Das Wasser enthielt fruchtbaren Schlamm. Er wurde im Niltal abgelagert, wenn die Überschwemmung zurückging, und düngte den Boden. Danach wurden die Felder bestellt. Von der Nilschwelle hing die Ernte ab. Stieg das Wasser nicht hoch genug, gab es Missernten und Hungersnöte.

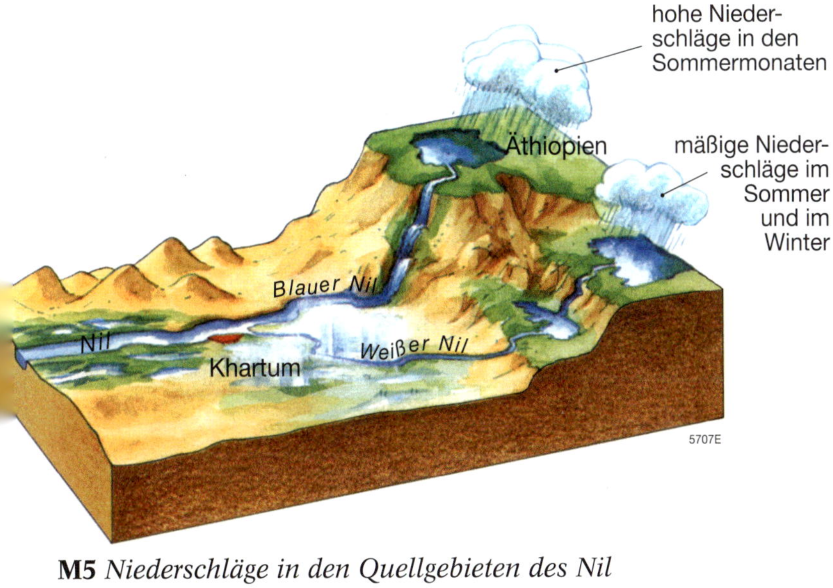

M5 *Niederschläge in den Quellgebieten des Nil*

Aufgaben

3 Stelle im Atlas fest, ab welcher Stadt der Nil keine Nebenflüsse mehr hat (Karte: Nordafrika – physisch). Begründe.

4 a) Beschreibe die Landschaft in M4.
b) Erkläre mithilfe des Bildes den Begriff „Flussoase".

5 Erkläre mithilfe von M5 und M6 die unterschiedlichen Wasserstände des Nil im Verlauf des Jahres.

Merke
Um 3000 v. Chr. entwickelte sich entlang des Nil die ägyptische Hochkultur. Der Nil durchquert als Flussoase die Wüste Sahara.

Grundbegriffe
- Hochkultur
- Flussoase
- Nilschwelle

Der Nil – Lebensader Ägyptens

M1 *Ein Nilbauer bewässert die Felder mit einem Schaduf (Wandmalerei aus einem 4000 Jahre alten Grab)*

Ackerbau am Nil vor 5000 Jahren

Nach den jährlichen Überschwemmungen mussten die Felder neu vermessen werden, da der Schlamm die Grenzsteine bedeckte. Diese Arbeit verrichteten die Seilspanner. Anschließend wurde der Boden für die Aussaat vorbereitet. Die Bauern benutzten hierfür einen Pflug aus Holz. Das Saatgut erhielten sie aus den königlichen Vorratslagern. Nach dem Pflügen säten sie die Körner direkt in den Nilschlamm.

Wenn der Wasserstand des Nil, zurückgegangen war, mussten die Felder bewässert werden. Dies erfolgte über Kanäle. Schwierig war die Bewässerung auf den höher gelegenen Feldern. Das Wasser wurde in Tonkrügen herangeschafft. Erst in der Zeit um 2300 v. Chr. erfand man einen Hebebaum, den Schaduf. Zur Erntezeit erschienen die Steuereintreiber. Sie ließen die Felder erneut vermessen, um die Ernteerträge zu berechnen.

Probierstein des Geistes

7 Menschen besitzen je 7 Katzen. Jede Katze frisst 7 Mäuse. Jede Maus frisst 7 Ähren Gerste. Aus jeder Gerstenähre können 7 Maß Getreidekörner entstehen. Wie viele Maß Getreide sind der Nützlichkeit der Katzen zu verdanken?

M2

M3 *Ein Nilbauer beim Pflügen (Wandmalerei aus einem Grab)*

Zur Vermessung der Felder wurde in Ägypten ein einfaches Verfahren entwickelt. In einem längeren Seil wurden in gleichen Abständen 13 Knoten angebracht, sodass zwölf gleich lange Seilstrecken entstanden. Der 1. und 13. Knoten wurden miteinander verbunden. Mithilfe von Pflöcken, die in die Erde gerammt wurden, wurde das Seil gespannt – und zwar in einem Dreieck mit drei, mit vier und mit fünf Seilstrecken. Die alten Ägypterinnen und Ägypter wussten, dass dort, wo die beiden kurzen Seiten eines solchen Dreiecks zusammenstießen, ein rechter Winkel entstand. Mithilfe der Knotenschnur konnten die Seilspanner daher genaue Rechtecke vermessen.
Das Verfahren des Seilspannens mit der Knotenschnur nutzten die Menschen auch beim Bau von Tempeln und Pyramiden – immer dann, wenn ein rechter Winkel festzulegen war.

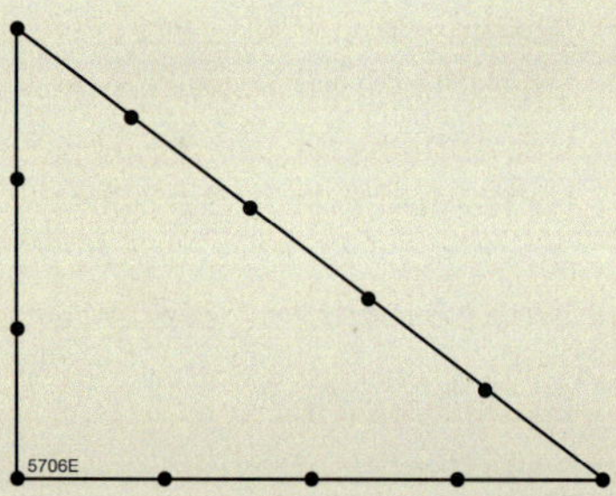

M4 *Die Technik des Seilspannens*

M5 *Seilspanner beim Vermessen der Felder (Wandmalerei aus einem Grab)*

Was bauten die Ägypter an?

Auf den großen Bewässerungsflächen bauten die Ägypter hauptsächlich Gerste und Weizen an. Die Aussaat erfolgte nach dem Abklingen der Nilschwelle von Mitte Oktober bis Anfang November, die Ernte im Frühjahr. Bekannt waren außerdem: Wein, Obst und Gemüse (Zwiebeln, Lauch, Knoblauch, Lattich, Bohnen, Linsen, Kürbisse, Melonen) sowie verschiedene Gewürze (Kümmel, Koriander, Wacholderbeeren). Auch Blumen wurden gezüchtet. Dressierte Affen ernteten Feigen und Datteln von den recht hohen Bäumen.

M6 *Bewässerung mit dem Schaduf heute*

Aufgaben

1 Die Menschen in Ägypten entwickelten eine meisterhafte Technik der Landvermessung (M4). Begründe und erläutere an einem Beispiel.

2 Stellt eine Knotenschnur her, wie es sie im alten Ägypten gab. Der Abstand zwischen den Knoten soll 50 cm betragen. Vermesst mithilfe der Knotenschnur auf dem Schulhof vier Rechtecke und zeichnet sie mit Kreide nach. Nun zerstört die „Nilschwelle“ (zwei Eimer Wasser und Schrubber) eure „Felder“. Vermesst erneut.

3 Erläutere die Bedeutung der Landwirtschaft vor über 4000 Jahren.

4 Die Ägypter liebten verzwickte Rechenrätsel. Sie nannten sie „Probiersteine des Geistes“. Löse das Rätsel in M2.

Merke
Nach den jährlichen Überschwemmungen wurden die Felder neu vermessen, bestellt und bewässert. Zur Erntezeit erschienen die Steuereintreiber. Die Bauern ernteten Gerste, Weizen, Wein, Obst, Gemüse, Gewürze und Blumen.

Leben unter der Herrschaft der Pharaonen

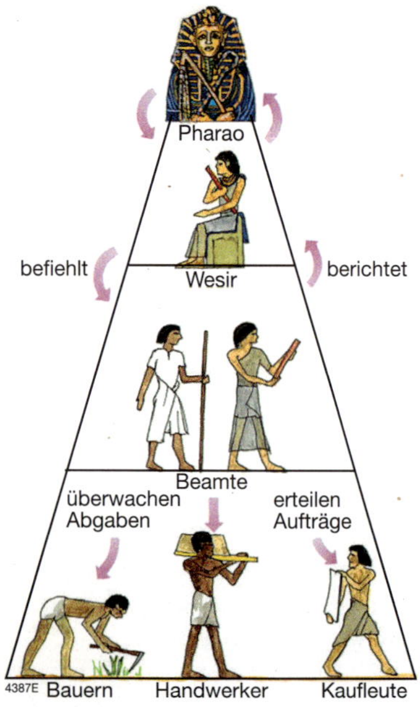

M1 *Der Aufbau der ägyptischen Gesellschaft*

Der Pharao – Macht ohne Grenzen

Der **Pharao** war als Gottkönig der oberste Herrscher in Ägypten. Stellvertreter des Pharao war der Wesir. Er überwachte die Einhaltung der Gesetze, die der Pharao erließ. Ihm unterstanden die Beamten. Sie konnten lesen und schreiben. Sie lenkten und überwachten die großen Arbeiten wie zum Beispiel den Bau der Pyramiden. Spezielle Schreiber unter ihnen berechneten die Steuern, die die Bauern zahlen mussten – je nach der Höhe der Ernte, die wiederum von der Nilschwelle abhing.

Der größte Teil der Bevölkerung bestand aus Bauern. Sie arbeiteten auf den Feldern des Pharao und mussten mehr als die Hälfte ihrer Ernte als Steuern abgeben. Obwohl die Bauern die Grundlage für den Reichtum des Pharao schufen, galten sie in der Gesellschaft nicht viel.

Handwerker arbeiteten in den Städten und Dörfern sowie am Hof des Pharao: Maler, Bildhauer, Goldschmiede, Tischler u.a. waren geschätzte Spezialisten. Auch Frauen waren als Handwerkerinnen, Bäuerinnen und Beamtinnen tätig. Eine Armee schützte das Land vor Eindringlingen.

Quelle

Her mit dem Korn

Der Wurm hat die eine Hälfte des Korns geraubt, das Nilpferd hat die andere gefressen. Viele Mäuse gibts auf dem Felde, die Heuschrecke ist niedergefallen, das Vieh hat gefressen, die Sperlinge stehlen. Oh, wehe dem Bauern! Der Rest, der auf der Tenne liegt, dem haben die Diebe ein Ende gemacht. Das Gespann ist umgekommen vom Dreschen und Pflügen. Da landet der Schreiber (siehe M4 Mitte) am Uferdamm und will die Ernte eintreiben. Die Beamten tragen Stöcke. Sie sagen: „Gib Korn her!" Ist keins da, so schlagen sie den Bauern.

(Nach A. Erman: Ägypten und ägyptisches Leben im Altertum. Hildesheim 1987, S. 532)

Die Zeichen der Macht auf der Totenmaske des Pharao Tutenchamun (1352 – 1325 v. Chr.)

Der Krummstab zeigt, dass der Pharao der Anführer des Volkes ist.
Der geflochtene Götterbart, der Geier über der Stirn und das gold-blau gestreifte königliche Kopftuch zeigen, dass der Pharao der Herrscher des Volkes ist.
Der Wedel zeigt, dass der Pharao ein Gott ist.
Die Kobraschlange über dem Kopf des Pharao zeigt, dass der Pharao jeden Feind töten kann.

M2

Aufgaben

1 Beschreibe M1 mithilfe des Textes.

2 Welche Probleme werden in der Quelle angesprochen?

3 In den Abbildungen erkennst du, dass einige Menschen in Ägypten einflussreicher waren als andere. Ordne die Personen in M2, M3 und der Quelle in die Gesellschaftspyramide (M1) ein und beschreibe ihre Aufgaben.

4 Schreibe einen Text zu den Aufgaben des Pharao!

5 a) Nenne die Zeichen der Macht des Pharao (M2).
b) Auch heute gibt es „Zeichen der Macht". Nenne drei Beispiele.

6 „Einer muss sagen, wo es langgeht." Nimm Stellung zu diesem Ausspruch.

M3 *Bewässerungstechnik am Nil – Jahrtausende war sie unverändert (heutige Zeichnung)*

M4 *Wer macht was?*

Info

Gesellschaftspyramide

Die Menschen in Ägypten hatten alle eine bestimmte Stellung innerhalb der Gesellschaft. Sie hatten wenig Möglichkeiten, diese Stellung zu verbessern. Sie waren der Meinung, dass die Götter ihnen ihren Platz zugewiesen hätten. Die Kinder einer Bauernfamilie wurden Bauern. Nur manchmal gelang es einzelnen Männern, über den Beruf des Schreibers in der Gesellschaft aufzusteigen.

Merke

Der Pharao war Gott, König und Herrscher in einer Person. Er stand an der Spitze der Gesellschaftspyramide. Der größte Teil der Bevölkerung bestand aus Bauern, Handwerkern und Kaufleuten.

Grundbegriff

- Pharao

Schreiben wie die alten Ägypter

Wk D

Aufgaben

1 Beschreibe die Herstellung von Papier.

2 Schreibe deinen Namen in Hieroglyphen. Benutze auch ein Deutzeichen.

3 Beantworte die Frage unter M2.

4 Schreibe folgende Zahlen als Hieroglyphen:
a) 1099; b) 30 533; c) 19; d) 1941; e) 4444.

5 Für welche Aufgaben war die Schrift im alten Ägypten wahrscheinlich eine große Hilfe? Stelle eine Liste zusammen.

6 Schreiber hatten mehr Einfluss und Macht als die meisten anderen Menschen. Begründe.

Wissen ist Macht

Die ägyptische Schrift wurde vor über 5000 Jahren entwickelt. Sie war notwendig, um das große Reich zu verwalten. Die Schreiber mussten aufschreiben, welche Abgaben die Bauern gemacht hatten; Listen über Vorräte mussten geführt werden. Befehle des Pharao wurden aufgeschrieben und in entfernte Gegenden gebracht. Lesen und schreiben konnten nur wenige Menschen. Vor allem die Schreiber beherrschten diese Kunst. Die Ausbildung zum Schreiber dauerte zehn bis fünfzehn Jahre. Sie waren in der Gesellschaft sehr angesehen und hatten viel Macht und Einfluss.

Da viele Texte auf Grabstätten eingemeißelt waren, nannte man sie **Hieroglyphen**, das heißt „heilige Eingrabungen". Daneben schrieben die Menschen mit Pinsel und Tinte auf **Papyrus** (siehe Info).

Info

Papyrus
Papyrus ist eine Pflanze, die in stehenden Gewässern (Seen, Teichen) wächst. Sie wird etwa sechs Meter hoch. Die Menschen nutzten Papyrus, um Boote, Segelbespannungen, Matten, Seile, Sandalen und Körbe anzufertigen. Vor allem aber stellten sie aus Papyrus „Papier" her.

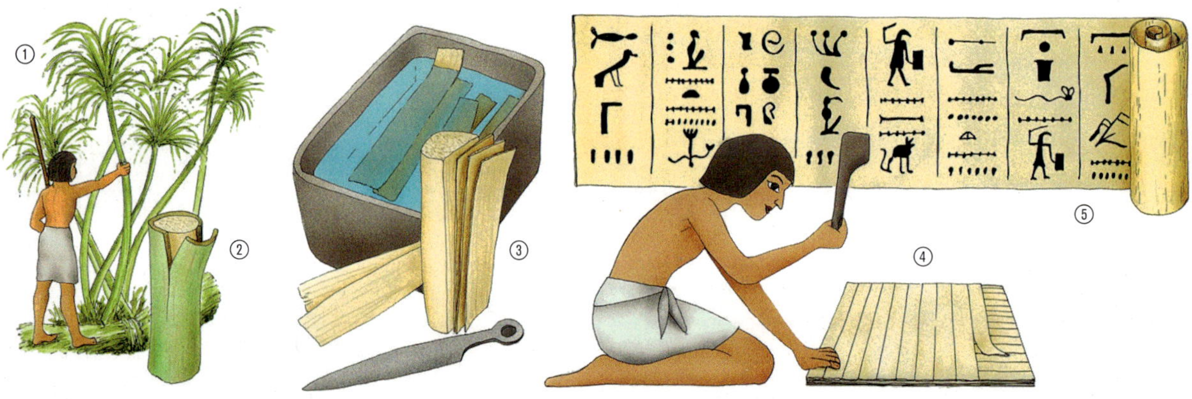

① Der Papyrus wird mit einem Messer abgeschnitten. ② Die Blätter und die grüne Rinde werden entfernt. ③ Das Innere wird in dünne Streifen geschnitten und in Wasser gelegt, um es geschmeidig zu machen. ④ Die Streifen werden nebeneinander auf ein Brett gelegt. Dann wird die Fläche mit einer Flüssigkeit aus den Früchten der weißen Lotosblüte bestrichen, die wie Klebstoff wirkt. Darüber wird im rechten Winkel eine zweite Streifenschicht aufgelegt. Beide Schichten werden gepresst, getrocknet und mit einem glatten Stab poliert. ⑤ Die fertige Papyrusrolle wird mit Hieroglyphen beschrieben. Dazu stellt man Tinte aus natürlichen Farbstoffen her.

M1 *Die Herstellung von Papier*

Die ägyptische Schrift

Die ägyptische Schrift bestand aus so genannten **Bildzeichen**. Zunächst bedeutete zum Beispiel das Bild „Mund" auch Mund. Später erhielt es eine weitere Bedeutung: reden, essen, lachen. Schließlich wurde es auch für den Buchstaben „R" benutzt. Schreibregeln gab es nicht. Die Schreibrichtung war nicht festgelegt. Vokale (Selbstlaute) wurden oft weggelassen. **Deutzeichen** erleichterten das Verständnis.

Es gab etwa 700 verschiedene Bildzeichen. Die Forscherinnen und Forscher konnten sie zunächst nicht entziffern. Erst 1822 gelang dies dem Franzosen Champollion. Er wusste, dass die Namen der Pharaonen mit einer **Kartusche** eingerahmt waren. Er verglich zwei Texte auf einer Steintafel. Der eine Text bestand aus ägyptischen Hieroglyphen, der andere Text war die Übersetzung genau dieses Textes ins Griechische. In beiden Texten erkannte er den Namen des Pharao „Ptolemaios". So gelang ihm Schritt für Schritt die Entzifferung der Hieroglyphen.

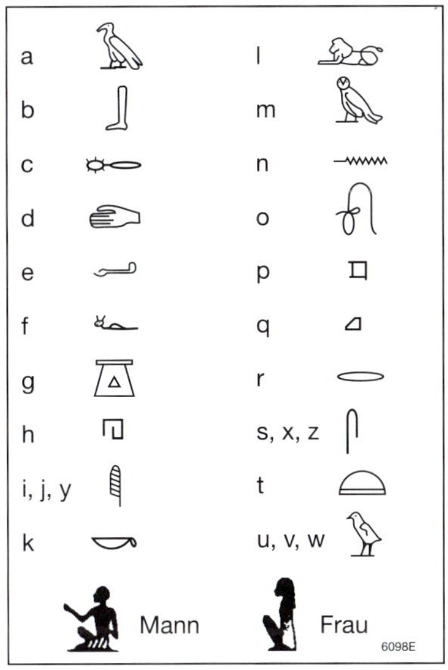

M4 *Ägyptisches Alphabet*

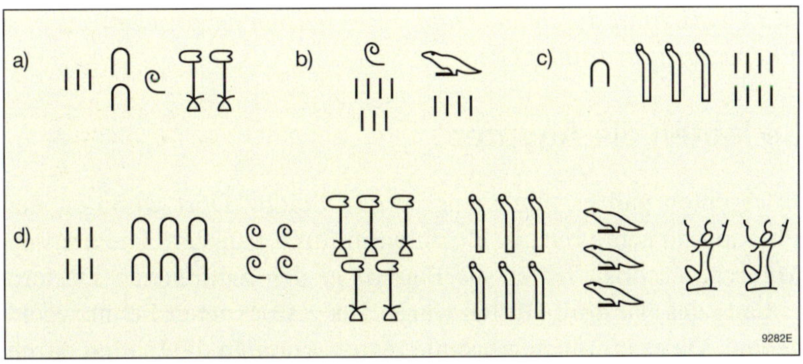

M2 *Welche Zahlen zeigen die Hieroglyphen?*

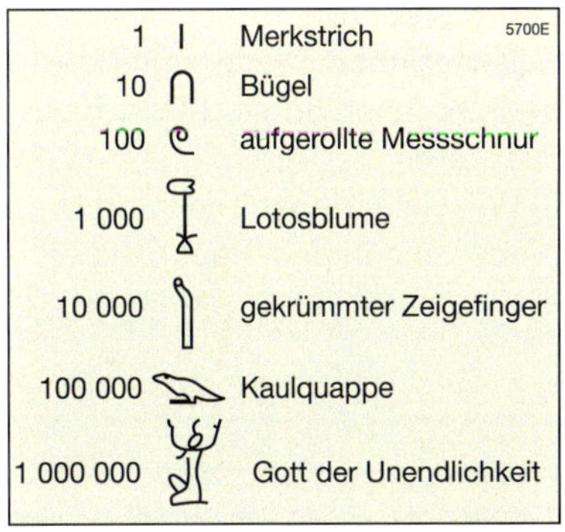

M5 *Ägyptische Zahlenzeichen*

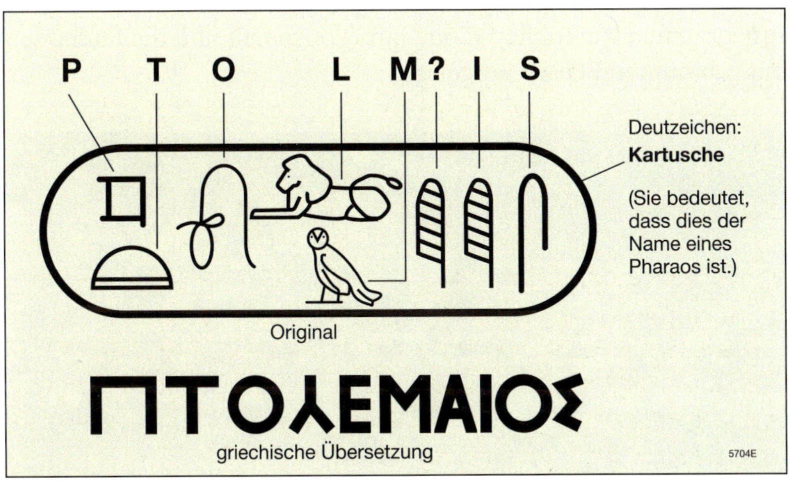

M3 *„Ptolemaios"*

Merke
Die Ägypter erfanden eine Bilderschrift aus Hieroglyphen. Sie wurde erst 1822 entziffert. Aus der Papyruspflanze machten die Ägypter „Papier".

Grundbegriffe
- Hieroglyphe
- Papyrus
- Bildzeichen
- Deutzeichen
- Kartusche

Alltagsleben im alten Ägypten

M1 *Lehmziegelhaus einer reichen Familie*

Aufgabe

1 Betrachte M3.
a) Schreibe die Gegenstände auf, die du erkennst.
b) Schreibe die Tätigkeiten auf, die du erkennst.
c) Dienerinnen, Diener und Hausbesitzer sehen unterschiedlich aus. Erläutere.
d) Wie viele Dienerinnen und Diener sind in dem Haus tätig?
e) Wer macht was in dem Haus?

Süßspeise der alten Ägypter
– Himmlische Pharaobällchen
Zutaten:
250 Gramm Datteln
ein Teelöffel Zimt
ein Teelöffel Kardamom
100 Gramm Walnüsse
Puderzucker
Zubereitung:
Die Datteln mit dem Pürierstab zu einer sämigen Masse verrühren, Zimt und Kardamom untermischen, die grob gehackten Walnüsse drunterkneten, kleine Kugeln formen und in Puderzucker wälzen.
Guten Appetit!

M2

M3 *Querschnitt durch das Haus eines reichen ägyptischen Ehepaares (um 1400 v. Chr.)*

So lebten die Ägypter

In Ägypten gab es nur wenige große Städte. Dort wohnten der Pharao und seine reichen Beamten in ihren Palästen. Die meisten Menschen jedoch lebten als Bauern in den zahlreichen Dörfern entlang des Nil. Ihre Hütten waren aus getrockneten Lehmziegeln gebaut. Da es in Ägypten fast nie regnet, konnten die Hütten durch den Regen auch nicht zerstört werden. Die Häuser der Beamten auf dem Land waren viel größer als die Hütten der Bauern. Außerdem hatten sie zusätzliche Ställe, Gärten und große Vorratsräume. In den Innenräumen waren die Wände farbig angemalt und die Fußböden mit gebrannten Fliesen ausgelegt.

M4 *Überreste einer Arbeiterwohnsiedlung von 1500 v.Chr.*

M5 *Wandmalerei einer Familie*

Aufgaben

2 Beschreibe M5. Gehe auf Kleidung, Schminke und Frisur ein. Unterscheide Mann und Frau.

3 Ordne die Gegenstände in M6:
a) Werkzeuge zur Körperpflege,
b) Gegenstände zum Aufbewahren von Pflegemitteln,
c) Schmuck um, zu gefallen.

Merke
Die Pharaonen und reichen Beamten wohnten in Palästen und großen Häusern. Die meisten Menschen im alten Ägypten waren Bauern, die in einfachen Hütten aus getrockneten Lehmziegeln lebten. Kleidung und Schmuck zeigten, welcher Schicht eine Person angehörte.

Kleidung und Schmuck

Kleidung und Schmuck zeigten, welcher Schicht eine Person angehörte. Die Bauern und Handwerker trugen grobes Leinen. Reiche Beamte kleideten sich kostbarer. Sie machten sich schön und wollten den Göttern gefallen. Sie trugen kurze Haare, weil es in Ägypten so heiß ist. Bei festlichen Anlässen setzten Männer und Frauen schwarze Perücken auf. Sie färbten die Haare mit dem Blut von Tieren. Nicht nur Frauen, auch Männer schminkten sich vor allem die Augen und Augenbrauen. Dazu benutzten sie Salben aus dem Fett von Katzen, Nilpferden und Krokodilen. Sie vermischten es mit zerriebenen Metallen oder Steinen. Schmuck war teuer und ein Zeichen von Reichtum, Macht und Ansehen. Manche Schmuckstücke wurden auch als Glücksbringer getragen, wie zum Beispiel der Skarabäus, die Darstellung eines Käfers.

Rasiermesser

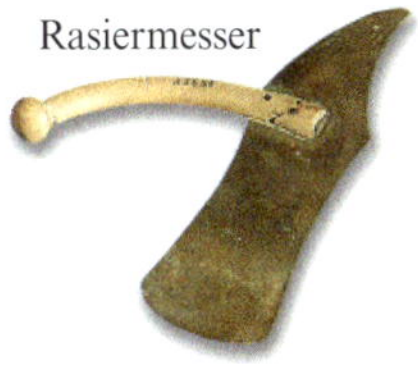

Halskragen

Spiegel

Salbengefäß

Haarschere

M6 *Ausgrabungsfunde*

Die Bedeutung der Pyramiden

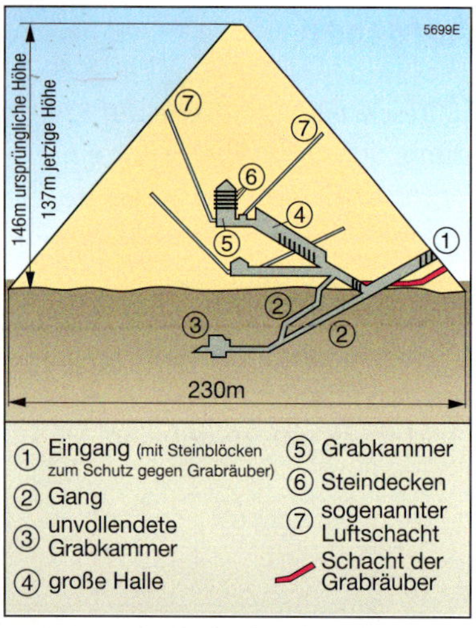

M1 *Schemazeichnung der Cheops-Pyramide: Obwohl die Baumeister „blinde" Gänge in die Pyramide einbauten und den Eingang durch riesige Steinblöcke verschlossen, plünderten Räuber die Grabkammern aus. Die Höhe der Pyramide hat sich durch die Verwitterung im Lauf der Jahrtausende verringert.*

Zeugnisse der Hochkultur

Eindrucksvolle Zeugen der ägyptischen Hochkultur sind die Pyramiden, die gewaltigen Grabstätten der ägyptischen Königinnen und Könige. Die Ägypterinnen und Ägypter verehrten die Pharaonen als Götter und glaubten an ein Weiterleben nach dem Tod. Durch die prächtige Ausstattung der Grabstätten und kostbare Grabbeigaben sollten die Pharaonen gnädig gestimmt werden und im Jenseits weiter für ihr Volk sorgen.

Die Pyramiden liegen am Rand der Niloase, dort wo die Felder aufhören und die Wüste beginnt. In Ägypten gibt es heute noch etwa 30 Pyramiden. Die größte ist die Cheops-Pyramide. Sie liegt am westlichen Stadtrand von Gizeh, in der Nähe von Kairo. Sie wurde etwa um 2500 v. Chr. für den Pharao Cheops gebaut.

Info

Die Cheops-Pyramide

Die Cheops-Pyramide besteht aus über 2 300 000 Kalksteinen. Aneinander gelegt gibt dies eine Steinreihe von Stuttgart bis Athen. Jeder Stein wiegt etwa 2500 Kilogramm, so viel wie drei Kleinwagen. Die Steine waren so genau behauen, dass sie ohne Fugen aneinander und aufeinander passten. Die Steine wurden auf Holzschlitten transportiert, denn in Ägypten war das Rad nicht bekannt. Über 20 000 Arbeiter waren täglich zehn Stunden im Einsatz. Der Bau dauerte 23 Jahre.

M2 *Die Pyramiden von Gizeh: Rechts die Pyramide des Pharao Cheops, links daneben die seines Sohnes, des Pharao Chefren, und links davor die seines Enkels, des Pharao Mykerinos. Die drei Pharaonen wurden hier vor etwa 4500 Jahren nacheinander bestattet. Die Cheops-Pyramide ist die höchste, wirkt jedoch kleiner, da sie sich im Hintergrund des Bildes befindet.*

Quelle

Interview mit einem Pyramidenforscher

Frage: Warum haben die Ägypter die Pyramiden gebaut?

Antwort: Die Pyramide ist die Wohnung des Königs, der nun aus dem Reich der Toten die Menschen regiert. Der gestorbene Pharao lebt als Gott weiter und herrscht in einer für alle sichtbaren Pyramide. Sie ist das Sinnbild einer künftigen neuen Welt.

Frage: War die Oberschicht auch für die Organisation der Bauarbeiten zuständig?

Antwort: Solch ein Bauwerk konnte nur von hoch angesehenen Spezialisten geplant werden. In den alten ägyptischen Schriften findet man keine Beschreibungen über den Bau der Pyramiden. Die Mithilfe am Pyramidenbau war für die Ägypter eine Art Gottesdienst – einmalig und unwiederholbar. Und für etwas Einmaliges verbot sich jede Beschreibung.

Frage: Wie viele Menschen haben an einer Pyramide gebaut?

Antwort: Rund 25 000 – etwa einer von hundert Menschen der damaligen ägyptischen Bevölkerung. Mit dem Bau selbst waren 15 000 Mann beschäftigt, davon 5000 Mann auf der Baustelle und 10 000 Mann in den Steinbrüchen der Umgebung. Etwa 1000 Mann davon waren ausschließlich für die Herstellung und Instandhaltung der Werkzeuge zuständig. Um den Transport der Steinblöcke kümmerten sich weitere 5000 Mann. Zwar wurden die meisten Steine von Ochsen herbei- und heraufgeschleppt, aber manche auch von Menschen. Wir haben nachgewiesen, dass 18 Mann einen Steinklotz eine steile Böschung hochbringen können. Und noch einmal rund 5000 Leuten – etwa Bäckern und Köchen – oblag die Versorgung.

(Nach R. Stadelmann, in: GEO Epoche, 2000)

Aufgaben

1 Beschreibe die Tätigkeiten und nenne die Hilfsmittel der Pyramidenbauer in M3.

2 Du führst eine Touristengruppe zu den Pyramiden von Gizeh. Erkläre ihnen die Forschungsergebnisse über den Pyramidenbau und die Bedeutung der Pyramiden (Quelle).

3 Pyramiden gibt es auch in anderen Ländern und in anderen Fächern, zum Beispiel in der Mathematik. Schreibe drei Beispiele auf. Benutze auch ein Lexikon und das Internet.

Merke
Die Pyramiden sind gewaltige Grabstätten der ägyptischen Pharaonen. Sie liegen am Rand der Niloase. Die größte Pyramide ist die Cheops-Pyramide. Sie ist heute noch 137 m hoch.

M3 *Die Ägypter bauten die Pyramiden ohne moderne Technik. Wie sie genau bauten, weiß bis heute niemand. So könnte es gewesen sein.*

Die ägyptischen Götter

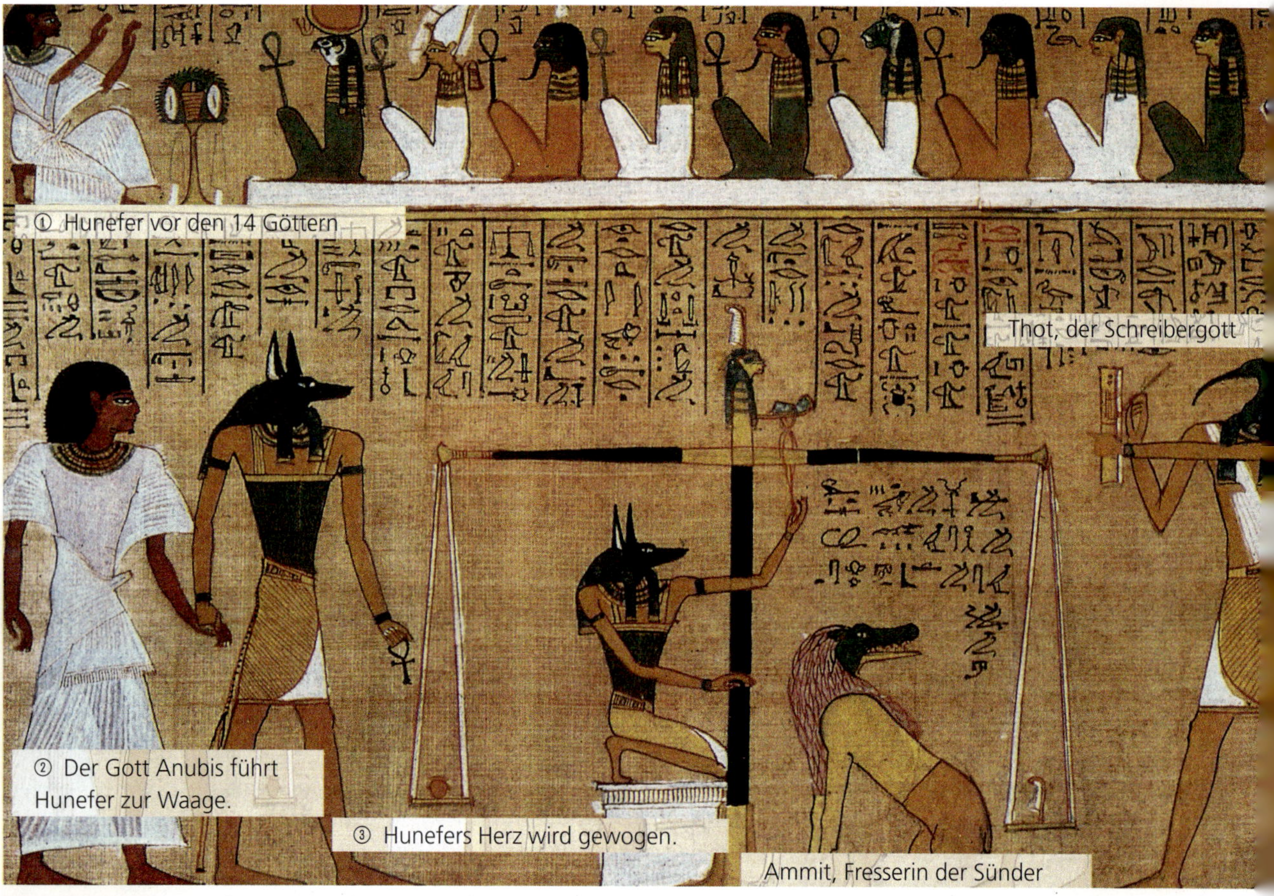

M1 *Das Totengericht – Ausschnitt aus dem Totenbuch des Schreibers Hunefer (13. Jahrhundert v. Chr.)*

Die ägyptische Götterwelt

Die Ägypter verehrten über 40 Götter. Der oberste Gott war der Sonnengott Amun-Re. Viele Götter sehen aus wie Menschen mit Tierköpfen. Andere haben die Gestalt von Katzen, Krokodilen oder Affen. Bestimmten Tieren wurden göttliche Kräfte zugeschrieben. Sie wurden feierlich beerdigt.

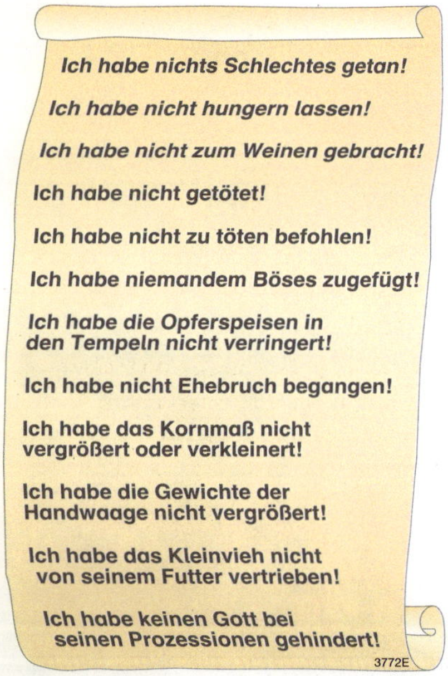

M2 *Aus Hunefers Totenbuch*

Osiris wird von seinem eifersüchtigen Bruder Set ermordet. Dieser zerstückelt die Leiche und verteilt sie in alle Himmelsrichtungen. Isis ist die Frau von Osiris. Sie trauert um ihren Mann und macht sich auf die Suche nach den Leichenteilen. Sie findet sie mithilfe von Anubis und fügt sie wieder zusammen. Mit ihrem toten Mann zeugt sie einen Sohn, den Gott Horus. Dieser rächt seinen Vater und erweckt ihn so zu neuem Leben. Osiris herrscht darauf als Richter über die Verstorbenen in der Unterwelt. Sein Sohn Horus führt die Toten vor seinen Richterstuhl.

M3 *Die Sage von Osiris und Isis*

④ Hunefer wird zu Osiris geführt.

Das Totengericht des Hunefer

Der Schreiber Hunefer lebte als hoher Beamter um 1300 v. Chr. Wie viele andere hoffte er, nach dem Tod im Jenseits weiterzuleben. Dies wird vor einem Totengericht verhandelt. M1 zeigt das **Totengericht**, vor das Hunefer tritt. Es stammt aus dem sogenannten Totenbuch des Hunefer. Das ist kein richtiges Buch, sondern eine Wandmalerei. Nur reiche Leute konnten sich solche „Totenbücher" leisten. Die Malereien berichten vom Leben der Verstorbenen und sollten die Seelen der Toten ins Jenseits begleiten.

Das Bild enthält vier Szenen. In der Hauptszene wird Hunefers Herz auf die linke Waagschale gelegt und gegen die Feder in der rechten Waagschale aufgewogen. Für die Ägypter war das Herz die „Mitte" des Menschen. Hat der Verstorbene gesündigt, sinkt die Waagschale mit dem Herzen und es wird von Ammit verschlungen. Das wäre der endgültige Tod. Anubis prüft und stellt fest, dass Hunefer nicht gesündigt hat. Die Waage bleibt im Gleichgewicht. Thot schreibt das Ergebnis auf und Horus geleitet Hunefer zu Osiris. Nun ist der Weg frei für ein Weiterleben im Jenseits.

Aufgaben

1 Spielt die Sage von Osiris und Isis in der Klasse (M3).

2 Beschreibe die vier Szenen in M1. Nenne dabei die Namen und das Aussehen der Götter und erläutere die Handlung.

Merke
Die Ägypter verehrten viele Götter. Sie glaubten an ein Weiterleben nach dem Tod, wenn der Verstorbene ein „gutes" Leben geführt hatte. Darüber wurde in einem Totengericht entschieden.

Grundbegriff
- Totengericht

Leben am Nil heute

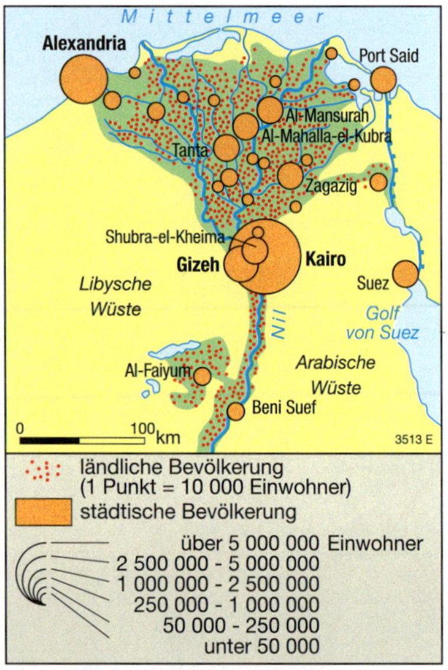

M1 *Bevölkerungsverteilung*

M2 *Die Flussoase des Nil (Satellitenaufnahme aus 915 km Höhe)*

Jahr	Bevölkerung
1800	3 000 000
1882	7 000 000
1907	11 000 000
1947	19 000 000
1966	30 000 000
1980	41 000 000
1990	52 000 000
2000	68 000 000
2007	

M3 *Bevölkerungsentwicklung in Ägypten*

Eine Zeitbombe tickt

Ägypten ist fast dreimal so groß wie Deutschland. Es umfasst eine Fläche von einer Million Quadratkilometern. Davon sind jedoch nur 30 000 landwirtschaftlich nutzbar. Daraus ergeben sich große Schwierigkeiten für die Beschaffung von Nahrungsmitteln. Obwohl in der Flussoase des Nil durch den Bau des Assuan-Staudamms zweimal im Jahr geerntet wird, reichen die Erträge nicht aus. Vor allem Getreide fehlt. Die Bevölkerung wächst zu schnell. Ägypten leidet unter einer **Bevölkerungsexplosion**.

Die Hauptstadt Ägyptens ist Kairo. Es ist gleichzeitig die größte Stadt Afrikas. Ihre genaue Einwohnerzahl kennt man nicht. Die Schätzungen schwanken zwischen 10 und 16 Millionen. Jeden Tag kommen etwa 2000 Menschen hinzu. Sie strömen aus den Dörfern des Landes in die Hauptstadt. Neue Wohngebiete entstehen am Stadtrand. Inzwischen ist Kairo mit der benachbarten Stadt Gizeh zusammengewachsen. Die Stadtgrenzen sind nicht mehr erkennbar. Durch die Bebauung geht wertvolles Bewässerungsland verloren. Die Stadtverwaltung bemüht sich, diesen Verlust möglichst gering zu halten: Die Wohnhäuser werden eng aneinander gebaut und haben viele Stockwerke.

M4 *Stadtentwicklung von Kairo*

M5 *In der Innenstadt von Kairo*

M6 *Luftbild des Assuan-Staudamms. Er ist etwa fünf Kilometer lang und 110 Meter hoch.*

Quelle

Ein großer Irrtum unserer Zeit

„Es handelt sich bei dem Bau des Staudamms um einen der großen Irrtümer unserer Zeit. Es wäre die beste Lösung, den Damm schrittweise wieder abzutragen."

(Nach :F. Ibrahim: Der Assuan-Staudamm. In: Geographische Rundschau, 5/1984, S. 236)

Info

Der Assuan-Staudamm

Um die Versorgung der Bevölkerung mit Nahrungsmitteln zu verbessern, baute die ägyptische Regierung den Assuan-Staudamm. Er wurde 1971 fertiggestellt. Der Damm verhindert den unkontrollierten Abfluss des Nilhochwassers. Die Felder können das ganze Jahr über bewässert werden. Zwei bis drei Ernten im Jahr sind möglich. Die Erträge der Landwirtschaft sind gestiegen. In einem Wasserkraftwerk wird Strom erzeugt. Neue Fabriken wurden gebaut. Viele Dörfer am Nil wurden an das Stromnetz angeschlossen.

M7 *Nachteile des Assuan-Staudamms*

Aufgaben

1 a) Berichte über das Wachstum der Bevölkerung (M3, M4).
b) Welche Probleme ergeben sich dadurch für die Nahrungsmittelversorgung des Landes?

2 „Eine Zeitbombe tickt." Erkläre die Überschrift von Seite 188.

3 Welche Ziele wollte Ägypten mit dem Bau des Assuan-Staudamms erreichen (Info)?

4 a) Stelle mithilfe der Info und M7 Vorteile und Nachteile des Assuan-Staudamms in einer Tabelle dar.
b) Schreibe auf, welche der Nachteile beseitigt werden könnten.

5 Lies die Quelle. Wie beurteilst du die Auffassung von F. Ibrahim?

Merke

Die Bevölkerung in Ägypten wächst sehr schnell. Zur Sicherung der Ernährung wurde der Assuan-Staudamm gebaut. Er bietet Vorteile, hat aber auch Nachteile.

Grundbegriffe

- Bevölkerungsexplosion

Das alte Ägypten

1. Auszüge aus Jennifers Reisetagebuch

1. Tag – Wir starten in Stuttgart und landen planmäßig in ???, der Hauptstadt Ägyptens. Was für eine Stadt! 15 Millionen Menschen wohnen hier, der Verkehr ist total dicht. Mit meinen Eltern besuche ich das Ägyptische Museum.

2. Tag – Endlich! Die Pyramiden!! Sie wurden als ??? gebaut. Sie sind kolossal groß, größer als das Münster in Ulm. Und überall kann man auf Kamelen reiten. Mutti wollte aber nicht. Und Papa sagt, es heiße nicht Kamel, sondern Dromedar.

3. Tag – Heute fliegen wir nach Luxor, das ist eine Stadt in Mittelägypten. Das Tal der Könige mit den vielen Gräbern für die ägyptischen Gottkönige, die ???, ist berühmt.

4. Tag – Hurra! Wir fahren mit einem Schiff auf dem ???. Dabei können wir die Arbeit der Bauern sehen. Sie werden Fellachen genannt. Man fühlt sich wie im alten Ägypten.

5. Tag – So einen Riesenstaudamm habe ich noch nie gesehen. Er heißt ???. Unsere Reiseführerin erzählt, dass er dem Land ??? liefert und für einen ??? des Nil sorgt. Hat ein Staudamm auch Nachteile?

6.–9. Tag – Den Rest des Urlaubs sind wir in Hurghada am ??? Meer. Tauchen, Strand und Sonne! Ein toller Urlaub!!!

Aufgaben

1 Jennifer hat mit Ihren Eltern eine Ägyptenreise unternommen. Sie hat ein Reisetagebuch geschrieben. Einiges ist durch drei Fragezeichen ersetzt. Schreibe die passenden Wörter auf.

2 Am 5. Tag stellt Jennifer eine Frage. Beantworte sie.

3 Angenommen, du könntest mit Jennifer über ihre Reise reden. Welche Fragen würdest du ihr stellen?

2. Richtig oder falsch? Begründe.

1. Ein Pharao wurde als Gott angesehen.
2. Tomaten, Melonen und Ananas gehörten auf den Speisezettel der Ägypter.
3. Pyramiden sind riesengroße Gräber.
4. Hunefer wurde beim Totengericht zum Tode verurteilt.
5. Die Ägypter aßen Hieroglyphen.
6. Staudämme verschönern die Landschaft.
7. Im alten Ägypten waren Schreiber angesehener als Bauern.
8. Ohne das Wasser des Nil ist die ägyptische Kunst undenkbar.
9. Es gelang den Ägyptern bis heute nicht, den Nil zu zähmen.
10. Ägyptische Frauen trugen keine Perücken.

Der Nil – Lebensader Ägyptens

Die ägyptische Hochkultur beginnt um 3000 v. Chr. und endet mit der Eroberung durch die Römer im Jahr 30 v. Chr.

Das Niltal ist die längste Flussoase der Welt. Bevor der Assuan-Staudamm gebaut wurde, stieg jedes Jahr im Sommer der Wasserspiegel stark an. Die Nilschwelle überschwemmte weite Teile der Felder und lagerte fruchtbaren Nilschlamm ab. Seit Jahrtausenden nutzen die Bauern ihre Felder durch eine sorgfältige Bewässerungswirtschaft.

Leben unter der Herrschaft der Pharaonen

Die ägyptische Gesellschaft hatte eine feste Ordnung. An der Spitze stand ein Gottkönig, der Pharao. Sein Stellvertreter war der Wesir. Er verwaltete mit den Beamten das Reich. Bauern, Handwerker und Händler mussten Steuern bezahlen.

Schrift, Kleidung, Pyramiden und Götter

Die Ägypter entwickelten vor etwa 3000 Jahren eine Bilderschrift. Sie bestand aus etwa 700 Bildzeichen. Viele Texte waren auf Grabstätten eingemeißelt. Daneben schrieben die Ägypter mit Pinsel und Tinte auf Papyrus.

Die meisten Menschen im alten Ägypten lebten in einfachen Hütten aus getrockneten Lehmziegeln. Kleidung und Schmuck zeigten, welcher Schicht eine Person angehörte. Bei festlichen Anlässen setzten Männer und Frauen schwarze Perücken auf.

Eindrucksvolle Zeugnisse sind die gewaltigen Grabstätten der ägyptischen Könige, die Pyramiden. Sie liegen am Rand der Niloase. Heute gibt es noch etwa 30 Pyramiden. Die größte ist die Cheops-Pyramide in der Nähe von Kairo.

Die Ägypter verehrten viele Götter. Sie glaubten an ein Weiterleben nach dem Tod, wenn der Verstorbene ein „gutes" Leben geführt hatte. Darüber wurde in einem Totengericht entschieden.

Zeitsprung: Leben am Nil heute

Ägypten leidet unter einer Bevölkerungsexplosion. Die Menschen ziehen zunehmend aus den Dörfern in die Städte, hauptsächlich in die Hauptstadt Kairo. Kairo ist die größte Stadt Afrikas. Um die Versorgung der Bevölkerung mit Nahrungsmitteln zu verbessern, wurde bei Assuan ein riesiger Staudamm gebaut. Ein Kraftwerk liefert elektrischen Strom. Nachteilige Folgen des Assuan-Staudamms sind zum Beispiel das Fehlen des fruchtbaren Nilschlamms und die Bodenversalzung.

Grundbegriffe

- Hochkultur
- Flussoase
- Nilschwelle
- Pharao
- Hieroglyphe
- Papyrus
- Bildzeichen
- Deutzeichen
- Kartusche
- Totengericht
- Bevölkerungsexplosion

Gesundheit fängt beim Frühstück an

Was ist eigentlich Gesundheit?

Ernährung – ausgewogen soll sie sein

Zur rechten Zeit und mit Vergnügen

Für deine Gesundheit kannst du etwas tun

M1 *Kinder bereiten sich mit viel Fantasie eine leckere Mahlzeit zu.*

Was ist eigentlich Gesundheit?

Info

Gesundheit
Gesundheit ist ein Zustand vollkommenen körperlichen, geistigen und sozialen Wohlbefindens und nicht die bloße Abwesenheit von Krankheit oder Gebrechen. (Weltgesundheitsorganisation 1946)

Gesund sein – gesund bleiben

Gesundheit ist das wertvollste und wichtigste Gut, das wir haben. Ihre Bedeutung wird aber oft erst bei einer Krankheit oder im Alter erkannt. Wenn du gesund bist, fühlst du dich körperlich, geistig und seelisch wohl und denkst nicht daran, dass es auch einmal anders sein könnte. Dabei ist es ganz wichtig, sich seine Gesundheit zu erhalten. Denn du kannst weder spielen noch in der Schule lernen, wenn es dir nicht gut geht.

Unsere Gesundheit und unser Wohlbefinden wird von **Risikofaktoren** und **Schutzfaktoren** beeinflusst. Risikofaktoren erhöhen die Wahrscheinlichkeit von Krankheiten und Verletzungen. Schutzfaktoren hingegen beschränken die Wirkung der Risikofaktoren. Zu den Schutzfaktoren gehört beispielsweise eine gesunde Ernährung. Wenn du viel Obst, Gemüse, Milch und Kartoffeln isst, sinkt dein Risiko, krank zu werden. Eine gesunde Ernährung gehört also zu den Schutzfaktoren. Wenn du hingegen viel Pommes und viele Süßigkeiten isst, sind dies Risikofaktoren. Dein Risiko krank zu werden, nimmt zu.

Aufgaben

1 a) Finde zu den Satzanfängen in M1 Vervollständigungen und schreibe sie auf.
b) Schreibe einen Text: „ Was ist Gesundheit?"

2 a) Erstelle eine Rangordnung der Einflüsse auf die Gesundheit (M4).
b) Vergleicht eure Ergebnisse in der Klasse (Welche Einflüsse werden von allen als wichtig erachtet? Wo gibt es Unterschiede? Woran kann das liegen?)
c) Welche Einflüsse musst du hinnehmen, welche kannst du selbst beeinflussen?
d) Die Einflüsse (M4) können als Schutz- und Risikofaktoren wirken. Erläutere.

M1 *Der Gesundheitskreis*

Störfaktoren aus der kulturellen Umwelt
- Mobbing
- Probleme in der Familie
- Probleme in der Gesellschaft

Störfaktoren von außen
- Abgase
- Lärm (Verkehr, Musik ...)
- Probleme in der Gesellschaft
- ultraviolette Strahlen
- Nikotin
- Konservierungsstoffe
- Unfälle
- Gifte
- Waschmittel
- Haushaltsmittel
- Mangelernährung

Störfaktoren von innen
- Erbanlagen
- Bereitschaft für Krankheitsanfälligkeit

M2 *Risikofaktoren*

1. Wohnort
2. Erbanlagen
3. persönliches Verhalten, Lebensführung
4. Körpergewicht
5. Umweltbedingungen
6. Einkommen (Geld)
7. Beziehungen
8. ärztliche Versorgung
9. Lebensalter
10. Geschlecht
11. Schule
12. Glauben
13. Erziehung
14. Weitere

M4 *Einflüsse auf die Gesundheit*

Schutzfaktoren für ein gesundes Leben

Körperliche Faktoren
- Erbanlagen
- gesunde Nahrung: Obst, Gemüse, Milch, Kartoffeln,
- gesunde natürliche Umwelt: Luft, Wasser, Boden, Licht
- sichere persönliche Umwelt: Kleidung, Unterkunft, Wärme, Schutz vor Gefahren
- ausreichende körperliche Betätigung (Sport, Spiel, Arbeit, lernen), aber keine Überanstrengung
- genug Schlaf, Zeiten der Ruhe, keine Hetze
- gefühlsmäßige Ausgeglichenheit
- gute soziale Beziehungen (Familie, Freundeskreis, Klassengemeinschaft)
- gute Lernbedingungen in der Schule (keine dauernde Überforderung oder Unterforderung)

Seelisch-geistige Faktoren
- geliebt sein und selbst lieben können (Eltern, Geschwister, Spielkameraden, Klassenkameraden)
- sich als wertvoll empfinden: Selbstachtung, Selbstvertrauen (Erfolg und Anerkennung, Bestätigung, Lernklima in der Schule, Lob und Kritik)
- Sicherheit: Gefühl der Geborgenheit, Lebenssinn, Religion
- Freiheit: Gestaltungsmöglichkeiten für das eigene Leben (Gedankenfreiheit, Redefreiheit, Spielmöglichkeit)
- Verbundenheit zu den Eltern, Geschwistern, Schulkameraden, (Konfliktfähigkeit und Bereitschaft zur Versöhnung, gemeinsame Erlebnisse mit Erinnerungswert)

M3 *Schutzfaktoren*

Merke
Gesundheit bedeutet körperliches und geistiges Wohlbefinden. Sie wird beeinflusst von Schutzfaktoren und Risikofaktoren.

Grundbegriffe
- Gesundheit
- Schutzfaktor
- Risikofaktor

Ernährung – ausgewogen soll sie sein

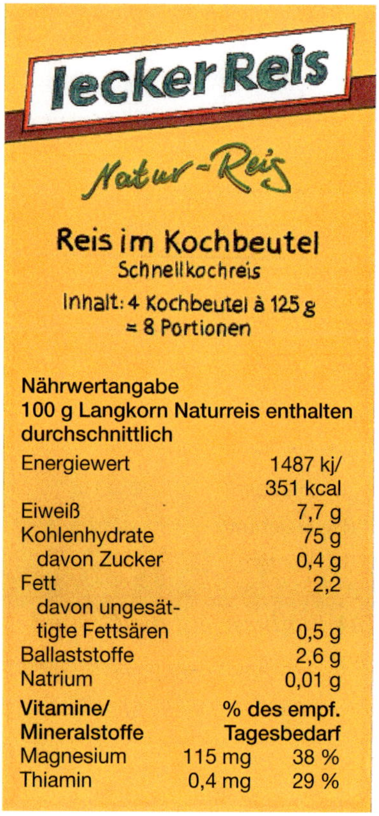

M1 *Verbraucherinformation auf einer Verpackung*

Nährstoffe und Reglerstoffe in unserer Nahrung

Der Körper eines Menschen benötigt verschiedene Stoffe, mit denen er seinen Körper aufbaut, ihn erhält und seinen Energiebedarf deckt. Nun gibt es kein Nahrungsmittel, dass alle Stoffe in den Mengen enthält wie der Körper sie benötigt. Wir müssen daher dafür sorgen, dass wir uns ausgewogen ernähren. Ausgewogen ist die Ernährung, wenn sie den Energiebedarf eines Menschen deckt, alle wichtigen Stoffe in den benötigten Mengen enthält und möglichst frei von schädlichen Stoffen ist. Eine Hilfe für die Zusammenstellung einer ausgewogenen Ernährung ist die Ernährungspyramide (M5). Hier siehst du auf einen Blick, welche Nahrungsmittel du in welchen Mengen zu dir nehmen sollst.

Wenn du die Verpackungen von Nahrungsmitteln betrachtest, findest du darauf Angaben über den Inhalt. Auf einer Packung Reis stehen zum Beispiel Angaben wie in M1. Begriffe wie **Fett**, **Eiweiß**, **Kohlenhydrate**, **Vitamine** und **Ballaststoffe** sind dort zu lesen. Damit werden verschiedene Stoffgruppen in den Nahrungsmitteln bezeichnet. Kohlenhydrate, Fette und Eiweiße sind **Nährstoffe** (M4). Vitamine, Magnesium und Natrium (M1) gehören zu den sogenannten **Reglerstoffen**. Sie sorgen zum Beispiel dafür, dass wir nicht krank werden, wir uns fit fühlen und nicht müde und abgeschlagen sind. Wichtig sind auch die sogenannten Ballaststoffe. Dies sind unverdauliche Bestandteile der pflanzlichen Nahrung. Sie sorgen dafür, dass wir länger satt bleiben und fördern die Darmtätigkeit.

M2 *Energiegehalt einiger Lebensmittel*

1. Vielseitig essen
2. Reichlich Getreideprodukte und Kartoffeln
3. Gemüse und Obst – „Nimm fünf am Tag"
4. Täglich Milch und Milchprodukte, ein bis zweimal in der Woche Fisch; Fleisch, Wurst und Eier in Maßen
5. Wenig fettreiche Lebensmittel
6. Zucker und Salz in Maßen
7. Reichlich Flüssigkeit
8. Schmackhaft und schonend zubereiten
9. Nehmen Sie sich Zeit, genießen Sie ihr Essen
10. Achten Sie auf Ihr Gewicht und bleiben Sie in Bewegung

(Nach: Deutsche Gesellschaft für Ernährung: www.dge.de)

M3 *Zehn Regeln für eine vollwertige Ernährung*

M4 *Nährstoffe*

M5 *Die Ernährungspyramide*

Aufgaben

1 Betrachte M5. Schreibe als Pyramide auf, welche Nahrungsmittel abgebildet sind. Ergänze folgende Nahrungsmittel auf der richtigen Stufe: Schokoriegel, Tomate, Milchreis, Joghurt, Hähnchen, Brötchen, Banane.

2 Schreibe jeweils zwei Beispiele auf für Nahrungsmittel mit einem hohen Anteil von a) Eiweiß, b) Fetten und c) Kohlenhydraten.

Info

Nahrungsbedarf

Mit der Nahrung nimmt der Mensch die Stoffe auf, die er für die Erhaltung und das Wachstum seines Körpers braucht. Sie liefern ihm die notwendige Energie. Er erhält sie aus den Nährstoffen, die in der Nahrung enthalten sind. Die Einheit der Energie ist das Joule (J). 1000 Joule bezeichnet man als ein Kilojoule (1 kJ). Die Einheit Kalorien (cal) bzw. Kilokalorien (kcal) ist veraltet, wird aber noch gebraucht. Es gilt: 1kcal= 4,18 kJ).

Merke

Eine ausgewogene Ernährung deckt den Energiebedarf eines Menschen und enthält alle benötigten Nährstoffen und Reglerstoffen, in ausreichenden Mengen.

Grundbegriffe

- Fett
- Eiweiß
- Kohlenhydrate
- Vitamine
- Ballaststoffe
- Nährstoffe
- Reglerstoffe

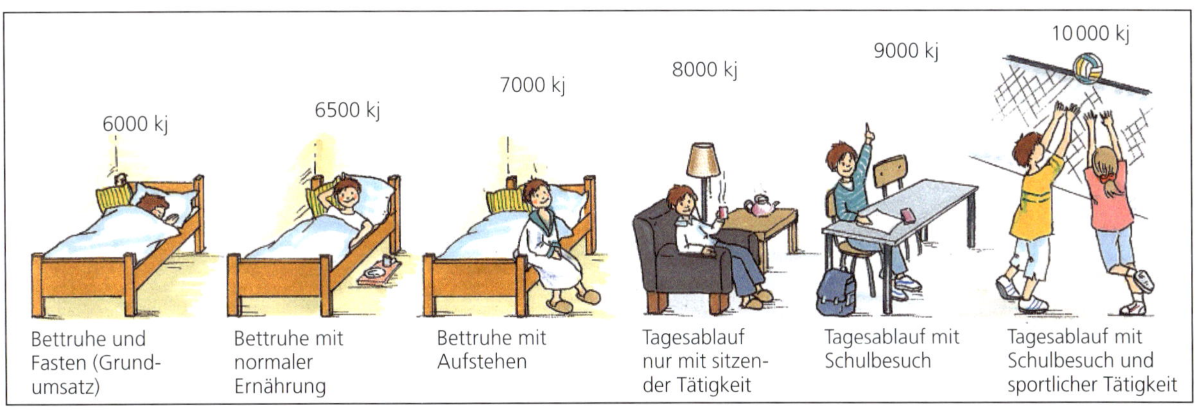

M6 *Energiebedarf pro Tag bei einer Dreizehnjährigen*

Zur rechten Zeit und mit Vergnügen

Name: __________ Datum: ______

Zum Frühstück esse/trinke ich:

____

Wo esse/trinke ich: ____________

____

In der Schule esse/trinke ich in der Pause: ____________________

____

Wo esse/trinke ich: ____________

____

Zum Mittagessen esse/trinke ich:

____

Wo esse/trinke ich: ____________

____

Zwischendurch esse/trinke ich:

____

Wo esse/trinke ich: ____________

____

Zum Abendessen esse/trinke ich:

____

Wo esse/trinke ich: ____________

____

M1 *Mein Tagesspeiseplan*

Aufgabe

1 a) Erstelle nach dem Muster von M1 ein Esstagebuch für eine Woche. Auch Getränke und Snacks (z.B. Schokoriegel) müssen aufgeschrieben werden.
b) Überprüfe dein Essverhalten anhand der Ernährungspyramide (Seite 197, M5).

M3 *Ein leckeres Frühstück*

Fit durch den Tag

Der Körper kann die täglich notwendige Energiemenge nicht durch eine Mahlzeit aufnehmen. Das Leistungsvermögen des Menschen ist nicht den ganzen Tag über gleich (M2). Die richtige Verteilung der Mahlzeiten trägt daher zu unserem Wohlbefinden bei. Man kann nur fit durch den Tag gehen, wenn man morgens Kraft getankt hat und im Laufe des Tages gelegentlich nachtankt. Unser Körper hat am Morgen sieben bis acht Stunden nichts zu sich genommen, während wir geschlafen haben. Jetzt braucht er eine wertvolle Nahrungsgrundlage. Wer gerade mal eine Scheibe Toastbrot oder sogar nichts zu sich nimmt, riskiert einen Fehlstart. Die Energiereserven, die während der Nacht verbraucht worden sind, müssen wieder aufgefüllt werden. Müsli mit Milch sind ein guter Start in den Tag. Ein zweites Frühstück in der Schule hält uns fit bis zum Mittagessen. Durch einen Apfel oder eine Banane während des Nachmittags bleiben wir bis zum Abendessen leistungsfähig. Als Zwischenmahlzeiten eignen sich neben frischem Obst auch Salate und Milch- oder Vollkornprodukte.

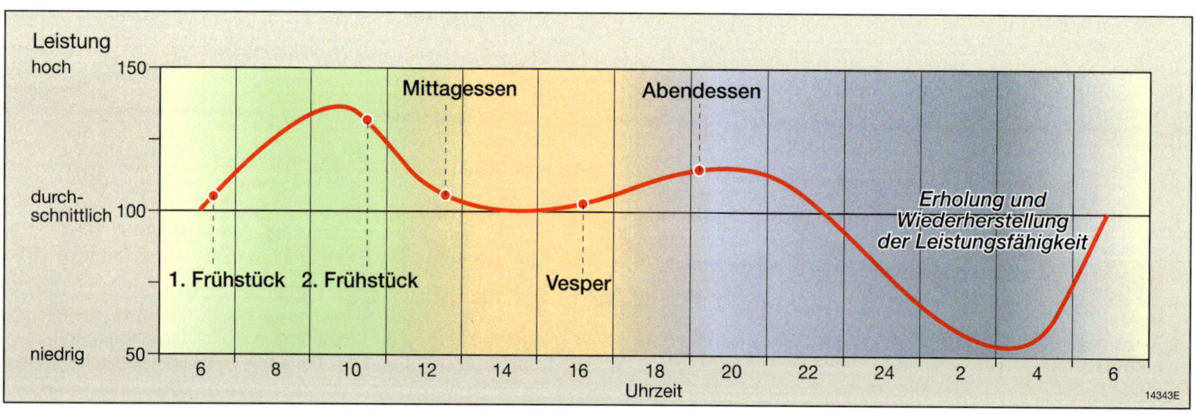

M2 *Die Tagesleistungskurve*

M4 *Gar nicht einfach zu erkennen*

Aufgaben

2 Entwickle nach dem Muster von M2 eine persönliche Leistungskurve. Sie kann dir helfen, mit deinen persönlichen Hochs und Tiefs umzugehen und sie sinnvoll in deinen Tag einzuplanen.

3 Beschreibe Situationen, in denen dir das Wasser im Munde zusammengelaufen ist.

4 Gestaltet fantasievolle Gerichte wie in M5 und esst sie mit Genuss.

Das Auge isst mit

Die Lehrerin hat für den Unterricht einen Versuch vorbereitet. Die Schülerinnen und Schüler sollen Nahrungsmittel, die sie gut kennen, nur durch Schmecken, Riechen oder Tasten mit verbundenen Augen erkennen (M4). Eine Zitrone wird rasch erkannt. Schwierig ist es, ein Salatblatt herauszufinden. Der Versuch zeigt: Die Augen spielen für das Essen eine wichtige Rolle. Ein schmutziger oder angefaulter Apfel reizt nicht zum Hineinbeißen. Ein knackiger, frisch aussehender Apfel dagegen weckt den Appetit. Ebenso trägt ein liebevoll gedeckter Tisch mit dazu bei, eine Mahlzeit zu einem Vergnügen werden zu lassen. Natürlich hilft auch das nichts, wenn die Nahrungsmittel unangenehm riechen. Die Nase prüft genau, bevor wir einen Bissen in den Mund stecken. Dort tasten noch einmal Lippen, Zunge und Zähne die Genießbarkeit ab. Oft genügt bereits der Anblick oder der Duft eines Nahrungsmittels, dann läuft uns das Wasser im Munde zusammen. Wenn man beim Essen Zeit hat, stellt man viel mehr verschiedene Düfte und Geschmacksrichtungen fest als beim hastigen Hinunterschlingen.

Merke
Die richtige Verteilung der Mahlzeiten über den Tag trägt zu unserem Wohlbefinden bei. Müsli mit Milch sind ein guter Start in den Tag. Auge und Nase prüfen die Nahrung, bevor man sie isst. Nur wer sich beim Essen Ruhe gönnt, kann das Essen genießen.

Gesicht

Kartoffelbrei, gekochte Möhren, Brokkoli und Paprika

Igel

Kartoffel als Körper, Kürbiskerne als Stacheln, Radieschen als Zunge

Drache

Gurken- und Radieschenscheiben, Möhre und Selleriegrün

Sonne

Reis und Erbsen (gekocht), rohe Möhren und Tomatensoße

M5 *Fantasievolle Gerichte zum Nachmachen*

Für deine Gesundheit kannst du etwas tun

Sicherlich kennst du Redewendungen wie „ Etwas schlägt mir auf den Magen", „Da dreht sich mir der Magen um", oder „Mir kommt die Galle hoch". Diese Redewendungen zeigen, wie Hektik, **Stress** und Aufregung die Gesundheit beeinträchtigen können. Stress ist ein andauernder Alarmzustand des Körpers. Er entsteht zum Beispiel durch Belastungen in der Schule, den Tod eines nahen Familienangehörigen, Angst und andere Schwierigkeiten. Lange andauernder Stress kann das Herz und den Blutkreislauf schädigen.

M1 *Stress*

M3 *Beispiele für falsche Ernährung*

Gefahr für die Gesundheit

Der Körper ist darauf angewiesen, was wir ihm als Nahrung zuführen. Die Menge an Nahrung soll sich nach dem Energiebedarf des Körpers richten. Wer viel Sport treibt, hat einen höheren Bedarf an Energie. Manche Menschen essen nicht, um ihren Hunger zu stillen, sondern um sich zu trösten. Dabei wählen Sie vor allem Süßigkeiten mit einem hohen Zuckergehalt. Auch Zwischenmahlzeiten wie Pommes frites, Hamburger und Würstchen, die viel Fett enthalten, sind beliebt. Immer mehr Jugendliche leiden an Übergewicht. Ihr Körper nimmt mehr Nährstoffe auf, als er benötigt. Zu viel aufgenommene Nährstoffe werden als Fett gespeichert. Die Hauptursachen für **Übergewicht** sind **Bewegungsmangel** und zu viel süße und fette Nahrung. Dadurch wird das Herz stärker beansprucht. Übergewicht gilt als Auslöser für Erkrankungen des Herzens und des Blutkreislaufs sind (M2).

Info

Herz- und Kreislaufschäden

Ob ein Mensch an Herz und Blutkreislauf Schäden bekommt, hängt auch davon ab, wie lange und wie stark Risikofaktoren auf ihn einwirkten: Rauchen, Bewegungsmangel, Übergewicht und dauerhafter Stress. Viele Risikofaktoren kann jeder Einzelne durch einen gesunden Lebensstil gering halten.

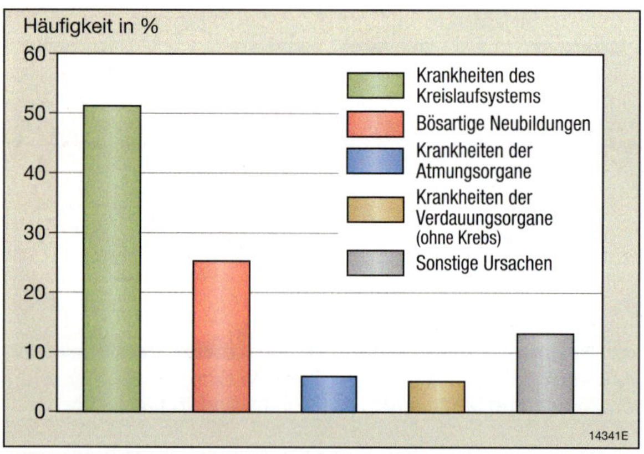

M2 *Todesursachen in Deutschland*

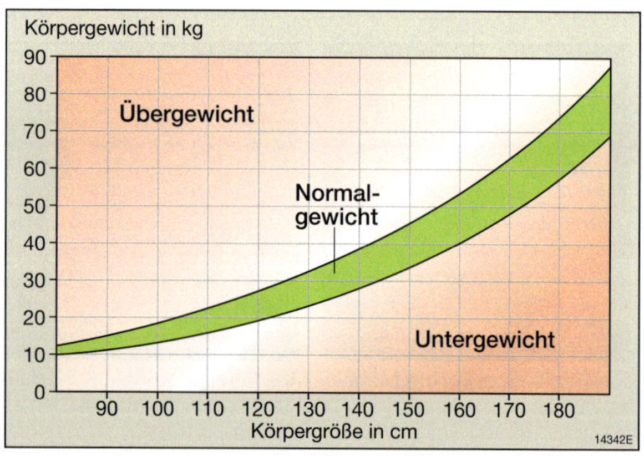

M4 *Körpergewicht (3 – 17 Jahre)*

M5 *Einige Wirkungen von Training*

Woche	Entfernung (km)	angestrebte Zeit (min)	Übungstage pro Woche
1.	1,6	17:00	5
2.	1,6	15:00	5
3.	2,4	23:00	5
4.	2,4	21:00	5
5.	1,6	10:30	5
6.	2,4	18:00	5
7.	2,4	18:00	5
8.	3,2	24:00	5
9.	2,4	14:30	4
10.	2,4	13:30	4

M7 *Trainingsplan*

Gesund bleiben – Ernährung und Bewegung

Eine ausgewogene Ernährung spielt bei Kindern und Jugendlichen eine wichtige Rolle für ihre körperliche und geistige Entwicklung. Doch gesunde Ernährung allein macht Kinder nicht fit für die Zukunft. Ein ausreichendes Maß an Bewegung ist ebenso wichtig, damit sich die Muskeln entwickeln können und das Herz-Kreislauf-System gestärkt wird. Ernährung ist daher nur die halbe Miete. Auch Bewegung darf nicht fehlen, wenn es darum geht, sich wohl zu fühlen und gesund zu bleiben. Bewegung verbraucht Kalorien, wirkt sich günstig auf den Blutkreislauf aus und führt zum Muskelaufbau. Körperliche Betätigungen bei Spiel und Sport können auch dabei helfen, Stress abzubauen. Ein körperliches Training durch Dauerlauf, Radfahren oder Schwimmen ist geeignet, den Bewegungsmangel auszugleichen (M5). Untrainierte Menschen müssen maßvoll vorgehen. Es ist wichtig, einen sich langsam steigernden Trainingsplan einzuhalten (M7).

Die Ernährungs- und Lebenssituation von Kindern und Jugendlichen hat sich gewandelt. Häufig essen Kinder zu viel, zu süß und zu fett. Überall locken süße Snacks und Softdrinks für zwischendurch. Gleichzeitig bewegen sich viele Kinder und Jugendliche zu wenig. Anstatt Sport zu treiben oder draußen zu spielen, verbringen sie ihre Freizeit vor dem Fernseher oder Computer. Dieses führt dazu, dass immer mehr Kinder und Jugendliche übergewichtig sind. Untersuchungen in Deutschland, die bei der Einschulung vor dem Eintritt in die 1. Klasse gemacht worden sind, zeigen, dass von 100 Kindern etwa zehn zu dick sind. Sie sind anfälliger für Herz- und Kreislauferkrankungen, sie werden oft gehänselt und fühlen sich dadurch ausgegrenzt und ziehen sich zurück. Der größte Teil der Übergewichtigen trägt diese Last lebenslang. (Nach: www.kinder-leicht.net)

M6 *Kinder und Jugendliche heute*

Aufgaben

1 Erläutere anhand von M3 Zusammenhänge zwischen Ernährung und Gesundheit.

2 Ordne anhand vom M4 dein Körpergewicht ein.

3 Schreibe einen Text über die Möglichkeiten, Übergewicht auf gesunde Art und Weise zu vermeiden.

Merke
Übergewicht und Bewegungsmangel gefährden die Gesundheit. Weitere Risikofaktoren sind Rauchen und Stress. Abwechslungsreiche Nahrung, viel Bewegung und Sport fördern die Gesundheit.

Grundbegriffe
- Stress
- Übergewicht
- Bewegungsmangel

Gesundheit fängt beim Frühstück an

1. Ernährungs-Chaos

Hilf Felix, die Begriffe zu sortieren:
Nährstoffe **Reglerstoffe** **Ballaststoffe**

Unverdauliche Bestandteile der pflanzlichen Nahrung
Kohlenhydrate
Eiweiß
Vitamine
Fett
Natrium
Magnesium

2. Was ist richtig?

Ordne die Begriffe (links) den Aussagen zu:

1. Die Stoffe liefern dem Menschen die notwendige Energie, die er für die Erhaltung und das Wachstum seines Körpers braucht.
2. Die Stoffe sorgen dafür, dass wir nicht krank werden, wir uns fit fühlen und nicht müde und abgeschlagen sind.
3. Diese Stoffe sorgen dafür, dass wir länger satt bleiben und unsere Darmtätigkeit gefördert wird.

2. Bist du fit in Ernährungsfragen?

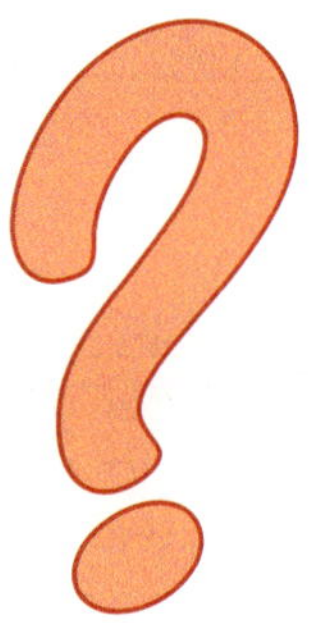

Beantworte folgende Fragen und stelle fest, ob du dich in Ernährungsfragen auskennst:

a) Was versteht man unter Gesundheit?

b) Was ist der Unterschied zwischen Risikofaktoren und Schutzfaktoren?

c) Wie kommt man fit durch den Tag?

d) Was kannst du für deine Gesundheit tun?

e) Welches sind die zehn Regeln für eine vollwertige Ernährung?

Was ist eigentlich Gesundheit?

Gesundheit ist das beste und wichtigste Gut, das wir haben. Gesundheit ist nicht nur die Abwesenheit von Krankheit. Wir sind gesund, wenn wir uns körperlich und geistig wohl fühlen und uns von den Menschen in unserer Umgebung angenommen fühlen. Oft wird die Bedeutung der Gesundheit erst im Alter erkannt. Unsere Gesundheit und unser Wohlbefinden werden von Risikofaktoren und Schutzfaktoren beeinflusst.

Ernährung – ausgewogen soll sie sein

Der Körper eines Menschen benötigt verschiedene Stoffe, mit denen er seinen Energiebedarf deckt. Wichtig ist eine ausgewogene Ernährung. Eine Hilfe hierbei ist die Ernährungspyramide. Der Körper benötigt Nährstoffe (Kohlenhydrate, Fette und Eiweiß), Reglerstoffe (Vitamine, Magnesium und Natrium) und Ballaststoffe (unverdauliche Bestandteile der pflanzlichen Nahrung).

Zur rechten Zeit und mit Vergnügen

Der Körper kann die täglich notwendige Energiemenge nicht durch eine Mahlzeit aufnehmen. Unser Körper hat lange nichts zu sich genommen, während wir geschlafen haben. Jetzt braucht er eine wertvolle Nahrungsgrundlage. Müsli mit Milch sind ein guter Start in den Tag. Ein zweites Frühstück in der Schule hält uns fit bis zum Mittagessen. Durch einen Apfel oder eine Banane während des Nachmittags bleiben wir bis zum Abendessen leistungsfähig. Als Zwischenmahlzeiten eignen sich neben frischem Obst auch Salate und Milch- oder Vollkornprodukte. Auge und Nase prüfen die Nahrung, bevor man sie isst. Nur wer sich beim Essen Ruhe gönnt, kann das Essen genießen.

Für deine Gesundheit kannst du etwas tun

Eine gesunde Ernährung allein macht Kinder nicht fit für die Zukunft. Ein ausreichendes Maß an Bewegung ist ebenso wichtig, damit sich die Muskeln entwickeln können und das Herz-Kreislauf-System gestärkt wird. Auch Bewegung darf nicht fehlen, wenn es darum geht, sich wohl zu fühlen und gesund zu bleiben. Bewegung verbraucht Kalorien, wirkt sich günstig auf den Blutkreislauf aus und führt zum Muskelaufbau. Körperliche Betätigungen bei Spiel und Sport können auch dabei helfen, Stress zu abzubauen. Ein körperliches Training durch Dauerlauf, Radfahren oder Schwimmen ist geeignet, den Bewegungsmangel auszugleichen.

Grundbegriffe

- Gesundheit
- Schutzfaktor
- Risikofaktor
- Fett
- Eiweiß
- Kohlenhydrate
- Vitamine
- Ballaststoffe
- Nährstoffe
- Reglerstoffe
- Stress
- Übergewicht
- Bewegungsmangel

Sehr heiß, sehr kalt – und wir dazwischen

Klimazonen der Erde

In den Polargebieten

Einen Text auswerten

In der Wüste

Im tropischen Regenwald

Eine Karikatur auswerten

Afrika

Klimazonen der Erde

Info

„Ausgebeulte" Klimazonen
Die Klimazonen folgen nicht wie mit dem Lineal gezogen den Breitengraden, sondern sie sind „ausgebeult". Ein Grund dafür ist der Einfluss kalter und warmer Meeresströmungen. Auch die unterschiedliche Verteilung von Land- und Wassermassen sowie die Lage und Höhe der Gebirge beeinflussen die Klimazonen.

Kalt, warm, gemäßigt

Temperatur und Niederschlag sind die Hauptmerkmale des Klimas. Landschaften mit einem ähnlichen Klima werden zu **Klimazonen** zusammengefasst. Auf der Erde gibt es mehrere Klimazonen.

In den Polarzonen ist es das ganze Jahr über kalt. Der Niederschlag fällt meistens als Schnee. Die Polarzonen werden ungefähr von den **Polarkreisen** sowie dem Nordpol und Südpol begrenzt.

In den gemäßigten Zonen ist es nicht so kalt wie in den Polarzonen und nicht so warm wie in der tropischen Zone. Die Temperaturen sind gemäßigt. Das ganze Jahr fallen Niederschläge. Die gemäßigten Zonen liegen zwischen der tropischen Zone und den Polarzonen.

In der tropischen Zone ist es das ganze Jahr über warm. Es fallen hohe Niederschläge. Die Zone liegt am Äquator. Sie reicht etwa vom nördlichen bis zum südlichen **Wendekreis**. An den Wendekreisen fallen wenig Niederschläge.

Außer diesen drei Klimazonen gibt es Übergangszonen mit der Vorsilbe „sub": die Subpolarzone und die subtropische Zone.

Die Klimazonen ziehen sich wie Gürtel um die Erde. Sie folgen aber nicht genau den Breitenkreisen. Man spricht deshalb auch von „ausgebeulten Klimazonen" (siehe Info).

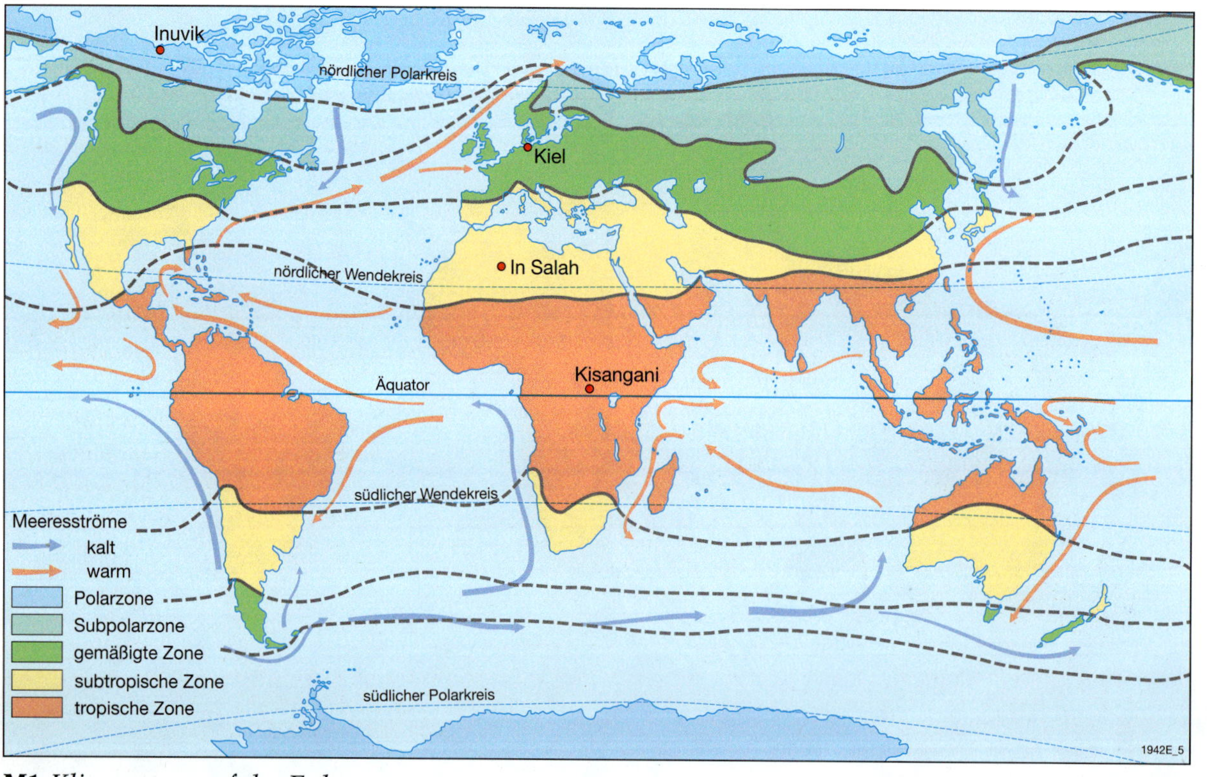

M1 *Klimazonen auf der Erde*

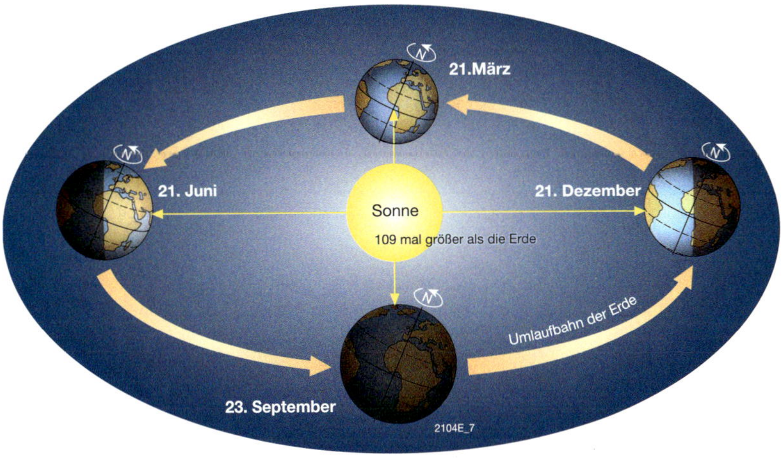

M2 *Die Bahn der Erde um die Sonne*

Die Sonne – Heizstrahler der Erde

Zwischen den Polen und dem Äquator sind die Temperaturen sehr verschieden. Das liegt daran, dass die Erde eine Kugel ist, sie sich um die Sonne dreht und schräg steht. An den Polen fallen die Sonnenstrahlen bis zu den Polarkreisen sehr schräg ein. Die Kraft der Sonne ist hier nicht so stark. Zwischen den Wendekreisen scheint die Sonne an bestimmten Tagen senkrecht vom Himmel. Hier ist es sehr warm.

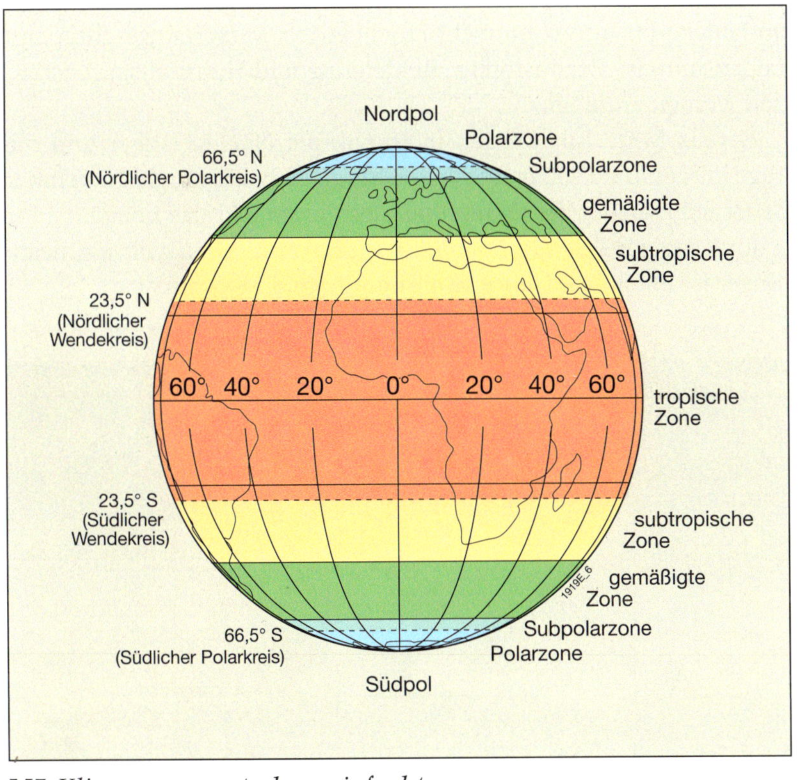

M3 *Klimazonen – stark vereinfacht*

Aufgaben

1 Schreibe die Abfolge der Klimazonen vom Nordpol über den Äquator bis zum Südpol auf.

2 Welche Breitenkreise begrenzen die Polarzonen und die tropische Zone?

3 Vergleich M1 und M3. Begründe die Unterschiede in der Begrenzung der Klimazonen.

Merke
Klimazonen ziehen sich als Gebiete mit gleichem Klima wie Gürtel um die Erde. Auf der Nord- und Südhalbkugel gibt es jeweils fünf Zonen mit ähnlichem Klima.

Grundbegriffe
- Klimazone
- Polarkreis
- Wendekreis

In den Polargebieten

Aufgaben

1 Beschreibe die Naturerscheinungen Polartag und Polarnacht.

2 Nenne den Grund dafür, dass es Polartag und Polarnacht gibt (M3).

3 Die Dauer von Polartag und Polarnacht ist abhängig von der Lage eines Ortes zwischen Polarkreis und Pol.
Suche die in M5 genannten Orte mithilfe von M1 im Atlas (Karte: Nordamerika, nördlicher Teil – physisch).
Stelle fest, wie weit sie vom Polarkreis entfernt sind.

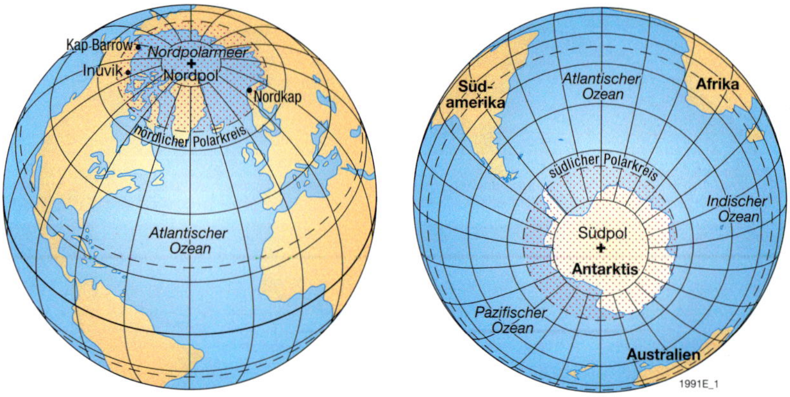

M1 *Nordpolargebiet (Arktis) und Südpolargebiet (Antarktis)*

Leben mit Kälte und Dunkelheit

Inuvik/Nordkanada, 15. Januar: Am Horizont taucht wieder die Sonne auf. 48 Tage lang brannten auch tagsüber die Straßenlaternen. Inuvik liegt im Nordpolargebiet, auch **Arktis** genannt.

Von Ende November bis Mitte Januar herrscht hier in der Stadt nördlich des Polarkreises die **Polarnacht**. Es ist die Zeit ohne Sonnenlicht. Die Temperaturen sinken dann auf minus 50 °C. Mit jedem Tag nach der Polarnacht wird es etwas heller und wärmer.

Ab Mitte Mai beginnt in Inuvik der **Polartag**. Dann geht die Sonne für fast zwei Monate nicht unter. In der kurzen Sommerzeit steigt die Temperatur auf über 15 °C. Die Küste ist dann eisfrei und im Hafen von Inuvik herrscht Hochbetrieb. Versorgungsschiffe mit Lebensmitteln, Brennstoffen, Bekleidung und Haushaltsgegenständen werden entladen.

Bereits Mitte Juli werden in Inuvik die Nächte länger und die Tage kürzer. Bald setzen die ersten Schneefälle ein. Ende November beherrscht wieder die Dunkelheit der Polarnacht das Leben.

Je weiter nördlich des Polarkreises noch Menschen wohnen, desto länger ist für sie die Dauer von Polartag und Polarnacht.

M2 *Tageslauf der Sonne im Juni im Nordpolargebiet*

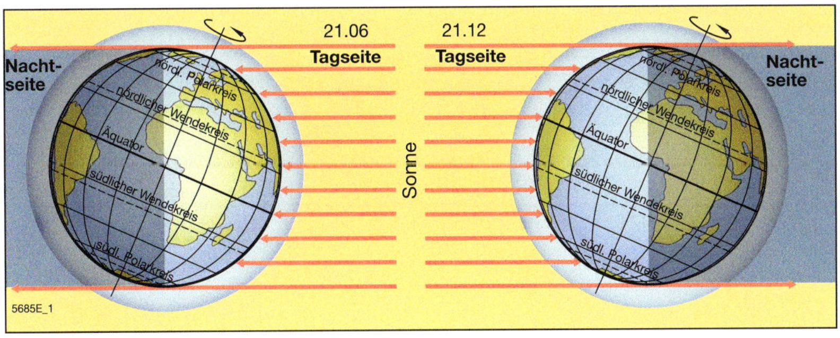

M3 *Polartag und Polarnacht*

	Dauer des Polartages	Dauer der Polarnacht
Nordpol	186 Tage*	179 Tage*
Kap Barrow	76 Tage	69 Tage
Inuvik	54 Tage	48 Tage
Polar-kreis	1 Tag	1 Tag

* Aufgrund der unregelmäßigen Form der Erde ist es nicht genau ein halbes Jahr. 5685Ea_1

M5 *Die unterschiedliche Dauer von Polartag und Polarnacht*

Info

Polartag und Polarnacht

In den Gebieten zwischen den Polen und den Polarkreisen gibt es Polartag und Polarnacht. Während des Polartages geht die Sonne nicht unter. Die Polarnacht ist die Zeit ohne Sonnenlicht. Am Nord- und am Südpol dauern Polartag und Polarnacht jeweils etwa ein halbes Jahr. An den Polarkreisen dauern sie nur einen Tag. Je weiter man sich vom Pol in Richtung Polarkreis bewegt, desto kürzer ist die Dauer von Polartag und Polarnacht.

M4 *Inuvik in Nordkanada*

Merke

In der Arktis und der Antarktis gibt es Polartag und Polarnacht. Während des Polartages geht die Sonne nicht unter. Die Polarnacht ist die Zeit ohne Sonnenlicht.

Grundbegriffe

- Arktis
- Polarnacht
- Polartag

Aufgaben

1 Welche Forschung betreiben Wissenschaftler in der Antarktis?

2 Eine Forschungsstation hat viele Einrichtungen, damit die Wissenschaftler dort leben und arbeiten können. Erläutere sie (M2).

3 Warum ist die Antarktis lebensfeindlich (M1, M4)?

4 Das 1955 gebaute atomgetriebene U-Boot „Nautilus" der US-Marine tauchte unter einem Pol durch. Welcher kann es nur gewesen sein? Begründe.

5 a) Beschreibe anhand von M4 Lage und Verteilung der Lebensräume antarktischer Tierarten.
b) Informiere dich über Tiere in der Arktis und der Antarktis und präsentiere das Ergebnis in der Klasse.

WWW
www.awi-bremerhaven.de

Die Antarktis ist …
… ein fast menschenleerer Kontinent (etwa 4000 Menschen leben hier gelegentlich in Walfang- und Forschungsstationen).
… der kälteste Kontinent (tiefste gemessene Temperatur: -89,2 °C; Durchschnittstemperatur -49 °C).
… der lebensfeindlichste Kontinent (Tiere, Pflanzen nur an den Küsten).
… der stürmischste Kontinent (Windgeschwindigkeiten bis 300 km/h).
… zu 9 % mit Eis bedeckt. Die Eisdicke beträgt durchschnittlich 2500 m.

M1

Forschung in der Antarktis

Während das Nordpolargebiet ein Meer mit einer zusammenhängenden Eisdecke sowie Eisschollen ist, ist die **Antarktis** ein eisbedeckter Kontinent. Wegen der großen Kälte gibt es hier keine Orte, aber feste Forschungsstationen. Eine davon ist die deutsche Neumayer-Station. Sie besteht aus zwei rund 90 m langen Stahlröhren mit je acht Metern Durchmesser. Eine Windkraftanlage sowie Dieselgeneratoren, deren Abwärme für Heizung und Schneeschmelze genutzt wird, versorgen die Station mit Energie. Im antarktischen Winter leben und arbeiten hier neun Monate lang maximal zehn Personen. Über Funk sind sie mit der Außenwelt verbunden.

Rund 40 Staaten der Erde haben das Ziel, die Polargebiete der Nord- und Südhalbkugel zu erforschen. Wissenschaftler nehmen Wasser, Eis- und Luftuntersuchungen vor. Sie versuchen zum Beispiel herauszufinden, welchen Einfluss die Eisregionen auf das Klima der Erde haben.

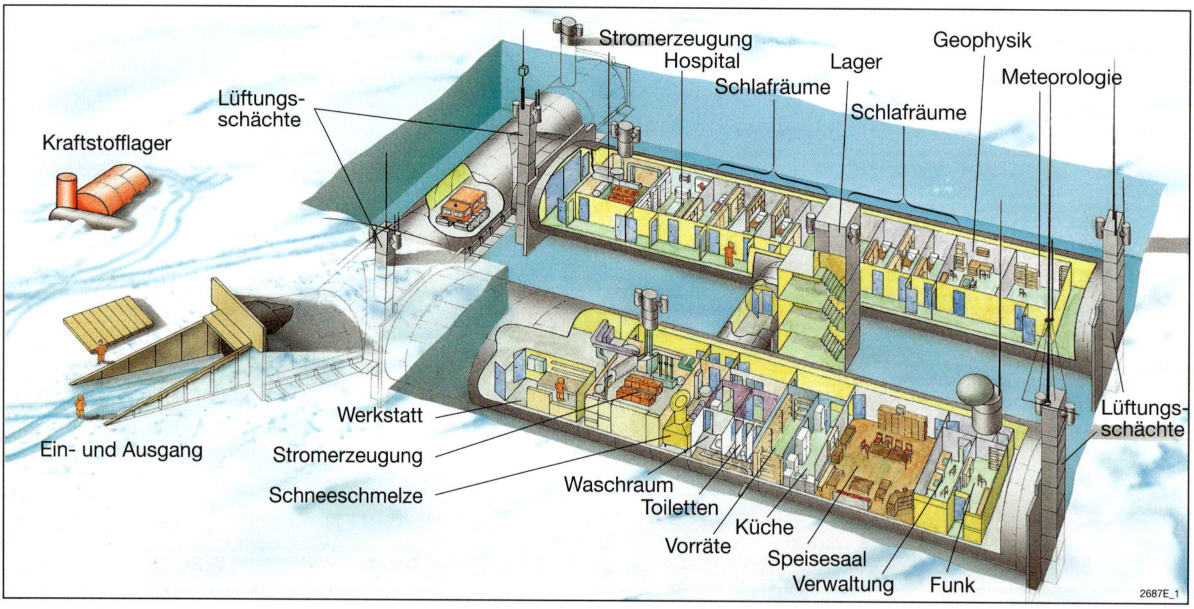

M2 *Das Innere der im Eis liegenden deutschen Neumayer-Forschungsstation*

M3 *Pinguine in der Antarktis*

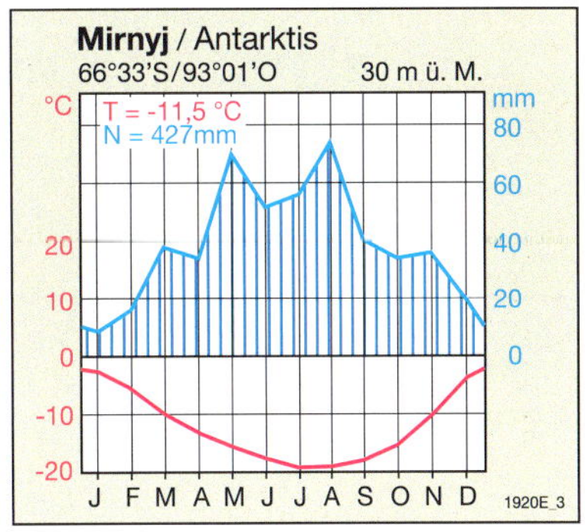

M5 *Das Klima in Mirnyj*

Aufgabe

6 Müssen Pinguine Angst haben, von Eisbären gefressen zu werden (Lexikon)?

Krill – Grundlage für das Tierleben der Antarktis

Weit vor der Küste der Antarktis mischt sich das wärmere Wasser der Ozeane mit dem eisigen, sauerstoffreichen Wasser des Südpolarmeeres. Dies ist eine ideale Voraussetzung für die Entstehung von Algen und von Massen winzig kleiner Lebewesen, dem Plankton.

Plankton ist die Grundlage einer **Nahrungskette**. Von Plankton ernährt sich der Krill, eine rund sechs Zentimeter große Krebsart. Sie wiederum ist die Hauptnahrung für Wale, Robben, Pinguine und andere Vögel. Der Krill tritt hier in solchen Mengen auf, dass das Polarmeer auf riesigen Flächen rötlich-braun schimmert.

Merke
Die Antarktis ist ein eisbedeckter Kontinent. Dort arbeiten Wissenschaftler in Forschungsstationen.

Grundbegriffe
- Antarktis
- Nahrungskette

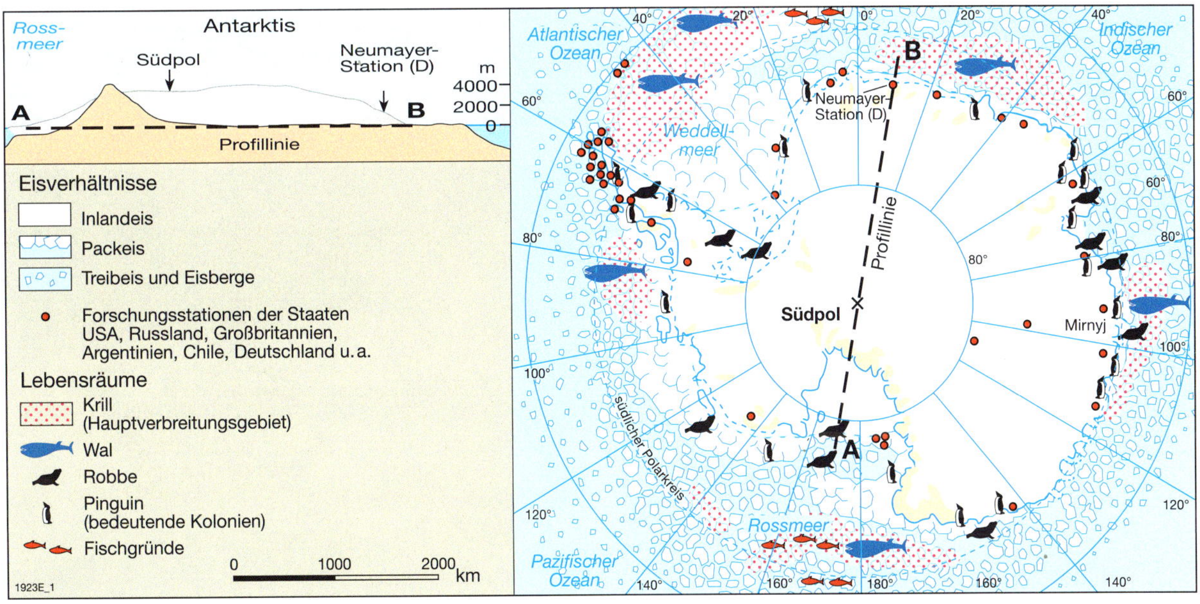

M4 *Die Antarktis (Südpolargebiet) – Lebensräume*

In den Polargebieten

M1 *Lebensraum der Inuit auf dem nordamerikanischen Kontinent*

Inuit – früher Jäger der Arktis

Der Norden des amerikanischen Kontinents ist der Lebensraum der **Inuit**, früher Eskimos genannt. Ein kleiner Teil dieser Volksgruppe lebt noch so wie seine Vorfahren als **Selbstversorger**. Das heißt, es wird nahezu alles, was zum Leben benötigt wird, selbst erzeugt. Diese Inuit sind Jäger und wohnen meist in „Outpost- Camps". Das sind kleine Siedlungen von selten mehr als zehn Häusern an der Küste.

Direkt bei den Häusern lagern die Schlittenhunde. Die Boote sind auf dem schmalen Küstenstreifen abgestellt. Das Jagdrevier ist in den Sommermonaten das offene Meer und im Winter die Eiswüste.

Eine Schule gibt es hier nicht. Die Söhne der Inuit werden ab dem sechsten Lebensjahr von ihren Vätern auf die Jagd mitgenommen. Diese dauert manchmal viele Wochen. Währenddessen lernen die Mädchen das Anfertigen von Kleidung aus Tierhäuten und Fellen.

Zur Jagdbeute der Inuit zählen Robben, Fische, Eisbären, Walrosse und Karibus, die wilden Rentiere Nordamerikas. Die erlegten Tiere dienen nicht nur als Nahrung, sondern sie werden auch anders verwendet.

Aufgaben

1 a) Berichte über das Leben der Inuit-Jäger (M2 – M5).
b) Erkläre den Begriff Selbstversorger.

2 Überlege Gründe, warum die Inuit zu Beginn des vorigen Jahrhunderts um ihr Überleben kämpfen mussten.

3 Beschreibe die heutigen Lebensbedingungen der Inuit.

Fleisch, Speck	Nahrungsmittel
Häute, Felle	Kleidung, Schuhe, Boots- und Zeltbespannungen, Fütterung von Jacken und Hosen
Därme, Sehnen	Angelschnüre, Hundeleinen und Riemen
Knochen	Messer, Speerspitzen und Lampen
Fett	Tran für Licht und Wärme
Reste	Hundefutter

1967E

M2 *Verwertung einer erlegten Robbe*

M3 *Zerlegung einer Robbe*

M4 *Der Iglu – Haus während der Jagdzeit*

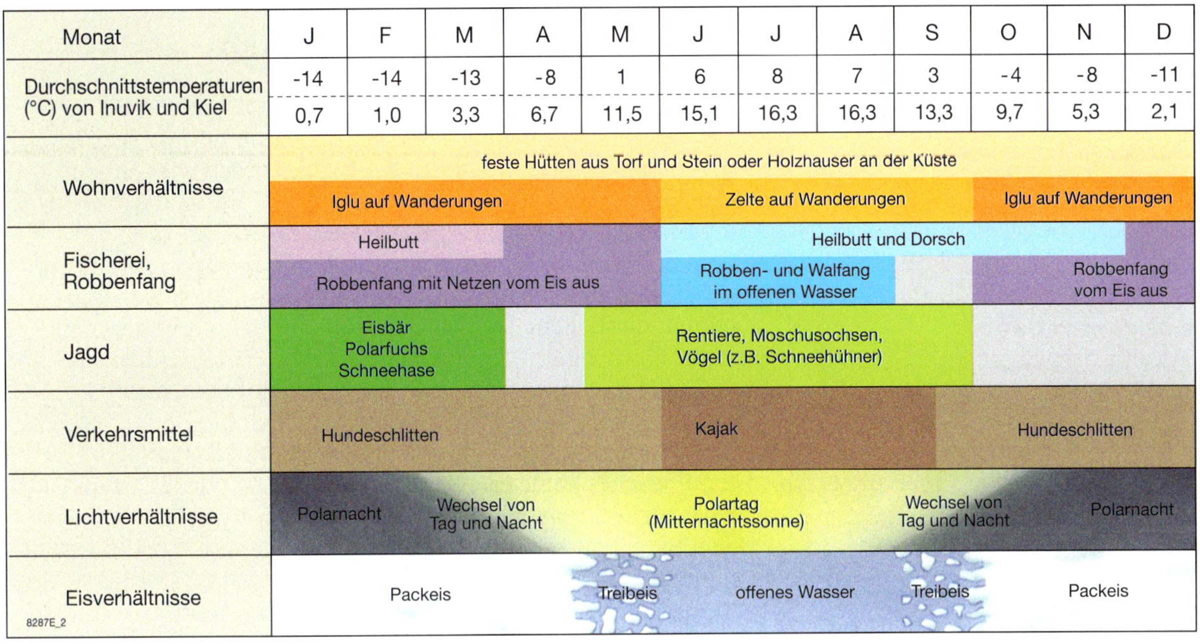

M5 *Lebensbedingungen der Inuit-Jäger im Jahresverlauf*

Das Leben heute

Für die große Mehrheit der Inuit haben sich seit 100 Jahren die Wohn- und Lebensverhältnisse stark verändert. In ihren Lebensraum drangen weiße Pelzjäger und Walfangschiffe ein. Dadurch ging die Zahl der Beutetiere stark zurück. Manche Tierart, so der Eisbär und der Polarfuchs, war vom Aussterben bedroht.

Heute betreiben zwar noch viele Inuit an der Südwestküste Grönlands und im Norden Kanadas Fischfang, jedoch reicht der Verdienst meist nicht mehr zum Leben aus. Weil es zu wenig Arbeitsplätze gibt, können nur wenige Inuit einer geregelten Arbeit nachgehen. Dauerhafte Arbeitsplätze bieten vor allem die Betriebe zur Verarbeitung von Fisch, die Geschäfte und öffentliche Einrichtungen wie Postämter und Schulen. Zeitweise gibt es Arbeitsmöglichkeiten in den Häfen oder als Reiseleiter bzw. Jagdführer für Touristen.

Die früheren Inuit-Häuser, die aus Steinen, Torf und Erde errichtet waren, sind längst verlassen. Damit die Inuit-Familien überleben können, brauchen sie staatliche Hilfen. So ließ die kanadische Regierung an der Küste der Baffinbai neue Siedlungen für die Inuit errichten. Die Häuser sehen nahezu gleich aus. Sie bestehen aus vorgefertigten Teilen und waren daher in wenigen Tagen aufgebaut.

In den größeren Orten leben einige Hundert Inuit-Familien, die Mehrzahl mit einer Unterstützung vom Staat. Hier gibt es auch elektrischen Strom, Zentralheizungen, manchmal Satelliten-TV, eine Schule und einen Supermarkt. Zur Kleidung gehören Daunenjacke und Jeans. In den eisfreien Monaten werden die benötigten Waren mit Schiffen geliefert.

M6 *Häuser auf der Baffin-Insel*

Merke
Die Inuit im Norden Amerikas waren ursprünglich Selbstversorger, die von der Jagd lebten. Heute wohnt ein Großteil in neu erbauten Siedlungen. Arbeitsplätze sind kaum vorhanden.

Grundbegriffe
- Inuit
- Selbstversorger

Einen Text auswerten

Beispiel für den ersten Textabschnitt

1. Bearbeitungsschritt:
unbekannte Wörter (Textanfang)

Huskies – Hunderasse der Polargebiete
Hudsonbai – Gebiet im Norden Kanadas

2. Bearbeitungsschritt:
Erste Zwischenüberschrift

Mit Huskies über das Treibeis

3. Bearbeitungsschritt:
Schlüsselwörter (Textanfang)

Robbenjäger, Hundeschlitten, Huskies, Leithund

4. Bearbeitungsschritt:
Inhaltsangabe (Textanfang)

Avataq ist Robbenjäger in Nordkanada. Mit zwölf Huskies fährt er auf seinem Schlitten über das Treibeis in sein Jagdgebiet in der Hudsonbai. …

Hundeschlitten oder Ski-doo?

Avataq, ein erfahrener Robbenjäger, trennt mit der Axt ein Stück hart gefrorenes Robbenfleisch ab und wirft es in den Hundeschlitten. Die zwölf Huskies, noch vor wenigen Augenblicken vom Schnee fast zugeweht, sind nicht zu bändigen. Ständig zerren sie an den Leinen. Als der Inuit auf dem Schlitten steht, laufen sie los. Der Leithund reagiert auf Zuruf. Nach drei Stunden Fahrt über Schollen aus zusammengeschobenem Treibeis der Hudsonbai kommt der erste Halt. Nun beginnt die Robbenjagd. Die Hunde ruhen sich auf dem Eis aus. Avataq hält nach den Robben Ausschau. Vor einem Luftloch kauernd will der Jäger die Beute erlegen. Zuvor aber hat er die Hunde mit einem Teil des mitgebrachten Fleisches gefüttert. Jetzt beginnt die Zeit des Wartens. Mit dem Wurfspeer in der Hand, an dem ein langes Seil aus Seelöwenhaut befestigt ist, hockt er auf dem Eis und harrt regungslos aus. Für Silak, seinen Freund, ist diese Jagdmethode längst überholt. Er jagt statt Robben Karibus – und zwar mit dem Ski-doo, einem Motorschlitten. Der braucht zwar Benzin und ist auch manchmal defekt, dafür ist er aber viel schneller als ein Hundeschlitten. Sein größter Nachteil ist, dass der Motorlärm die Tiere vertreibt. Oft gelingt es Silak nur nach langer Zeit und mit viel Geschick, sich dem Karibu bis auf Schussweite zu nähern. Am heutigen Tag verschießt er für zehn Dollar Munition, bevor er ein Karibu erlegt hat. Die Beute wird in den angehängten Schlitten hinter dem Ski-doo gelegt und nach Hause gefahren. Für die nächste Zeit hat Silaks Familie genügend Fleischvorrat. Den leeren Benzinkanister wirft Silak zu den anderen hinter das Haus. Mit dem nächsten Versorgungsflug wird auch wieder Benzin geliefert.

M1 *Hundeschlitten*

M2 *Ski-doo*

1. Bearbeitungsschritt: Lies den Text aufmerksam durch. Schlage in einem Lexikon unbekannte Wörter nach.

2. Bearbeitungsschritt: Gliedere den Text in sinnvolle Abschnitte. Schreibe für jeden Abschnitt eine Zwischenüberschrift auf.

3. Bearbeitungsschritt: Schreibe aus jedem Abschnitt einige wichtige Begriffe, sogenannte Schlüsselwörter, heraus.

4. Bearbeitungsschritt: Fasse nun den ganzen Text mithilfe der Zwischenüberschriften und der Schlüsselwörter Abschnitt für Abschnitt zu einer Inhaltsangabe zusammen.

M3 *Vier Arbeitsschritte für die Textauswertung*

Aufgaben

1 a) Bearbeite im Text „Hundeschlitten oder Ski-doo?" nach dem Beispiel des 1. Abschnitts auch die folgenden Abschnitte des Textes.
b) Schreibe die gesamte Inhaltsangabe in dein Heft oder deine Mappe.

2 Bearbeite M4. Nutze die vier Schritte zur Textauswertung (M3).

Die Erforschung der Pole

Seit mehr als einhundert Jahren beschäftigen sich Forscher mit den Regionen des ewigen Eises an den beiden Polen. Immer wieder versuchten sie, sich Wege durch das Eis zu bahnen.
Einer dieser Forscher war der Amerikaner Robert E. Peary. Er glaubte, der erste Mensch gewesen zu sein, der zusammen mit einigen Inuit den Nordpol erreicht hatte. Ausgangspunkt für seine Expedition zum Nordpol war die Siedlung Etah im Norden Grönlands. 1908 ging er mit 49 Inuit und 246 Huskies an Bord der „Roosevelt". Das Schiff war so stabil gebaut, dass es auch im Packeis von den Eismassen nicht zerdrückt wurde. Ende Februar erreichte Peary mit seiner Mannschaft Kap Columbia auf der Ellesmere-Insel, den nördlichsten Punkt der Schiffsreise. Die letzten 750 Kilometer im Eis der Arktis wurden mit wenigen Begleitern und vier Hundeschlitten bewältigt. Entlang der Strecke legten die Inuit Vorratslager für den Rückweg an. Am 6. April 1909 war das Ziel erreicht.
Zurück in Etah berichteten Inuit, dass der Amerikaner Frederik A. Cook bereits ein Jahr vor Peary am Nordpol gewesen sein soll, aber das ist nie bewiesen worden. Sicher ist es auch nicht, ob Peary genau am Nordpol war oder nur in dessen Umgebung.
Um die Jahreswende 1911/12 wollten zwei Menschen als erste den Südpol in der Antarktis erreichen: der Norweger Roald Amundsen und der Brite Robert F. Scott. Während Amundsen für seine Expedition Hundeschlitten wählte, vertraute Scott der Technik. Mit eigens entwickelten Motorschlitten wollte er schneller sein. Seine Fahrzeuge versagten jedoch in der Kälte. Die Schlitten mit Proviant und Ausrüstung waren schwer. Die wenigen Island-Ponys, die er mitnahm, musste er bald zurücklassen. Scott und seine Begleiter zogen die Schlitten selbst. Sie erreichten den Südpol erst 34 Tage nach Amundsen. Auf dem Rückweg starben Scott und seine drei Begleiter an Entkräftung ohne Nahrungsmittel und Brennmaterial – nur 18 Kilometer vom rettenden Vorratslager entfernt.

M4 *Erforschung von Arktis und Antarktis*

Mehr als einmal bin ich von den großen Eisgefilden zurückgekommen, zerschlagen und verbraucht. Aber es vergingen immer nur wenige Monate, bis das alte Gefühl über mich kam. Ich sehnte mich nach der großen, weiten Eiswüste, den Kämpfen mit dem Eis und dem Sturm, der Handvoll von seltsamen aber treuen Inuit, dem Schweigen und der Unermesslichkeit des Nordens. Zuletzt wurde mein jahrelanger Traum Wirklichkeit.

3640E

M4 *Aus Pearys Aufzeichnungen*

Donnerstag, 18. Januar 1912: Lager 68, Höhe 2970 Meter. Das Furchtbare ist eingetreten. Ein natürliches Schneegebilde war das nicht, sondern eine schwarze, an einem Schlittenständer befestigte Fahne. In der Nähe ein verlassener Lagerplatz, Schlittengleise, Schneeschuhspuren, deutlich erkennbare Eindrücke von Hundespuren. Die Norweger sind uns zuvorgekommen. – Amundsen ist der erste am Pol!

3641E

M5 *Auszug aus Scotts Tagebuch*

In der Wüste

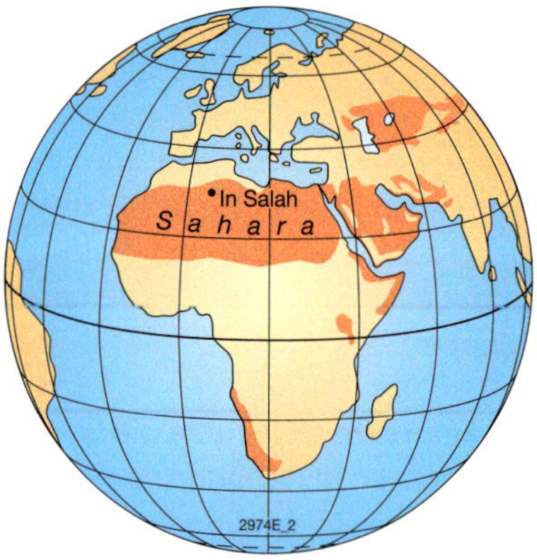

M1 *Lage der Sahara*

Wüsten haben viele Gesichter

Wüsten bestehen nicht nur aus Sand. Nur etwa ein Fünftel aller Wüsten der Erde sind **Sandwüsten**. Der Wind lagert den Sand ständig um und schüttet ihn zu Dünen auf. **Kieswüsten** bestehen aus Geröll. Der Wind hat den feinen Sand ausgeblasen. **Felswüsten** sind besonders lebensfeindlich. Am Tag kann es hier bis zu 70 °C heiß werden. Nachts sinken die Temperaturen im Winter unter den Gefrierpunkt. Diese großen Temperaturunterschiede führen zu Spannungen im Gestein. Es kann auseinanderbrechen.

Von den Gebirgen am Rand der Wüste führen Täler in die Wüste. In diesen Tälern fließt nur selten Wasser. Es sind Trockentäler. Sie heißen **Wadis**. Nur nach den seltenen, aber heftigen Regengüssen füllen sie sich mit Wasser. Dann sind sie eine Gefahr für Reisende.

Aufgaben

1 Welche Wüstenart zeigt eines der Fotos auf Seite 204/205?

2 Zeichne den Stockwerk-Anbau in einer Oase (M4).

3 Die Dattelpalme ist vielseitig nutzbar. Erläutere (M8).

Info

Dattelpalme

Die Dattelpalme ist die wichtigste Oasenpflanze. In den Oasengärten bilden sie das oberste Stockwerk. In ihrem Schatten wachsen Obstbäume, darunter dann Melonen, Gurken und Tomaten. Durch diesen **Stockwerkanbau** verdunstet weniger Wasser und der Boden wird nicht so schnell ausgetrocknet. Ein Oasenbauer kann vom Ertrag von etwa zehn Dattelpalmen leben.

M4 *Stockwerkanbau*

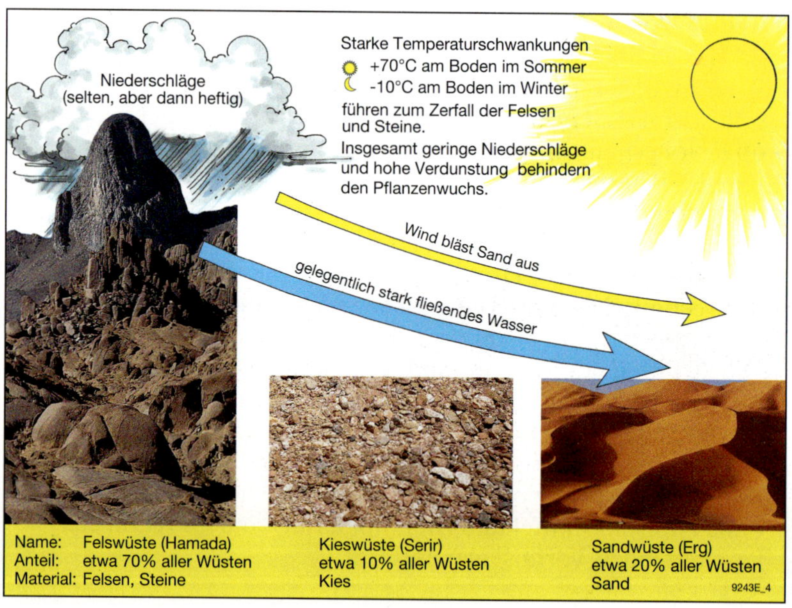

M3 *Wüstenarten und ihre Entstehung*

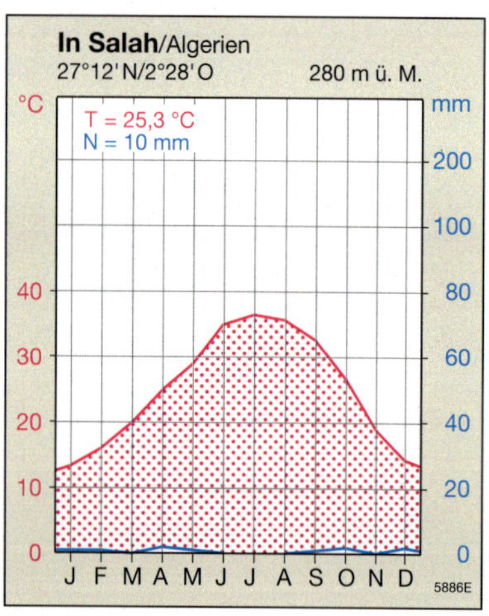

M2 *Klimadiagramm In Salah*

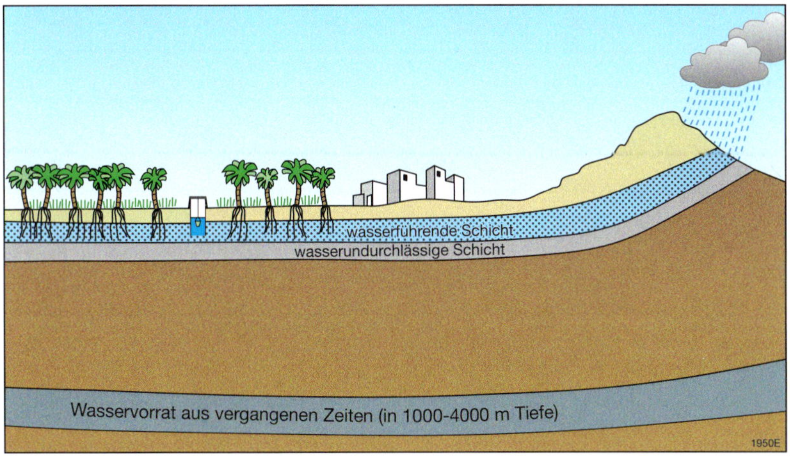

M5 *Grundwasseroase (Schema)*

Oasen liegen wie Inseln in der Wüste. Das Wasser kommt zum Teil aus dem Atlasgebirge am Nordrand der Sahara. Wenn es hier regnet, versickern die Niederschläge. Sie treffen auf eine wasserundurchlässige Gesteinsschicht und fließen unterirdisch oft viele Hundert Kilometer bis weit in die Sahara hinein. Hier kann das Grundwasser nur wenige Meter unter der Erdoberfläche durch Brunnen angezapft werden. In einer solchen **Grundwasseroase** erreichen die Dattelpalmen mit ihren Wurzeln das Grundwasser.
Vor einigen Jahren wurden in einer Tiefe von 1000 bis 4000 Metern riesige unterirdische Wasservorräte entdeckt. Dieses Wasser ist etwa 20 000 Jahre alt. Mithilfe von Motorpumpen wird es gefördert und zur Bewässerung in den Oasen genutzt.

M6 *Wie kommt das Wasser in die Wüste?*

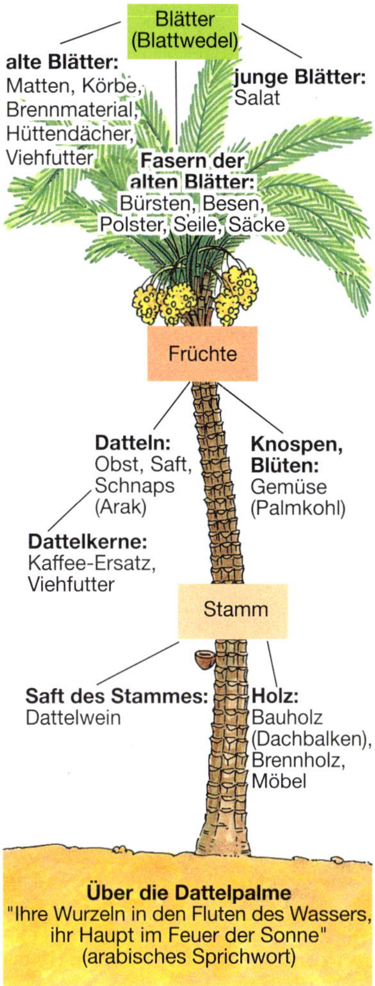

M8 *Nutzung der Dattelpalme*

M7 *Die Grundwasseroase El-Golea, Algerien*

Merke
Sandwüsten, Kieswüsten und Felswüsten sind verschiedene Wüstenarten. Oasen kommen nur dort vor, wo Wasser ist. Die wichtigste Nutzpflanze der Oasen ist die Dattelpalme.

Grundbegriffe
- Sandwüste
- Kieswüste
- Felswüste
- Wadi
- Stockwerkanbau
- Grundwasseroase

Kamel
- Tagesleistung: ca. 30 km
- Zahl der Kamelführer pro 10 Kamele: 2 – 3
- Last pro Tier: ca. 200 kg
- „Verbrauch" pro Tag: ca. 10 Liter Wasser

Lkw
- Tagesleistung:
  Piste: ca. 150 km
  Straße: ca. 500 km
- Zahl der Fahrer pro Lkw: 1
- Last pro Lkw: zwischen 5 und 20 Tonnen
- Verbrauch pro 100 km: 20 Liter Diesel

M1 *Transportleistungen*

M3 *Neue Oase Hassi-Messaoud in Algerien*

Von der Oase aufs Ölfeld

Um 1960 wurden in Algerien, Tunesien, Libyen und Ägypten riesige Lagerstätten von Erdöl und Erdgas entdeckt. Die Funde lagen zum Teil weitab von der Küste im Inneren der Sahara. „Neue Oasen", sogenannte Industrie-Oasen, entstanden. Ihre Kennzeichen sind Fördertürme, Werkstätten, Tankstellen, Wassertanks, Wohn- und Bürocontainer, vielfach mit Duschen und Klimaanlagen. Das geförderte Erdöl und Erdgas wird in Pipelines transportiert. Viele Arbeitskräfte wurden gebraucht. Oasenbauern gaben ihre Felder auf, Nomaden verließen ihre Stämme. Sie fanden gut bezahlte Arbeitsplätze auf den Ölfeldern. Mamadou arbeitet seit drei Jahren als Fahrer in der Industrie-Oase Hassi-Messaoud. Er verdient gut, hat geregelte Arbeitszeiten und wohnt in einer komfortablen Unterkunft der Ölgesellschaft.

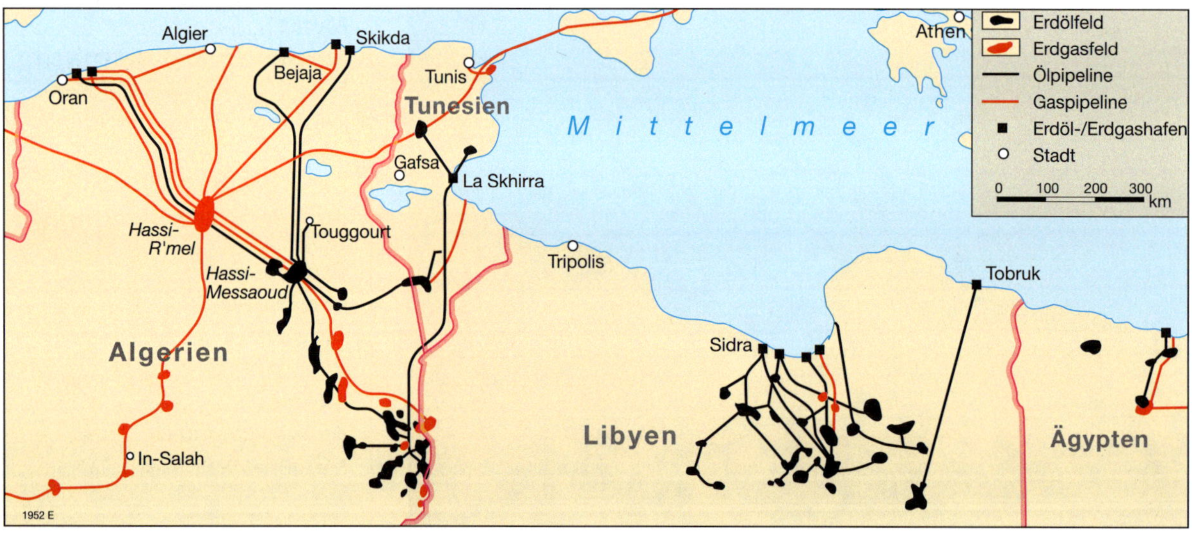

M2 *Erdöl und Erdgas in der Sahara*

M4 *Hotelswimmingpool in der Oase Ouargla*

Lkw statt Kamel

In vielen Oasen der Sahara ändert sich die Wirtschaftsweise. Lkws bringen auf asphaltierten Straßen Getreide und andere Nahrungsmittel hierher. Die Preise sind so niedrig, dass sich der Anbau von Nutzpflanzen in den Oasen kaum noch lohnt. Zahlreiche Oasengärten sind schon verfallen.

Vor allem die jungen Oasenbewohner wandern ab. Gut bezahlte Arbeit finden sie in den großen Städten, den Ferienzentren an der Küste, auf den Ölfeldern oder in Fabriken im Ausland. Sie wollen ein moderneres Leben führen als ihre Eltern. Ein eigener Jeep ist für sie interessanter als eine Herde Ziegen.

In einigen Oasen bringt jedoch der Tourismus neue Einnahmen. Hotels und Campingplätze werden gebaut. Satellitenfernsehen und Telefon sind selbstverständlich.

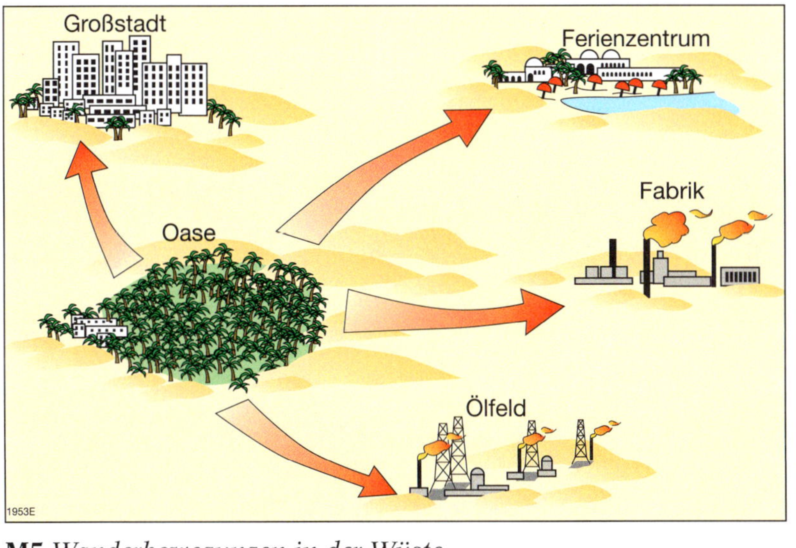

M5 *Wanderbewegungen in der Wüste*

Aufgaben

1 Beschreibe die Veränderungen in der Wüste durch die Erschließung der Erdöl- und Erdgaslagerstätten der Sahara.

2 Miss die Länge der Erdölpipeline von Hassi-Messaoud nach Skikda (M2) und vergleiche sie mit der Entfernung von Hamburg nach Stuttgart.

3 Beschreibe die Wanderbewegungen in der Wüste (M5).

4 a) In welchem Staat liegt die Oase Ouargla (Atlas: Karte Nordafrika – physisch)?
b) Hotels benötigen viel Wasser. Nenne eine mögliche Folge für den Grundwasserspiegel.

Merke
Um 1960 wurden in der Sahara große Erdöl- und Erdgaslagerstätten entdeckt. In vielen Oasen änderte sich dadurch die Wirtschaftsweise. Auch der Tourismus bringt neue Einnahmen.

Im tropischen Regenwald

M1 *Tropischer Regenwald in Afrika*

Aufgaben

1 Was verbindest du mit den Begriffen „tropisch", „Tropen" und „Regenwald"?

2 Beschreibe beim täglichen Ablauf des Wetters im tropischen Regenwald die Situation um 6 Uhr, 8 Uhr, 12 Uhr und 16 Uhr (M3).

3 Im tropischen Regenwald gibt es keine Jahreszeiten. Erkläre (M2, M3, Text).

Naturraum tropischer Regenwald

„Der **tropische Regenwald** ist ja eine Schatzkammer", staunt Inga, als sie Folgendes erfährt: Der tropische Regenwald liefert nicht nur Nahrungsmittel wie Zuckerrohr, Bananen, Kakao, Kaffee und Nüsse, sondern auch Grundstoffe für Kosmetika und Arzneimittel sowie Rohstoffe wie Gummi, Öle, Fasern und Harze.

Im tropischen Regenwald gibt es verschieden hohe Sträucher und Bäume. Kraut- und Strauchschicht und drei Baumschichten bilden den **Stockwerkbau** des Regenwaldes. Das dichte Blätterdach der oberen Baumschicht wird von einzelnen, zum Teil 60 m hohen Bäumen überragt. Diese „Urwaldriesen" besitzen **Brettwurzeln**, die viele Meter hoch sind und die die Form von sternförmig ineinander gesteckten Tafeln haben. Sie sorgen dafür, dass die riesigen Bäume standfest sind. Schlingpflanzen (Lianen) spannen sich von Baum zu Baum, Moose hängen herab. Auf verschiedenen Bäumen wachsen Blumen oder andere Pflanzen. Diese nennt man **Aufsitzerpflanzen**. Auch Orchideen zählen dazu.

Die Bäume werfen ihre Blätter im Verlauf des Jahres zu unterschiedlichen Zeiten ab. Neue Blätter wachsen nach. So erscheint der Wald immergrün.

Im tropischen Regenwald ist es das ganze Jahr hindurch unerträglich heiß und schwül. Nur nach den täglichen Gewittern wird es für kurze Zeit etwas kühler.

Info

Tropen
Als Tropen (tropische Zone) werden die Gebiete der Erde bezeichnet, die zwischen den beiden Wendekreisen liegen. Hier gibt es keine Jahreszeiten, aber einen regelmäßigen Ablauf des Wetters.

Erstaunlich

Der tropische Regenwald beherbergt 40 – 50 Prozent aller Tier- und Pflanzenarten der Erde.

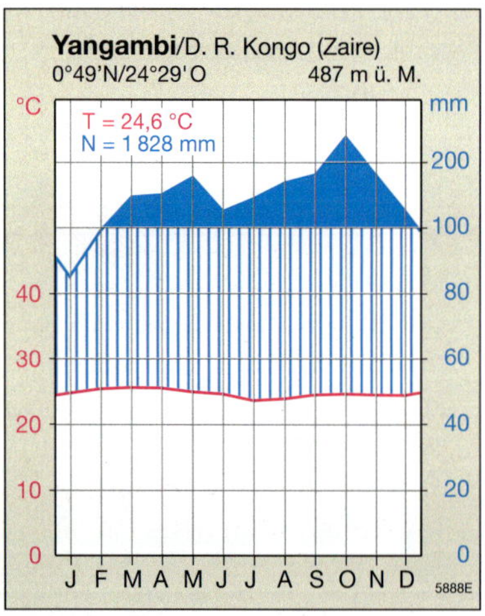

M2 *Das Klima in Yangambi*

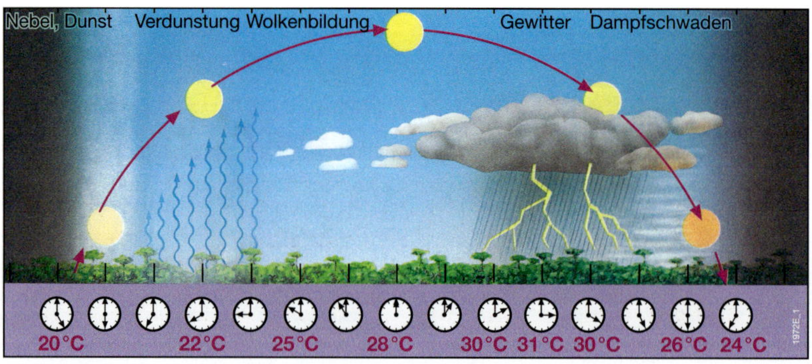

M3 *Täglicher Ablauf des Wetters*

M4 *Kolibri. Seine Flügel schlagen bis zu 80-mal in der Sekunde. Wärst du so aktiv, müsstest du am Tag 300 Gläser Honig essen*

M7 *Mindestens 25 000 Orchideenarten wachsen in den tropischen Regenwäldern*

Aufgaben

4 Warum wird der tropische Regenwald auch „Schatzkammer" genannt?

5 Beschreibe den Stockwerkbau des tropischen Regenwalds (M5, Text).

6 a) Warum haben die großen Bäume im tropischen Regenwald Brettwurzeln?
b) Suche in einem Lexikon oder im Internet nach der Abbildung einer Brettwurzel und zeichne sie ab.

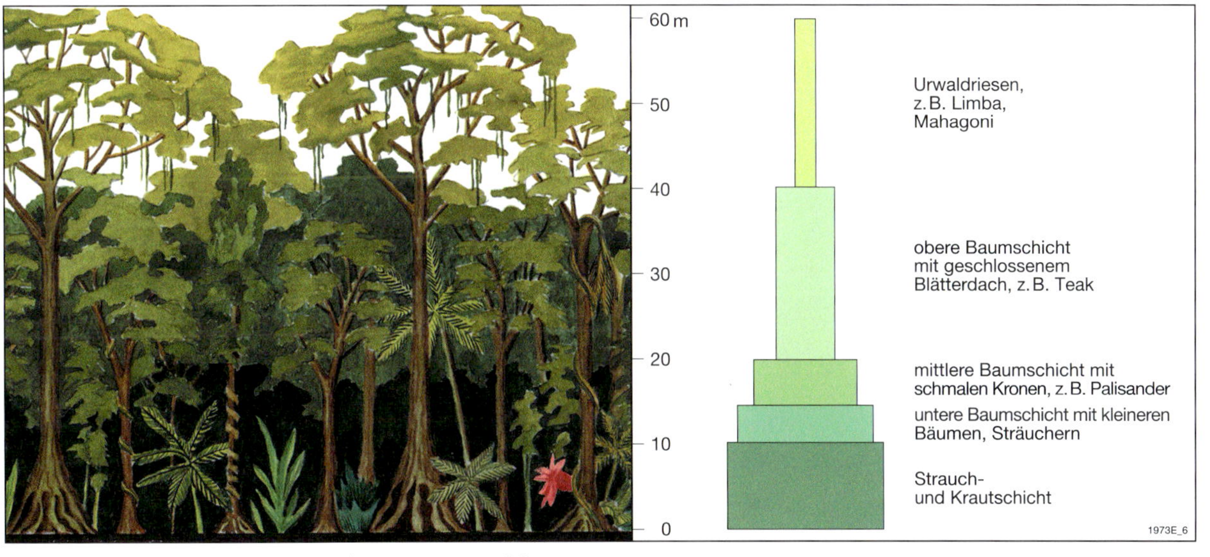

M5 *Stockwerkbau im tropischen Regenwald*

M6 *Palmenlanzenotter: Ihr Gift wird zur Blutdrucksenkung benutzt*

M8 *Pfeilgiftfrosch – Aus seinen Hautabsonderungen gewinnt man ein starkes schmerzlinderndes Mittel*

Merke
Im tropischen Regenwald bilden die Pflanzen einen Stockwerkbau. Es gibt keine Jahreszeiten und fast täglich kommt es zu Gewittern.

Grundbegriffe
- Tropischer Regenwald
- Stockwerkbau
- Brettwurzel
- Aufsitzerpflanze

Im tropischen Regenwald

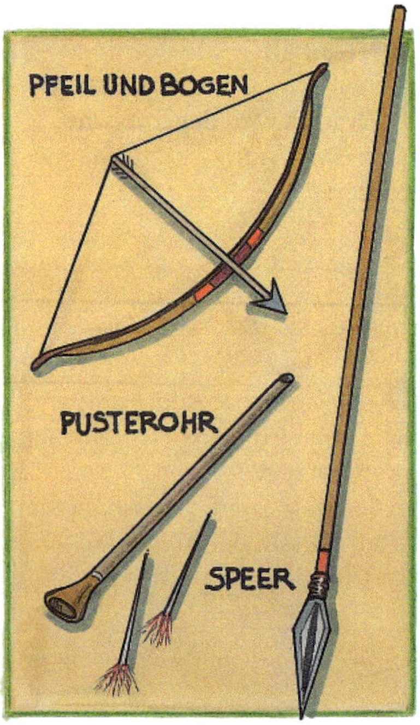

M1 *Jagdwerkzeuge der Naturvölker im Regenwald*

M2 *Wohnhütte der Pygmäen*

Naturvölker im tropischen Regenwald

Naturvölker wie die Pygmäen in Afrika haben sich den Gesetzen dcs Waldes angepasst. Wie vor Jahrtausenden leben sie als Jäger und Sammler im tropischen Regenwald. Etwa 20 Familien gehören jeweils zu einer Gruppe. Die Männer gehen auf die Jagd. Ihre Beute, zum Beispiel Affen, Vögel und auch Elefanten, teilen sie gleichmäßig unter allen Jägern auf. Die Frauen sammeln essbare Pflanzen und kleine Tiere. Die Hütten der Pygmäen sind aus Laub gebaut. Wird ein Jagdgebiet aufgegeben, zieht die Gruppe weiter und baut woanders neue Hütten.

Doch die traditionelle Lebensweise dieses Naturvolks ist bedroht. Durch die **Erschließung** des tropischen Regenwalds mit Straßen, Siedlungen und Ackerland werden die Jagdgebiete immer kleiner. Viele Pygmäen arbeiten heute als Feldarbeiter oder Lastenträger.

Info

Die Pygmäen – traditionell

Jäger und Sammler
Hütten aus Zweigen und Blättern

Nahrung:	Waldfrüchte Wurzeln Blätter Schnecken Insekten Fleisch (Jagdbeute)
Jagdgeräte:	Speere Messer Giftpfeile

Info

Naturvölker

Naturvölker sind Gruppen von Menschen, die ihren Alltag in traditioneller Weise gestalten. Sie leben im Einklang mit der Natur – kennen zum Beispiel keinen Fernsehapparat, keinen Computer und kein Handy.

Aufgaben

1 a) Beschreibe die Hütten der Pygmäen und der Bantu (M2 und M3).
b) Begründe die unterschiedliche Bauweise.

2 Lege eine Tabelle an, in der du die Tätigkeiten der Pygmäen und der Bantu aufführst. Unterscheide außerdem Frauen- und Männertätigkeiten.

3 Informiere dich über andere Naturvölker im tropischen Regenwald (z.B. in Südamerika) und schreibe über sie Stichwörter auf (Internet).

M3 *Bantusiedlung*

M4 *Tropische Knollenfrüchte*

Auch die Bantu sind ein Naturvolk, das im tropischen Regenwald lebt. Im Gegensatz zu den Pygmäen betreiben die Bantu Ackerbau. Sie roden und brennen Flächen im Urwald ab und legen darauf **Pflanzungen** an. Diese Arbeit erledigen die Männer. Die Frauen bearbeiten dann die Felder mit Grabstöcken und Hacken. Sie pflanzen zum Beispiel Bananen, Mais und Knollenfrüchte.

Diese Landwirtschaft ist den Naturbedingungen des Regenwalds angepasst. Es müssen allerdings Anbauzeiten mit langen Brachezeiten abwechseln.

Die Bantu richten sich kleine Dörfer ein. Ihre Hütten bestehen aus Lehm und Stroh und haben spitze Dächer, damit der Regen gut ablaufen kann. Wenn der Boden durch den Anbau ausgelaugt ist, suchen sie sich ein neues Waldstück und bauen dort ein neues Dorf.

Auch das Leben der Bantu verändert sich. Viele wandern in die Städte ab oder arbeiten in den Bergwerken.

Info

Knollenfrüchte

In den Tropen bauen Naturvölker wie die Bantu andere Knollenfrüchte als wir in unseren Breiten an (auch Kartoffeln sind Knollenfrüchte). Die Knollen werden gekocht oder gebraten. Ihr Mehl wird zu Brei, Brot oder Fladen verarbeitet.

Info

Die Bantu – traditionell

Ackerbauern
Hütten aus Lehm und Stroh

Nahrung:	Anbaufrüchte wie Bananen Mais Knollenfrüchte (Maniok, Yams und Batate)
Ackergeräte:	Grabstock Hacke Haumesser

Merke

Im tropischen Regenwald von Afrika leben Naturvölker wie die Pygmäen als Jäger und Sammler und die Bantu als Ackerbauern.

Grundbegriffe

- Naturvolk
- Erschließung
- Pflanzung

Im tropischen Regenwald

M1 *Brandrodung*

Aufgaben

1 Erkläre den Begriff Wanderfeldbau (M4).

2 Welche Probleme ergeben sich bei der Nutzung der tropischen Böden (M2, M5, M6)?

3 Wovon ist die Stärke der Bodenabtragung abhängig (M3)?

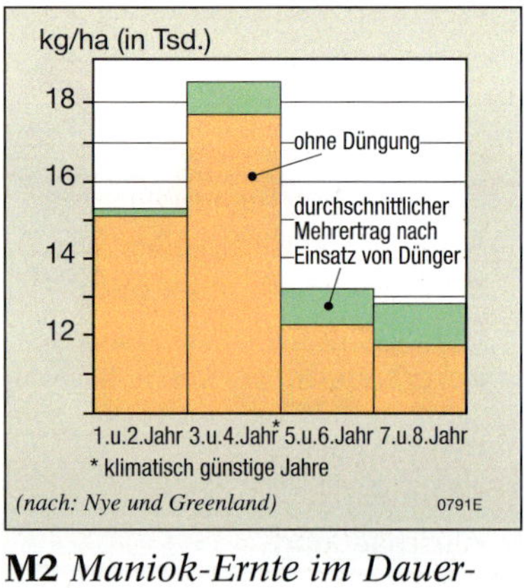

M2 *Maniok-Ernte im Dauerfeldbau in Südghana*

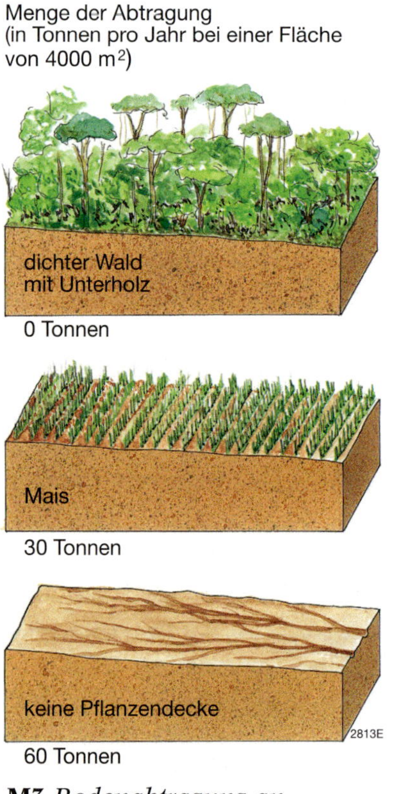

M3 *Bodenabtragung an Hängen mit gleicher Neigung, aber unterschiedlicher Pflanzendecke (Angabe des abgetragenen Bodens in Tonnen)*

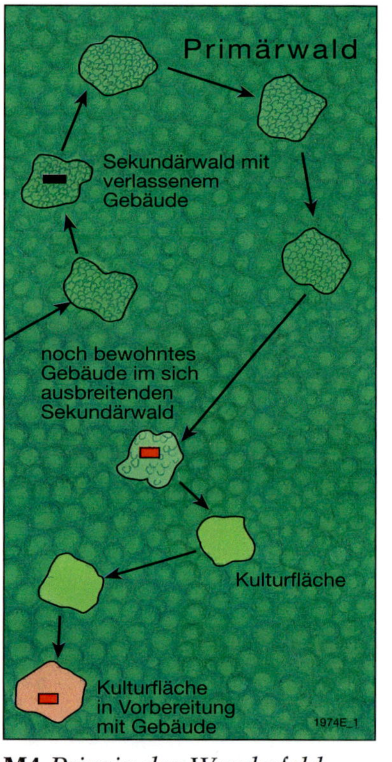

M4 *Prinzip des Wanderfeldbaus (Primärwald ist der unberührte Regenwald, der Urwald; Sekundärwald ist der nachgewachsene Wald auf einem verlassenen Feld.)*

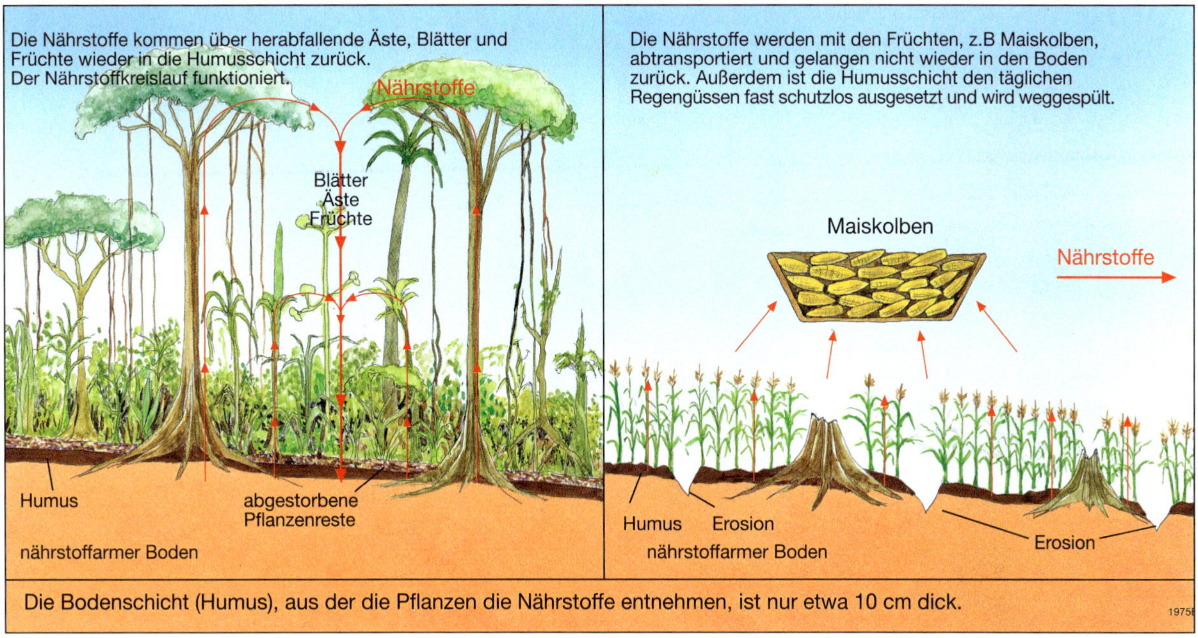

M5 *Der unberührte tropische Regenwald …*　　**M6** *… und seine landwirtschaftliche Nutzung*

Landwirtschaft: Wanderfeldbau mit Brandrodung

Die Ackerbauern des tropischen Regenwaldes legen ihre Felder durch **Brandrodung** an: Zuerst werden die kleinen Bäume und die Sträucher abgeschlagen, dann wird die Fläche abgebrannt. Die größeren Bäume und die Baumstümpfe verkohlen. Ihre Asche ist ein guter Dünger.

Allerdings ist der Boden viel nährstoffärmer als unsere Böden. Er ist daher schon nach wenigen Jahren ausgelaugt. Die Bauern roden dann ein neues Waldstück und legen ein neues Feld an. Das alte Feld bleibt brach liegen. Bald wächst wieder Wald nach. Nach vielen Jahren wird oft die gleiche Fläche gerodet. Diese Form der Landnutzung nennt man **Wanderfeldbau**.

Nährstoffkreislauf im tropischen Regenwald

Der Regenwald hat einen geschlossenen **Nährstoffkreislauf**: Die Pflanzen des Waldes wachsen ständig. Sie werfen fortwährend Blätter und Äste ab. Diese werden in dem feucht-heißen Klima sofort zersetzt. Es entsteht Humus. Darin sind Nährstoffe enthalten, die der Regen schnell löst. Sie werden von den Wurzeln direkt aufgenommen. Dieser rasche Nährstoffkreislauf wird dann unterbrochen, wenn man den Wald rodet. Den angebauten Nutzpflanzen fehlt der Nährstoffnachschub. Außerdem tragen die kräftigen Regengüsse die jetzt wenig geschützte Humusschicht ab. Beim Wanderfeldbau kann sich der Wald erholen, weil die Felder gewechselt werden und längere Zeit brach liegen. Wird aber **Dauerfeldbau** betrieben, kann sich der Wald nicht mehr erholen.

Aufgabe

4 Ordne die folgenden Sätze zum Wanderfeldbau in der richtigen Reihenfolge an:
Wald wächst nach. – Pflanzen werden abgebrannt. – Bäume und Büsche werden abgeschlagen. – Maniok, Bananen, Mais und Gemüse werden gepflanzt. – Das Feld wird aufgegeben. – Größere Bäume verkohlen. – Die Nährstoffe im Boden sind nach drei bis vier Jahren verbraucht. – Asche dient als Dünger.

Merke
Der geschlossene Nährstoffkreislauf des Regenwalds wird durch Rodung unterbrochen. Durch Dauerfeldbau kommt es zur Bodenabtragung.

Grundbegriffe
- Brandrodung
- Wanderfeldbau
- Nährstoffkreislauf
- Dauerfeldbau

Eine Karikatur auswerten

Wk D

Info

Karikatur

Die Karikatur ist eine Zeichnung, in der ein Sachverhalt besonders herausgestellt wird. Schwierige Zusammenhänge werden auf ein Kernproblem zurückgeführt. Die Karikatur wird insbesondere benutzt um gesellschaftliche Sachverhalte zu bewerten.
Die Personen und Gegenstände in einer Karikatur müssen in die Wirklichkeit übertragen werden. Sie werden häufig „überzeichnet" und wirken deshalb komisch. (Das Wort Karikatur kommt von italienisch „caricare": „überladen"). Karikaturen begegnen dir in Zeitungen, Zeitschriften, Filmen, Büchern und im Internet.

M1

Aufgaben

1 Warum ist M1 eine Karikatur?

2 Werte M3 aus.

So wertest du eine Karikatur aus

1. Schritt: Du beschreibst die dargestellte Situation.
M1 zeigt einen Wald mit einem bunten Gewirr von Pflanzen und Tieren. Du erkennst zum Beispiel Brettwurzeln, Blätter, Orchideen, Schlingpflanzen, Schlangen, Vögel, Schmetterlinge, Käfer und Affen. Der Wald mündet in einen kräftigen Arm aus Holz, der in eine Hand übergeht.
Die Hand trägt einen Globus. Auf der Weltkugel sitzt ein Mann. Der Mann hat angefangen, mit einer Kettensäge den hölzernen Arm durchzusägen, der ihn trägt.

2. Schritt: Du erklärst, wen oder was die Personen und Gegenstände darstellen sollen.
Der Wald mit den Pflanzen und Tieren stellt den tropischen Regenwald dar. Der Globus kennzeichnet unsere Erde. Der Mann mit der Kettensäge steht für die Menschen, die den tropischen Regenwald zerstören. Der Mann sägt den „Ast" ab, der ihn trägt. Wir zerstören unsere Lebensgrundlagen, wenn wir weiter Raubbau mit dem tropischen Regenwald treiben.

3. Schritt: Du fasst zusammen, was die Karikatur aussagen soll.
Durch die Ausbeutung des tropischen Regenwaldes zerstören die Menschen auf Dauer einen Teil ihrer Lebensgrundlagen. Sie sägen den Ast ab, auf dem sie sitzen.

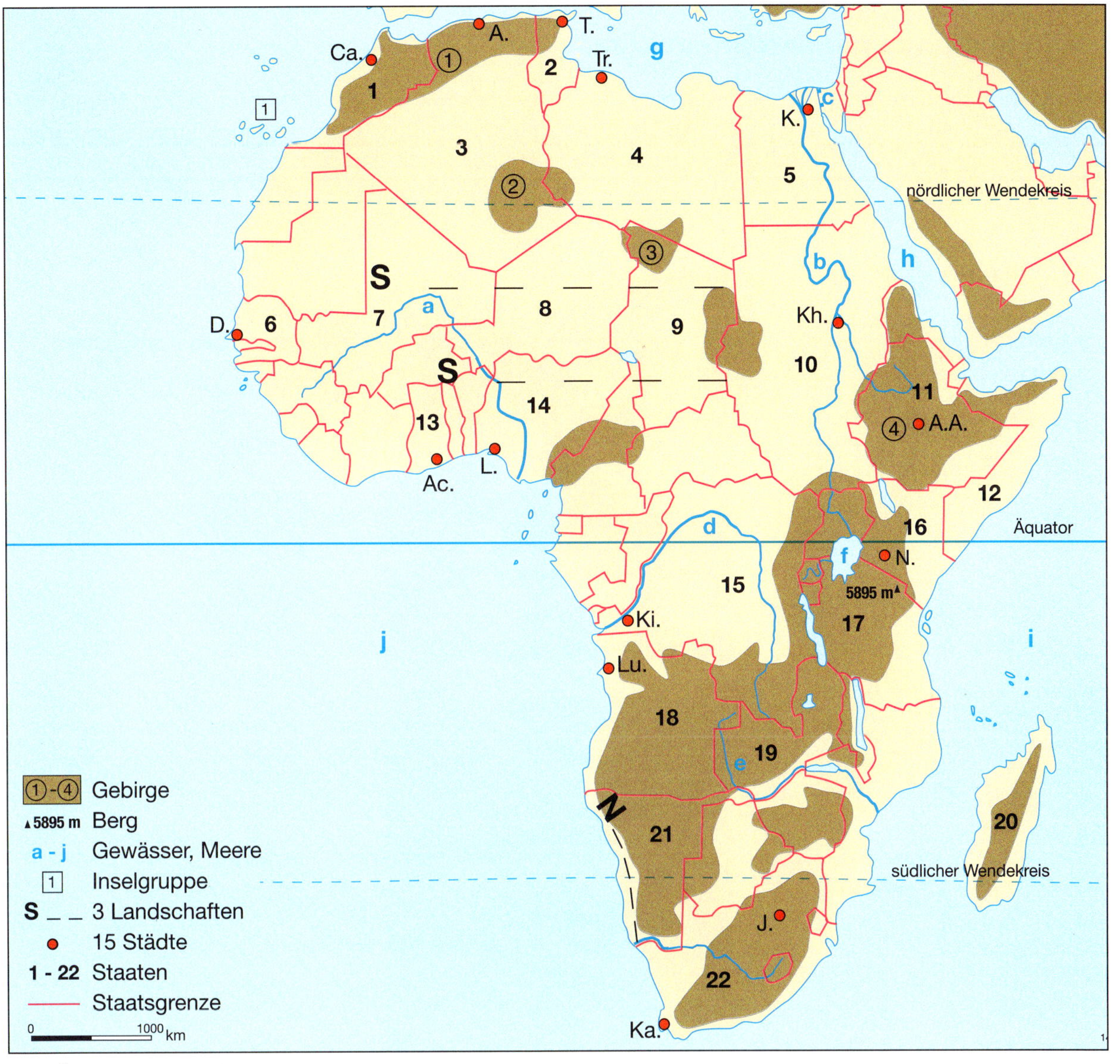

M2 *Übungskarte Afrika*

M3 *Karikatur*

Aufgabe

3 Bestimme die Namen in der Übungskarte (Atlas).

Kalte und heiße Gebiete

1. In Regionen mit extremem Klima

Es gibt auf der Erde kalte und heiße Gebiete. Die Menschen haben sich ihrem jeweiligen Lebensraum angepasst. Doch überall gibt es auch Veränderungen.

Gestalte in deinem Heft oder deiner Mappe zu jedem der hier abgebildeten Räume eine Seite, auf der du zu den angegebenen Aspekten einen Bericht schreibst oder eine Erklärung gibst.

a) In den Polargebieten

- Menschen in den Polargebieten
- ihre Lebensweise
- Veränderungen

- Kennzeichen des Klimas
- Kennzeichen der Vegetation

b) In der Wüste

- Menschen in der Wüste
- ihre Lebensweise
- Veränderungen

- Kennzeichen des Klimas
- Kennzeichen der Vegetation

c) Im tropischen Regenwald

- Menschen im tropischen Regenwald
- ihre Lebensweise
- Veränderungen

- Kennzeichen des Klimas
- Kennzeichen der Vegetation

Klimazonen der Erde

Gebiete mit gleichem Klima werden zu Klimazonen zusammengefasst. Sie ziehen sich wie Gürtel um die Erde. Das Klima bestimmt auch die Verbreitung der Pflanzen auf der Erde.

In den Polargebieten

In den Gebieten zwischen den Polen und den Polarkreisen gibt es Polartag und Polarnacht. Das Nordpolargebiet ist ein Meer mit Eisschollen und einer zusammenhängenden Eisdecke. Die Antarktis im Südpolargebiet ist ein eisbedeckter Kontinent.

Im Norden Amerikas leben Inuit. Sie waren ursprünglich Selbstversorger. Heute wohnt ein Großteil in neu erbauten Siedlungen. Arbeitsplätze sind kaum vorhanden.

In der Wüste

Die Wüste ist ein Trockengebiet; sie erhält kaum Niederschläge. Man unterscheidet Sandwüsten, Kieswüsten und Felswüsten. In den Oasen wird Bewässerungsfeldbau betrieben.

Die Sahara ist die größte Wüste der Erde. Um 1960 wurden im Norden der Sahara große Erdöl- und Erdgaslager entdeckt. Seitdem arbeiten zahlreiche Nomaden und Oasenbauern auf den Ölfeldern. Der Tourismus bringt neue Einnahmen.

Im tropischen Regenwald

Im tropischen Regenwald wachsen mehr Pflanzenarten als in jedem anderen Waldgebiet der Erde. Das ganze Jahr über ist es sehr warm; es gibt keine Jahreszeiten. Fast täglich gehen Gewitter nieder. Im tropischen Regenwald Afrikas leben die Pygmäen oft traditionell als Sammler und Jäger sowie die Bantu traditionell als Ackerbauern. Der tropische Regenwald hat einen geschlossenen Nährstoffkreislauf. Dieser wird durch Dauerfeldbau unterbrochen. Es kommt zur Bodenabtragung.

Grundbegriffe

- Klimazone
- Polarkreis
- Wendekreis
- Arktis
- Polarnacht
- Polartag
- Antarktis
- Nahrungskette
- Inuit
- Selbstversorger
- Sandwüste
- Kieswüste
- Felswüste
- Wadi
- Stockwerk-Anbau
- Grundwasseroase
- Tropischer Regenwald
- Stockwerkbau
- Brettwurzel
- Aufsitzerpflanze
- Naturvolk
- Erschließung
- Pflanzung
- Brandrodung
- Wanderfeldbau
- Nährstoffkreislauf
- Dauerfeldbau

Gruß aus Thüringen
L DD 622

Die Tonne ist voll – wohin mit dem Müll?

Projekt: Umwelt in Gefahr

Gruppenarbeit: Jede Menge Müll

Gruppe 1: Menge und Zusammensetzung des Mülls

Gruppe 2: Entsorgung des Mülls

Gruppe 3: Müllverwertung

Gruppe 4: Müllvermeidung

Projekt: Umwelt in Gefahr

M1

M2

„Wilde Müllkippe im Wald entdeckt – Farbreste im Boden versickert" „Ohne Gras kein Halt – Skihang nach Regenfällen im Sommer abgerutscht" – „Jeden Tag fahren 16 000 Autos mitten durch den Ort – Einwohner protestieren gegen Lärm und Abgase" – „Öl nach Tankerunglück ins Meer gelaufen – tote Seevögel an der Küste" – „Touristen stören brütende Wildenten am Baggersee"

M3 *Überschriften aus Zeitungen*

Aufgaben

1 a) Welche Umweltprobleme zeigen die Fotos M1, M2, M4 und M5?
b) Gib jedem Foto eine passende Unterschrift.
c) Notiere mögliche Gründe für diese Umweltprobleme. Die Fotos auf den Seiten 230/231 helfen dir weiter.

2 Ordne die Zeitungsüberschriften (M3) den im Text genannten Punkten a) bis d) zu.

3 a) Beschreibe M8.
b) Um welches Umweltproblem handelt es sich?
c) Worauf will der Zeichner aufmerksam machen? Lies dazu genau, was die Person in der Zeichnung sagt.

Unsere Umwelt

Die Medien berichten regelmäßig über Umweltprobleme z. B.:
a) die Verpestung der Luft mit Abgasen,
b) den Lärm, der Menschen krank macht,
c) die Verschmutzung der Böden und Gewässer,
d) die Bedrohung der Pflanzen- und Tierwelt.
Viele Menschen setzen sich daher für den Umweltschutz ein.

Info

Umweltprobleme

Von Umweltproblemen spricht man, wenn der Mensch in den Naturhaushalt eingreift und ihn dadurch schädigt. Oft spielen dabei wirtschaftliche und politische Interessen eine Rolle (z. B. Abholzen von Wald für ein Neubaugebiet, ein Industriegebiet, den Bau einer Autobahn oder eines Flughafens). Auch das Freizeitverhalten der Menschen kann nachteilige Folgen für die Umwelt haben (z. B. Zerstörung der Pflanzendecke durch Wanderer oder Skifahrer, unachtsames Wegwerfen von Abfall). Umweltprobleme entstehen auch durch Katastrophen (z. B. Tankerunglück).

M4

M5

Umweltprobleme bei uns

1. Zu viel Müll
2. Zubetonieren des Bodens
3. Die Bäume im Stadtwald sterben
4. Zu viele Autos im Wohngebiet „Neuweg"
5. Zertrampeln von Blumen im Naherholungsgebiet „Sonnblick"
6. Innenstadt erstickt im Verkehr
7. Dreck in den Bächen
8. Fischsterben im Weißbach

M6 *Themenvorschläge der Klasse 6b*

M8

1. Themenvorschläge an die Tafel schreiben (siehe M6) und durchnummerieren.
2. Nummer des Lieblingsthemas auf einen Zettel schreiben.
3. Zettel einsammeln.
4. Auszählen, wie oft ein Thema genannt wurde. Gewählt ist das am häufigsten genannte Thema.
5. Es kommt vor, dass zwei oder mehr Themenvorschläge gleich oft genannt werden. Dann wird zwischen diesen Themen neu gewählt.

M7 *So wählt ihr ein Umweltproblem aus, das ihr untersuchen wollt.*

Aufgaben

4 Macht einen Unterrichtsgang durch euren Ort oder euren Stadtteil.

5 Erstellt dabei eine Liste mit Umweltproblemen.

Gruppenarbeit: Jede Menge Müll

1. Schritt
Plant den Ablauf der gesamten Arbeit gemeinsam in der Klasse.

↓

2. Schritt
Arbeitet in Gruppen zu je einem Punkt der Gliederung.

↓

3. Schritt
Tragt die Ergebnisse der Arbeitsgruppen zu einem Gesamtergebnis zusammen.

M1 *Schritte der Gruppenarbeit*

Ablauf der Gruppenarbeit

Durch Abstimmung habt ihr euch auf ein gemeinsames Thema geeinigt. Wie soll es nun weitergehen?
Ein großer Teil der Arbeit lässt sich am besten in Gruppen von vier bis fünf Schülerinnen und Schülern bewältigen.
Die Arbeit läuft in drei Schritten ab (M1).

1. Schritt: Gemeinsam planen

Erstellt in der Klasse eine Gliederung zum gewählten Thema wie in dem Beispiel M3. Überlegt dabei, wie das Problem entstanden ist und denkt an die Folgen für das Leben in der Region. So kommt ihr auf Gliederungspunkte. Bildet Arbeitsgruppen und verteilt die verschiedenen Themen der Gliederung.
Besprecht die notwendigen Arbeitsschritte, die jede Arbeitsgruppe zu bewältigen hat:
- Beschaffung von Informationsmaterial (z.B. bei der Stadtverwaltung, Verbraucherzentrale, Bücherei, im Lexikon);
- Durchführung von Erkundungen (z.B. Inhalt eines Papierkorbes untersuchen oder feststellen, wie hoch die Müllgebühren sind);
- Durchführung von Befragungen (z.B. Befragen der Umweltbeauftragten zum Müllaufkommen in der Gemeinde).
- Entscheidung, wie die Untersuchungsergebnisse dargestellt werden sollen (z.B. Bericht, Wandzeitung).

M2 *Ihr könnt die Ergebnisse in einem Bericht zusammenfassen.*

Gliederung des Themas: Unser Hausmüll
1. Menge und Zusammensetzung des Hausmülls
2. Entsorgung des Mülls
3. Verwertung des Hausmülls
4. Vermeidung von Hausmüll

M3 *Gliederungsvorschlag*

2. Schritt: Arbeiten in Tischgruppen

Sammelt Ideen zu eurem Thema. Gliedert das Thema in einzelne Punkte. Stellt dann einen Arbeitsplan für eure Gruppe auf.
Zuerst beschafft ihr euch Informationen. Habt ihr euch für ein Thema entschieden, helfen euch die Materialien auf den Seiten 236 bis 239 weiter.
Fasst am Schluss eure Ergebnisse zusammen. Schreibt kurze Texte, erstellt Tabellen, zeichnet Karten und Schaubilder, wählt die besten Fotos aus. Überlegt vorher, was die Leute, die eure Ergebnisse betrachten, wohl am meisten interessiert.

was?	wie?	wo?	wer?	wann?
Menge und Zusammensetzung des Hausmülls	Informationsmaterial besorgen und durcharbeiten	Stadtverwaltung, Verbraucherberatung	alle	Dienstag, 4. Stunde
			Silke und Mona, Matthias und Tim	nachmittags
	Hausmüll wiegen, bevor er in Abfalltonnen kommt	- zu Hause	alle	Montag bis Sonntag
	Tabellen erstellen, Diagramme zeichnen		alle (Lisa kauft Karton)	Dienstag, 2. Stunde
Entsorgung des Hausmülls	Müllbehälter fotografieren	- Neubaugebiet „Hübel"	Fotos: Sandra	1. Stunde
		- Industriegebiet „Am Schlinger"	Fotos: Ulli	1. Stunde
	Fragen, wo der Hausmüll hingebracht wird und was damit passiert	- Müllmänner, Stadtverwaltung	Michael und Carsten	morgens bzw. nach Vereinbarung eines Termins
	Fotos zur „Müllabfuhr früher" besorgen	- Stadtarchiv, Stadtbibliothek	Max und Martin	Mittwochnachmittag 14 bis 16 Uhr

M4 *Arbeitsplan einer Klasse zum Thema „Unser Hausmüll" (Auszug)*

3. Schritt: Gruppenergebnisse zusammentragen und vorstellen

Jede Arbeitsgruppe stellt ihre Ergebnisse vor. Was war besonders gut gelungen? Was muss verbessert oder ergänzt werden?
Wenn ihr euch für eine Wandzeitung zu eurem Umweltproblem entschieden habt, könnt ihr andere Klassen und eure Eltern einladen. Gestaltet dazu ein Plakat. Sprecht mit den Schülerinnen und Schülern aus anderen Klassen und mit den Eltern über die Ergebnisse eurer Untersuchung.

M5 *Materialliste für eine Wandzeitung*

Gruppe 1

Menge und Zusammensetzung des Mülls

Bleistiftstummel	verfaulte Kartoffeln
verwelkte Blumen	Kaugummi
Bodenfliesen	Kekse
Butterbrotpapier	Kleister
Eierschalen	Konservendose
Eimer aus Kunststoff ohne Griff	Kopfwehtabletten
Getränkedose	Korken einer Weinflasche
Glühbirne einer Taschenlampe	Laub von Gartensträuchern
alter Hausschuh	Plastiktüte
Herrenhemd	leeres Senfglas
zerbrochene Holzlatten	Socken
Hosenträger	Tapetenreste
Joghurtbecher	kaputter Taschenrechner
Käseverpackung aus Folie	alte Zeitung

M1 *Das wurde in Mülltonnen gefunden.*

Jahr	Hausmüll pro Einwohner
1990	333
1992	302
1994	283
1996	242
1998	211
2000	222
2002	217
2004	207
2006	173

M2 *Hausmüll pro Einwohner in Deutschland*

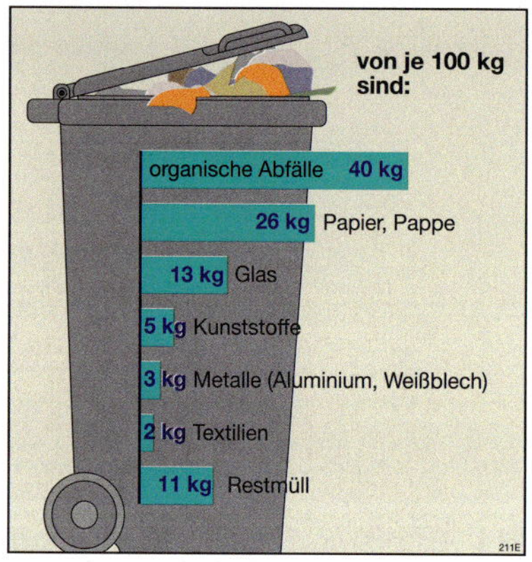

M3 *Zusammensetzung des Hausmülls*

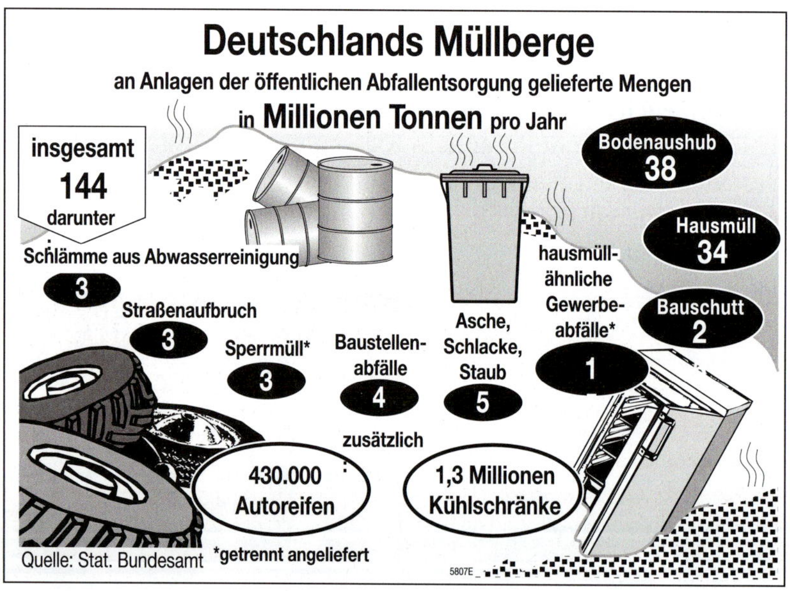

M4

Aufgaben

1 a) Woraus setzt sich der gesamte „Müllberg" in Deutschland zusammen (M4)?
b) Vergleiche die Menge des Hausmülls mit den anderen Müllarten.

2 Ordne die in M1 genannten Gegenstände den Begriffen in M3 zu (Beispiel: Plastiktüte – Kunststoffe).

3 Was werft ihr in der Schule in die Mülltonne? Erstellt eine Liste nach den Oberbegriffen in M3.

4 a) Erkundige dich bei der Stadt- oder Kreisverwaltung, wie viel Hausmüll in deiner Stadt oder deinem Kreis pro Jahr anfällt. Frage nach, ob die Hausmüll-Menge pro Einwohner in den letzten Jahren gestiegen oder gesunken ist. Welche Gründe gibt es dafür?
b) Vergleiche mit den Angaben in M2.

Entsorgung des Mülls

Zur Müllentsorgung gibt es in Deutschland 67 Müllverbrennungsanlagen, in denen jährlich rund 16 Mio. t Müll verbrannt werden (Stand: 2005). Das Verbrennen von einer Tonne Müll kostet zwischen 100 und 300 Euro, das Entsorgen von einer Tonne Müll auf einer Mülldeponie zwischen 50 und 200 Euro. Bei der Müllverbrennung werden Schadstoffe, die im Müll enthalten sind, zum größten Teil zerstört. Nur wenige Schadstoffe gelangen in die Luft. Bei der Verbrennung entsteht Wärme. Damit wird Strom erzeugt. Mit der Wärme werden auch Wohnungen beheizt. Heizöl oder Gas werden eingespart.
Nachdem der Müll verbrannt ist, bleiben nur wenige Kilogramm an Schlacke je Tonne Abfall übrig. Die Schlacke wird zum Beispiel auf Mülldeponien gelagert oder für den Bau von Straßen verwendet. In der Schlacke sind Schadstoffe enthalten. Diese können in den Boden eindringen und das Grundwasser verunreinigen.

M5 *Müllverbrennung*

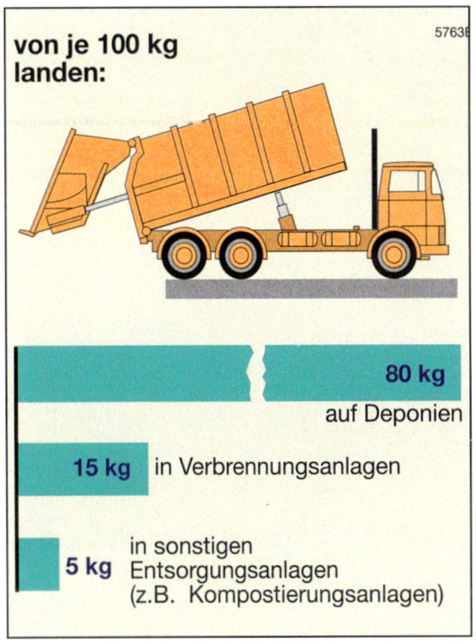

M8 *Entsorgung von Hausmüll*

M6 *Alter Müllsammelwagen*

Aufgaben

5 Wie wird der Müll in deinem Wohnort entsorgt (M5, M8)?

6 a) Erkundige dich, wo es in der Nähe deines Wohnortes Müllverbrennungsanlagen und Mülldeponien gibt.
b) Nenne Vor- und Nachteile der Müllverbrennung (M5).

7 Beschreibe den Aufbau einer Mülldeponie (M7).

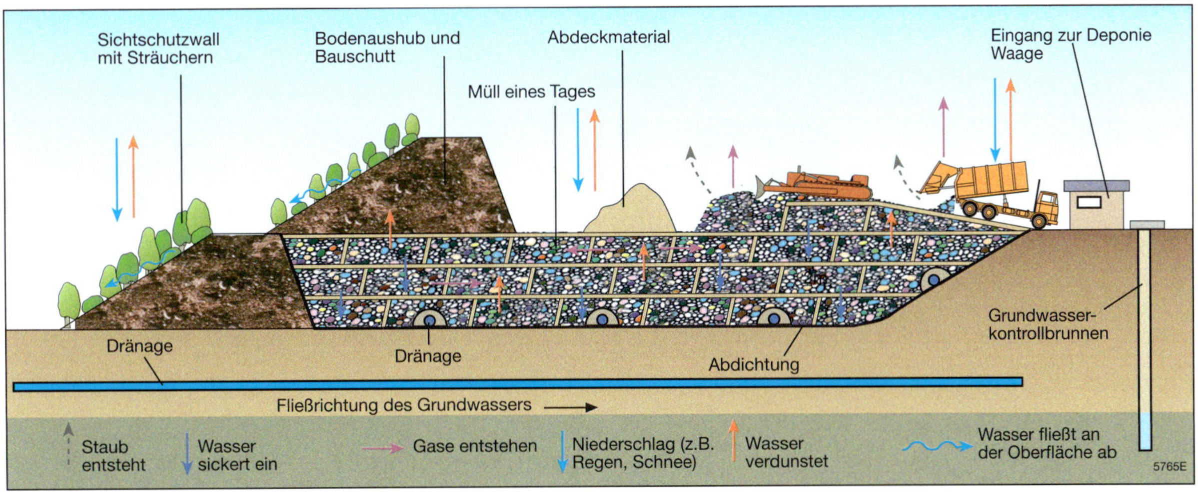

M7 *Schnitt durch eine Mülldeponie*

Gruppe 3

Müllverwertung

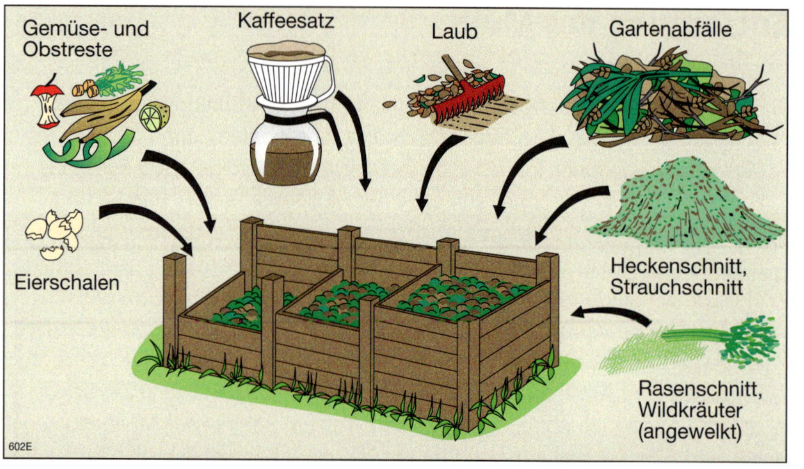

In einem Komposthaufen leben Milliarden kleinster Lebewesen wie Bakterien und Pilze. Auch Würmer und Käfer fühlen sich in einem Komposthaufen wohl. Sie ernähren sich von den Abfällen und wandeln sie in wertvolle Komposterde (Humus) um. Kompost enthält alle Nährstoffe, die Pflanzen brauchen. Er ist ein guter Dünger.

M1 *Aus tierischen und pflanzlichen Abfällen wird Dünger*

Aufgaben

1 Welche Möglichkeiten des Recyclings gibt es (M1 bis M3)?

2 Nenne Gegenstände aus dem Hausmüll, die wiederverwertet werden können.

3 Durch Recycling werden Rohstoffe eingespart. Erläutere (M3).

4 Schaut im Telefonbuch (Gelbe Seiten) nach, ob es in eurer Nähe eine Recycling-Firma gibt. Erkundet die Firma (vorher anmelden, Termin vereinbaren). Erstellt eine Wandzeitung zum Thema: "Aus Abfall werden neue Produkte".

Die Firma Elektrocycling in Goslar macht aus Schrott Geld. Fast zwei Drittel des Umsatzes von 30 Millionen Euro pro Jahr stammen aus dem Verkauf von Aluminium und Kupfer. Diese Rohstoffe bleiben übrig, nachdem ein Schredder alte Elektrogeräte wie Kaffeemaschinen oder Föhne zu kleinen Körnern zermalmt hat. Ein Windgebläse trennt die Körner. Es wirbelt die Plastikteilchen auf, während die schwereren Metallkörner liegen bleiben. Von Handys bleibt sogar Gold übrig. Die Kontakte in den Mobiltelefonen sind mit dem Edelmetall überzogen.

(Nach: Süddeutsche Zeitung vom 21.6.2002)

M2 *Elektroschrott ist wertvoll*

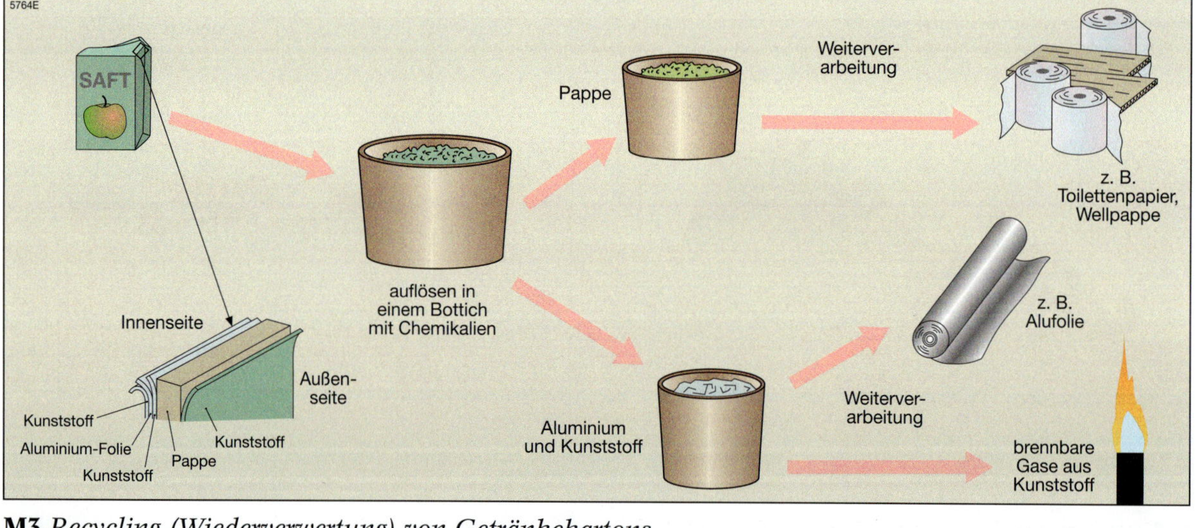

M3 *Recycling (Wiederverwertung) von Getränkekartons*

M4 *Beim Einkauf sollte man schon an den Müll denken*

Müll machen kommt teuer zu stehen!

Die Müllentsorgung kostet viel Geld: Die Beschäftigten bei der Müllabfuhr müssen bezahlt und Müllautos gekauft werden. Immer mehr neue Mülldeponien müssen angelegt werden.

Auch die meisten Recycling-Artikel landen irgendwann einmal im Müll. Besser wäre es, alle Möglichkeiten auszunutzen, Müll zu vermeiden.

	Statt...	**besser**
Einkaufen	Plastiktasche an der Kasse zu kaufen oder zu bekommen,	Korb oder Tasche mitnehmen.
	Dosengetränke zu kaufen,	...
Kleidung	Schuhe mit Loch in der Sohle wegzuwerfen,	...
	...	alte Kleider im Second-Hand-Shop anbieten.
Küchenabfälle	Küchenabfälle und Speisereste in den Mülleimer zu werfen,	...
Taschenrechner	...	mit Solarzellen betriebene Rechner verwenden.

M5 *Müll vermeiden kann jeder und überall*

Müllvermeidung

M7 *Eine Pfandflasche (0,75 l), die 60-mal wiederverwendet wird, ersetzt 136 Dosen oder Einwegflaschen (0,33 l).*

Aufgaben

5 Wähle zehn Lebensmittel aus, die täglich gebraucht werden (M4). Wie sind sie verpackt? Bei welchen Produkten könnte man Müll vermeiden oder vermindern?

6 Nenne Möglichkeiten der Müllvermeidung (M5 und M7).

7 Macht ein Plakat mit Tipps zur Vermeidung von Müll in eurer Schule (M6). Kopiert das Plakat und hängt es in anderen Klassen auf.

Der erste Schritt zur Müllvermeidung war die Bereitstellung von Getränken aus Pfandflaschen. Dadurch ging der Gebrauch von Getränkekartons und Dosen zurück. Auch die Eltern beteiligten sich an unserem Projekt „müllarme Schule". So verringerte sich zum Beispiel durch den Gebrauch von Brotdosen die Menge an Alufolie, einem beliebten Verpackungsmaterial von Pausenbroten. Zwei von insgesamt drei Müllcontainern konnten abgeschafft werden. Jetzt geben wir rund 410 Euro weniger pro Jahr für die Müllentsorgung aus.

M6 *Aus einem Bericht der Johann-Hinrich-Wichern-Schule, Wiesbaden*

DEUTSCHLAND VOM SATELLITEN AUS GESEHEN
Wenn ich ein Junge wäre, würde ich ...
Wenn ich ein Ma
wäre, würde ich

Mädchen und Jungen – zwei verschiedene Welten?

Typisch Junge – typisch Mädchen

Familie früher

Familien in anderen Ländern

Was Mädchen und Jungen wichtig ist

Ein Standbild bauen

M1 *Weltkundeunterricht in der 5b*

Typisch Junge – typisch Mädchen

„Ich wünsche mir von Mädchen, dass sie nicht tuscheln und kichern."
„Ich wünsche mir von Mädchen, dass sie in der Schule nicht so schleimen und bei jeder Kleinigkeit gleich anfangen zu heulen."

„Ich wünsche mir von Jungen, dass sie beim Streiten nicht ausrasten."
„Ich wünsche mir von Jungen, dass sie uns besser behandeln und sich nicht ständig beim Sport über uns aufregen."

M1 *Ich wünsche mir …*

Jeder Mensch spielt viele Rollen

In unserem Leben werden uns viele **Rollen** zugewiesen. Wir sind zum Beispiel gleichzeitig Schülerin oder Schüler, Tochter oder Sohn, Mitglied eines Sportvereins, Freundin oder Freund usw. Alle Rollen sind mit bestimmten Erwartungen an unser Verhalten verknüpft, die wir erfüllen müssen, wenn wir uns nicht der Missbilligung der Mitmenschen aussetzen wollen. Eine Rolle, die wir unser ganzes Leben lang übernehmen, ist die Geschlechterrolle. Die Erwartungen, die an das Verhalten der beiden Geschlechter gestellt werden, haben sich durch Erziehung und Umwelteinflüsse tief im Leben eines jeden Menschen festgesetzt. Sie werden von Generation zu Generation weitervermittelt. Noch vor 50 Jahren wurden in der Regel Jungen und Mädchen unterschiedlich auf das spätere Leben vorbereitet: Jungen für den „Außendienst", das heißt Beruf und finanzielle Absicherung der Familie, Mädchen für den „Innendienst", das heißt Haushaltsführung und Kindererziehung. Die Erziehung zum Rollenverhalten beginnt mit der Geburt und zieht sich durch das ganze Leben.

Mädchen und Jungen – sehr unterschiedlich

Bei einer Befragung von Kindern (sechs – zwölf Jahren) wählten die Jungen am häufigsten Blau als Lieblingsfarbe, die Mädchen hingegen Rosa/Pink. Bei den Berufen zeigte sich: Jungs stehen auf Action, Wettbewerb und Technik. 27 Prozent der Jungen wollten Profisportler werden, elf Prozent Polizist und neun Prozent Mechaniker. 15 Prozent der Mädchen wären dagegen am liebsten Tierärztin, je zehn Prozent Lehrerin und Friseuse. Unterschiede gab es auch bei den Geschmacksvorlieben. Beide Geschlechter mögen gleichermaßen Schokolade und Vanille. Bei Himbeer-, Erdbeer- und Cola-Geschmack scheiden sich dagegen die Geister: Die roten Früchte, also Himbeere und Erdbeere sagen stärker den Mädchen zu. 45 Prozent der Mädchen mögen Himbeer-Eis, das bei den Jungen kaum in die engere Wahl kommt. Cola-Eis dagegen ist mit 46 Prozent Zustimmung eindeutig die Sorte der Jungen.

Aufgaben

1 Verhalten sich Mädchen und Jungen in eurer Klasse typisch „mädchenhaft" bzw. „jungenhaft"? Worin zeigt sich so ein Verhalten?

2 a) Liste verschiedene Rollen auf, die du im Laufe deines Lebens einnimmst. Welche Erwartungen werden an sie gestellt?
b) Was geschieht wohl, wenn du diese Erwartungen nicht erfüllst?

3 Schreibe einen Text zu den Denkblasen (Foto Seiten 240/241).

Das starke Geschlecht ist schwach

Männer wurden bisher als das starke Geschlecht bezeichnet. Neuere Forschungen zeigen jedoch: Dies stimmt nicht. Männer sind in unserer Gesellschaft kränker als Frauen, sie sterben früher und sind unzufriedener. Der Grund liegt in der Männerrolle, die die Gesellschaft den Jungen vermittelt: über die Erziehung in der Familie, im Kindergarten, in der Schule, im Sport und durch die Medien. Männer führen ein gefährliches Leben. Immer mehr Männer erkennen dies und beginnen, die ihnen von der Gesellschaft zugewiesene Rolle zu verändern.

sich schön machen	Auto fahren	Angst haben
streiten	schmusen	tanzen
jammern	hart arbeiten	Fahrrad reparieren
lange schlafen	über Sex reden	singen
telefonieren	sich entschuldigen	Briefe schreiben
Fußball spielen	romantisch sein	schreien

M3 *Was trifft eher auf Jungen, was auf Mädchen zu?*

Quelle 1

Schorschi hat sich beim Spiel verletzt. Er hat ein Loch in der Stirn, das genäht werden muss. Wir gehen zum Arzt; Schorschi liegt auf einem Tisch, als der Arzt den Raum betritt. Er redet sehr sanft mit Schorschi, streichelt ihn, bezeichnet ihn als Mädchen und fragt, wie er heißt. Da stellt sich heraus, dass Schorschi ein Junge ist. Der Arzt ist wie ausgewechselt. Er entschuldigt sich gleich mal heftig bei Schorschi dafür, dass er ihn für ein Mädchen hielt, und schlägt dann einen kräftigen Ton gegenüber Schorschi an; er spricht von da an mit ihm sozusagen von Mann zu Mann, auf du und du. Er betont, dass Schorschi jetzt tapfer sein müsse, weil es sehr weh täte.

(Nach: M. Grabrucker: Typisch Mädchen. Frankfurt/Main 1994, Seite 146.)

Quelle 2

Sonjas Traum

Sonja will zur Feuerwehr. Die anderen im Dorf denken: „Feuer löschen ist Männersache. Das ist eine Tradition." Trotzdem will Sonja Feuerwehrfrau werden. Die anderen Mädchen aus ihrer Klasse finden das blöd, aber das ist ihr egal. In ihrer Familie wird über ihren Wunsch heftig gestritten. Die Mutter findet das gut und sagt: „Jungen und Mädchen müssen die gleichen Rechte haben. Lass dir das auf keinen Fall gefallen!" Ihr Vater sieht das ganz anders: „Das hat gerade noch gefehlt! Das ist viel zu gefährlich für Mädchen!" Verbieten will er es aber nicht. Als Sonja dann den Feuerwehrhauptmann im Dorf fragt, ist sie sehr enttäuscht, denn er sagt: „Nein, du kannst nicht zu den Feuerwehrleuten gehören. Mädchen können das nicht." Sonja ist wütend, aber sie gibt nicht auf. Sie geht zum Kreisbrandmeister und beschwert sich.

(Nach: Bundesministerium für Familie, Senioren, Frauen und Jugend: Die Rechte der Kinder von Logo einfach erklärt, Berlin 2001, Seite 26)

4 a) Was passiert in Quelle 1? Erkläre das Verhalten des Arztes.
b) Was lernt Schorschi für seine „Rolle" im Leben.

5 „Das starke Geschlecht ist schwach" Erläutere diese Behauptung (Text und M3).

6 Schreibe deine Erwartungen und Wünsche an Mädchen oder Jungen auf (M1).

7 a) Wodurch unterscheidet sich Sonja von den übrigen Kindern in ihrer Klasse (Quelle 2)?
b) Welche Nachteile oder Vorteile hat sie dadurch?
c) Schreibe die Geschichte weiter bis zu einer Lösung und begründe diese.

8 Zeichne zu dem Text „Mädchen und Jungen – sehr unterschiedlich" (S. 242) passende Stabdiagramme (siehe S. 66).

Merke
Wir spielen in unserem Leben verschiedene Rollen. Die Geschlechterrolle prägt uns für das ganze Leben.

Grundbegriff
- Rolle

Familien früher

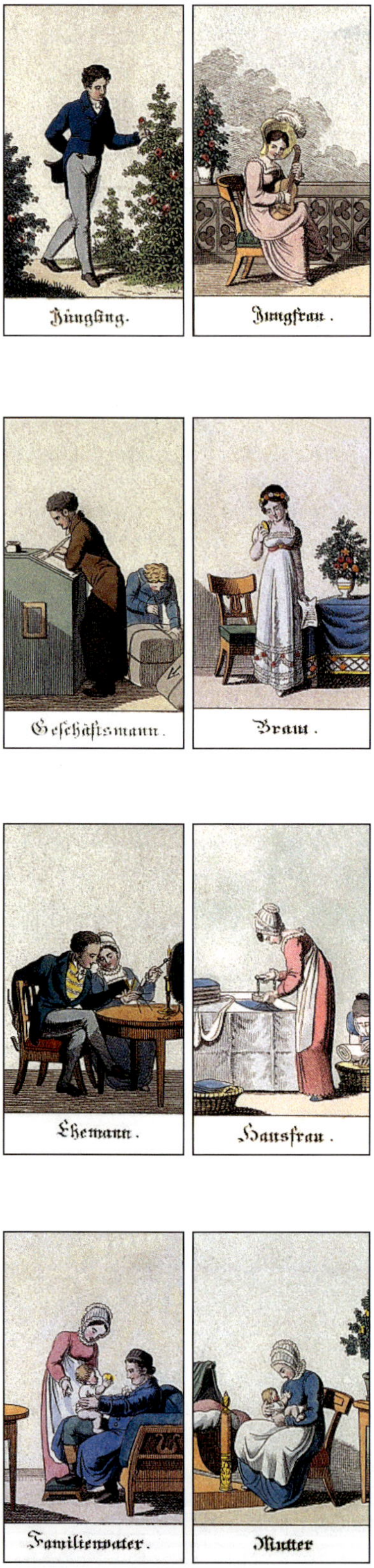

M1 *Lebensläufe*

M2 *Eine vornehme Familie in der Stadt, Gemälde von 1821*

Alle unter einem Dach

Im Laufe der Geschichte haben sich die Zusammensetzung der Familie und die Aufgaben der einzelnen Familienmitglieder verändert. Noch vor hundert Jahren lebten in den meisten Familien Kinder und Eltern, Großeltern und manchmal auch unverheiratete Geschwister der Eltern zusammen. Sie bildeten eine Großfamilie.

Zum Haus einer reichen Familie in der Stadt gehörten auch Gesellen, Gehilfen und das Gesinde. Alle zusammen bildeten eine Haushaltsfamilie. Diese konnte ihren Mitgliedern alles bieten, was zum Leben notwendig war. Die Familie lebte nicht nur zusammen, sie arbeitete auch gemeinsam im Haus. Kinder und alte Menschen halfen mit. Nur der Vater hatte öfter außer Haus zu tun.

Quelle

Eine Hausfrau aus einer vornehmen Familie erzählt

Ich stehe um sechs Uhr auf und ziehe mich an, schreibe oder lese für mich allein bis halb acht. Nach dem Frühstück gehe ich in meine Küche und ordne an, seh aller Arbeit im Haus nach, schreib meine Hausrechnung. Um halb eins gehen wir zu Tisch. Um zwei Uhr, wo Kaffee getrunken wird bis drei, wo die Briefe kommen, bleiben wir zu allerlei Unterredung beisammen. Um fünf Uhr gehe ich wieder in die Küche und ordne das Abendessen. Um sieben Uhr kommen meine Söhne, die bei mir Französisch, die Geschichte und Geographie lesen.

(Nach: Sophie von la Roche, Geschichte des Fräuleins von Sternheim, in: Maurer, M. (Hrsg.), Ich bin mehr als Herz und Kopf, München 1983, S. 259)

M3 *Die Küche, Gemälde von 1835*

Haushalt ist Frauensache

Bis ins 20. Jahrhundert hinein waren die Aufgaben in einer Familie zwischen Mann und Frau klar verteilt. Die Frau hatte sich um den Haushalt zu kümmern. Sie musste die Arbeiten für die Dienstboten, die Knechte und Mägde einteilen und überwachen. Auch die Erziehung der Kinder lag völlig in ihrer Hand. Besonders wichtig war es, die Mädchen auf ihre zukünftige Rolle als Hausfrau und Mutter vorzubereiten. Die Mädchen mussten im Haushalt mithelfen. Die Mutter machte sie mit wichtigen Arbeiten vertraut. Ein bevorzugtes Spielzeug für die Mädchen waren Puppen und Puppenstuben. Dadurch wurden sie auf ihre zukünftige Rolle in der Gesellschaft vorbereitet. Die Jungen hingegen spielten mit Baukästen, Eisenbahn- und Dampfmaschinenmodellen. Dadurch sollte ihre technische Begabung gefördert werden.

Der Mann ernährt die Familie

Der Mann sorgte für den Unterhalt seiner Familie. Auch er arbeitete meistens zu Hause, zum Beispiel als Handwerker oder Kaufmann. Ein Teil der Wohnung war als Werkstatt eingerichtet, diente als Warenlager oder als Laden. Obwohl der Mann ebenfalls den größten Teil des Tages zu Hause war, kümmerte er sich nur um sein Geschäft. Den Haushalt und alle Arbeiten im Haus überließ er allein seiner Frau. Auch um die Erziehung der gemeinsamen Kinder kümmerte er sich nicht.

1 Betrachte M2.
a) Notiere die Tätigkeiten der einzelnen Familienmitglieder.
b) Beachte die Kleidung und die Haltung des Vaters. Was wollte der Maler wohl damit ausdrükken?
c) Baut ein Standbild der Familie (siehe S. 250).

2 In der Küche auf M3 sind nur Frauen und Mädchen zu finden.
a) Schreibe eine Begründung auf.
b) Welche der abgebildeten Personen ist deiner Meinung nach die Hausfrau?

3 Betrachte M1. Stelle dir vor, dass du der Junge oder das Mädchen bist. Notiere, wie dein Leben weitergeht.

4 Wie ist die Aufgabenverteilung in deiner Familie?

Merke
Vor etwa 100 Jahren kümmerte sich in den reichen Familien die Frau um den Haushalt und die Erziehung der Kinder. Der Mann sorgte für den Unterhalt der Familie und kümmerte sich um sein Geschäft.

Familien in anderen Ländern

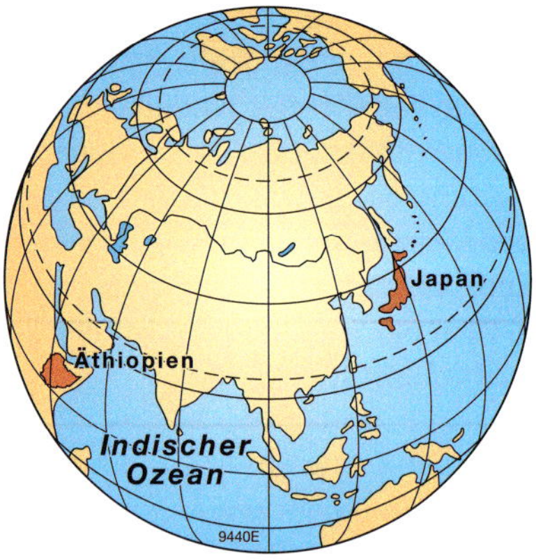

M1 *Lage von Äthiopien und Japan auf der Erde*

M2 *Familie Getu aus Moulo, Äthiopien. Der gesamte Hausinhalt wurde für den Fotografen vor das Haus gebracht.*

Info

Äthiopien

Fläche: 1 133 882 km²
Einwohner: 53 000 000
Verteilung der Bevölkerung:

Stadt | Land

Schulbildung:

ABC

Lebenserwartung: 47 Jahre

Dienstag, 15. März
Nach zwei Stunden Fahrt mit dem Auto von Addis Abeba bis Moulo sind wir in einer anderen Welt. Hier gibt es weder fließendes Wasser noch Gas und Strom.

Mittwoch, 16. März
Die Familie ist sehr gastfreundlich. Heute bin ich dreimal zu Kaffee und geröstetem Getreide eingeladen. Bei den Gesprächen kann ich wichtige Informationen sammeln. Wohnungsgröße: 30 m² für 7 Personen (Küche, 1 Zimmer, Vorratskammer), Arbeitszeit pro Woche: Vater 80 Stunden, Mutter 126 Stunden, wertvollster Besitz: 2 Ochsen.

Donnerstag, 17. März
Zur Zeit ist für die Männer nicht viel zu tun. Nur ein Verwandter hütet das Vieh der Großfamilie. Für die Frauen gibt es allerdings keine ruhige Jahreszeit. Sie holen Wasser, kochen und formen Dung zu Brennmaterial.

Freitag, 18. März
Heute gehe ich mit Teshome (Sohn, 10 Jahre) und Nike (Tochter, 8 Jahre) Dung sammeln auf den Weiden. Der Dung wird gepresst und getrocknet. Anderes Brennmaterial gibt es kaum. Die Kinder gehen nicht zur Schule. Bücher und Schulkleidung sind zu teuer. Mittags gibt es Injara (Fladenbrot) mit Wat (eine Art Eintopf aus Gemüse und Eiern). Seit ich hier bin, essen wir das schon zum dritten Mal. Zuerst essen die Männer, dann die Frauen.

3771E

M3 *Auszug aus dem Tagebuch eines amerikanischen Fotografen in Äthiopien*

Aufgaben

1 a) Beschreibe die beiden Bilder.
b) Notiere jeweils zehn Gegenstände aus dem Besitz der Familie Getu und der Familie Ukita.

2 Welche Sorgen und Probleme der Familie Getu kannst du aus den Tagebuchaufzeichnungen herauslesen?

M4 *Familie Ukita aus Tokio, Japan. Der gesamte Hausinhalt wurde für den Fotografen vor das Haus gebracht.*

Aufgabe

3 Beschreibe das Familienleben in den beiden Familien. Berücksichtige folgende Punkte: Größe und Zusammensetzung der Familie, Wohnung, Tätigkeiten der einzelnen Familienmitglieder, gemeinsame Aktivitäten.

Montag, 7. November
Die ersten Eindrücke von Tokio auf der eineinhalbstündigen Fahrt vom Zentrum bis zum Haus der Familie Ukita: Überall Menschenmassen. Ein richtiger Schock nach dem letzten Auftrag im australischen Busch.

Dienstag, 8. November
6.30 Uhr: Alles läuft wie nach der Stoppuhr. Herr Ukita steht pünktlich auf die Sekunde auf. Sein Frühstück besteht aus zwei Flaschen Cola und einer Multivitamintablette.
7.28 Uhr: Abfahrt zur Arbeit bei einem Zeitschriftenvertrieb. Fahrzeit mit der Bahn eine Stunde.

Donnerstag, 10. November
Gestern haben neun Helfer das Haus für das Familienfoto ausgeräumt. Frau Ukita hat sich nicht aus der Ruhe bringen lassen. Sie ist für den Haushalt zuständig. Ein Drittel des Einkommens gibt sie für Lebensmittel aus, hat sie mir erzählt. Nach dem Frühstück bringt sie die sechsjährige Maya in die Vorschule. Die neunjährige Mio träumt von einer Teilnahme als Schwimmerin an den Olympischen Spielen. Sie kommt um 15.00 Uhr nach Hause und fährt dann viermal pro Woche mit dem Rad zu einem Hallenbad, wo sie zwei Stunden lang trainiert. Abends: Fernsehen mit der Familie.

Freitag, 11. November
Heute Abend treffe ich mich mit Herrn Ukita und seinen Kollegen in einer Karaoke-Bar.

3777E

M5 *Auszug aus dem Tagebuch eines deutschen Fotografen in Japan*

Info

Japan

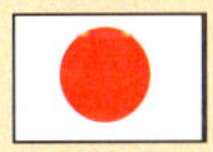

Fläche: 377 750 km^2
Einwohner: 125 000 000
Verteilung der Bevölkerung:

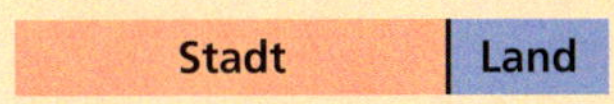

Schulbildung:

Lebenserwartung: 80 Jahre

Merke
Die Familie Getu in Äthiopien hat fünf Kinder, die wegen der hohen Kosten nicht zur Schule gehen.
Die Familie Ukita in Japan hat zwei Kinder, die eine Vorschule und eine Schule besuchen.
Die Lebensverhältnisse beider Familien sind sehr unterschiedlich.

Was Mädchen und Jungen wichtig ist

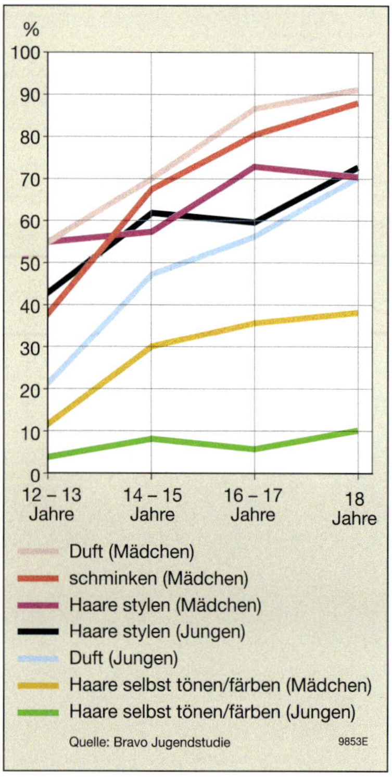

M1 *In welchem Alter machen Jugendliche was?*

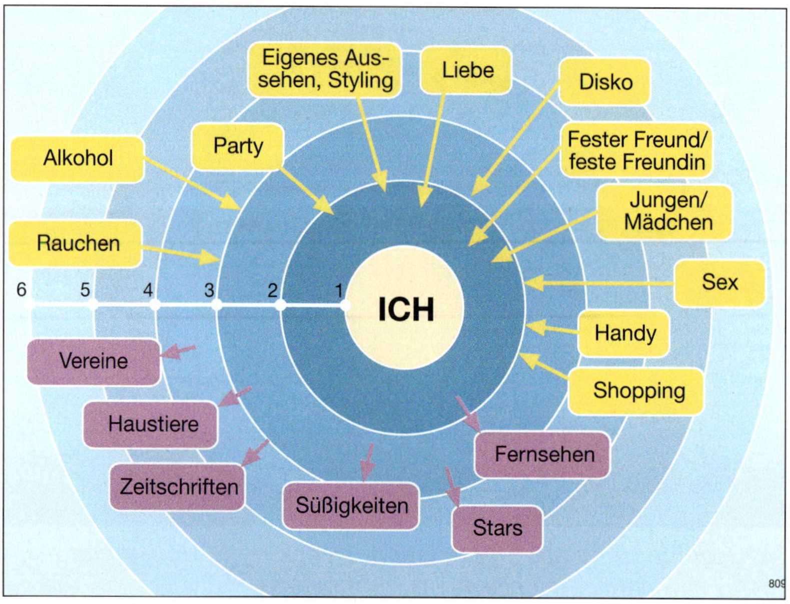

M2 *Was ändert sich für Jugendliche zwischen 12 und 18 Jahren? Die Zahlen 1 – 6 bezeichnen die Stärke der gefühlsmäßigen Nähe zu einem Produkt. Je weiter innen die Themen stehen, umso stärker ist die gefühlsmäßige Nähe. Die violetten Pfeile zeigen die Themen, die an Bedeutung verlieren. Die gelben Pfeile zeigen die Themen, die an Bedeutung gewinnen.*

Was tut sich zwischen 12 und 18 Jahren?

Im Alter zwischen 12 und 18 Jahren hat die Familie für die meisten Jugendlichen nach wie vor eine große Bedeutung. In anderen Bereichen kommt es zu großen Veränderungen. Freunde und Aktivitäten werden immer wichtiger. Das andere Geschlecht – und damit auch Liebe und Sex – werden zum Mittelpunkt des Interesses. Der Genuss von Süßigkeiten wird bei vielen ohne schlechtes Gewissen durch Alkohol und Rauchen ergänzt. Das eigene Erleben wird wichtiger als das Fernsehen.

Quelle

Beauty, Styling, Fashion

Die Zeit zwischen 12 und 18 Jahren ist die spannendste und gleichzeitig die schwierigste Zeit im Leben eines Menschen. Der Körper reift heran – äußerlich und innerlich, die Gefühlswelt steht Kopf und vieles erscheint plötzlich ungewohnt. Gleichzeitig beginnt der Abschied aus der Kindheit und die Suche nach einer eigenen, erwachsenen Persönlichkeit. Produkte aus dem Kosmetik- und Modebereich spielen dabei eine immer größere Rolle: Beauty, Styling und das richtige Outfit helfen den Jugendlichen, in dieser stürmischen Zeit des Wandels ihre Rolle im Leben zu finden und ihren eigenen Typ auszudrücken.

(Nach: Bravo, Faktor Jugend 5. Bonn 2001)

Aufgaben

1 a) Was sagt M2 aus?
b) Was wird für dich wichtiger, was unwichtiger?

2 Beschreibe M1 und nimm dazu Stellung. Nutze dazu auch die Quelle.

3 Betrachte das Umfrage-Ergebnis (M5). Findest du es verblüffend? Begründe deine Meinung.

M3 *Mädchen unter sich*

M4 *Jungen unter sich*

„Die anderen sind voll daneben!" – oder nicht?

In einem Projekt wurden 50 Schülerinnen und Schüler der Jahrgangsstufe sechs zum Thema Freizeit befragt. Die Jungen sollten sagen, wie ihrer Meinung nach die Mädchen die Freizeit verbringen. Die Mädchen sollten sagen, wie ihrer Meinung nach die Jungen die Freizeit verbringen. Das Ergebnis war verblüffend. Alle waren empört. Es wurde eine lebhafte Diskussion in den Klassen geführt.

Aufgabe

4 Ermittelt in einer Umfrage das Freizeitverhalten von Mädchen und Jungen in eurer Klasse. Vergleicht mit M5.

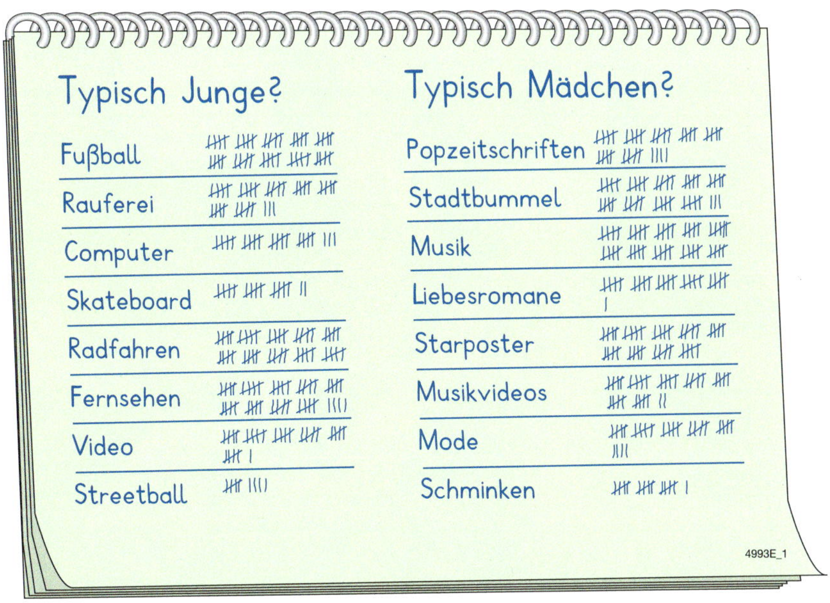

M5 *Umfrage-Ergebnis*

Merke
Im Alter zwischen 12 und 18 Jahren erfahren die meisten Mädchen und Jungen eine allmähliche Veränderung in ihrem Leben. Das andere Geschlecht wird zunehmend interessanter.

Ein Standbild bauen

So könnt ihr vorgehen:

Ziel eines Standbildes ist es, sich wortlos in eine Situation „einzufühlen“.
Der Bau eines Standbildes gliedert sich in drei Abschnitte:

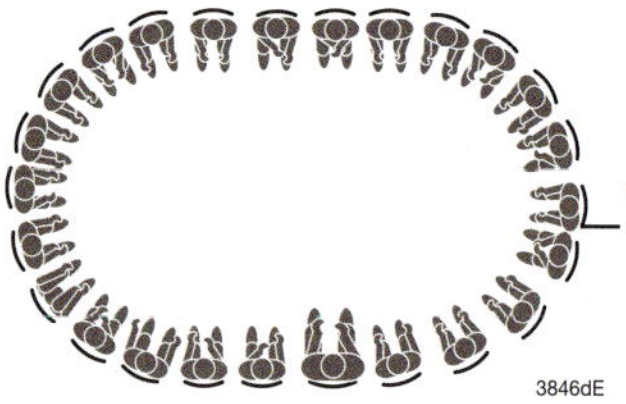

1. Vorbereitung: Es wird ein Stuhlkreis gebildet. Hier wird genau festgelegt, welche Situation dargestellt werden soll. Ihr wählt außerdem eine Regisseurin oder einen Regisseur. Weiterhin bestimmt ihr die Darstellerinnen und Darsteller.

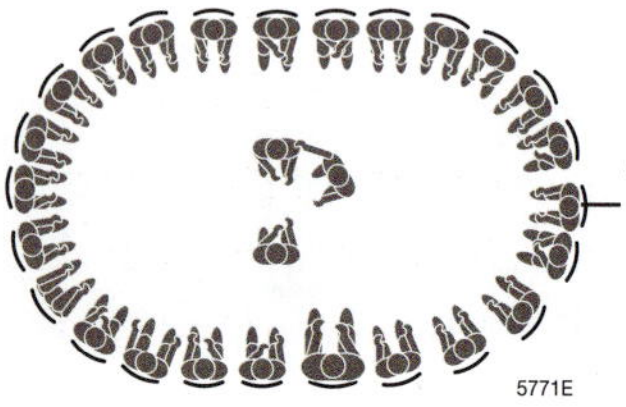

2. Durchführung: In der Mitte des Stuhlkreises entsteht das Bild. Jetzt darf kein einziges Wort gesprochen werden, auch nicht von der Regisseurin oder dem Regisseur. Die Darstellerinnen und Darsteller dürfen nur wortlos in die richtige Position gebracht werden, der jeweilige Gesichtsausdruck muss vorgespielt werden. Wenn die Regisseurin bzw. der Regisseur fertig ist, wird das Bild „eingefroren". Alle Darstellerinnen und Darsteller sowie Zuschauerinnen und Zuschauer müssen sich in das Bild „einfühlen". Die Regisseurin bzw. der Regisseur gibt das Zeichen zum Auflösen des Bildes.

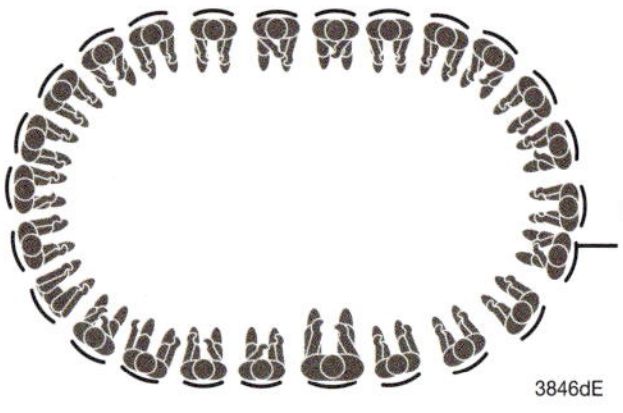

3. Auswertung: Zuerst wird das Bild durch die Zuschauerinnen und Zuschauer, dann durch die Darstellerinnen und Darsteller beschrieben und gedeutet. Zum Schluss sagt die Regisseurin bzw. der Regisseur, warum sie bzw. er das Bild so und nicht anders gebaut hat.

Info

Standbild
In einem Standbild wird eine Situation ohne Worte und ohne Bewegung gezeigt. Im Gegensatz zum Rollenspiel gibt es im Standbild eine Regisseurin bzw. einen Regisseur und nur wenige Darstellerinnen und Darsteller. Sie müssen die wortlosen Anweisungen wie Marionetten befolgen. Die anderen in der Klasse können durch Körperbewegungen Tipps geben, aber allein die Regisseurin oder der Regisseur entscheidet, wie sich die Darstellerinnen und Darsteller aufbauen müssen.
Am Ende wirken sie wie erstarrt. Dann wird das Bild ausgewertet.

M1 *Standbild: Streitsituation zwischen Vater und Sohn*

Typisch Junge – typisch Mädchen

Die Geschlechterrolle bestimmt das Verhalten von Jungen und Mädchen. Jungen wurden früher auf den Beruf und die Absicherung der Familie vorbereitet, Mädchen auf die Haushaltsführung und Kindererziehung. Dies ändert sich. Männer gelten als das starke Geschlecht und Frauen als das schwache Geschlecht. Dieses Klischee ist falsch. Männer sind häufiger krank und haben eine geringere Lebenserwartung. Es gibt unterschiedliche Meinungen darüber, ob typische männliche oder weibliche Verhaltensweisen auf Erziehung zurückzuführen oder angeboren sind.

Zeitsprung: Familien früher

Im Lauf der Geschichte haben sich die Größe und die Aufgaben der Familie verändert. Noch vor etwa hundert Jahren lebten in den meisten Familien Kinder und Eltern, Großeltern und manchmal auch unverheiratete Geschwister der Eltern zusammen.

Andererseits gab es wohlhabende Familien in großen Wohnungen und Häusern mit Dienstpersonal.

Familien in anderen Ländern

Zwei Fotografen berichten über Familien in Afrika und Ostasien. Eine Familie lebt in Äthiopien in einem Dorf in der Nähe von Addis Abeba. Die Familie besteht aus sieben Personen und wohnt in einer Hütte. Die Kinder gehen nicht zur Schule. Bücher und Schulkleidung sind zu teuer.

Die andere Familie lebt in Tokio in Japan. Die Familie besteht aus vier Personen, sie wohnt etwa eine Stunde und 30 Minuten vom Zentrum von Tokio entfernt. Die beiden Kinder besuchen eine Vorschule und eine Schule.

Was Mädchen und Jungen wichtig ist

Im Alter zwischen 12 und 18 Jahren verändert sich für Jugendliche sehr viel. Freunde, Vereine und eine Partnerschaft werden wichtig. Es beginnt die Suche nach einer eigenen Persönlichkeit. Über Äußerlichkeiten (Frisur, Parfüm, Schminke) wird versucht das Besondere der eigenen Person auszudrücken.

Grundbegriff

- Rolle

Die Griechen

Das griechische Erbe

Griechische Stadtstaaten

Anfänge der Demokratie in Athen

Leben in der Polis

Die Olympischen Spiele

Olympische Spiele heute

Baukunst und antikes Theater

Frauenleben im antiken Griechenland

„Väter" der Wissenschaften

M1 *Eine feierliche Zeremonie in Olympia: Das olympische Feuer wird entzündet.*

Das griechische Erbe

M1 *Aus einem Reiseprospekt*

M2 *Die Lage von Griechenland in Europa*

Info

Antike (Altertum)

Die Begriffe **Antike** und **Altertum** bezeichnen das gleiche – und zwar einen geschichtlichen Zeitraum, der von etwa 1500 v. Chr. bis 500 n. Chr. dauerte. Die Zeit davor nennt man Ur- und Frühgeschichte, die Zeit danach Mittelalter. Zur Antike rechnet man die Zeit der griechischen Stadtstaaten (z.B. Athen) und das römische Reich.

Urlaubsland ...

Dafür ist Griechenland heute bekannt: Im Sommer ist es dort sehr warm und es regnet kaum. Die vielen Strände an der griechischen Küste laden zum Baden ein. Deshalb fahren Jahr für Jahr zahlreiche Touristen dorthin, um sich zu erholen. Sie genießen aber nicht nur Sonne, Strand und Meer. Auch die griechische Küche ist zum Beispiel sehr beliebt.

... und Land der Antike

Viele Menschen besuchen Griechenland noch aus einem anderen Grund. Vor etwa 3000 Jahren hatte sich dort eine Hochkultur entwickelt. Heute noch finden sich in Griechenland Zeugnisse dieser Zeit, die wir als griechische Antike bezeichnen. Auch die Olympischen Spiele stammen ursprünglich aus Griechenland. Und der Ort, an dem sie früher abgehalten wurden, kann noch heute besichtigt werden (siehe Foto S. 252/253).

Bifteki	*(Fleischfladen, wie Frikadellen)*
Kalamares	*(Tintenfisch)*
Moussaka	*(Gericht aus überbackenen Auberginen, Kartoffeln, Hackfleisch, u.a.)*
Gyros	*(Gericht mit dünnen Fleischscheiben, die von einem am Drehspieß gegrillten Fleischstück abgeschnitten werden)*
Suflaki	*(Fleischspieß)*

M3 *Griechische Speisen*

„Herzlich willkommen, meine Herrschaften hier in Athen – der aufregenden Hauptstadt Griechenlands. Der Tempel hier ist die Akropolis. Ursprünglich war es eine Burg zum Schutz der Bürger von Athen. Deshalb wurde sie auf diesem 150 m hohen Felsen im Zentrum der Stadt gebaut. Die Überreste, die sie hier sehen, sind etwa 2500 Jahre alt.“

M4 *Ein Reiseführer berichtet*

Zeus, Gottvater, Oberhaupt

Artemis, Göttin der Jagd

Poseidon, Gott des Meeres

Die Griechen der Antike verehrten nicht einen Gott, sondern glaubten an viele Götter. Sie hatten eine ganze „Götterwelt". Es gab männliche und weibliche Götter. Das Oberhaupt der Götter war Zeus. Seine Frau hieß Hera.

Alle Götter lebten auf einem hohen Berg im Norden Griechenlands: dem Olymp. Jeder Gott hatte eine andere Aufgabe. So war zum Beispiel Apollon der Gott der Kunst und Aphrodite die Göttin der Schönheit. Die Griechen der Antike meinten, dass ihre Götter wie Menschen aussahen und auch die gleichen Gefühle wie Menschen empfanden, etwa Liebe, Hass, Freude und Eifersucht.

M5 *Die Götter der Griechen in der Antike*

Aufgaben

1 Nenne Gründe, warum viele Menschen in Griechenland ihren Urlaub verbringen (M1, Text).

2 Gestalte mit Prospekten und Bildern aus dem Reisebüro ein Plakat zum Thema „Das antike Griechenland".

3 Schreibe einen Sachtext über die Götterwelt der Griechen.

4 Besorge dir in der Bücherei ein Buch über „Griechische Sagen". Suche dir eine Sage aus und berichte in der Klasse darüber.

5 Beschreibe mithilfe der Himmelsrichtungen die Lage der vier Gebiete in Griechenland (M1; Atlas, Karte: Südosteuropa/Türkei – physisch).

Merke

Die Antike dauerte von 1500 v.Chr. bis 500 n.Chr. In Griechenland hat sich vor etwa 3000 Jahren eine Hochkultur entwickelt, die wir griechische Antike nennen. Noch im heutigen Griechenland gibt es viele Zeugnisse aus der Antike.

Grundbegriffe

- Antike (Altertum)

Griechische Stadtstaaten

Info

Polis
Die Griechen im Altertum lebten in Stadtstaaten, griechisch: Poleis (Singular: Polis). Die Polis war für die Griechen ihre Heimat, ihr Bezugspunkt. Sie war ein selbstständiger Staat, obwohl häufig nur einige Tausend Menschen in ihr lebten.
Es gab aber auch sehr große Poleis wie zum Beispiel Athen. Diese hatten wiederum andere Poleis unter sich.
Viele heutige Bezeichnungen wie Politik und Polizei stammen von dem griechischen Wort Polis ab.

Α	α	Alpha	a	Ν	ν	Ny	n
Β	β	Beta	b	Ξ	ξ	Xi	x
Γ	γ	Gamma	g	Ο	ο	Omikron	o
Δ	δ	Delta	d	Π	π	Pi	p
Ε	ε	Epsilon	e	Ρ	ρ	Rho	r
Ζ	ξ	Zeta	z	Σ	σ	Sigma	s
Η	η	Eta	ä	Τ	τ	Tau	t
Θ	ϑ	Theta	t (th)	Υ	υ	Ypsilon	ü, u
Ι	ι	Jota	i, j	Φ	φ	Phi	f (ph)
Κ	κ	Kappa	k	Χ	χ	Chi	ch
Λ	λ	Lambda	l	Ψ	ψ	Psi	ps
Μ	μ	My	m	Ω	ω	Omega	o

M1 *Das griechische Alphabet*

Die Welt der Polis

Zu jeder **Polis** gehörten außer der eigentlichen Stadt auch die Dörfer der näheren Umgebung. Dort arbeiteten die Menschen zumeist in der Landwirtschaft. Ihre Erzeugnisse konnten sie auf dem Markt der Stadt verkaufen.
Die einzelnen Poleis lagen teilweise weit voneinander entfernt. Dennoch herrschte unter allen Griechen ein starkes Gemeinschaftsgefühl. Das rührte zum einen von der gemeinsamen Sprache her. Die Menschen konnten sich trotz ihrer verschiedenen Herkunftsorte gut miteinander verständigen. Außerdem hatten sie eine einheitliche Schrift mit dem griechischen Alphabet, das es bis heute noch in Griechenland gibt. Darüber hinaus verehrten sie die gleichen Götter. Schließlich gab es gemeinsame Feste wie die sportlichen Wettkämpfe in Olympia.

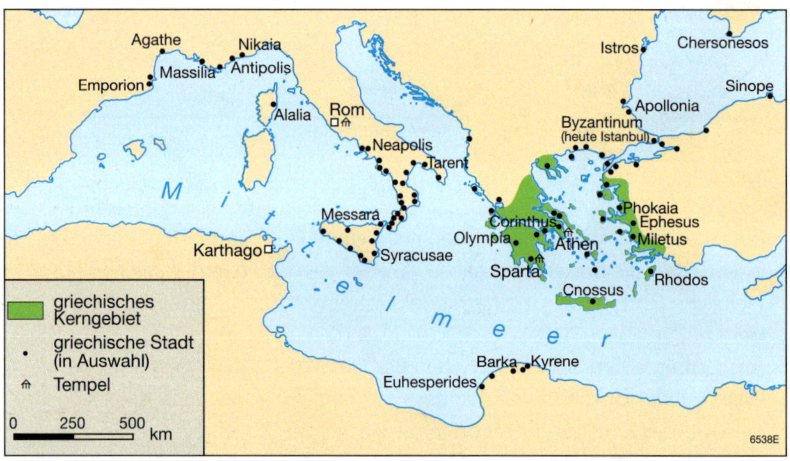

M2 *Die griechischen Poleis Athen, heute die Hauptstadt Griechenlands mit etwa 750 000 Einwohnern, war eine der größten Städte im Altertum. Die griechischen Städte am Mittelmeer saßen „wie Frösche um den Teich".*

Aufgaben

1 Zähle auf, was die Einwohner der verschiedenen griechischen Poleis miteinander verband.

2 Welche der antiken Poleis gibt es heute noch als Orte in Griechenland (M2 und Atlas, Karte: Südosteuropa/Türkei – physisch)?

3 a) ΤΕΧΝΗ, b) ΛΟΓΟΣ, c) ΜΑΤΗΡ, d) ΑΘΛΗΤΗΣ, e) ΜΥΤΗΡ
Diese Wörter bedeuten: 1) Athlet, Wettkämpfer, 2) Technik, 3) Logik, Vernunft, 4) Mutter, 5) Vater.
Ordne den Buchstaben a) bis e) die richtigen Zahlen 1) bis 5) zu (M1).

4 Was bedeutet dieses Wort?
ΓΡΙΕΧΕΝΛΑΝΔ

5 Gestalte ein schönes Namensschild von dir in griechischen Buchstaben. Gibt es einen Buchstaben nicht in M1, nimm einen ähnlichen.

Die Polis Athen

Athen war die größte griechische Polis. Sie umfasste die Halbinsel Attika und die Insel Salamis. In dieser Polis lebten im fünften Jahrhundert v. Chr. etwa 380 000 Menschen: ein Drittel in Athen und der Hafenstadt Piräus, die übrigen in den umliegenden Dörfern.
Aufgrund seiner Flotte war Athen eine sehr mächtige Polis. Mithilfe dieser Flotte konnten die Athener im Jahr 470 v. Chr. einen Angriff der Perser bei der Insel Salamis zurückschlagen. Die Perser hatten versucht, Griechenland von Kleinasien aus anzugreifen. Seit der Schlacht bei Salamis übten die Athener eine Vorherrschaft gegenüber anderen griechischen Poleis aus. Diese mussten den Athenern für den Schutz gegen die Perser oder andere Angreifer eine Schutzsteuer (Tribut) bezahlen.
Von 431 – 404 v. Chr. führten Athen und die Polis Sparta gegeneinander Krieg. Athen unterlag Sparta schließlich und verlor dadurch seine Vorherrschaft gegenüber den anderen Poleis.

Merke
Die Griechen der Antike lebten in einzelnen Stadtstaaten (Poleis). Sie hatten eine gemeinsame Sprache, verehrten dieselben Götter und feierten dieselben Feste.

Grundbegriff
- Polis (Plural: Poleis)

M3 *Die Polis Athen*

Anfänge der Demokratie in Athen

M1 *Statue des Perikles: Perikles war ein Politiker in Athen. Er lebte von 500 bis 429 v. Chr. Die Bürger wählten ihn von 443 v. Chr. an 15-mal hintereinander zum Regierungschef. Damit war er der wichtigste Politiker in Athen. Außerdem war er ein hervorragender Redner.*

M2 *So könnte die Volksversammlung in Athen stattgefunden haben.*

Die Mehrheit entscheidet

Auf dem Versammlungshügel hatten sich mehrere Tausend Männer eingefunden. Sie warteten gespannt auf den Beginn der **Volksversammlung**. Es war die dritte in diesem Monat. Ob Perikles sich wieder durchsetzen wird? Er will noch mehr Geld aus der Staatskasse für Prunkbauten ausgeben.

Plötzlich verstummen die Gespräche. Alle blicken zur Rednertribüne. Der Vorsitzende eröffnet die Versammlung. Sklaven mit rot eingeschmierten Seilen werden ausgeschickt, um Nachzügler herbeizutreiben. Wer einen roten Fleck auf der Kleidung hat, muss Strafe zahlen. Der Vorsitzende gibt Perikles das Wort. Er setzt den Myrtenkranz des Redners auf. Dann spricht er zur Versammlung.

Doch so leicht sind die Männer nicht zu überzeugen. Eine Gruppe hat einen besonders begabten Redner bezahlt, der jetzt gegen Perikles spricht. Eine hitzige Redeschlacht beginnt. Jeder Redner hat nur eine bestimmte Redezeit. Sie wird mit einer Wasseruhr kontrolliert. Schließlich ruft der Vorsitzende zur Abstimmung auf. Jeder Bürger wirft einen roten oder schwarzen Stein in eine Urne.

Info

Demokratie

Die Athener wurden bis ins 5. Jahrhundert v. Chr. hinein von einem König oder einer Gruppe Adliger regiert. Doch die Menschen wurden immer unzufriedener mit der ungerechten Verteilung von Besitz und Macht. Politiker gaben daher einem Teil des Volkes mehr Mitspracherecht. Jeder männliche freie Bürger über 18 Jahre durfte an der Volksversammlung teilnehmen und hatte das gleiche Stimmrecht. Eine neue Staatsform war entstanden: die **Demokratie**. Übersetzt heißt das Volksherrschaft. Auch unsere heutige Staatsform stammt ursprünglich von der in Athen entwickelten Demokratie ab.

Aufgaben

1 Erkläre, wofür die Gegenstände von M3 bei einer Volksversammlung verwendet wurden.

2 Spielt den Ablauf einer Volksversammlung in der Klasse nach.

3 In Athen hatten nur die freien Bürger politische Rechte. Wie viele Menschen durften abstimmen? Vergleiche ihre Zahl mit der Gesamtbevölkerung (M4).

4 Warum bezeichnet Perikles jemanden, der nicht an der Volksversammlung teilnimmt, als unnütz (Quelle)?

M3 *Gegenstände, die bei einer Volksversammlung wichtig waren*

Bürger bestimmen die Politik

Die Volksversammlung bildet das Zentrum des politischen Lebens in Athen. Hier entscheiden die freien Bürger der Stadt über die Ausgaben des Staates und über Krieg und Frieden. Jeder hat das Recht, selbst einen Antrag zu stellen und vor der Volksversammlung zu reden.

Nach einer ausgiebigen Beratschlagung stimmen die Athener ab. Dabei wird der Vorschlag angenommen, der die meisten Stimmen erhält.

M4 *Die Bevölkerung in der Polis Athen um 500 v. Chr.*

Info

Gedenkrede des Perikles

Unsere Staatsform heißt Demokratie (Herrschaft des Volkes), weil bei uns nicht einer bestimmt, sondern die Mehrheit des Volkes entscheidet. Bei uns nennt man jemanden, der nicht an der Volksversammlung teilnimmt, nicht untätig, sondern unnütz.

(Nach: Thukydides: Der Peloponnesische Krieg)

Scherbengericht

Die Volksversammlung kann auch ein **Scherbengericht** durchführen. Es droht besonders ehrgeizigen Politikern, die die Alleinherrschaft anstreben.

Die Bürger ritzen dazu den Namen eines Politikers, den sie für gefährlich halten, auf eine Tonscherbe. Es sind Bruchstücke von Tongefäßen, die als Stimmzettel benutzt werden. Werden mindestens 6000 Tonscherben abgegeben, muss derjenige, dessen Name mindestens 3001-mal auftaucht, die Stadt für zehn Jahre verlassen. Der Politiker verliert allerdings nicht sein Ansehen und sein Vermögen. Das Scherbengericht dient dazu, die Macht von einzelnen Politikern einzuschränken.

Merke

In Athen wurde im 5. Jahrhundert v. Chr. die Demokratie eingeführt. Jeder freie männliche Bürger hatte eine Stimme. Die Mehrheit der Stimmen entschied über die Politik. Mit einem Scherbengericht konnte die Macht einzelner Politiker eingeschränkt werden.

Grundbegriffe

- Volksversammlung
- Demokratie
- Scherbengericht

M1 *Sklaven in der Silbermine*

Menschen als Besitz

Die Mehrheit der Bevölkerung in Athen bestand aus Sklavinnen und **Sklaven.** Sie waren meistens Kriegsgefangene, das heißt die „Beute“ von Kriegszügen. Ihre Kinder wurden als Sklaven geboren. Sklaven waren von ihren Besitzern vollkommen abhängig. Zu den meisten athenischen Haushalten gehörten ein oder zwei Sklaven.

Die Lage der Haussklaven war noch verhältnismäßig günstig. Schlimmer lebten die Sklaven, die in den Silberminen südlich von Athen arbeiten mussten (siehe S. 257, M3). Unter Tage mussten sie silberhaltiges Gestein mit einem Hammer aus dem Fels schlagen. Dann wurde es mühsam nach oben geschleppt (M1) und in einer Steinmühle gemahlen (M3). Anschließend wurde das Silber ausgewaschen und schließlich in Schmelzöfen weiterverarbeitet.

Sklavenarbeit gab es nicht nur in Athen, sondern auch in den anderen griechischen Stadtstaaten.

M3 *Sklaven mahlen das geförderte Silber-Gestein.*

Aufgabe

1 Erstelle eine Liste mit Tätigkeiten, die Sklavinnen und Sklaven ausübten.

Ein Sklavenhändler verkaufte Sklaven von Alexandrien in Afrika nach Athen und beschrieb sie so: Haimos, etwa 10 Jahre, dunkelhäutig, kraushaarig, schwarzäugig, ziemlich große Kinnlade und Muttermale auf der rechten Kinnlade, ...
Okaimos, etwa 7 Jahre, rundgesichtig, stupsnasig, blauäugig, rötliche Hautfarbe, schlank, Narbe auf der Stirn, ...

(Aus J. Hengstl (Hrsg.): Griechische Papyri aus Ägypten. Düsseldorf, Zürich 1978, S. 296)

M2 *Beschreibung junger Sklaven*

Quelle 1

„Die Natur hat die Körper der Sklaven und der Freien verschieden gestaltet: die einen kräftig für die schwere Handarbeit, die anderen aufgerichtet und ungeeignet für derartige Arbeiten, doch brauchbar für das politische Leben. Es gibt also von Natur aus Sklaven und Freie.“

(Der Philosoph Aristoteles über die Sklaven)

Quelle 2

„Wie viel besser ist es doch, einen anständigen Herren zu bekommen, als niedrig und schlecht als freier Mann zu leben.“

(Der Grieche Philemon über die Sklaverei)

Athen – Handelszentrum am Mittelmeer

Die Bauern der Polis Athen bauten vor allem Getreide, Wein und Oliven an. Die Ernten reichten jedoch nicht aus, um alle 380 000 Menschen zu ernähren. Getreide und andere lebenswichtige Güter mussten eingeführt werden.

In Athen gab es viele selbstständige Handwerker. Sie verkauften ihre Produkte auf dem Markt oder an Großhändler. Diese betrieben mit den Produkten Handel im ganzen Mittelmeerraum. Einige von ihnen wurden dabei sehr reich, denn durch die Ausfuhr von Handwerkserzeugnissen konnten hohe Gewinne erzielt werden. Viele athenische Bürger aber waren arm. Sie arbeiteten als Tagelöhner, je nachdem, wo es gerade etwas zu tun gab: Als Helfer in der Erntezeit konnten sie auf dem Land arbeiten; sie waren als Lastenträger im Hafen beschäftigt; sie waren als Hilfsarbeiter beim Bau oder als Ruderer auf den Schiffen tätig.

Aufgaben

2 Was kannst du aus der Beschreibung der Sklaven in M2 schließen? Was war für die Käufer wichtig?

3 Stell dir vor, du lebst im antiken Athen: Stimmst du den Aussagen in den Quellen 1 und 2 zu? Begründe.

4 Demetrios lässt für ein Gastmahl Makrelen, Schweinefleisch, Feigen, Mandeln und Datteln einkaufen. Trage in eine Liste die Herkunft dieser Delikatessen ein (Quelle 3, M4).

Quelle 3

Rindsleder und Arzneisaft holen wir aus Kyrene, Makrelen und Salzfische besorgen wir uns vom Hellespont, ebenso Rippenstücke vom Rind und Gerste. Aus Syrakus bekommen wir Schweine und Käse, aus Ägypten Tauwerk, Segel und Papyrus. Den Weihrauch beziehen wir aus Syrien, Zypressenholz von der Insel Kreta. Libyen verkauft uns Feigen, Rhodos Rosinen und Feigen. Birnen und Äpfel kommen aus Euböa und die Sklaven holen wir aus Phrygien. Paphlagonien führt Mandeln aus, Cypern Datteln und feinstes Mehl. Karthago schickt uns Teppiche und bunte Kissen.

(Nach: Geschichte in Quellen Bd. 1. München 1975, S. 192)

Merke
Die Mehrheit der Bevölkerung in Athen bestand aus Sklaven. Durch die Ausfuhr von Handwerkserzeugnissen wurden die Kaufleute reich. Es gab aber auch viele arme Tagelöhner und Hilfsarbeiter.

Grundbegriff
- Sklave

M4 *Athenische Handelsbeziehungen: Athen führte die Erzeugnisse der Handwerker in andere Länder aus und erzielte hohe Gewinne. Dadurch wurde die athenische Polis reich und mächtig.*

Die Olympischen Spiele

M1 *Ringkämpfer*

M2 *Göttervater Zeus als Blitzschleuderer*

Aufgabe

1 Schau dir die Sportarten an, die auf den antiken Vasen zu sehen sind (M1, M3, M4 und M6).
a) Vergleiche sie mit heutigen Sportarten.
b) Von welchen Tätigkeiten könnten die Sportarten ursprünglich abstammen?

M4 *Wettläufer*

Griechische Wettkämpfe

Die ersten überlieferten Wettkämpfe fanden 776 v. Chr. in Olympia statt. An den Wettkämpfen durften nur Männer der griechischen Poleis teilnehmen. Alle anderen waren von den Wettkämpfen ausgeschlossen. Während der Spiele durften in Griechenland keine Kriege geführt werden. Die Spiele hatten auch eine religiöse Bedeutung. Die Wettkämpfe wurden zu Ehren des Göttervaters Zeus abgehalten. Die **Olympischen Spiele** dauerten fünf Tage.

So liefen die Spiele ab

Erster Tag
Die Athleten bringen dem Göttervater Zeus ein Opfer. Anschließend schwören sie vor dem Altar des Zeus, dass sie die olympischen Kampfregeln einhalten. Dann werden die Wettkampf-Paarungen ausgelost. Nun finden die Wettkämpfe der 12- bis 18-jährigen Knaben im Wettlauf, Ringen und Faustkampf statt.

M3 *Streitwagenrennen*

Zweiter Tag
Der Wettkampftag beginnt mit dem Wagenrennen. Danach erfolgt der Fünfkampf: Die Athleten kämpfen in den Disziplinen Diskuswerfen, Weitsprung, Speerwerfen, Ringen und im Stadionlauf über 192 Meter.

Dritter Tag
An diesem Tag finden keine Wettkämpfe statt. Der Tag ist religiösen Handlungen vorbehalten: Die Athleten, Kampfrichter, Trompeter und Gesandten der teilnehmenden Poleis schreiten in einem langen Festzug zum Altar des Zeus. Dort wird dem Göttervater ein Opfer von 100 Ochsen dargebracht. Abends wird ein großes Festmahl abgehalten.

Vierter Tag
Heute finden Wettkämpfe für Kampfsportarten statt: Ringen, Faustkampf, Pankration (eine Mischung zwischen Faustkampf und Ringen), Streitwagenrennen sowie Waffenlauf über 400 Meter.

Fünfter Tag
Am letzten Tag der Festspiele werden alle Sieger mit einem Zweig vom heiligen Ölbaum geehrt. Nach den Dankopfern zu Ehren des Zeus gibt es im Rathaus von Olympia ein feierliches Mahl. Am Abend laden dann die Sieger ihre Freunde zu einem Festessen ein.

M6 *Waffenlauf (Wettrennen mit Waffen)*

Merke
Die ersten Olympischen Spiele fanden 776 v.Chr. in Olympia in Griechenland statt.

Grundbegriff
- Olympische Spiele

Quelle

Und die Frauen?
In Olympia gab es für Frauen gesonderte Wettkämpfe. Sie wurden alle vier Jahre zu Ehren der Göttin Hera, der Gemahlin des Zeus, durchführt. Diese Wettkämpfe bestanden jedoch nur in einer einzigen Sportart, dem Wettlauf. Er wurde für drei Altersklassen durchgeführt: Zuerst kamen die jüngsten, dann die mittleren und schließlich die älteren Mädchen.
Nach der Vorschrift liefen sie in einem hemdartigen Kleid, das bis zu den Knien reichte.
Die Siegerinnen erhielten wie die Männer einen Zweig vom heiligen Ölbaum. Außerdem bekamen sie einen Teil von der Kuh, die zu Ehren der Göttin Hera geopfert wurde.

(Nach F. Mezö: Geschichte der Olympischen Spiele, München 1930).

M5 *Malerei mit dem Wettlauf der Frauen*

Olympische Spiele heute

M1 *Bei der Eröffnungsfeier der Olympischen Spiele 2004 in Athen*

Ein olympischer Neuanfang

Im Jahr 393 n.Chr. regierte in Athen der christliche Kaiser Theodosius. Er ließ die Olympischen Spiele als heidnisches Fest verbieten. Jahrhundertelang wurden sie deshalb nicht mehr durchgeführt.

Erst 1894 hatte der Franzose Pierre Coubertin die Idee, die Spiele wieder auszutragen. 1896 fanden dann die ersten Olympischen Spiele der Neuzeit in Athen statt. Seitdem werden sie alle vier Jahre veranstaltet, mit Ausnahme der Zeiten während des Ersten Weltkriegs (1914 – 1918) und des Zweiten Weltkriegs (1939 – 1945). Seit 1924 gibt es auch alle vier Jahre Olympische Winterspiele.

Heute nehmen Sportlerinnen und Sportler aus fast allen Ländern der Erde an den Olympischen Spielen teil. Die Wettkämpfe werden von Millionen von Zuschauern auf der ganzen Welt im Fernsehen verfolgt. Die Siegerinnen und Sieger sowie die Plätze 2 und 3 erhalten eine Medaille (Gold, Silber, Bronze).

Aufgaben

1 Notiere, welche Unterschiede zwischen den Olympischen Spielen zur Zeit der Griechen und heute bestehen.

2 Beschreibe, wie und wo das Olympische Feuer entzündet wird und wie es an den Austragungsort der Olympischen Spiele gelangt (Quelle).

3 Überlege: Welche fünf Erdteile werden in der Olympischen Fahne dargestellt?

Quelle

Das Olympische Feuer

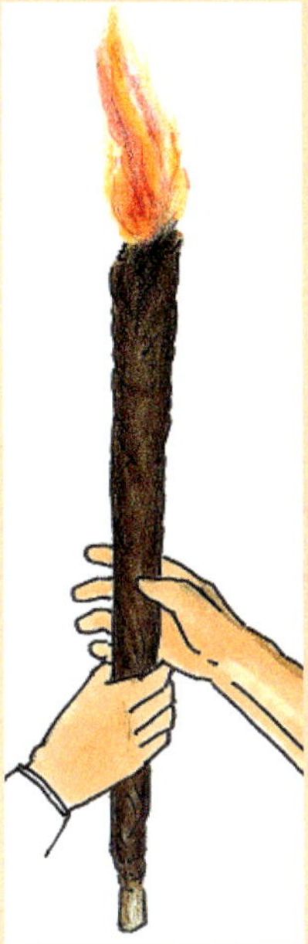

Zur Erinnerung an den Ursprung der Olympischen Spiele wird das **Olympische Feuer** jeweils mehrere Monate vor der Eröffnungsfeier der Spiele in Olympia entzündet. Als Zündquelle dienen ausschließlich die Sonnenstrahlen.
Das Feuer wird dann auf dem Weg von Olympia bis ins Olympiastadion der jeweiligen Stadt von Fackelläufern getragen. Dabei durchquert es zum Teil Kontinente, Länder und verschiedene Regionen der Welt und lenkt den Blick auf die Bewohner, ihre Kultur und Sitten. Der Fackellauf lädt ein zum Entdecken, schärft die Neugierde und den Wunsch nach Öffnung zu den Mitmenschen. Am Eröffnungstag der Spiele hält das Feuer Einzug im Stadion. Der letzte Läufer entfacht damit das Olympische Feuer in der Schale, wo es bis zum Ende der Spiele brennt. Es wird am letzten Tag während der Schlusszeremonie gelöscht.

(Nach: Die Olympischen Symbole. In: Olympisches Museum und Studienzentrum. Lausanne 2002)

M2 *Carl Lewis (*1961) beim Weitsprung (8,67 m). Als neunfacher Olympiasieger und achtfacher Weltmeister im Weitsprung und verschiedenen Sprintdisziplinen ist er der erfolgreichste Leichtathlet aller Zeiten.*

Der Ablauf der XXVIII. Olympischen Sommerspiele in Athen 2004

Erster Tag: Eröffnungsfeier. Das Olympische Feuer wird entzündet; fast vier Milliarden Menschen schauen am Fernseher zu.
Zweiter bis sechzehnter Tag: Wettkämpfe in den Disziplinen Bogenschießen, Leichtathletik, Triathlon, Boxen, Badminton, Basketball, Kanu, Kajak, Radsport, Reiten, Fechten, Fußball, Turnen, Handball, moderner Fünfkampf, Hockey, Judo, Taekwondo, Rudern, Schwimmen, Turmspringen, Schießen, Tennis, Wasserball, Volleyball, Gewichtheben, Ringen, Segeln, Tischtennis, Wildwasserkanu.
Siebzehnter Tag: Abschlussfeier. Das Olympische Feuer wird gelöscht.

Die Olympische Fahne

Fünf ineinander verflochtene Ringe sind das Symbol (Kennzeichen) der Olympischen Spiele der Neuzeit. „Die Olympische Fahne ist ganz weiß; die Ringe in der Mitte haben die Farben Blau, Gelb, Schwarz, Grün und Rot. Ihre Gestalt ist symbolisch zu verstehen: Sie stellen die fünf Erdteile dar, die in der Olympischen Bewegung vereint sind. Die sechs Farben in der Fahne entsprechen denen sämtlicher Nationalflaggen der Welt."
(Pierre de Coubertin, 1931)

Merke
1896 fanden die ersten Olympischen Spiele der Neuzeit in Athen statt. Sie werden alle vier Jahre ausgetragen.

Baukunst und antikes Theater

M1 *Die Akropolis in Athen:* ① *Die Eingangstorhalle. Die Stufen der Treppe waren niedrig, damit auch Opfertiere hinaufkamen.* ② *Bronzestandbild der Athene, geschaffen von dem berühmten Bildhauer Phidias. Die goldene Lanzenspitze war bereits vom Meer aus sichtbar.* ③ *Der sogenannte Parthenon, der Tempel der Stadtgöttin Athene.* ④ *Der Tempel des attischen Gottes Erechtheus.* ⑤ *Kleiner Tempel der Siegesgöttin Nike.*

Der Parthenon-Tempel wird gebaut

In der Regierungszeit des Perikles entwickelte sich Athen zum Zentrum der griechischen Baukunst. Aus Dank für einen Sieg gegen die Perser ließ Perikles zwischen 447 und 432 v. Chr. der Stadtgöttin Athene einen Tempel bauen: den Parthenon. Er steht auf einem flachen Hügel oberhalb von Athen, der Akropolis. Er wurde vollkommen aus Marmor gebaut und gilt als eines der schönsten Beispiele der griechischen Baukunst des Altertums.

Doch wer bezahlte damals das teure Bauwerk? Athen war mit anderen Poleis in einem Seebund zusammengeschlossen. Dieser war ein Bündnis zur Verteidigung gegen äußere Feinde. Athen hatte dabei die führende Rolle. Die Polis war größte Handelsmacht am Mittelmeer und sehr reich. Die Bündnispartner zahlten Geld in eine Bundeskasse. Mit diesem Geld rüstete Athen zunächst die gemeinsame Flotte aus. Nach 449 v. Chr. wurde aber kaum Geld mehr für Kriege ausgegeben. Deshalb benutzte Perikles den Schatz des Bundes für die Errichtung großer Bauwerke wie zum Beispiel für den Bau des Parthenon-Tempels. Der Parthenon ist heute das berühmteste noch vorhandene Baudenkmal des antiken Griechenlands und eines der bekanntesten Gebäude weltweit.

Info

Bauten nach griechischem Vorbild

Die Schönheit der griechischen Tempel begeistert Menschen auf der ganzen Welt. Bei uns hat man im 19. Jahrhundert nach griechischem Vorbild viele Gebäude errichtet, zum Beispiel das Kurhaus in Baden-Baden. Auch das Brandenburger Tor in Berlin und das Weiße Haus in Washington haben griechische Vorbilder.

M2 *Das Theater in Epidaurus auf dem Peloponnes*

Aufgaben

1 Auf welche Weise bezahlten die Athener ihre neuen Bauwerke?

2 Beschreibe, wie es zu den ersten Theateraufführungen kam.

3 Vergleiche den Parthenon-Tempel (M3) mit dem Brandenburger Tor (M4).

Theateraufführungen in Athen

Die Athener feierten zweimal im Jahr – im Januar und im April – große Feste zu Ehren von Dionysos. Er war der Gott des Weines und der Lebensfreude. Bei diesen Festen erfanden die Athener eine Unterhaltungsform, die auch heute noch sehr beliebt ist, das Theater. Die Athener unterschieden zwei Arten von Bühnenstücken: das Lustspiel, die sogenannte **Komödie**, und das Trauerspiel, die sogenannte **Tragödie**. In einer Komödie werden Konflikte zwischen Menschen lustig gelöst. Die Tragödie dagegen ist ein trauriges Bühnenstück.

Im Theater durften nur freie Männer als Schauspieler auftreten. Die aufgeführten Stücke sollten den Menschen helfen, sich selbst und die Welt besser zu verstehen.

Merke
Die griechische Baukunst ist weltberühmt. Nach ihrem Vorbild werden noch heute Gebäude in vielen Ländern der Erde errichtet. Die Griechen haben das Theater erfunden. Sie spielten Komödien und Tragödien.

Grundbegriffe
- Komödie
- Tragödie

M3 *Der Parthenon-Tempel heute*

M4 *Das Brandenburger Tor in Berlin*

Frauenleben im antiken Griechenland

Athen – Lysias heiratet Agariste

Die Hochzeit der 13-jährigen Agariste und des 30-jährigen Lysias steht bevor.
Der Hochzeitstag wird vorbereitet. Es wird Musik und Gesang, ein Festmahl und Opferungen geben. Agariste erzählt am Abend vor der Hochzeit der ägyptischen Sklavin Leona, wie sie sich ihr Leben als Ehefrau in Athen vorstellt:

„Ich werde in den Frauenräumen leben, zu denen Männer keinen Zutritt haben. Genauso wie bisher werde ich nur ganz selten und dann in Lysias Begleitung das Haus verlassen. Ich hoffe, dass mein Vater mit Lysias eine gute Wahl getroffen hat und er mich gut behandeln wird. Im Haus werde ich die Herrin sein über die Sklavinnen und Sklaven und dafür sorgen, dass der Haushalt funktioniert. Ach weißt du, wenn die Kinder erst da sind, werde ich mich vor allem um sie kümmern. Mit den Söhnen werde ich nicht viel Arbeit haben, denn sie werden ab dem siebten Geburtstag von Lehrern erzogen und unterrichtet. Aber die Mädchen werden im Haus sein, bis sie etwa 15 Jahre alt sind."

M1

M2 *Braut und Bräutigam fahren mit ihrem Hochzeitsgespann vom Elternhaus der Braut zum Haus des Bräutigams.*

Die Hochzeitsfeierlichkeiten

Eine Hochzeit wurde in Athen mit einem dreitägigen Fest begangen. Zunächst brachte man den Göttern Opfergaben. Dann war es Sitte, dass sowohl die Braut als auch der Bräutigam reinigende Hochzeitsbäder nahmen. Am Tag danach fand ein üppiges Festmahl statt, wobei die Männer getrennt von den Frauen saßen. Höhepunkt war die Heimführung der Braut in die Familie des Mannes. In einem Festzug mit Fackeln und Flötenspielern wurde das Paar zum Haus des Bräutigams gebracht, wo es seine Mutter in Empfang nahm.

M3 *Griechische Mutter mit Kind*

Quelle 1

Ein junger Grieche der Antike berichtet:
„Nachdem ich mich entschlossen hatte, zu heiraten und eine Frau in mein Haus geführt hatte, benahm ich mich gegen sie zuerst so, dass ich ihr weder etwas zu Leide tat, noch ihr zu sehr freie Hand ließ, zu tun, was sie wollte. Ich bewachte sie so viel wie möglich und hielt, wie es sich gehörte, mein Auge auf sie gerichtet. Nachdem ich ein Kind von ihr hatte, schenkte ich ihr mein Vertrauen. Ich überließ ihr alles, was ich hatte, in der Überzeugung, dieses sei das festeste Band der häuslichen Gemeinschaft."

(Nach: Pomeroy, S.: Frauenleben im klassischen Altertum. Stuttgart 1985)

Alltag der Frauen

Das Leben der Frauen im antiken Griechenland spielte sich vor allem im Haus ab. Hier mussten sie sich um die Erziehung der Kinder kümmern sowie Küche und Haushalt führen. Ihr Ehemann oder – wenn sie nicht verheiratet waren – ihr Vater oder Bruder bestimmte über sie und vertrat sie vor Gericht: Die Männer hatten die **Vormundschaft** über die Frauen.
Frauen aus armen Familien mussten neben ihrer häuslichen Arbeit noch einer anderen Tätigkeit nachgehen, um Geld zu verdienen, zum Beispiel als Hebamme, Händlerin oder Textilarbeiterin.

M5 *Griechische Frauen beim Wasserholen. Frauen aus armen Familien mussten das Wasser, das ein Haushalt benötigte, vom Brunnen oder Fluss herantragen. Sie verrichteten alle Tätigkeiten im Haus selbst, denn sie hatten keine Sklaven.*

Quelle 2

Sokrates sagte:
„Da beide Arten von Arbeit nötig sind, die draußen und drinnen, schuf Gott die Natur des Weibes für die Arbeiten im Hause, die des Mannes für die Arbeiten außerhalb des Hauses. Der Mann ist mehr dazu geschaffen, Kälte und Wärme, Märsche und Feldzüge zu ertragen. Daher trug der Gott ihm die Arbeiten außerhalb des Hauses auf. Der Körper der Frau ist weniger widerstandsfähig, deshalb ist sie besser für die Arbeiten im Hause geeignet. Da sie aber mehr dazu befähigt ist, die kleinen Kinder aufzuziehen, gaben ihr die Götter die größere Liebe."

(Nach Xenophon: Die Sokratischen Schriften. Herausgegeben von Ernst Bux, Stuttgart 1956)

M4 *Griechische Frauen stellen Kleidung und Tücher in einer Spinnerei her.*

Aufgabe

1 Männer und Frauen hatten in der griechischen Antike unterschiedliche Aufgaben.
a) Beschreibe sie.
b) Nimm Stellung dazu.

Merke
In der griechischen Antike gab es eine klare Arbeitsteilung: Der Mann war für die Tätigkeiten außerhalb und die Frau für die Arbeiten innerhalb des Hauses zuständig. Die Frauen waren nicht gleichberechtigt, die Männer bestimmten über sie.

Grundbegriff
- Vormundschaft

„Väter" der Wissenschaften

M1 *Hippokrates (460 – 377 v.Chr.)*

Aufgaben

1 Benenne die drei Hauptaussagen, die der Eid des Hippokrates beinhaltet (Quelle 1).

2 Auch heutige medizinische Berufe zeigen in ihren Symbolen, dass ihr Ursprung in der griechischen Antike liegt. Erkläre (M3).

Beginn der wissenschaftlichen Forschung

Die Griechen der Antike begründeten die wissenschaftliche Forschung: Nun wurden erstmals geheimnisvoll erscheinende Dinge der Natur auf ihre Ursachen hin geprüft. So fragte beispielsweise der griechische Arzt Hippokrates nach den Ursachen von Krankheiten. Werden diese Ursachen erkannt, so kann der Arzt Heilmittel gegen sie einsetzen und der Kranke kann wieder gesund werden.

Hippokrates hat auch einen Eid für die damals tätigen Heilkundiger aufgestellt. Dieser Eid gilt für die Ärzte noch heute.

Quelle 1

Der Eid des Hippokrates

„Ich werde die Kenntnisse des Lebens nach bestem Wissen und Können zum Heil der Kranken anwenden, nie aber zu ihrem Schaden. Ich werde niemandem eine Arznei geben, die den Tod herbeiführt, auch nicht, wenn ich darum gebeten werde. Über alles, was ich bei meiner Tätigkeit als Arzt erfahre, werde ich Stillschweigen bewahren."

Info

Asklepios

Der Gott Asklepios war bei den Griechen des Altertums für die Heilung von Krankheiten zuständig. Das heilige Tier des Asklepios war eine Schlange. Sie ist auch heute noch in Darstellungen aus dem medizinischen Bereich üblich.

M2 *Statue des Asklepios*

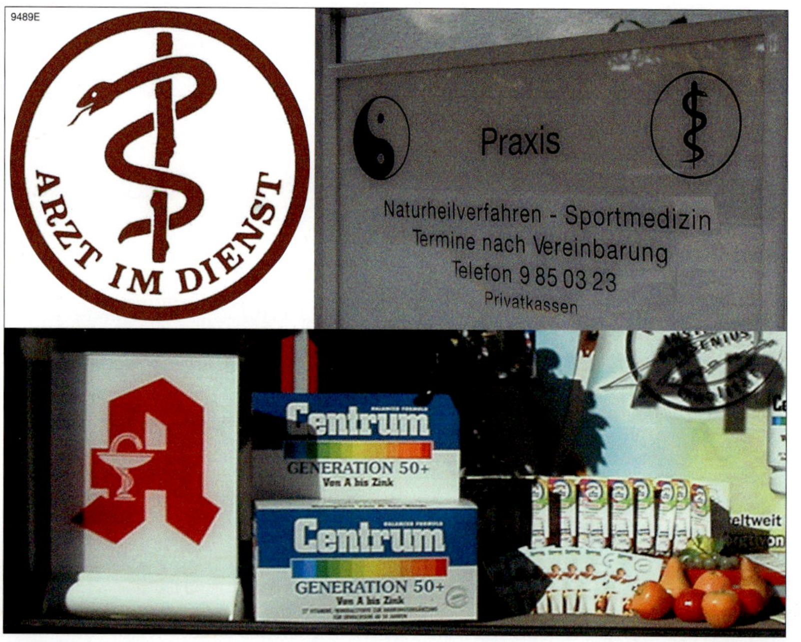

M3 *Heilberufe heute*

◀ **M4** *Platon (links) und Aristoteles (rechts). Ausschnitt aus dem Bild „Die Schule von Athen" des italienischen Malers Raffael (um 1510). Um diese beiden großen Philosophen hat der Maler andere griechische Denker gruppiert.*

M5 *Marmorstatue des Sokrates (nach einem Original aus dem 2. Jahrhundert v. Chr.)*

Freunde der Weisheit

In der griechischen Antike machten sich einige Menschen tiefere Gedanken über den Sinn des Lebens. Man bezeichnete sie deshalb als **Philosophen**, das heißt Freunde der Weisheit. Ein berühmter Philosoph war Sokrates (470 – 399 v. Chr.). Er war zumeist auf dem Marktplatz von Athen zu finden. Dort stellte er seinen Gesprächspartnern geschickte Fragen und erreichte so, dass diese Menschen nachdachten.

Sein Schüler Platon (427 – 347 v. Chr.) hat diese Gespräche aufgeschrieben. Platon machte sich genauso wie sein Schüler Aristoteles (384 – 322 v. Chr.) Gedanken darüber, welcher Staat für die Bürger am besten ist und wie die Menschen der Polis zusammenleben sollten.

Aufgabe

3 Womit beschäftigen sich Philosophen?

Quelle 2

Sokrates war wegen seiner kritischen Gedanken vor Gericht gestellt worden. In der entscheidenden Verhandlung sagte er zu den Athenern:
„Wenn ihr zu mir sagt, wir lassen dich frei unter der Bedingung, dass du nicht mehr philosophierst, dann würde ich zu euch sagen: Ihr Männer von Athen, ich danke euch herzlich. Gehorchen aber werde ich mehr dem Gott als euch. Solange ich atme und Kraft habe, will ich nicht aufhören zu philosophieren. Ich werde jedem von euch immer wieder klarmachen: Mein Bester, du bist ein Athener aus der größten und berühmtesten Stadt! Schämst du dich nicht, dich nur darum zu kümmern, möglichst viel Geld zu verdienen und möglichst angesehen zu sein? Du solltest viel mehr über dein Handeln nachdenken! Kümmere dich um die Wahrheit und darum, dass deine Seele möglichst gut wird!"
Sokrates wurde schließlich zum Tode verurteilt. Seine Anhänger versuchten ihn zu retten, aber er lehnte die Gnadengesuche ab.

(Nach Platon: Apologie des Sokrates)

Merke
Die Griechen begründeten die wissenschaftliche Forschung. Die Philosophen machten sich Gedanken über den Sinn des Lebens und das Handeln der Menschen.

Grundbegriff
- Philosoph

Die Griechen

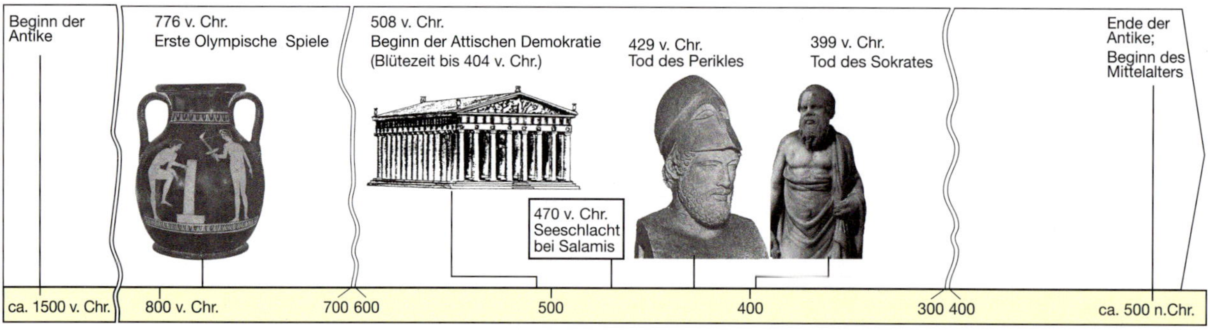

M1 *Zeitleiste der Antike mit Daten zur griechischen Antike*

1. Wie heißt dieser Gott?

2. Buchstaben, Buchstaben ...

In dem Buchstabenquadrat sind neun Namen von links nach rechts und von oben nach unten versteckt. Finde sie heraus und schreibe sie auf.

R	A	R	I	O	S	T	R	H	R	I	L	A	F
L	I	F	T	L	O	S	R	I	Z	Y	F	L	R
Y	T	X	0	Y	L	I	M	P	A	S	T	R	A
W	O	W	I	M	O	L	B	P	I	B	S	O	P
F	R	I	M	P	L	A	T	O	N	S	T	X	R
P	I	M	L	I	0	M	U	K	A	S	B	O	I
S	O	K	R	A	T	E	S	R	F	I	D	D	S
H	J	X	L	I	M	A	T	A	N	N	O	I	T
G	A	L	I	P	P	A	A	T	H	E	N	O	E
K	I	L	I	K	A	M	P	E	L	O	X	N	P
Y	P	E	R	I	K	L	E	S	Z	I	S	Y	F
R	O	M	U	L	I	X	T	A	F	O	R	S	R
B	C	E	U	R	O	P	A	I	L	L	O	O	S
N	U	P	I	T	R	I	T	0	Z	E	U	S	T

9480E

3. Wortsalat

Die Buchstaben der Lösungswörter 1 – 12 sind durcheinandergeraten. Wie heißen sie?

1 Zeitraum der Geschichte von 1500 v.Chr. bis 500 n.Chr. (Enakti)
2 Stadtstaat (Ilsop)
3 Staatsform der Volksherrschaft (Tierakodem)
4 Verfahren, um zu ehrgeizige Politiker zu bremsen (Gichesetrechbnr)
5 Lustiges Theaterstück (Dimoköe)
6 Trauriges Theaterstück (Göterida)
7 Mittelpunkt des politischen Lebens (Kumlvmogassenvrl)
8 „Wohnberg“ der griechischen Götter (Moply)
9 Unfreier Mensch (Vleksa)
10 Göttervater (Suze)
11 Stadt, in der 776 v.Chr. erstmals sportliche Wettkämpfe durchgeführt wurden (Mypalio)
12 Mensch, der sich Gedanken über das gute Zusammenleben der Bürger macht (Spohpliho)

Das griechische Erbe, griechische Stadtstaaten und Polis Athen

In Griechenland entwickelte sich vor etwa 3000 Jahren eine Hochkultur. Die Antike umfasst den Zeitraum von 1500 v. Chr. bis 500 n. Chr. Zur Antike rechnet man die Zeit der griechischen Stadtstaaten und das römische Reich.

Die Griechen wohnten in Stadtstaaten (Poleis). Unser heutiges Wort Politik hat diesen Ursprung. Die größte griechische Polis war Athen. Hier lebten etwa 380 000 Menschen.

In Athen wurde zum ersten Mal in der Geschichte die Staatsform Demokratie eingeführt; übersetzt heißt das Volksherrschaft. Der Mittelpunkt des politischen Lebens war die Volksversammlung. Jeder männliche freie Bürger hatte hier eine Stimme.

Die Mehrheit der Bevölkerung in Athen bestand aus Sklaven. Sie waren die „Beute" von Kriegszügen.

Athen war ein wichtiges Handelszentrum am Mittelmeer. Durch die Ausfuhr von Handwerkserzeugnissen erzielten Großkaufleute hohe Gewinne. Die meisten athenischen Bürger waren aber arm.

Die Olympischen Spiele – früher und heute

Die ersten Olympischen Spiele fanden zu Ehren des Göttervaters Zeus 776 v. Chr. in Olympia in Griechenland statt. Teilnehmen durften nur Männer der griechischen Stadtstaaten. Für die Frauen gab es gesonderte Wettkämpfe im Wettlaufen.

Die Olympischen Spiele der Neuzeit werden alle vier Jahre ausgetragen. Das Olympische Feuer erinnert an den Ursprung der Olympischen Spiele. Die Olympische Fahne besteht aus fünf Ringen. Sie stellen fünf Erdteile dar.

Baukunst und antikes Theater

Die Griechen entwickelten eine Baukunst, die später in andere Länder übernommen wurde. Auch das Theater wurde von den Griechen erfunden. Sie spielten Komödien und Tragödien.

Frauenleben im antiken Griechenland und „Väter" der Wissenschaften

Zwischen Männern und Frauen gab es eine klare Arbeitsteilung: Der Mann war für die Tätigkeiten außerhalb des Hauses und die Frau für die Arbeiten innerhalb des Hauses zuständig. Frauen hatten keine politischen Rechte. Sie waren nicht gleichberechtigt.

Die Griechen begründeten die wissenschaftliche Forschung. Die Philosophen machten sich zum Beispiel Gedanken über den Sinn des Lebens.

Grundbegriffe

- Antike (Altertum)
- Hochkultur
- Polis (Plural: Poleis)
- Volksversammlung
- Demokratie
- Scherbengericht
- Sklave
- Olympische Spiele
- Komödie
- Tragödie
- Vormundschaft
- Philosoph

Die Römer

2000 Jahre sind kein Alter

Vom Stadtstaat zum Weltreich

Textquellen auswerten

Wirtschaft und Handel

Der Kaiser regiert

Leben in Rom

Rom im Klassenzimmer

M1 *Römische Wasserleitung bei Nîmes (Frankreich)*

2000 Jahre sind kein Alter

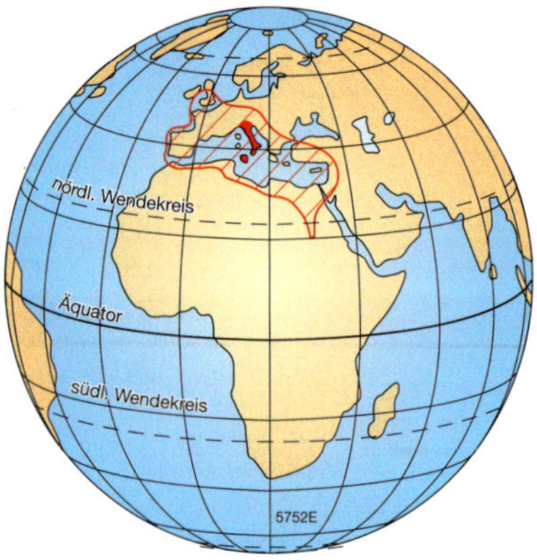

M1 *Italien heute und die Ausdehnung des römischen Reichs im 3. Jahrhundert nach Christus*

M2 *Das Römische Weltreich*

Aufgabe

1 Ordne die Bilder in M4 den roten Punkten in der Karte M2 zu.

Als Baby wurde Romulus zusammen mit seinem Bruder Remus in einem Korb auf dem Fluss Tiber ausgesetzt. Der Korb trieb ans Ufer. Eine Wölfin fand die Kinder und säugte sie. Später wurde Romulus König, gründete eine Stadt und benannte sie nach seinem Namen.

M3 *Die Sage von der Gründung Roms*

Rom wurde nicht an einem Tag erbaut

Rom ist heute die Hauptstadt von Italien. Vor 2800 Jahren entstand hier ein Bauerndorf. Allmählich entwickelte sich die einflussreiche Stadt Rom, die Hauptstadt des römischen Weltreichs, das 476 n. Chr. zusammenbrach. Um Christi Geburt lebten in Rom fast eine Million Menschen.

Die Römer bauten ihre Macht immer weiter aus. Auch im heutigen Deutschland eroberten sie Gebiete. Hier haben sie viele Spuren hinterlassen. Römische Münzen, Vasen oder Grabsteine sind in Museen ausgestellt.

Die Römer entwickelten eine Hochkultur. Sie waren technisch gebildet. Sie bauten Häuser, Straßen und Brücken. Die Sprache der Römer war Latein. Viele Schriftsteller berichteten über das Alltagsleben und die zahlreichen Kriege. Römische Zahlen werden noch heute, zum Beispiel als Zifferblätter von Uhren, verwendet. Lateinische Wörter wurden als **Lehnwörter** unter anderem ins Deutsche übernommen.

Info

Römertopf

Der „Römertopf" wurde vor über 2000 Jahren erfunden. Damals haben die Römerinnen in einem solchen Gefäß zum Beispiel Geflügel zubereitet. Sie legten das fertig gewürzte Huhn auf eine Steinplatte, deckten es mit einem Tontopf ab und überschichteten es auf einer offenen Feuerstelle mit glühender Holzkohle. So blieben die Nährstoffe erhalten und wurden nicht mit dem überschüssigen Kochwasser weggegossen.

M4 *Städte des Römischen Reiches*

I	= 1	XX	=	20
II	= 2	XXX	=	30
III	= 3	XL	=	40
IV	= 4	L	=	50
V	= 5	LX	=	60
VI	= 6	LXX	=	70
VII	= 7	LXXX	=	80
VIII	= 8	XC	=	90
IX	= 9	XCIX	=	99
X	= 10	C	=	100
CC	= 200	DCC	=	700
CCC	= 300	DCCC	=	800
CD	= 400	CM	=	900
D	= 500	CMXC	=	990
DC	= 600	M	=	1000

M5 *Römische Zahlen*

Info

Lehnwörter
Die Sprache der Römer war Latein. Viele lateinische Wörter sind später als Lehnwörter ins Deutsche übernommen worden. Manche veränderten sich dabei bis heute kaum. Aus „strata" wurde zum Beispiel Straße.

Aufgabe

2 Ordne den deutschen Wörtern die richtigen Lehnwörter zu:

a) fenestra	b) carrus	c) corpus	d) cellarium	e) pirata
f) tabula	g) novus	h) discus	i) falsus	j) familia
k) longus	l) schola	m) medicina	n) cista	o) clarus
p) murus	q) feriae			

klar – Medizin – Kiste – Mauer – Fenster – Ferien – Körper – Karren – Seeräuber – Scheibe – Schule – Familie – neu – falsch – lang – Tisch – Keller

Aufgaben

3 Warum ist die Wölfin das Wahrzeichen Roms (M3)?

4 Erläutere folgende Sprichwörter:
a) „Rom wurde nicht an einem Tag erbaut."
b) „Lasst euch kein X für ein U vormachen." (U = V; M5)

5 Schreibe folgende Zahlen in römischer Schreibweise (M5): 1099, 1580, 1800, 1999.

Merke
Rom entwickelte sich von 800 v.Chr. vom Bauerndorf zum Mittelpunkt des römischen Weltreichs. Die Römer eroberten auch Gebiete im heutigen Deutschland.
Das Weltreich bestand bis 476 n.Chr.

Grundbegriffe
- Lehnwort

Vom Stadtstaat zum Weltreich

M1 *Rom: Vom Stadtstaat über ▶ die Land- und Seemacht zum Weltreich*

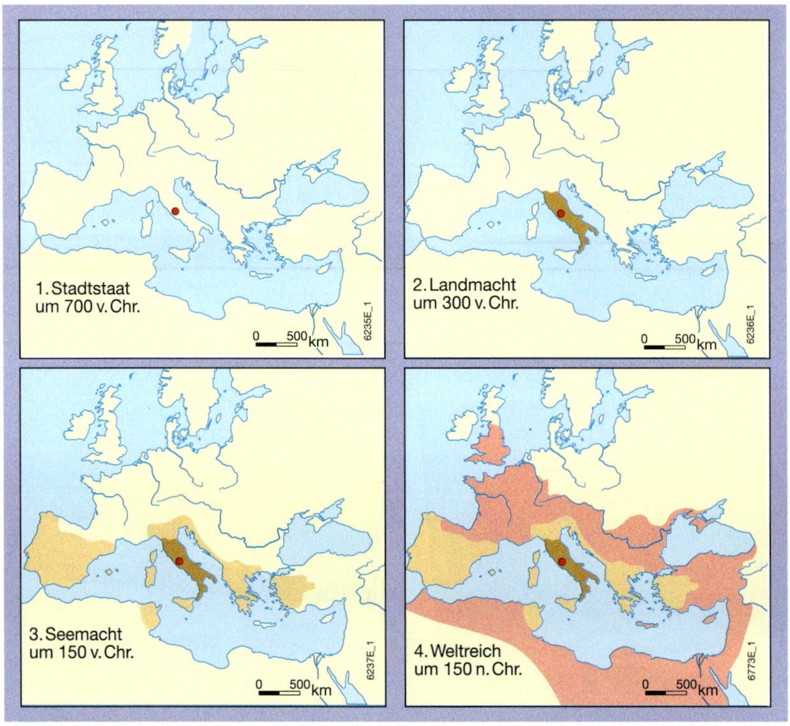

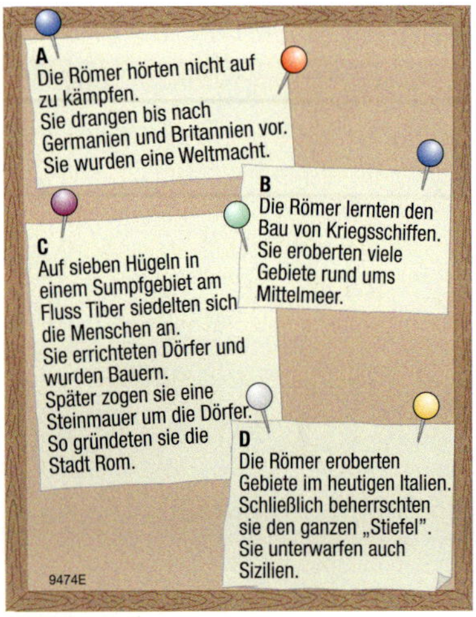

M2 *Aussagen über Rom zu verschiedenen Zeiten*

Aufstieg und Fall des römischen Reiches

Um 300 v. Chr. hatten die Römer einen großen Teil des heutigen Italiens erobert. Die besiegten Völker durften weitgehend selbstständig bleiben. Viele der ehemaligen Gegner wurden so allmählich zu Verbündeten.

In den folgenden Jahrhunderten unterwarfen die Römer Gebiete im übrigen Europa, in Afrika und Asien. Diese gliederten sie als **Provinzen** in ihr Reich ein. Als Grenzbefestigung bauten sie den **Limes**. Die Römer machten Kriegsgefangene zu Sklaven und verwüsteten viele Länder.

Schließlich war das römische Reich so groß geworden, dass nicht mehr alle Grenzen gesichert werden konnten. Dies nutzten germanische Stämme für Eroberungen, wie zum Beispiel die Alemannen. Um 260 n. Chr. übernahmen germanische Stämme Schritt für Schritt die von den Römern besetzten Gebiete. Um 476 n. Chr. war das römische Reich so geschwächt, dass es zusammenbrach.

Aufgaben

1 Beschreibe die Lage der Stadt Rom im römischen Weltreich.

2 Ordne den Texten A – D in M2 die entsprechenden Karten in M1 zu.

3 Welche heutigen Staaten umfasste das römische Weltreich um 150 n. Chr. (Atlas, Karten: Europa, Nordafrika, Asien)?

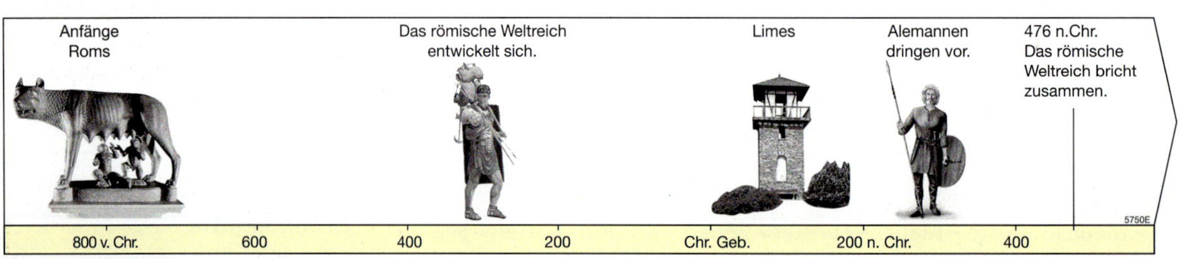

M3 *Zeitleiste des römischen Reiches*

Textquellen auswerten

So arbeitest du mit einer Textquelle

Die Römer verwendeten eine Schrift (Latein) und haben vieles aufgeschrieben. Es gibt zahlreiche schriftliche Quellen aus dieser Zeit.

Lies den Inhalt einer Quelle langsam und mehrmals durch. Suche unbekannte Wörter im Lexikon. Beantworte dann die fünf W-Fragen:

Welche Quelle liegt vor?
(Ist es eine Urkunde, ein Gesetz oder der Bericht über ein Ereignis oder eine Sachlage?)

Wer hat sie geschrieben?
(Ist er mit der Person in der Quelle bekannt, befreundet, verfeindet?)

Wann wurde sie geschrieben?
(Entstand sie zum Zeitpunkt des Geschehens oder viel später?)

Was berichtet die Quelle?
(Was ist das Thema oder die wichtigste Aussage des Textes?)

Wie wird berichtet?
(War der Schreiber ein Augenzeuge oder berichtet er vom Hörensagen, berichtet er sachlich oder ergreift er Partei?)

Quelle 1

Die Räuber der Welt

„Als Räuber der Welt durchwühlen die Römer nun auch das Meer, nachdem sich ihren Verwüstungen kein Land mehr bietet. Stehlen, Morden, Rauben bezeichnen sie als „Herrschaft". Die von ihnen geschaffene Wüste bezeichnen sie als „Frieden". Unsere Kinder werden zum Sklavendienst herangezogen. Vermögen werden als Steuern, die Erträge der Felder als Ernteabgaben weggenommen. Unsere Leiber und Hände werden unter Schlägen gebraucht, um durch Wälder und Sümpfe Straßen zu bauen."

(Nach: Tacitus (98 n. Chr.): Rede eines britannischen, von den Römern besiegten Fürsten. In: von Borries, B.: Römische Republik. Weltstaat ohne Frieden und Freiheit. Stuttgart 1980, S. 27)

Quelle 2

Ein tapferes Volk

„Die Römer errichteten ihre Weltherrschaft durch die Tapferkeit ihrer Heere und die anständige Behandlung der Unterworfenen. Sie behandelten die Unterworfenen ohne Grausamkeit und Rachsucht, sodass man glauben könnte, sie kämen nicht wie zu Feinden, sondern zu Freunden."

(Nach: Diodor (50 v.Chr.), Anhänger der Römerherrschaft. In: Arendt, W.: Altertum, Geschichte in Quellen, Bd. 1. München 1965, S. 456)

Info

Quelle
Quellen berichten über Ereignisse aus der Gegenwart oder Vergangenheit. Quellen aus der Vergangenheit nennt man geschichtliche Quellen.
Es gibt:

- **schriftliche** Quellen (Texte) und Bilder aus Büchern, Zeitschriften, Zeitungen oder dem Internet.
- **Filme und Tonträger**, zum Beispiel aus Fernseh- und Rundfunksendungen.
- **Sachquellen** wie Gebäude, Werkzeuge, Münzen, Tonscherben und Kleidungsstücke.

Textquellen haben Wissenschaftler gefunden und übersetzt oder selbst verfasst.
Wenn du eine geschichtliche Quelle auswertest, kannst du die Darstellung geschichtlicher Ereignisse überprüfen und einordnen.

Aufgabe

4 Lies die Quellen 1 und 2 und bearbeite sie mithilfe der fünf W-Fragen.

Merke
Die Römer schufen ein Weltreich. In den eroberten Gebieten wurden Provinzen errichtet. Kriegsgefangene wurden zu Sklaven. Die Hauptstadt war Rom.

Grundbegriffe
- Provinz
- Limes

Wirtschaft und Handel

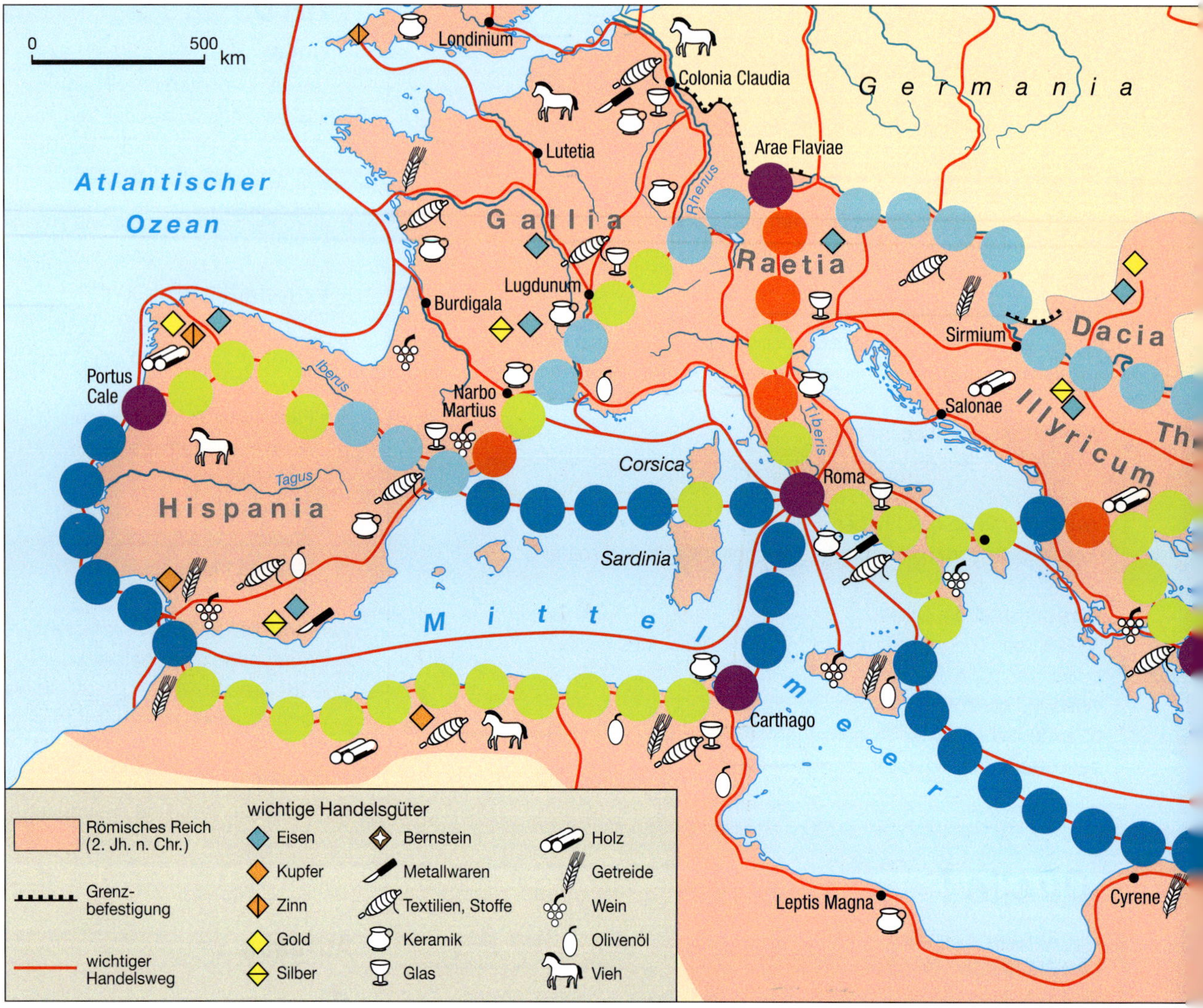

M1 *Handel und Wirtschaft im römischen Reich um 200 n. Chr.*

Grundlagen: Das gut ausgebaute Verkehrssystem des römischen Reichs lässt den Handel aufblühen und sichert die Versorgung der Bevölkerung mit Dingen des täglichen Bedarfs und mit Luxusgütern. Als Händler verdienst du viel Geld, wenn du deine Waren schnell transportierst. Auf dem Weg der Waren gibt es Schwierigkeiten und Zwischenfälle. Die Beförderung erfolgt über die Verkehrswege Straße (gelb), Fluss (hellblau), Meer (dunkelblau). Beim Wechsel der Transportmittel und beim Überqueren von Gebirgen (rot) kommt es zu Verzögerungen. Große Römerstädte sind mit lila Farbe gekennzeichnet.

Spielregeln: Spielzeit: 2 Spieler ca. 10 Minuten; 5 Spieler ca. 25 Minuten. Gespielt wird mit einem Würfel und bunten Spielfiguren. 2 bis 5 Spieler können teilnehmen. Der jüngste Spieler wählt seinen Spielstein zuerst. Damit sind sein Ausgangsort und seine Waren bestimmt. Den zu gehenden Weg darf jeder selbst festlegen.

M2 *Römisches Seefrachtschiff*

Info

Wirtschaft und Handel
Die meisten Menschen im römischen Reich lebten auf dem Land und waren Bauern. Sie bauten Getreide, Wein, Oliven, Obst und Gemüse an; sie züchteten Schafe, Rinder, Pferde und Geflügel. Daneben gab es ein reichhaltiges Warenangebot aus Handwerk und Handel. Ein großer Teil der Waren wurde gegen andere Waren eingetauscht. Münzgeld wurde hauptsächlich im Fernhandel verwendet. Metalle gewann man in den Provinzen.
Ein dichtes Netz von Fernstraßen, Schifffahrtswegen, Häfen und Handelsplätzen bildete die Voraussetzung für einen regen Handel.
Für Reisende standen gut ausgebaute Land- und Wasserwege zur Verfügung. Allerdings gab es auch Räuber, die ihnen auflauerten, um ihnen Geld und Waren abzunehmen.

Das Spiel besteht aus drei Runden.
1. Runde: Von deinem Ausgangsort sollst du so schnell wie möglich Waren in die Hauptstadt Rom bringen.
2. Runde: Von Rom aus bringst du Waren an deinen Ausgangsort mit, die dort dringend benötigt werden.
3. Runde: Bringe jetzt neue Handelsgüter so schnell wie möglich an den Ausgangsort eines deiner Mitspieler.
Wer als erster sein Ziel erreicht, ist Sieger und bekommt 3 Punkte.

Folgende Ereignisse bremsen oder beschleunigen das Spiel:
Wenn du eine 1 würfelst: Piraten/Räuber haben den Weg versperrt. Du musst ausweichen und eine andere Route wählen.
Wenn du eine 6 würfelst: Deine Handelsware wird knapp in Rom. Du darfst noch einmal würfeln. **Farbwechsel:** Wechsel des Verkehrsmittels oder Gebirge! Eine Runde aussetzen!

Spielstein	Ausgangsort	Name	Waren
	Alexandria	Gaius	Gewürze, Weihrauch, Edelsteine
	Byzantium	Severin	Seide, Gewürze, Elfenbein, Edelsteine
	Arae Flaviae (Rottweil)	Aurelius	Vieh, Pelze, Häute, Honig, Wachs
	Portus Cale	Octavian	Holz, Eisen, Zinn
	Carthago	Marcus	Edelsteine, Elfenbein

M3 *Beschreibung der Spielsteine*

Der Kaiser regiert

Aufgabe

1 Vergleiche das Leben von Livius mit dem von Marcus.

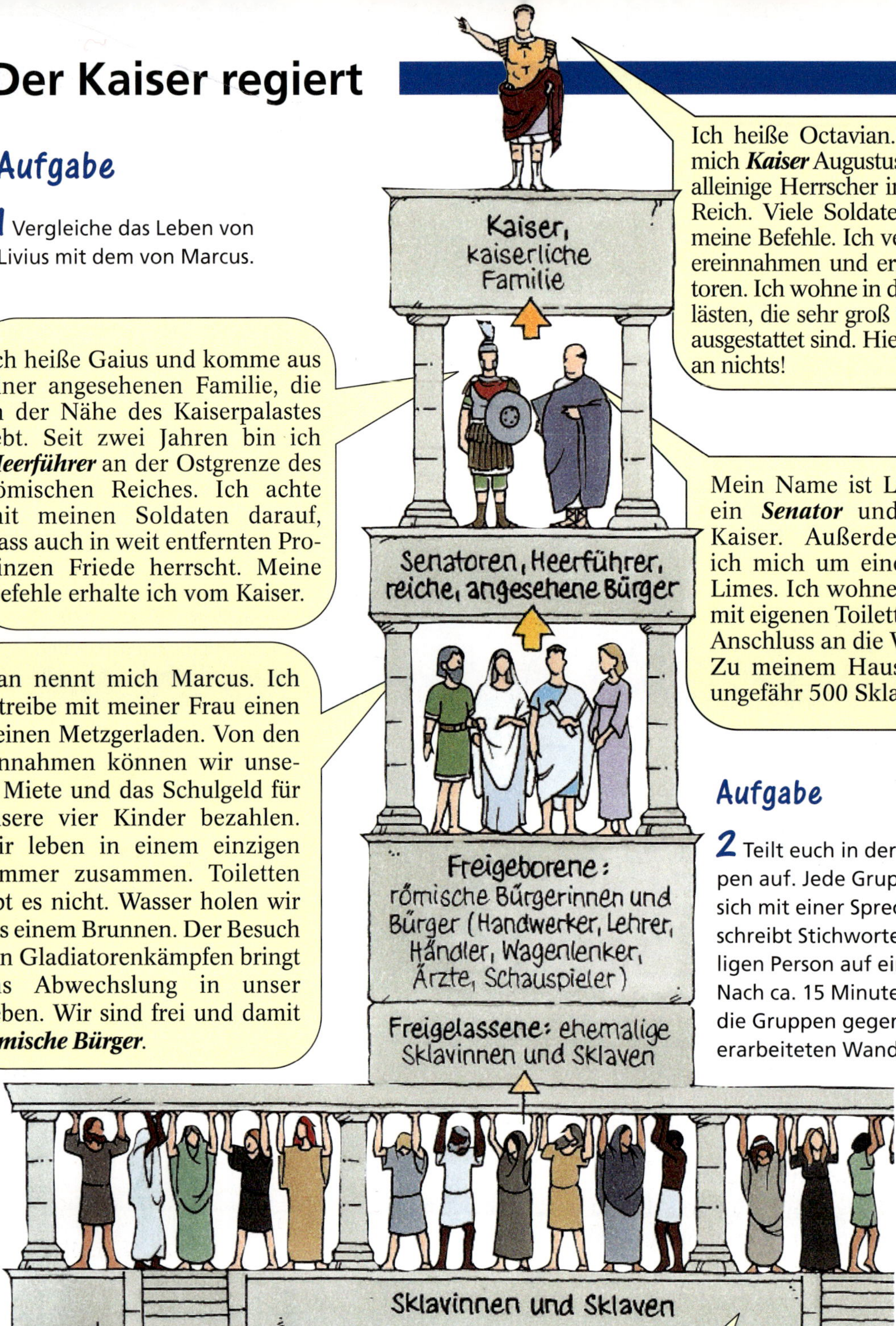

Ich heiße Octavian. Man nennt mich ***Kaiser*** Augustus. Ich bin der alleinige Herrscher im römischen Reich. Viele Soldaten hören auf meine Befehle. Ich verwalte Steuereinnahmen und ernenne Senatoren. Ich wohne in den Kaiserpalästen, die sehr groß und luxuriös ausgestattet sind. Hier fehlt es mir an nichts!

Ich heiße Gaius und komme aus einer angesehenen Familie, die in der Nähe des Kaiserpalastes lebt. Seit zwei Jahren bin ich ***Heerführer*** an der Ostgrenze des römischen Reiches. Ich achte mit meinen Soldaten darauf, dass auch in weit entfernten Provinzen Friede herrscht. Meine Befehle erhalte ich vom Kaiser.

Mein Name ist Livius. Ich bin ein ***Senator*** und berate den Kaiser. Außerdem kümmere ich mich um eine Provinz am Limes. Ich wohne in einer Villa mit eigenen Toiletten und einem Anschluss an die Wasserleitung. Zu meinem Haushalt gehören ungefähr 500 Sklaven.

Man nennt mich Marcus. Ich betreibe mit meiner Frau einen kleinen Metzgerladen. Von den Einnahmen können wir unsere Miete und das Schulgeld für unsere vier Kinder bezahlen. Wir leben in einem einzigen Zimmer zusammen. Toiletten gibt es nicht. Wasser holen wir aus einem Brunnen. Der Besuch von Gladiatorenkämpfen bringt uns Abwechslung in unser Leben. Wir sind frei und damit ***römische Bürger***.

Aufgabe

2 Teilt euch in der Klasse in Gruppen auf. Jede Gruppe beschäftigt sich mit einer Sprechblase und schreibt Stichworte zu der jeweiligen Person auf ein Wandplakat. Nach ca. 15 Minuten stellen sich die Gruppen gegenseitig ihre erarbeiteten Wandplakate vor.

M1 *Die römische Gesellschaft zur Kaiserzeit*

Ich bin eine ***Sklavin*** und komme aus Germanien. Nach einem Kampf gegen die Römer wurde ich gefangen genommen und auf einem Sklavenmarkt in Rom an einen reichen Bürger verkauft. Ich bin unfrei und habe keine Rechte. Das Töten einer Sklavin oder eines Sklaven gilt dem Gesetz nach als Sachbeschädigung. Ich helfe meiner Herrin beim Ankleiden und im Haushalt. Sie ist sehr nett zu mir, sodass es mir gut geht. Andere Sklaven werden in Bergwerken zu Tode geschunden oder müssen als Gladiatoren zum Vergnügen der Römer um Leben und Tod kämpfen. Hoffentlich werde ich einmal freigelassen wie Odoaker. Das ist ein Freund von mir. Er hat jetzt eine kleine Schuhmacher-Werkstatt in Rom.

Monarchie – Republik – Monarchie

Rom wurde um 800 v. Chr. gegründet. Zunächst regierten dort Könige. Rom war eine **Monarchie**. Im Jahr 509 v. Chr. wurde der letzte König vertrieben. Die Menschen wollten nicht mehr von nur einer Person regiert werden, sondern die politische Führung gemeinschaftlich in die Hand nehmen. Rom wurde eine **Republik**. Während der Zeit der römischen Republik gab es zahlreiche Krisen. Dann begann mit Augustus ab 31 v. Chr. die römische Kaiserzeit. Rom war wieder eine Monarchie.

Augustus nahm die Bevölkerung für sich ein, indem er die Getreideversorgung für das Volk sicherte und prächtige Wagenrennen, Kämpfe und Schauspiele ausrichten ließ.

Quelle

Octavian (Augustus): Mein Leben und meine Taten

„Nachdem ich die Bürgerkriege beendet hatte, hielt ich nach Zustimmung aller Bürger die politische Macht in den Händen. Trotzdem habe ich die mir zugefallene Macht an den Senat und das römische Volk abgetreten. Bei diesen beiden lag damit wieder die freie Entscheidung über die Zukunft der römischen Republik. Für diesen Verdienst wurde ich auf Senatsbeschluss Augustus genannt. Seit dieser Zeit habe ich an Ansehen und persönlichem Einfluss alle übertroffen. Mehr Macht als die anderen, die ich als Kollegen im Amt hatte, besaß ich jedoch nie."

(Nach: Octavian 13 n.Chr. In: Monumentum ancyranum 34, 1 und 3, übersetzt von E. Wagner)

M2 *Das Marcellus-Theater in Rom ließ Augustus für Marcellus bauen, der sein Neffe und Schwiegersohn war.*

Info

Monarchie
Wenn Könige oder Kaiser in einem Staat herrschen, spricht man von einer Monarchie.

Republik
Nach der Vertreibung der Könige nannten die Römer ihren Staat „res publica". Das heißt „öffentliche Sache". Die politische Macht war auf den Senat, die Volksversammlung und die Beamten verteilt. Heute versteht man unter einer Republik einen Staat, in dem das Volk die Macht hat (Demokratie). Das findet seinen Ausdruck zum Beispiel in der Wahl des Parlaments (das die Gesetze beschließt) und in Abstimmungen.

Aufgaben

3 Ist der römische Kaiser mächtig oder nicht? Begründe deine Antwort.

4 Was bedeutete es, eine Sklavin oder ein Sklave zu sein?

Merke
Ein mächtiger Kaiser und Senatoren regierten das römische Reich zur Kaiserzeit. Bürger erwirtschafteten mit der Hilfe der Sklaven einen hohen Lebensstandard. Heerführer sicherten die Provinzen.

Grundbegriffe
- Monarchie
- Republik

Leben in Rom

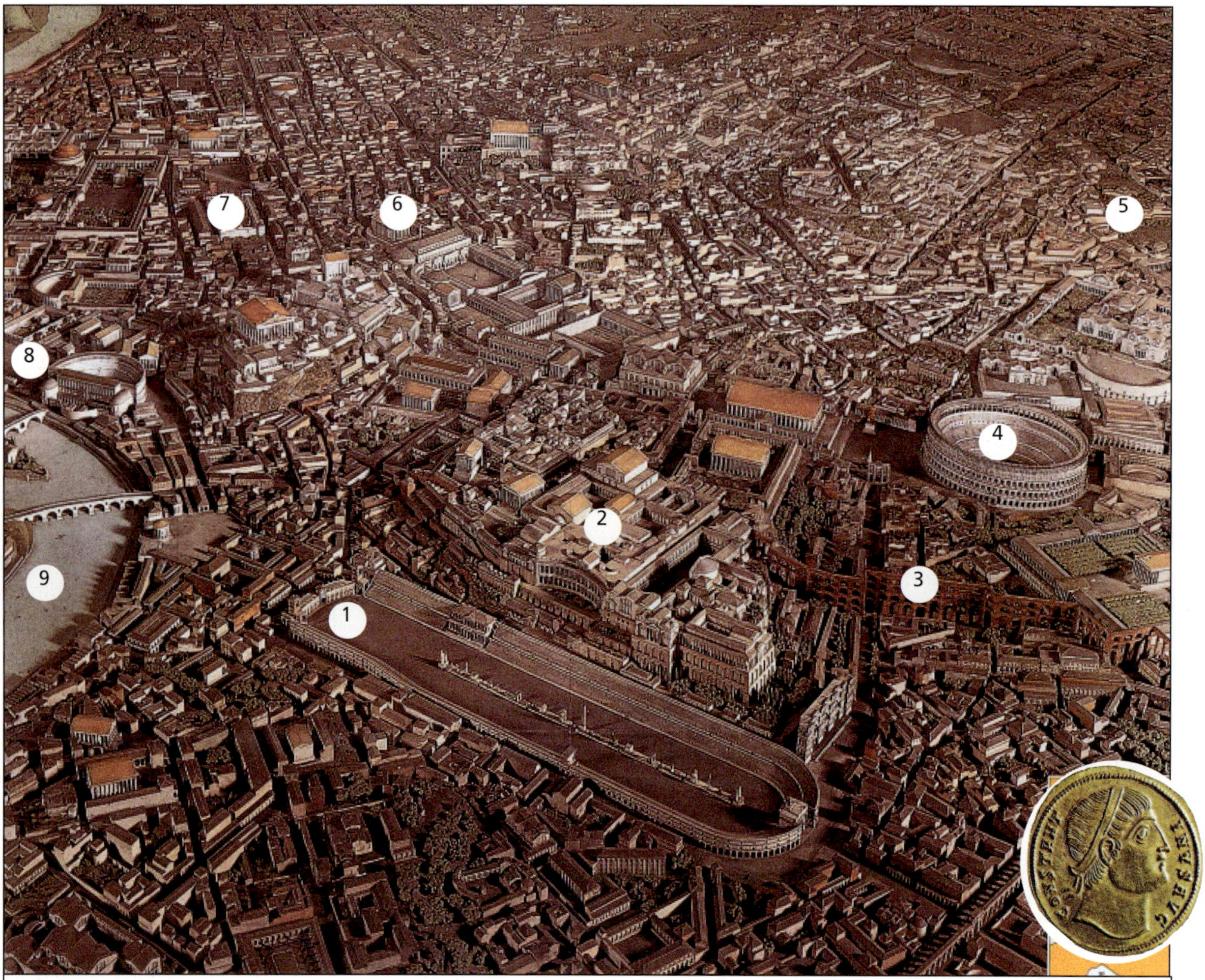

1 Circus Maximus: Stadion für Wagenrennen (250 000 Zuschauer!)

2 Kaiserpaläste: Von hier aus regierten Kaiser das Römerreich.

3 Wasserleitung (Aquädukt): Versorgte einen Teil der Häuser und Thermen (Badehäuser) mit frischem Quellwasser. Dieses floss durch einen Kanal auf der Spitze des Bauwerkes.

4 Colosseum: Hier kämpften die Gladiatoren (Dies waren meist Sklaven, die um Leben oder Tod kämpften).

5 Thermen: Öffentlicher Ort der Reinigung, Erholung und Treffpunkt, eine Art Freizeitbad

6 Forum Romanum: Fest- und Marktplatz, Tempelbezirk

7 Jupitertempel: Jupiter war der höchste Gott der Römer. Kaiser verglichen sich gerne mit ihm.

8 Marcellus-Theater: 20 000 Sitzplätze, Aufführung von Komödien und Tragödien

9 Tiber: Fluss, Verbindung zum Mittelmeer, wichtiger Verkehrsweg

M1 *So könnte zur Kaiserzeit die Millionenstadt Rom einmal ausgesehen haben.*

M2 *Szene aus dem Film „Ben Hur“ (Wagenrennen im Circus Maximus)*

Das Leben in Rom – Brot und Spiele

Im 1. Jahrhundert n. Chr. war Rom die größte Stadt der Welt. Hier lebten etwa eine Million Menschen. Viele von ihnen waren arm und hatten keine Arbeit. Um die Einwohner zu unterhalten, gab es zahlreiche Einrichtungen, zum Beispiel die **Thermen**. Dies waren große Bade- und Freizeitzentren. Die größten konnten bis zu 5000 Leute aufnehmen. Schauspiele und Konzerte gehörten ebenfalls zu den Vergnügungen der Bewohner Roms.

Besonders beliebt waren Wagenrennen und die Kämpfe zwischen den **Gladiatoren**. Es waren in der Regel Sklaven, die für die Kämpfe um Leben oder Tod besonders ausgebildet wurden. Um die Kämpfe blutrünstig zu gestalten, waren die Gladiatoren unterschiedlich ausgerüstet.

M3 *Diocles war der Star unter den römischen Wagenlenkern. Als er sich mit 42 Jahren aus dem Renngeschäft zurückzog, hatte er an 4257 Wagenrennen teilgenommen (1462 davon siegreich). Er war mehrfacher Millionär. Das Mosaik aus dem 1. Jahrhundert n.Chr. zeigt ihn in der rot-schwarzen Kleidung seines Rennstalls.* ▶

Info

Wagenrennen im Circus Maximus

„Das Wagenrennen ging über fünf Runden mit insgesamt 2840 Metern. Beim Umfahren der Wendemarken gab es immer wieder schwere Stürze. Es war erlaubt, dem Gegner „an die Karre zu fahren“ und ihn am Überholen zu hindern. Die hoch aufsteigenden Sitzreihen waren voller Menschen. Sie klatschten und schrien, sprangen auf, schwenkten Tücher und Gewänder. Der Gewinner erhielt donnernden Jubel.“

(Nach: Die Zeit vom 19.07.1994)

Aufgabe

1 Gestalte einen geschichtlichen Stadtführer über die Stadt Rom (benutze dazu M1 und die Legende). Gehe folgendermaßen vor:

a) Lege Transparentpapier auf M1 und zeichne wichtige Sehenswürdigkeiten so ab, dass man sie gut erkennen kann.

b) Beschrifte sie mit ihrem Namen.

c) Straßen verbinden die Sehenswürdigkeiten miteinander. Ergänze diese auf dem Transparentpapier.

d) Plane nun einen möglichen Stadtrundgang. Entscheide dich für Sehenswürdigkeiten, die man deiner Meinung nach unbedingt ansehen müsste. Notiere die Reihenfolge der Sehenswürdigkeiten für die Besichtigung auf einem Notizblock.

e) Entwirf nun einen Text. Es soll eine kurze Wegbeschreibung sein und sie soll wichtige Informationen zu den Sehenswürdigkeiten enthalten. Achte auf die richtige Reihenfolge!

f) Klebe das Transparentpapier ins Heft und schreibe die Wegbeschreibung darunter.

Merke

Rom war zur Kaiserzeit die größte Stadt der Welt. Die reichen Bewohner Roms besuchten Unterhaltungen wie Wagenrennen oder reinigten und unterhielten sich in großen Thermen.
Viele Bewohner waren allerdings sehr arm und konnten sich solche Vergnügungen nicht leisten.

Grundbegriffe
- Therme
- Gladiator

Leben in Rom

① Eingang, ② Laden, ③ Innenhof, ④ Regenbecken, ⑤ Hausaltar, ⑥ Empfangsraum, ⑦ Wohn-, Schlaf- und Wirtschaftsräume, ⑨ Speiseraum, ⑨ Garten mit Säulenhalle, ⑩ Keller, ⑪ Presse.

M1 *Villa einer vornehmen römischen Familie. Diese Häuser sahen von außen unscheinbarer aus, als sie von innen gestaltet und eingerichtet waren. Der Platzmangel in Rom nötigte allerdings auch die reichen Römer dazu, „Reihenhäuser“ zu bauen.*

Wohnen in der Stadt Rom – Armut und Luxus

Die ersten Häuser in Rom waren einfache, aus Flechtwerk und Lehm erbaute Behausungen. Als Rom sich zur Stadt und schließlich zur Millionenstadt entwickelte, brauchte man Wohnraum für die schnell wachsende Bevölkerung. Die meisten Römerinnen und Römer lebten in Mietshäusern. Meist waren es drei- bis fünfgeschossige Mietshäuser, in denen bis zu 400 Menschen lebten. Wenn der Platz nicht mehr reichte, wurde einfach ein Geschoss draufgebaut. Klar, dass diese Gebäude oft einstürzten. Zum Teil gab es große Risse in den Wänden, durch die man durchsehen konnte. Außerdem bestand eine andauernde Feuergefahr, denn die Häuser wurden bis zum 1. Jahrhundert n. Chr. aus Holz gebaut. Die Bewohner dieser Häuser waren daher in ständiger Lebensgefahr. Oft lebte eine römische Familie in nur einem dunklen Raum ohne Frischluft, Küche, Heizung oder Toilette. Zum Kochen und als Wärmequelle wurde offenes Feuer in tragbaren Holzkohlebecken verwendet.

Einige wenige Römer konnten es sich leisten, in luxuriösen Einfamilienhäusern, in **Villen**, zu wohnen. In diesen Häusern gab es fließendes Wasser, Fußboden- oder Wandheizung.

Aufgabe

1 Ein Germane berichtet seinen Kindern von einem vornehmen Haus einer römischen Familie. Beschreibe,
a) wie das Haus aussieht (M1);
b) wie das Abendessen abläuft (Seite 287).

M2 *Männer und Frauen „liegen“ um einen kleinen Tisch. Diese Art des Zusammenseins kam im 1. Jh. v. Chr. in Mode. Vorher saßen die Menschen auf Stühlen, meistens die Frauen neben ihren Ehemännern.*

Im Liegen essen? Na klar!

Die reichen Römer aßen und tranken morgens und mittags nur wenig: Brot, Käse, Wasser; mittags vielleicht noch kaltes Fleisch und verdünnten Wein. Abends hingegen wurde üppig gespeist mit Vorspeise, Hauptgang und Nachspeise. Eine römische Redensart lautete: „Von den Eiern bis zu den Äpfeln“; das heißt so viel wie „Von Anfang bis Ende“. Und so war es auch.

Das Abendessen begann mit Eiern, Oliven, Datteln und anderem und es endete mit Früchten. Dazwischen gab es gefülltes Huhn, in Milch gekochten Hasen, einen Thunfisch oder auch ein gebratenes Rehkitz. Allgegenwärtig war neben den Eiern als Vorspeise auch die Fischsoße „garum“. Ohne diese Soße war ein römisches Mahl nicht komplett.

Im Speiseraum standen drei Sofas um einen viereckigen Tisch herum. Es wurde im Liegen gegessen. Bei der Zuordnung der Plätze musste eine bestimmte Rangfolge eingehalten werden, die sich nach der gesellschaftlichen Stellung der Gäste richtete.

Die Römer, die nicht zu den Vornehmen gehörten, mussten sich mit viel weniger zufrieden geben. Neben Brot, Wasser und ab und zu auch Wein war das Hauptnahrungsmittel ein Mehlbrei, der mit Öl angerührt und mit Kräutern gewürzt war.

Brot wurde in Rom meist aus Weizenmehl gebacken. Man nahm ein Treibmittel zu Hilfe, meist Sauerteig oder Hefe. Man backte Fladenbrot in Pfannen sowie Brotlaibe und Brötchen im Backofen. In Rom gab es Bäckereien; auf dem Land backte man selbst.

M3 *Römisches Brot*

M4 *Rezept aus einem römischen Kochbuch (übersetzt von Robert Maier)*

Merke
Nur die reichen Römer lebten in luxuriösen Villen. Die vielen armen Römer wohnten in mehrstöckigen Mietshäusern und oft hatten Familien nur ein Zimmer. Die reichen Römer aßen in der Regel im Liegen um einen Tisch herum.

Grundbegriff
- Villa

Rom im Klassenzimmer

M1 *Römische Kleidung: Tunika und Toga; bei Frauen kam noch ein fußlanges Kleid dazu.*

M2 *So legst du eine Toga an.*

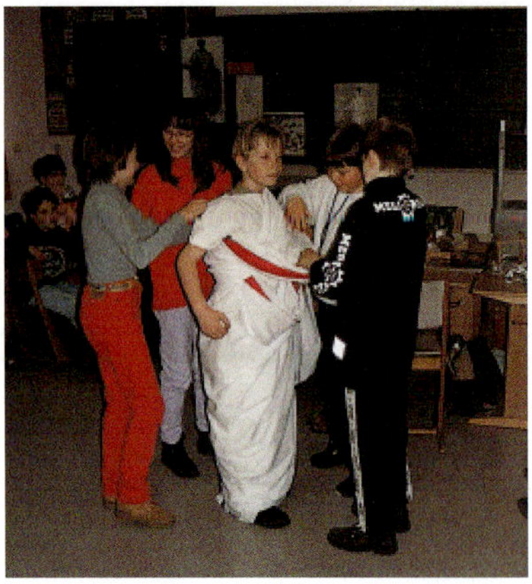

M3 *Schüler beim Anlegen einer Toga*

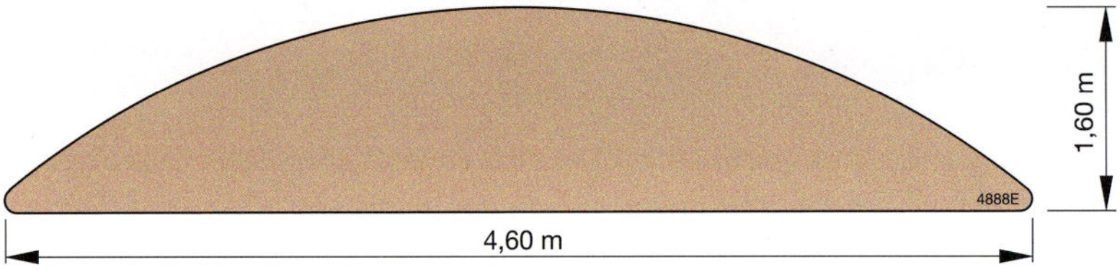

M4 *Schnittmuster einer Toga*

Rom in der Klasse

Entwickelt ein Projekt mit dem Thema: „Rom in der Klasse“.
Ihr seid Römerinnen und Römer, kleidet euch wie die Menschen in Rom, sucht römische Spiele und natürlich gehört auch das Essen dazu.
Für eine Tunika eignet sich ein Bettlaken und für die Toga, Stola oder Palla nehmt ihr am besten alte Gardinen. Versucht auch, eine kunstvolle Frisur herzustellen.
Ihr könnt auch Gruppen bilden. Vielleicht entwickelt eine Gruppe eine römische Olympiade.
Beim römischen Essen müssen Eier und Äpfel dabei sein. Auch Fladenbrot sowie Wasser und Käse gehören dazu. Vielleicht haben einige von euch Lust, „Mostbrötchen“ zu backen (siehe Seite 287).
Eurer Fantasie sind keine Grenzen gesetzt. Nur „echt römisch“ muss es sein.

Die Kleidung der Römerinnen und Römer: Tunika, Toga, Stola und Palla

Modische Kleidung, aufwendige Frisuren und kostbaren Schmuck zu besitzen war für die Römerinnen und Römer sehr wichtig. Besonders die Reichen konnten sich dies leisten. Schon am Äußeren konnte man erkennen, welcher Bevölkerungsschicht eine Frau oder ein Mann angehörte.

Römische Männer, Frauen und Kinder trugen eine **Tunika** (ein knielanges, ärmelloses oder kurzärmeliges Hemd) aus Wolle oder Leinen mit einem um die Taille geschlungenen Gürtel. Die Tunika war das einzige Kleidungsstück, das sowohl Arme als auch Reiche trugen. Bei den Männern reichte die Tunika nur bis kurz unter die Knie, die der Frauen war etwas länger.

Römische Männer trugen in der Öffentlichkeit eine **Toga** (ein mantelartiges Obergewand). Reiche Leute trugen eine weiße Toga, Trauernde oder arme Leute eine dunkle Toga. Waren Tunika und Toga mit einem roten Saum versehen, so gehörten die Träger zu den „oberen Zehntausend“.

Römerinnen trugen eine Tunika, darüber ein fußlanges Kleid (Stola) und darüber einen togaartigen Überwurf (Palla).

Frauen und Männer schützten ihre Füße mit farbigen Ledersandalen.

Sandalen herstellen

Zur Herstellung brauchst du:
braunes Packpapier, einen Stift, eine Schere, Klebeband und dickere Wolle.
Gehe folgendermaßen vor:

1. Wenn möglich, vergrößere die Abbildung M5 auf einem Kopierer, sodass sie der Größe deiner Füße entspricht. Oder zeichne sie in der richtigen Größe ab.
2. Schneide nun die Form aus, lege sie auf das Packpapier und zeichne die Umrisse nach.
3. Lege die Papierform noch einmal seitenverkehrt für den anderen Fuß auf einen anderen Teil des Packpapiers und zeichne die Umrisse nach.
4. Nun kannst du beide Formen ausschneiden und auch die Löcher hineinschneiden.
5. Klebe mit Klebeband an beiden Schuhen die Teile an der Ferse zusammen.
6. Stelle dich jeweils in die Mitte der Sandale. Ziehe einen lange Wollfaden durch die Löcher, bis die Sandale fest am Fuß sitzt.

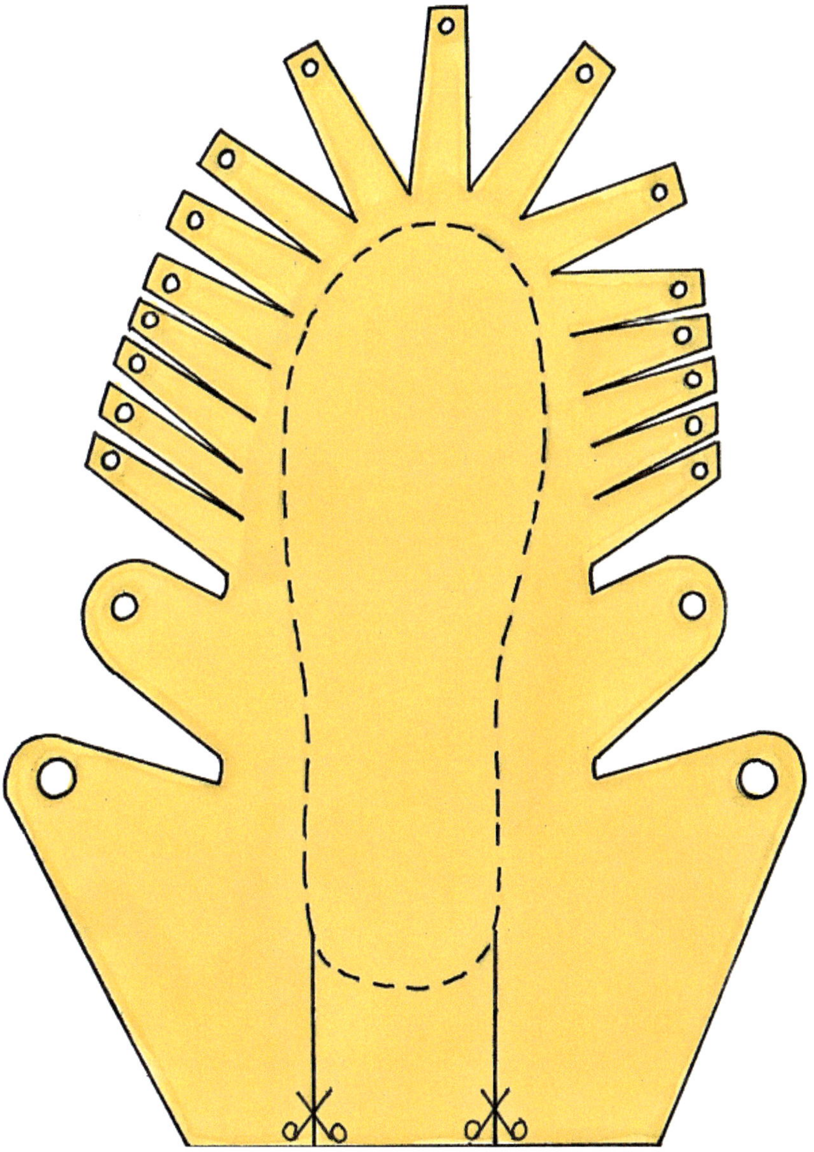

M5 *Schnittmuster einer römischen Sandale (linker Schuh)*

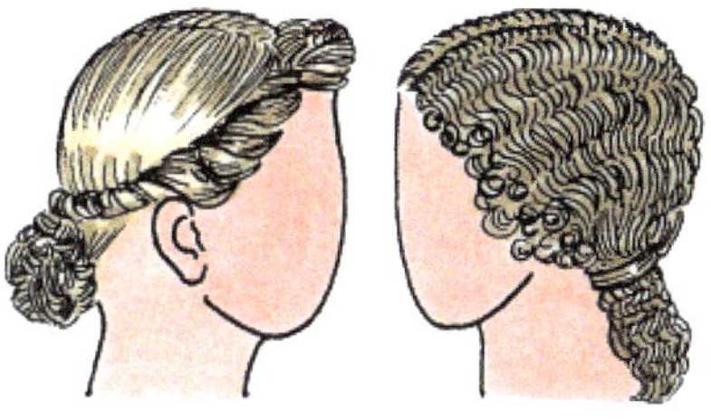

M6 *Kunstvolle Frisuren*

M7 *Ledersandalen*

Merke
Tunika, Stola und Toga waren typische Kleidungsstücke der Römer. Dazu trug man Sandalen aus Leder. Reichtum und Stellung in der Gesellschaft konnte man an der Kleidung erkennen.

Grundbegriffe
- Tunika
- Toga

Die Römer

Dieses Buch handelt von dem Germanen Friannius, der Soldat in der Römerarmee war. Hier findest du viele Informationen über das römische Germanien.

1. Schreibe folgende Sätze in dein Heft und ergänze:

a) Römische Städte sind ... .

b) Folgende Einrichtungen gab es in jeder römischen Stadt: ...

c) Rom entwickelte sich in drei Schritten zur Weltmacht. Zunächst ..., dann ..., schließlich ... .

d) Über die römische Gesellschaft weiß ich, dass ... .

e) Ich kenne den Unterschied zwischen Monarchie und Republik. Er ... .

f) Über die Wagenrennen weiß ich ... .

g) Über die Essgewohnheiten der Römer weiß ich, dass ... .

h) So kleideten sich römische Männer und Frauen: ... .

2. Du kennst sicherlich die ...

... Comics mit den Figuren Asterix und Obelix. Leih dir den Band „Asterix und Obelix bei den Römern" in der Stadtbibliothek aus und untersuche, wie die Römer dargestellt werden und was über sie gesagt wird. Vergleiche mit deinen Kenntnissen über die Römer. Stimmst du den Aussagen zu oder bist du anderer Ansicht? Suche nach passenden Argumenten in diesem Kapitel.

3. Betrachte das nebenstehende Bild ...

... und übersetze die lateinischen Begriffe der abgebildeten Gegenstände: rosa, corbis, radix, ceresia, vinum, persicus, asparagus, oleum, nux, citrus

2000 Jahre sind kein Alter

Rom entwickelte sich vom Bauerndorf zum Mittelpunkt des römischen Weltreichs. Die Römer eroberten nach und nach benachbarte Gebiete, so auch im heutigen Deutschland.

Vom Stadtstaat zum Weltreich

Die besiegten Gebiete wurden römische Provinzen. Dort blieben die unterlegenen Völker weitgehend selbstständig. Deshalb wurden viele der ehemaligen Gegner allmählich Verbündete.

Spiel: Wirtschaft und Handel

Die meisten Menschen im römischen Reich lebten auf dem Land und waren Bauern. Die Römer handelten im gesamten Mittelmeerraum mit ihren Waren aus Landwirtschaft und Handwerk.

Der Kaiser regiert

Ein mächtiger Kaiser und Senatoren regierten das römische Reich zur Kaiserzeit. Bürger und Sklaven erwirtschafteten einen hohen Lebensstandard für die Herrschenden. Heerführer sicherten die Provinzen.

Leben in Rom

Rom war zur Kaiserzeit die größte Stadt der Welt. Die reichen Bewohner besuchten Unterhaltungen wie Wagenrennen und Gladiatorenkämpfe und lebten in luxuriösen Villen. Die meisten Römer waren allerdings arm.

Grundbegriffe

- Lehnwort
- Provinz
- Limes
- Monarchie
- Republik
- Therme
- Gladiator
- Villa
- Tunika
- Toga

Das ist Nuuvi.
Er ist ein Inuit (früher sagte man „ Eskimo") und lebt im Norden Alaskas. Am liebsten sitzt er in seinem warmen Zimmer und spielt mit seinem Computer.

Das ist Matti.
Er lebt in Finnland und gehört zum Volk der Saami (früher „Lappen" genannt). In der Schule lernt er viel über das Leben seiner Vorfahren.

Das ist Josianne.
Sie lebt in Frankreich. Sie mag besonders ihre Katze Amina. Sie wohnt in einer Vorstadt von Paris.

Das ist Felipe.
Er lebt in Mexiko und spielt oft Fußball. Sein Lieblingsessen sind Mais-Tortillas mit Hackfleischfüllung.

Das ist Lorato.
Sie lebt in Botsuana, einem Land in Afrika, am Rand der Wüste Kalahari. Loratos Lieblingsgeschichte ist die von der bösen Wüstenhexe.

Das ist Zaida.
Sie lebt in Bombay (amtlicher Name: Mumbai), der größten Stadt in Indien. Ihre Religion ist der Hinduismus und sie kennt viele Geschichten von Göttern und Göttinnen.

Das ist Malina.
Sie ist eine Indianerin und lebt am Amazonas in Brasilien. Malina schminkt sich gern im Gesicht und an den Fingern mit schönen Farben.

Kinder der Welt

Überall auf der Welt

Kinder spielen überall

Kinder müssen arbeiten

Leben auf der Straße

Muslime in unserer Klasse

Der islamische Glaube

Eine Wandzeitung gestalten

Überall auf der Welt ...

Noch nie gab es auf unserer Erde so viele Kinder wie heute: rund zwei Milliarden! Allein in den letzten 30 Jahren hat sich die Zahl der Kinder auf der Erde verdoppelt.

M1

... leben Kinder in Familien wie hier bei Lilongwe. Mutter und Sohn zerstampfen Maniokknollen. Das Mehl wird zu Fladen verarbeitet.

M2

... gehen Kinder zur Schule. Die Mädchen in Bangalore freuen sich, dass sie lesen und schreiben lernen, was vielen ihrer Eltern nicht möglich war.

M3

Wünsche und Träume

Es gibt Kinder, die ohne große Sorgen aufwachsen. Sie haben Kleidung, genug zu essen und zu trinken sowie eine Unterkunft: Sie leben in einer Wohnung, einer Hütte oder einem Haus. Sie können zur Schule gehen und werden bei Krankheiten ärztlich versorgt. Ihre **Grundbedürfnisse** sind erfüllt.

Es gibt aber Millionen von Kindern in aller Welt, die keinen unbeschwerten Alltag haben. In ihrem Land ist zum Beispiel Krieg und sie wünschen sich nichts mehr als Frieden. 16 Mio. Kinder und Jugendliche sind zuzeit auf der Flucht.

600 Mio. Kinder wachsen in großer Armut auf und können sich nie richtig satt essen. Andere Kinder leben von ihren Eltern und ihrer Familie getrennt. Jetzt wohnen sie allein auf sich gestellt auf der Straße und träumen von einem neuen Zuhause. 130 Mio. Kinder können weder lesen noch schreiben. Sie konnten keine Schule besuchen und werden daher keine gute Arbeitsstelle bekommen.

... spielen Kinder gern. Der Junge aus São Paulo ist stolz auf sein selbstgebautes Spielzeug.

M4

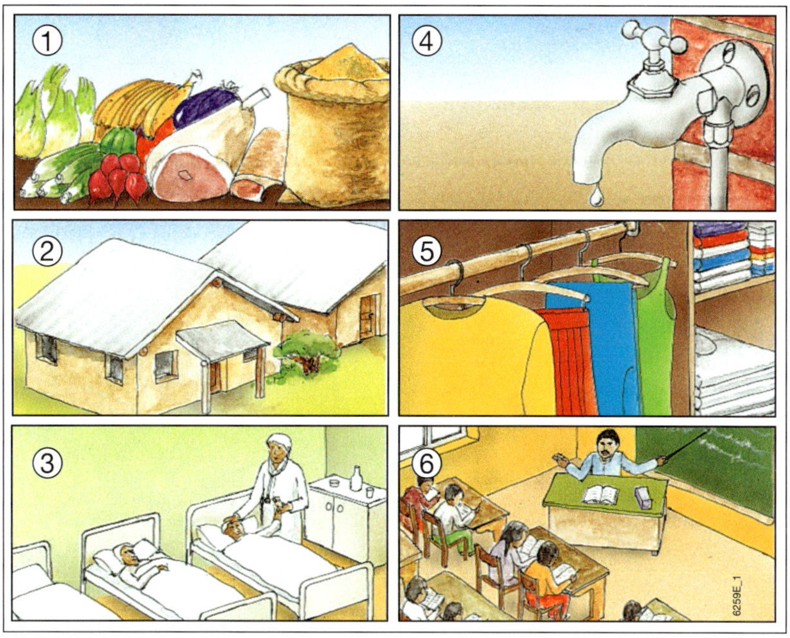

M5 *Grundbedürfnisse der Menschen*

M6 *Eine Zeichnung von Sofia, zwölf Jahre, aus Grosny*

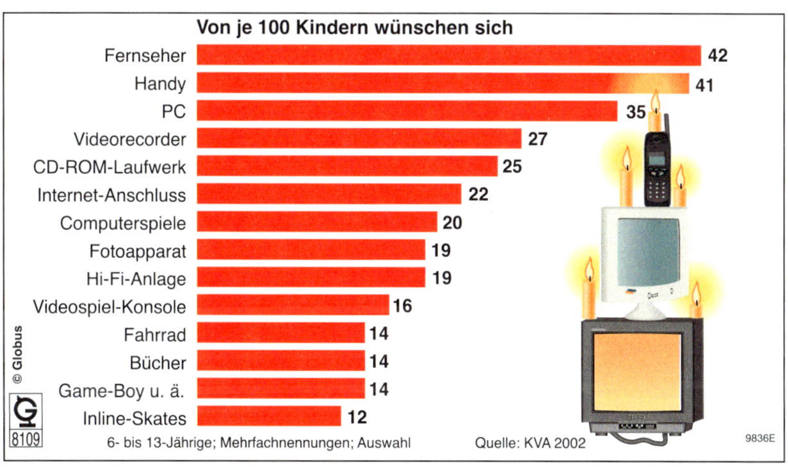

M7 *Weihnachtswünsche der 6- bis 13-Jährigen in Deutschland*

Und deine Kleidungswünsche?

Mein Wunschzettel
Jeans: Levis 501
Turnschuhe: Reeboks
Jacke: College-Blouson

M8 *Kleidungswünsche von Pjotr, elf Jahre, aus Kasachstan*

Aufgaben

1 a) Nenne die Grundbedürfnisse aller Kinder dieser Erde (M5): Bilde zu jeder der sechs Zeichnungen einen Satz, der anfängt „Kinder brauchen ...".
b) Sind deine Grundbedürfnisse erfüllt? Begründe.

2 a) Welche Wünsche hast du? Vergleiche mit M7.
b) Unterscheiden sich deine Wünsche von denen Pjotrs (M8)?

3 Überlege, was Sofia uns mit ihrem Bild sagen will (M6).

4 Aus welchen Ländern und Kontinenten kommen die Kinder aus M2 – M4? Benutze das Register im Atlas.

Merke
Auf der Erde leben etwa zwei Milliarden Kinder. Davon wachsen etwa 600 Mio. in großer Armut auf. 130 Mio. können weder lesen noch schreiben. Ihre Grundbedürfnisse werden nicht erfüllt.

Grundbegriff
- Grundbedürfnis

Kinder spielen überall

Nagelfußball

Das Spiel kommt aus **Brasilien**.
Zahl der Spielerinnen und Spieler: zwei
Spielregeln: Auf einem kleinen Spielfeld wird mit einer Murmel „Fußball" gespielt. Zwei Kinder spielen gegeneinander. Mit einem Holzstäbchen schießen sie die Murmel (Ball) ins gegnerische Tor. Sie dürfen sie nicht mit der Hand berühren, sonst gibt es einen Elfmeter. Zu Beginn wird festgelegt, bis zu welcher Punktzahl (Tore) gespielt wird.

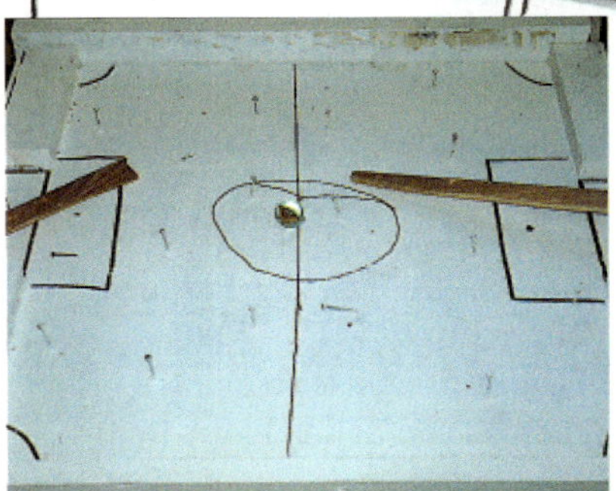

So könnt ihr das Spiel herstellen:

Ihr benötigt:
Ein Brett 105 cm x 70 cm, Leisten, Kleber, zwei Stöcke, eine Murmel, 22 Nägel (etwa 10 cm lang), einen schwarzen Stift.
Das Spielfeld wird aus einem Brett (Grundfläche) und Leisten (als Umrandung) gezimmert. An den Schmalseiten werden die „Tore" aus Leisten angebracht. In jede Hälfte werden elf Nägel eingeschlagen, die wie eine Fußballmannschaft verteilt sind. Mit dem schwarzen Stift wird das Spielfeld markiert (Mittellinie, Strafraum, Elf-Meter-Punkt).

Ende

Das Spiel kommt aus **Kenia** und wird dort mit Kaffeebohnen gespielt.
Zahl der Spielerinnen und Spieler: zwei
Spielregeln: Das Spielfeld besteht aus fünf ineinanderliegenden Kreisen, dem Mittelpunkt und zwei Startfeldern. Beide Kinder legen einen Spielstein vor ihr Startfeld. Das beginnende Kind versteckt einen zweiten Stein in der linken oder rechten Hand. Das andere Kind muss erraten, in welcher Hand sich der versteckte Spielstein befindet. Hat es richtig geraten, darf es seinen Stein vor den äußeren Ring legen und noch einmal raten. Es darf so lange weiter spielen, bis es falsch rät. Dann ist das andere Kind an der Reihe. Rät ein Kind richtig, darf es seinen Stein vor den nächsten, kleineren Kreis legen. Wer zuerst mit seinem Spielstein den Mittelpunkt erreicht, hat gewonnen.

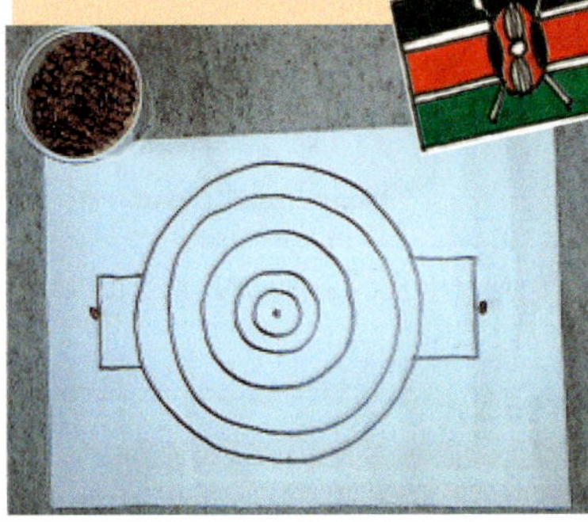

So könnt ihr das Spiel herstellen:

Ihr benötigt: Ein Blatt Papier, einen schwarzen Stift und vier Spielsteine. Ihr malt fünf ineinanderliegende Kreise, den Mittelpunkt und zwei Startfelder auf das Papier (Abbildung).

Korken werfen
Das Spiel kommt aus **Polen**.
Zahl der Spielerinnen und Spieler: zwei bis vier
Spielregeln: Jedes Kind erhält zu Beginn des Spiels vier gleichfarbige Korken. Alle Kinder werfen abwechselnd ihre Korken auf die Eierpalette. Jede Vertiefung hat einen bestimmten Punktewert. Am Ende werden die Punkte addiert. Wer die höchste Punktzahl erreicht, gewinnt.

So könnt ihr das Spiel herstellen:
Ihr benötigt: Eine Eierpalette, 16 Korken, Wasserfarben, einen schwarzen Stift.
Die Eierpalette wird bunt bemalt und in die Vertiefungen werden die Zahlen 0, 5, 10, 20 geschrieben. Alle Zahlen kommen mehrfach vor. Für die Spielerinnen und Spieler werden je vier Korken in der gleichen Farbe bemalt.

Obst aufheben
Das Spiel kommt aus **Indien** und wird dort mit roten und grünen Mangos gespielt.
Zahl der Spielerinnen und Spieler: vier
Spielregeln: Das Spiel wird auf dem Schulhof gespielt. Auf den Boden wird ein großer Kreis (ungefähr 1 m Durchmesser) mit Kreide gezeichnet. In dem Kreis liegen viele rote und grüne Steine. Die roten Steine sind die reifen Früchte. Diese müssen in eine Tüte gesammelt werden. Die grünen Steine sind Giftsteine. Wer sie berührt, muss einen roten Stein wieder hinwerfen und der Nächste ist dran. Einer beginnt auf das Startzeichen mit dem Einsammeln der roten Steine. Er hat höchstens zehn Sekunden Zeit.
Gewonnen hat, wer die meisten „reifen Früchte" gesammelt hat.

So könnt ihr das Spiel herstellen:
Ihr benötigt: etwa 100 Kieselsteine, grüne und rote wasserfeste Farbe, 4 Tüten, Kreide, eine Uhr mit Sekundenzeiger.
Die Hälfte der Kieselsteine wird rot, und die andere grün bemalt.

Kinder müssen arbeiten

Wk Rel

M1 *Sonderangebot eines indischen Teppichs*

Kinder müssen mitverdienen

Etwa 250 Mio. Kinder im Alter zwischen fünf und 14 Jahren müssen in vielen Ländern der Erde ihren Lebensunterhalt selbst verdienen. Die Familien können ohne die Mitarbeit der Kinder nicht überleben. Kinder, die arbeiten, haben keine Zeit, zur Schule zu gehen. **Kinderarbeit** verhindert also eine Schulausbildung und damit eine spätere Arbeit, die man gern tut und die gut bezahlt wird.

Die Arbeit, die Kinder leisten müssen, ist oft sehr schwer und ungesund. In Indien, aber auch in anderen Staaten der Erde, „verpfänden" Eltern ihre Kinder an Geldverleiher, weil sie ihre Schulden nicht zurückzahlen können. So geraten die Kinder in eine sklavenähnliche Abhängigkeit.

Seit über zwei Jahren arbeitet die zehnjährige Mainya Tamang an einem Knüpfstuhl in der Nähe von Jaipur in Indien. Zwölf bis vierzehn Stunden täglich setzt sie mit immer gleichen schnellen Handbewegungen einen Knoten neben den anderen. Sie arbeitet sieben Tage die Woche. Die Arbeit ist eintönig und anstrengend. Die Luft ist stickig und voller Wollstaub. Mainya hustet ständig. Sie arbeitet hastig, denn sie muss jeden Tag 6000 Knoten schaffen, sonst wird ihr Tageslohn nicht bezahlt: 10 Rupien, etwa 36 Cent. Das reicht gerade, um Lebensmittel für einen Tag zu kaufen. Ein Aufseher ist immer in der Nähe. Wenn sie einen Fehler macht, wird sie vom Aufseher geschlagen.

M2 *Indische Kinder am Knüpfstuhl*

Aufgaben

1 Lies den Text über „Mainya Tamang" (M2).
a) Berichte über die Arbeitsbedingungen von Mainya.
b) Wie lange arbeitet Mainya an einem Teppich, wie er in M1 angeboten wird?
c) Wie viel Geld bekommt sie für die Herstellung des Teppichs?
d) Vergleiche den Verdienst von Mainya mit dem Verkaufspreis eines Teppichs in Deutschland (M1).

2 Warum ist es in vielen Familien notwendig, dass Kinder arbeiten?

3 Kann das Rugmark-Warenzeichen helfen?

Info

Teppiche ohne Kinderarbeit
Das RUGMARK-Warenzeichen (englisch: rug = Teppich) wird an Unternehmen in Indien vergeben, die auf die Beschäftigung von Kindern unter 14 Jahren verzichten. Darüber hinaus müssen sich die Knüpfbetriebe verpflichten den gesetzlich vorgeschriebenen Mindestlohn zu zahlen. Weiterhin werden zwei Prozent des eingenommenen Geldes für die Finanzierung von Schulen, Lehrerinnen und Lehrern verwendet.

RUGMARK

Teppichhandel zwischen Deutschland und Indien

Indien ist der größte Teppichhersteller der Erde. Das Land verkauft jedes Jahr über drei Millionen Quadratmeter Teppiche in andere Staaten der Welt. Das ist etwa die Fläche von 300 etwa Fußball feldern.

Die Hälfte der Teppiche aus Indien geht nach Deutschland. Deutschland führt jedes Jahr indische Teppiche im Wert von 153 Mio. Euro ein.

Die meisten indischen Teppiche werden in den Gebieten um Jaipur und Varanasi geknüpft. Dort arbeiten etwa 100 000 Kinder. In der Regel erhalten sie nur etwa 36 Cent Lohn pro Tag. Ein Kilo Reis kostet 72 Cent. Viele Erwachsene finden keine Arbeit, da die Knüpfstuhlbesitzer lieber Kinder beschäftigen.

„Ich arbeite jeden Mittwoch drei Stunden als Zeitungsausträger neben der Schule. Dafür bekomme ich 68 Euro im Monat. Damit bessere ich mein Taschengeld auf. Es macht Spaß und ich kann mir schon mal eine CD leisten oder auch Sachen zum Anziehen, die ich sonst nicht kaufen würde. Außerdem spare ich mir Geld für Klassenfahrten."

M5 *Bericht von Nico (14 Jahre)*

Nicht nur in Indien, auch in anderen Ländern der Erde arbeiten Kinder: Sie nähen zum Beispiel T-Shirts in Bangladesch. Sie arbeiten mit gefährlichen Chemikalien in Pakistan, um Leder zu gerben. Sie schuften in Steinbrüchen in Mexiko oder auf den Müllkippen in Lima.
Die Arbeit verursacht zum Teil starke gesundheitliche Schäden. Bei der Arbeit auf dem Bau, auf den Feldern und in Fabriken tragen Kinder oft schwere Lasten. Das schädigt ihre Wirbelsäule. In Fabriken atmen sie giftige Stoffe ein. Das schädigt ihre Lungen.

M3 *Kinderarbeit*

Aufgaben

4 Was unterscheidet Kinderarbeit in Deutschland (M5) von Kinderarbeit in Indien (M2)?

5 Welche Kinderrechte werden bei Mainya Tamang verletzt (M4)? Erläutere, in welcher Hinsicht dies geschieht.

Kinder haben Rechte

1. Das Recht auf Gleichheit, unabhängig von Rasse, Religion, Herkunft oder Geschlecht.
2. Das Recht auf eine gesunde körperliche und geistige Entwicklung.
3. Das Recht auf einen Namen und eine Staatsangehörigkeit.
4. Das Recht auf ausreichende Ernährung, menschenwürdige Wohnverhältnisse und medizinische Versorgung.
5. Das Recht auf besondere Betreuung im Falle geistiger oder körperlicher Behinderung.
6. Das Recht auf Liebe, Verständnis und Geborgenheit.
7. Das Recht auf unentgeltlichen Unterricht, auf Spiel und Erholung.
8. Das Recht auf Beteiligung an der Gestaltung der eigenen Umwelt.
9. Das Recht auf Schutz vor Grausamkeit, Vernachlässigung und Ausbeutung.
10. Das Recht auf Schutz vor allen Formen der Demütigung und Erniedrigung und auf eine Erziehung des Friedens und der Rücksichtnahme.

M4 *Kinderrechte (von UNICEF gefordert): Sie gelten in vielen Ländern der Erde (seit 1992 auch in Deutschland), werden aber nicht überall eingehalten.*

Merke
Kinderarbeit gibt es in vielen Ländern der Erde. Kinderarbeit steht im Gegensatz zu den weltweit geforderten Kinderrechten.

Grundbegriff
- Kinderarbeit

Leben auf der Straße

Wk Rel

Medonca aus Mosambik

„Ich bin zehn Jahre alt. Als ich sechs war, starb mein Vater. Meine Mutter ist mit mir in die Hauptstadt Maputo gezogen. Hier bauten wir uns eine Hütte in einer Siedlung am Stadtrand. Wir hatten nichts zu essen, deshalb habe ich gebettelt und manchmal auch gestohlen. Meine Mutter wollte das nicht und hat mich geschlagen. Da bin ich weggelaufen und lebe nun auf der Straße, zusammen mit vielen anderen Kindern."

M1

Jaime aus Brasilien

„Ich war das älteste von neun Kindern. Mein Vater hatte früher Gelegenheitsjobs, aber dann fand er keine Arbeit mehr. Er begann zu trinken und wenn er abends nach Hause kam, schlug er uns. Mit elf Jahren bin ich weggelaufen. Aber es war ein schlimmes Leben auf der Straße. Ich wurde von Polizisten geschlagen und von anderen Jungen betrogen. Einmal wurde ich beinahe von einem Auto überfahren, als ich an einer Straßenkreuzung Zeitungen verkaufte."

M2

Info

Straßenkinder

Kinder, die kein Zuhause haben und ihr Leben auf den Straßen der Großstädte verbringen, werden Straßenkinder genannt.
Sie wohnen, essen und schlafen auf der Straße.
Man schätzt, dass es etwa 100 Millionen Straßenkinder in den Großstädten Südamerikas, Afrikas, Süd- und Südostasiens gibt. Weltweit „verwahrlosen" etwa 300 Millionen Kinder.

M3 *Obdachlose Kinder in Rio de Janeiro*

Adil aus Indonesien

„Als ich eines Nachmittags nach dem Fußballspielen nach Hause kam, gab es mein Zuhause nicht mehr! Bagger und Bulldozer waren angerückt und hatten unsere Siedlung* dem Erdboden gleichgemacht. Meine Familie war weg. Sie war an einen anderen Ort gebracht worden. Ich war allein. Ich begann um Essen zu betteln. Auf dem Bahnhof traf ich andere Kinder, die sich ebenfalls allein durchs Leben schlugen."

*Es handelte sich um eine Hüttensiedlung.

M4

Mario aus Bolivien

„Ich bin 14 Jahre alt und lebe seit sieben Jahren in einem Heim für Straßenkinder von UNICEF*. Jetzt gehe ich in die achte, die letzte Schulklasse. Da ich Elektriker werden will, besuche ich nachmittags einen Kurs in der Berufsausbildungsstätte. Ich habe mir immer gewünscht, einen eigenen Beruf zu erlernen und meinen Unterhalt selbst zu verdienen. Irgendwann möchte ich heiraten und Kinder haben. Ich würde sie niemals schlagen, damit sie nicht auf die Straße gehen."

*UNICEF ist ein Kinderhilfswerk.

M5

Wie werden Kinder zu Straßenkindern?

Untersuchungen haben ergeben, dass fast alle **Straßenkinder** mindestens einen lebenden Elternteil haben. Die Geschichte eines Straßenkindes in Südamerika, Afrika oder Asien beginnt oft in einer **Hüttensiedlung** am Stadtrand. Schon im Alter von sechs Jahren werden die Kinder losgeschickt, um einen Teil des Familieneinkommens zu verdienen. Meist gehen sie betteln. Weil sie noch klein sind und mitleiderregend aussehen, funktioniert das ganz gut. Die Kinder fahren mit dem Bus in die Innenstadt. Dort erreichen sie mehr zahlungsbereite Menschen als am Stadtrand. Und eines Tages kehren sie nicht mehr zu ihren Eltern zurück. Da es warm ist, brauchen die Kinder zum Schlafen kein Dach über dem Kopf. Aber zur eigenen Sicherheit sind vier Wände dringend notwendig.

M6 *In einer Hüttensiedlung am Rand von La Paz*

Hilfe für die Straßenkinder von Rio de Janeiro

Sie verkaufen Erdnüsse in Kneipen, betteln an Ampeln, schnüffeln Klebstoff oder betätigen sich als Taschendiebe – die Straßenkinder in Rio de Janeiro scheinen einfach überall zu sein. Wie viele es sind, weiß niemand genau. Die Schätzungen reichen von 300 bis zu drei Millionen Kindern.

Jetzt haben Studentinnen und Studenten und andere freiwillige Helfer monatelang die Straßen von Rio durchkämmt, mit den Straßenkindern gesprochen und Fotos gemacht. Dabei erhielten 932 Kinder einen Ausweis. Durch ihn erhoffen sich die Kinder Schutz vor den Polizisten. Von ihnen werden sie oft geschlagen, da sie als „Verschandelung" der Stadt gelten.

M7 *Meldung der Nachrichtenagentur AP*

Anschriften von Hilfsorganisationen

Wenn du mehr über die Arbeit der Hilfsorganisationen wissen willst, schreibe an folgende Adressen:

Ärzte für die Dritte Welt
Elsheimer Str. 9
60322 Frankfurt

Internationales Rotes Kreuz
Friedrich-Ebert-Allee 71
53113 Bonn

M8

Aufgaben

1 Erstelle eine Liste von Gründen, warum viele Kinder zu „Straßenkindern" werden (M1, M2, M4, M5).

2 Überlege, wie das Leben von Medonca und Adil verlaufen wird, wenn sie über 20 Jahre alt sind (M1, M4).

3 Was meinst du: Durch welche Maßnahmen kann Straßenkindern nachhaltig geholfen werden (M5, M7)?

Merke

Viele Kinder in Afrika, Südamerika und Asien haben kein Zuhause. Es sind Straßenkinder. Sie wohnen, essen und schlafen auf den Straßen der Großstädte. Vereinzelt gibt es Hilfsprojekte.

Grundbegriffe
- Straßenkind
- Hüttensiedlung

Stern und Halbmond
Halbmond und Stern gelten als Symbol des Islam.
Der Halbmond stellt den zunehmenden Mond dar. Der Stern steht für den Planeten Jupiter.

M1 *Symbole des Islam*

Aicha, ein Mädchen aus Agadir

Aicha ist Schülerin der 6c. Sie kam als zweijähriges Mädchen mit ihren Eltern aus Agadir, einer Hafenstadt in Marokko, nach Neumünster. Heute spricht sie fließend Deutsch ohne jeden Akzent.

Aicha trägt ein Kopftuch. Sie sagt, dass sie das Kopftuch als Symbol für ihren Glauben trägt. Aicha gehört zur Glaubensgemeinschaft der **Muslime (Moslems)**. Ihre Religion ist der **Islam**. Wie das Christentum ist auch der Islam eine **Weltreligion**.

Aicha wird von ihren Eltern nach den Regeln des Islam erzogen. Sie erklärt: „Meinem Vater ist es wichtig, dass meine Brüder und ich auch in Deutschland nach den Traditionen und den Glaubensregeln des Islam leben."

M2 *Aicha, eine muslimische Schülerin*

Info

Der Islam
Der Islam ist die zweitgrößte Glaubensgemeinschaft auf der Erde. Ihr gehören rund eine Milliarde Menschen in 184 Ländern der Welt an. Sie nennen sich Muslime und glauben an einen Gott. Sein Name ist Allah. Die meisten Muslime leben im Orient, den Gebieten in Vorderasien und Nordafrika. Der Name Orient bedeutet „Osten". Er umfasste ursprünglich nur die Gebiete, in denen von Europa aus gesehen „die Sonne aufgeht": das Morgenland.

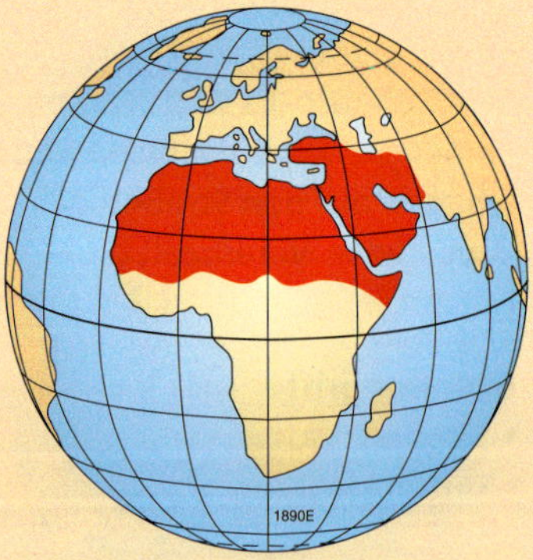

Muslime in Deutschland

In Deutschland leben etwa drei Millionen Muslime (Moslems). Sie beten in über 2200 Moscheen und Gebetshäusern und sind in über 2500 Gemeinden zusammengeschlossen. Damit ist der Islam nach dem Christentum die zweitgrößte Glaubensgemeinschaft in Deutschland. Über zwei Millionen Muslima und Muslime kommen aus der Türkei. Sie bilden etwa ein Drittel der über sieben Millionen Ausländer in Deutschland. Um ihre kulturellen und religiösen Bedürfnisse zu befriedigen, entstanden Moscheen, Lebensmittelgeschäfte, Gaststätten, Banken, Arztpraxen und Diskotheken. Es gibt zehn Fernsehkanäle, mehrere Radiosender und sieben Tageszeitungen, die ausschließlich in türkischer Sprache berichten.

Christentum und Islam gehen auf gemeinsame Wurzeln zurück und haben ähnliche Werte.

M3 *In einer christlichen Kirche*

Glaubensbekenntnis der Christen (Auszug)
„Ich glaube an Gott, den Vater, den Allmächtigen, den Schöpfer des Himmels und der Erde.
Und an Jesus Christus, seinen eingeborenen Sohn, unsern Herrn."

Glaubensbekenntnis der Muslime (Auszug)
„Ich bezeuge, dass es außer Allah keine Gottheit gibt. Ferner bezeuge ich, dass Mohammed sein Diener und Gesandter ist."

M4 *Glaubensbekenntnisse*

M5 *Abraham gilt als Stammvater von drei Religionen: Sein Sohn Isaak ist Vorfahre der Juden und von Jesus; Isaaks Halbbruder Ismael ist Vorfahre der Araber und Muslime.*

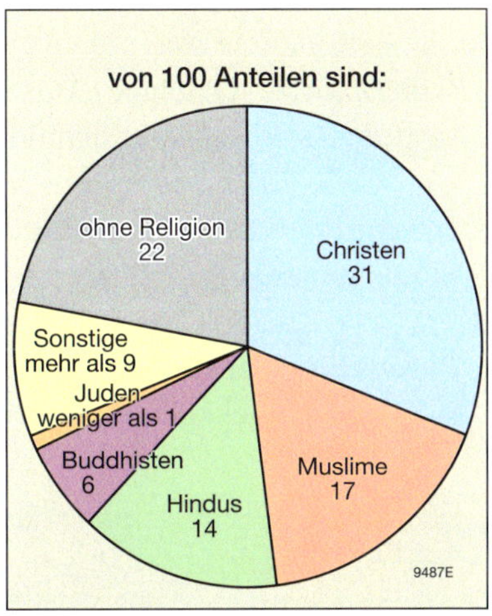

M6 *Anteile der Religionen an der Weltbevölkerung (2006)*

M7 *Eine Moschee in Deutschland*

Aufgaben

1 Welchen Glaubensgemeinschaften gehören die Kinder in deiner Klasse an?

2 Gibt es muslimische Mitschülerinnen oder Mitschüler in deiner Klasse? Wenn ja, aus welchen Ländern stammen sie?

3 Suche die Heimatstadt von Aicha (Atlas, Karte: Afrika (nördlicher Teil) – physisch). An welchem Meer liegt sie?

4 Warum trägt Aicha ein Kopftuch?

5 Liste zehn Staaten auf, die zum Orient gehören (Info und Atlas, Karte: Afrika – Staaten und Geschichte).

Merke
Der Islam ist eine Weltreligion. Die meisten Muslime in Deutschland kommen aus der Türkei.

Grundbegriffe
- Muslim (Moslem)
- Islam
- Weltreligion

Der islamische Glaube

Wk Rel

M1 *Die Kaaba in Mekka*

Fünf Säulen des islamischen Glaubens

„Fünf Säulen des Glaubens“ nennt man die fünf Pflichten, die das heilige Buch **Koran** den Muslimen auferlegt. Sie sind die Grundlage des Islam und gelten für die gläubigen Muslime auf der ganzen Welt.

Glaubensbekenntnis: Allah wird als einziger Gott anerkannt.

Gebetspflicht: Gläubige Muslime beten fünfmal am Tag und verneigen sich dabei in Richtung Mekka.

Fasten: Im Fastenmonat **Ramadan** darf von Sonnenaufgang bis Sonnenuntergang nicht gegessen und getrunken werden.

Pilgerfahrt: Einmal im Leben sollte jeder Muslim eine Fahrt zur Kaaba nach Mekka unternehmen.

Almosengeben: Die Wohlhabenden geben Geld zur Unterstützung der Bedürftigen.

Das Gotteshaus der Muslime ist die **Moschee**. Der Name heißt „Ort, an dem man sich niederwirft“. In jeder Moschee gibt es eine Ecke, die anzeigt, wo Mekka liegt – dorthin verneigt man sich im Gebet. Zu den größeren Moscheen gehört ein **Minarett**, ein Turm, von dem früher der **Muezzin** (Ausrufer) zum Gebet rief. Heute erledigt dies meistens ein Lautsprecher.

Aufgaben

1 Zeichne die fünf Säulen des Islam in dein Heft und schreibe dazu, was sie bedeuten.

2 Zeichne eine Moschee mit einem Minarett (Seite 303). Ergänze deine Zeichnung mit Informationen zum Beten (M2, M3) und zum Gotteshaus.

M2 *Ein muslimisches Mädchen zeigt Beispiele für verschiedene Gebetshaltungen.*

M3 *Vater und Tochter sind beide Muslime. Sie beten, während die Mutter (eine Christin) arbeitet.*

M4 *Hunderttausende von Pilgern umrunden die Kaaba in der Großen Moschee von Mekka.*

- Erkundung einer Moschee, Erkundung einer katholischen und evangelischen Kirche.
- Wie beten Muslime? Wie beten katholische und evangelische Christen?
- Muslimische und christliche Feiertage: Erstellt einen Feiertagskalender.
- Vergleicht auf einer Wandzeitung ein christliches und ein muslimisches Fest.
  Sammelt Beispiele und Fotos.
- Wo findet ihr Gemeinsamkeiten bei Christentum und Islam?
  (Nehmt dazu auch andere Seiten dieses Kapitels zu Hilfe.)
- Organisiert eine Ausstellung in Verbindung mit dem Fach Gestalten: Berühmte Kirchen, berühmte Moscheen.
- Wer kennt seine Bibel? Wer kennt seinen Koran? Stellt Grundsätze und Gebote zusammen, die sich ähneln. Pfarrer, Hodscha oder Religionslehrer helfen euch vielleicht dabei.

M5 *Vorschläge für Gruppenprojekte*

Info

Der Koran

Der Koran ist das heilige Buch der Muslime. Übersetzt heißt es „das häufig zu lesende Buch". Er enthält in 114 Abschnitten (Suren) die Predigten Mohammeds, die ihm wörtlich von Allah eingegeben worden sein sollen. Das alltägliche Leben der gläubigen Muslime ist ohne Koran nicht denkbar.

Er legt nicht nur Glaubensregeln fest, sondern enthält auch Lebensweisheiten und gibt Anweisungen für die islamische Rechtsprechung. So wird in islamischen Staaten zum Teil bei Gerichtsverhandlungen nach dem Koran Recht gesprochen.

Aufgabe

3 Frage islamische Mitschülerinnen und Mitschüler, welche Vorschriften im Koran ihr tägliches Leben bestimmen.

Merke

Das heilige Buch der Muslime ist der Koran. Er enthält Glaubensregeln, Lebensweisheiten und Grundlagen der Rechtsprechung. Fünf Pflichten muss jeder gläubige Muslim erfüllen.

Grundbegriffe

- Koran
- Ramadan
- Moschee
- Minarett
- Muezzin

Gewusst wie

Eine Wandzeitung gestalten

Wk K

Marokko, ein islamisches Land

Die 6c möchte eine **Wandzeitung** über Marokko anfertigen. Es ist das Heimatland von Aicha. Sie freut sich daher sehr und bietet an, zusammen mit ihren Freundinnen Ornamente für die Wandzeitung zu gestalten.

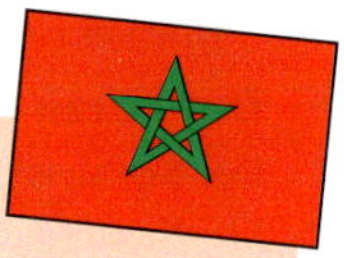

Marokko
Lage:
Nordwest-Afrika
Fläche: 446 550 km²
Einwohner: ca. 27 Mio.
Hauptstadt: Rabat
1 500 000 Einwohner
Währung: Dirham (DH)
Religionen:
Von 1000 Menschen sind 987 Muslime, elf Christen und zwei Juden

M1 *Steckbrief Marokko (Grundinformationen)*

M4 *Marktplatz in der Königsstadt Marrakech*

Das können wir tun

- A Steckbriefe erstellen
- B Fotos sammeln, aufkleben und beschriften
- C Reisebericht schreiben
- D Reiseroute in Landkarte einzeichnen
- E Schmuckornamente basteln oder zeichnen

M2 *Wandzeitungstipps*

Wichtige Bodenschätze:	Phosphat, Metalle
Landwirtschaftliche Produkte:	Getreide, Zitrusfrüchte, Kork
Industrie und Handwerk:	Chemikalien, Teppiche, Lederwaren, Keramik
Dienstleistungen:	z.B. Tourismus
Wichtigste Ausfuhrgüter:	Phosphat, Fischkonserven, Zitrusfrüchte
Wichtigste Einfuhrgüter:	Nahrungsmittel, Technik
Wichtigste Handelspartner:	Europa, Japan, Indien, USA

M5 *Steckbrief Marokko (Infos zur Wirtschaft)*

Marokko zählt zu den schönsten Ländern der Welt. Im Westen vom Atlantischen Ozean begrenzt und im Norden vom Mittelmeer, besitzt Marokko traumhafte Strandparadiese. Vier Bergketten durchziehen das Land. Da gibt es atemberaubende Wasserfälle und weite Ebenen voll blühender Orangen- und Mandelbäume. Flüsse graben eindrucksvolle Schluchten und lassen entlang ihres Laufs grüne Streifen bis zur Wüste entstehen.

M3 *Werbung für Marokko*

M6 *Tipp für eine Marokko-Rundreise*

M7 *Orientalisches Band-Ornament*

M8 *Flächenornament in der marokkanischen Stadt Fés*

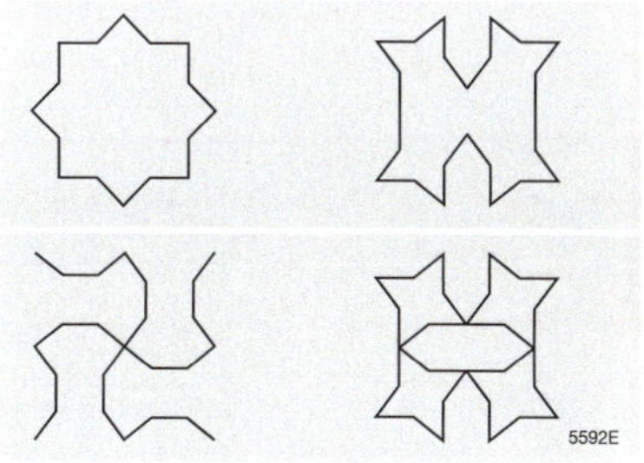

M9 *Häufig verwendete Grundfiguren von Ornamenten*

So gehen wir bei der Gestaltung einer Wandzeitung zu einem islamischen Land vor:

1. Wir wählen ein islamisches Land aus:
In Staaten mit überwiegend islamischer Bevölkerung sind die Lebensverhältnisse sehr unterschiedlich. Aktuelle Meldungen in den Medien oder persönliche Erlebnisse sind Gründe, ein bestimmtes Land auszuwählen.

2. Wir beschaffen uns Materialien:
Wenn ihr euch für einen Staat entschieden habt, besorgt euch zu den einzelnen Themen unterschiedliche Materialien.

3. Wir teilen uns die Arbeit auf:
Verteilt zuerst die Themen auf verschiedene Arbeitsgruppen. Je nach Umfang der Materialien können sich auch mehrere Gruppen mit dem gleichen Thema beschäftigen.
Nun müsst ihr noch Aufgaben innerhalb der Gruppe verteilen:

- Texte lesen, Informationen herausarbeiten
- Informationen zusammenfassen, korrigieren und aufschreiben
- Informationen mit Fotos, Grafiken und Tabellen ergänzen
- Gestaltung, zum Beispiel mit Computerprogrammen, Tonpapier

4. Wir gestalten mit unseren Ergebnissen die Wandzeitung:
Heftet an einer Korkwand oder auf einem Plakatpapier eure Ergebnisse an. Achtet dabei besonders auf Übersichtlichkeit. So sollten zum Beispiel Themen gut erkennbar und die Darstellungsfläche nicht zu sehr überfrachtet sein.

Aufgaben

1 Erstelle zu M6 eine Liste mit den Namen aller Städte auf der Reiseroute (Atlas, Karte: Afrika (nördlicher Teil) – physisch).

2 Zeichne ein Bandornament oder fertige es aus verschiedenfarbigen Tonpapieren an (M7, M9).

3 Sucht euch ein islamisches Land aus und gestaltet eine Wandzeitung.

Merke
Mithilfe einer Wandzeitung können Informationen über ein Land oder über einen Sachverhalt dargestellt werden. Hierbei werden unterschiedliche Materialien wie Fotos, Karten, Texte und Zeichnungen übersichtlich zusammengestellt.

Grundbegriff
- Wandzeitung

Kinder der Welt

Das Kinder-der-Welt-Rätsel

Lege ein Stück Transparentpapier auf das Rätsel. Trage darauf die Lösungen ein. Das markierte Feld nennt eine wichtige Einrichtung für in Not geratene Kinder.

1 Kontinent, der südlich von Europa liegt.
2 Was sich viele Kinder in Gebieten, in denen Krieg ist, wünschen.
3 Wohnung, Hütte, Haus. Eine ... zu haben ist ein Grundbedürfnis der Menschen.
4 Ein Spiel aus Kenia.
5 Das spielt man gern in Polen.
6 Postsendung aus Bildern statt aus Text.
7 Dieses Gebäude betritt Mubazankabo aus Ruanda um 7.30 Uhr.
8 Hauptstadt von Ruanda.
9 In diesem Land lebt Mario in einem Heim für Straßenkinder.
10 So nennt man eine Vereinigung, die sich für Notleidende einsetzt.
11 Eine Weltreligion.
12 Zeichen auf Teppichen, die ohne Kinderarbeit hergestellt werden.
13 Forderung von UNICEF für Kinder weltweit: Verwirklichung der ... .
14 Kleidungsstücke, die Kinder in „Kinderarbeit" in Bangladesch nähen.
15 Die heilige Schrift der Muslime.

Überall auf der Welt

Ausreichende Ernährung, eine Unterkunft, ärztliche Versorgung, Trinkwasser, Kleidung und eine Schulbildung sind Grundbedürfnisse aller Menschen. In vielen Staaten der Erde werden diese jedoch nur teilweise erfüllt.

Projekt: Kinder spielen überall

Kinder auf der ganz Welt spielen gern. Jedes Kind kennt Puppen, Bälle, Würfel, Steine, Karten, Versteckspiele, Nachlaufspiele, Singspiele und Wettspiele. In einem Spielprojekt kann man Kinderspiele aus aller Welt vorstellen.

Kinder müssen arbeiten

Millionen Kinder müssen ihren Lebensunterhalt selbst verdienen oder arbeiten, damit die Familie überleben kann. Kinderarbeit ist in vielen Ländern der Erde verbreitet, obwohl sie nicht mit den Kinderrechten vereinbar ist.

Leben auf der Straße

Straßenkinder gibt es vor allem in Ländern Südamerikas, Afrikas und Asiens. Kinder haben kein Zuhause. Sie wohnen, essen und schlafen auf den Straßen der Großstädte. Mit Hilfsprojekten versucht man, die Not der Straßenkinder zu lindern.

Muslime und der islamische Glaube

Der Islam ist wie das Christentum eine Weltreligion. In Deutschland ist er die zweitgrößte Glaubensgemeinschaft; ihr gehören vor allem türkische Mitbürger an.

Die fünf Säulen des islamischen Glaubens sind fünf Pflichten, die jeder gläubige Moslem nach der heiligen Schrift, dem Koran, erfüllen muss. Der Koran bestimmt das Leben gläubiger Muslime.

Gewusst wie: Eine Wandzeitung gestalten

Eine Wandzeitung ist eine gute Möglichkeit, über ein interessantes Thema, zum Beispiel ein islamisches Land, zu informieren.

Grundbegriffe

- Grundbedürfnis
- Kinderarbeit
- Straßenkind
- Hüttensiedlung
- Muslim (Moslem)
- Islam
- Weltreligion
- Koran
- Ramadan
- Moschee
- Minarett
- Muezzin
- Wandzeitung

Arbeitsmethoden – kurz und knapp

Eine Weltkundemappe anlegen

Eine Weltkundemappe schafft Ordnung.

1. Verwende eine DIN-A4-Mappe sowie gelochte, karierte Blätter. Schreibe mit Füller, zeichne mit Bleistift, male Farbflächen mit Holzfarbstiften.
2. Lege ein Inhaltsverzeichnis an. Gestalte zu jeder Unterrichtsstunde ein Deckblatt. Füge Arbeitsblätter und Kopien ein.
3. Lass auf jedem Blatt am linken Rand fünf Kästchen frei, am oberen und unteren Rand vier Kästchen. Überschrift unterstreichen, Datum einfügen, sorgfältig schreiben.

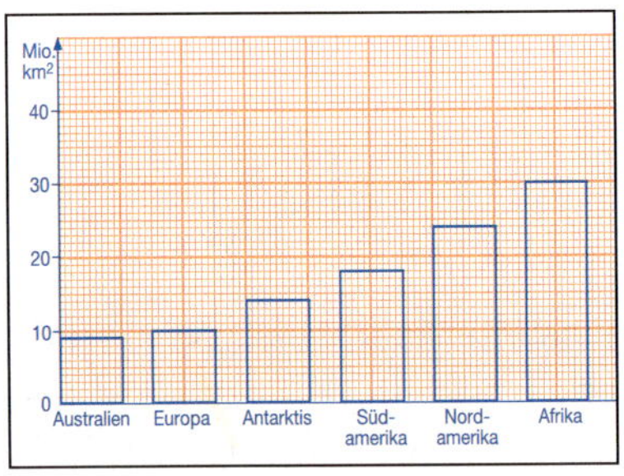

Ein Stabdiagramm zeichnen

Ein Stabdiagramm macht Zahlen, die in einer Tabelle aufgelistet sind, anschaulicher.

1. Zeichne zwei Linien im rechten Winkel. Trage auf der senkrechten Linie die Werte der Tabelle ein.
2. Trage auf der waagerechten Linie die Stäbe in der richtigen Länge ein.
3. Gib dem Diagramm eine Unterschrift.

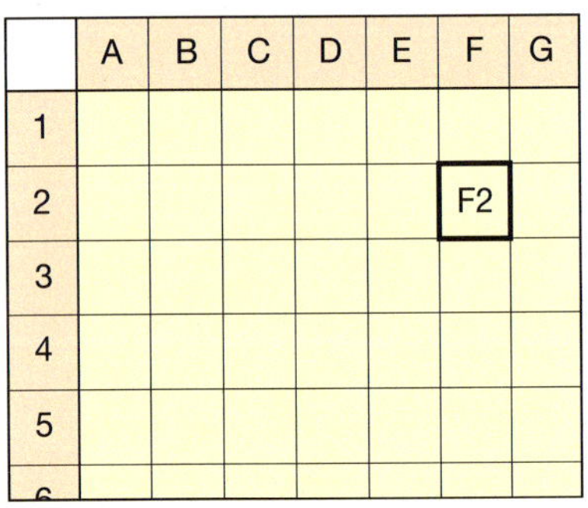

Einen Stadtplan lesen

Ein Stadtplan hilft, sich in einer Stadt zurechtzufinden.

1. Er ist in Planquadrate unterteilt und enthält ein Register mit einem Verzeichnis aller Straßen und Plätze.
2. Suche mithilfe des Registers und der Planquadrate deinen Standort und das Ziel (Straße, öffentliches Gebäude), das du erreichen möchtest.
3. Richte den Stadtplan nach den Himmelsrichtungen aus und gehe zu deinem Ziel.

Den Maßstab nutzen

Ein Maßstab hilft, Entfernungen auf einer Karte abzulesen.

1. Zeichne die Maßstabsleiste einer Karte genau ab und verlängere sie stark.
2. Miss die Strecke, deren Länge du ermitteln willst, mit dem Lineal.
3. Lege das Lineal an die gezeichnete Maßstabsleiste und lies die Entfernung ab.

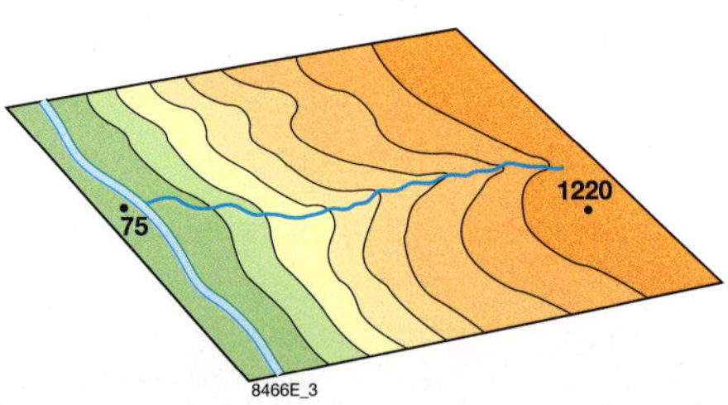

Physische Karten lesen

Physische Karten zeigen die Oberflächenformen der Landschaft, die Lage von Städten, den Verlauf von Flüssen und einiges mehr.

1. Die Oberflächenformen werden in den Farben Grün, Gelb, Braun dargestellt.
2. Städte werden mit weißen und roten Punkten sowie mit roten Vierecken dargestellt.
3. Flüsse werden als blaue Linien gezeichnet.
4. Außerdem sind Verkehrseinrichtungen und Grenzen eingetragen.

Mit dem Atlas arbeiten

Ein Atlas ist eine Sammlung von Karten aus aller Welt.

1. Er enthält physische und thematische Karten sowie ein Inhaltsverzeichnis und ein Register.
2. Thematische Karten behandeln ein bestimmtes Thema.
3. In der Legende werden die verschiedenen Signaturen und Flächenfarben erklärt.
4. Mit dem Register ist jeder Ort im Atlas zu finden.
5. Mit dem Inhaltsverzeichnis sind die thematischen Karten zu finden.

E
East London 87, C 5
Ebbe 10, E 2
Eberswalde-Finow 22, J 4
Ebro 70, C 3
Ebschloh 11, F 3
Ebsdorfergrund 11, G 3
Ecatepec 132, C 4
Ech-Chéliff 70, D 5
Echzell 11, G 4
Eckernförde 22, E 2
Ecrins 68, C 5

Klimadiagramme lesen

Ein Klimadiagramm zeigt die Temperaturkurve und die Niederschlagskurve einer Klimastation im Durchschnitt vieler Jahre.

1. Temperaturkurve lesen: Zeigefinger auf den Buchstaben J (Januar) legen, ihn senkrecht nach oben bis an die rote Kurve führen. Zahl für Monatsmittel im Januar waagerecht am linken Rand ablesen. Dasselbe mit den übrigen Monaten tun. Jahresmitteltemperatur ablesen.
2. Niederschlagskurve lesen: Zeigefinger auf den Buchstaben J (Januar) legen, ihn senkrecht nach oben bis an die blaue Kurve führen. Zahl für Monatsniederschlag im Januar waagerecht am rechten Rand ablesen. Dasselbe mit den übrigen Monaten tun. Jahresniederschlag ablesen.

Einen Text auswerten

Ein Text informiert über einen Sachverhalt. Er ist oft lang und schwer zu verstehen.

1. Text aufmerksam durchlesen, unbekannte Wörter im Lexikon nachschlagen.
2. Text in sinnvolle Abschnitte gliedern und für jeden Abschnitt eine Zwischenüberschrift finden.
3. Aus jedem Abschnitt einige Schlüsselwörter herausschreiben.
4. Den ganzen Text mithilfe der Zwischenüberschriften und der Schlüsselwörter Abschnitt für Abschnitt zu einer Inhaltsangabe zusammenfassen.

Hundeschlitten oder Ski-doo?

Avataq, ein erfahrener Robbenjäger, trennt mit der Axt ein Stück hart gefrorenes Robbenfleisch ab und wirft es in den Hundeschlitten. Die zwölf Huskies, noch vor wenigen Augenblicken vom Schnee fast zugeweht, sind nicht zu bändigen. Ständig zerren sie an den Leinen. Als der Inuit auf dem Schlitten steht, laufen sie los. Der Leithund reagiert auf Zuruf. Nach drei Stunden Fahrt über Schollen aus zusammengeschobenem Treibeis der Hudsonbai kommt der erste Halt. Nun beginnt die Robbenjagd. Die Hunde ruhen sich auf dem Eis aus. Avataq hält nach den Robben Ausschau. Vor einem Luftloch kauernd will der Jäger die Beute erlegen. Zuvor aber hat er die Hunde mit einem Teil des mitgebrachten Fleisches gefüttert. Jetzt beginnt die Zeit des Wartens. Mit dem Wurfspeer in der Hand, an dem ein langes Seil aus Seelöwenhaut befestigt ist, hockt er auf dem Eis und harrt regungslos aus. Für Silak, seinen Freund, ist diese Jagdmethode längst überholt. Er jagt statt Robben Karibus – und zwar mit dem Ski-doo, einem Motorschlitten. Der braucht zwar Benzin und ist auch manchmal defekt, dafür ist er aber viel schneller als ein Hundeschlitten. Sein größter Nachteil ist, dass der Motorlärm die Tiere vertreibt. Oft gelingt es Silak nur nach langer Zeit und mit viel Geschick,

Eine Karikatur auswerten

Eine Karikatur ist eine Zeichnung, in der ein Sachverhalt besonders herausgestellt wird. Personen und Gegenstände werden häufig „überzeichnet" und wirken deshalb komisch. Eine Karikatur wird insbesondere benutzt, um gesellschaftliche Sachverhalte zu bewerten.

1. Die dargestellte Situation beschreiben.
2. Erklären, wen oder was die Personen und Gegenstände darstellen sollen.
3. Zusammenfassen, was die Karikatur aussagen soll.

Alpenvorland (Seite 53)
Zwischen der Donau und den Alpen gelegenes Hügelland. Sein Landschaftsbild wurde vorwiegend von den Gletschern der verschiedenen Eiszeiten geprägt. Zahlreiche Seen entstanden aus geschmolzenem Gletscherwasser.

Altmensch (Seite 74)
Die Altmenschen lebten schon vor rund 250 000 Jahren in Europa. Sie waren ungefähr so groß wie die Frühmenschen und hatten eine gedrungene, muskulöse Gestalt. Die Neandertaler, die bis vor 30 000 Jahren in Europa lebten, gehörten zu den Altmenschen.

Altsteinzeit (Seite 82)
Den frühesten und längsten Abschnitt der Steinzeit nennen wir Altsteinzeit. Sie begann vor 2,5 Mio. Jahren und dauerte bis ca. 10 000 v. Chr. Die Menschen lebten in der Altsteinzeit als Jäger und Sammler in Horden zusammen.

Antarktis (Seite 210)
Die Antarktis ist zum einen der schnee- und eisbedeckte Kontinent am Südpol (auch Antarktika genannt). Zum anderen nennt man so das gesamte Südpolargebiet, das heißt den Kontinent mit den umgebenden Meeren.

Antike (Altertum) (Seite 254)
Die Antike ist die Bezeichnung für das griechisch-römische Altertum von ca. 1500 v. Chr. bis zum Untergang des Römischen Kaiserreichs (ca. 500 n. Chr.). Es war die Blütezeit der griechischen und römischen Hochkultur.

Äquator (Seite 64)
Breitenkreis der Erde mit der längsten Umfanglinie, der Nord- und Südhalbkugel trennt. Länge: 40 076 km.

Archäologe (Seite 94)
Ein Archäologe ist ein Wissenschaftler, der aufgrund von Bodenfunden und Ausgrabungen alte Kulturen erforscht.

Arktis (Seite 208)
Die zwischen nördlichem Polarkreis und Nordpol liegenden Land- und Meeresgebiete.

Asylbewerber (Seite 110)
Mensch, der in seiner Heimat wegen seiner Rasse, Religion, Nationalität oder politischen Einstellung verfolgt wird und deshalb im Ausland Zuflucht sucht.

Aufsitzerpflanze (Seite 220)
Auf anderen Gewächsen, vor allem auf Bäumen, wachsende Pflanze im tropischen Regenwald. Sie ist auf das Sonnenlicht angewiesen.

Ausländischer Arbeitnehmer (Seite 112)
Jemand, der aus seinem Heimatland weggezogen ist, um im Ausland zu wohnen und zu arbeiten. Meist kommen ausländische Arbeitnehmer aus Ländern, in denen die Verdienstmöglichkeiten gering sind.

Ballaststoffe (Seite 196)
Ballaststoffe sind unverdauliche Bestandteile der Nahrung und regen die Darmbewegung an. Sie finden sich vor allem in Vollkornprodukten, Obst und Gemüse. Eine an Ballaststoffen arme Nahrung begünstigt Verstopfung und kann zu Krankheiten führen.

Bergwerk (Seite 96)
Ein Bergwerk ist eine Anlage, um tief unter der Erde liegende Bodenschätze abzubauen.

Bevölkerungsexplosion (Seite 188)
Ausdruck für das starke Wachstum der Bevölkerung.

Bewässerungsfeldbau (Seite 143)
Form des landwirtschaftlichen Anbaus mit künstlicher Bewässerung in niederschlagsarmen Gebieten.

Bewegungsmangel (Seite 200)
Wer sicht zu wenig bewegt, leidet unter Bewegungsmangel. Viele Krankheiten werden durch Bewegungsmangel gefördert oder können dadurch entstehen.

Bildzeichen (Seite 181)
Die Schrift der alten Ägypter besteht aus etwa 700 Bildzeichen. Dies sind Zeichen für Tiere, Pflanzen und Gegenstände.

Brandrodung (Seite 225)
Sie dient dazu, Felder im tropischen Regenwald anzulegen. Bei der Brandrodung werden die Bäume gefällt und anschließend mit den anderen Pflanzen abgebrannt.

Breitengrad (Seite 68)
Breitengrade werden vom Äquator aus nach Norden und Süden von 0° bis 90° gezählt. Sie verlaufen immer parallel zum Äquator und verbinden die Punkte auf der Erde, die die gleiche geographische Breite haben.

Brettwurzel (Seite 220)
Bis zu 10 m hohe, sternförmig angeordnete Wurzel. Brettwurzeln verleihen den Bäumen im tropischen Regenwald besondere Standfestigkeit.

Dauerfeldbau (Seite 225)
Das ganze Jahr über betriebener Feldbau. Die Felder werden dauerhaft (ohne Unterbrechung) genutzt. Dies ist in den Tropen möglich.

Demokratie (Seite 259)
Demokratie heißt Volksherrschaft. Im Gegensatz zur Monarchie gibt es nicht nur einen Herrscher, sondern das ganze Volk entscheidet mit, wenn auch in der Regel nicht direkt. Es werden z. B. Vertreterinnen und Vertreter gewählt, die die Gesetze verabschieden

Deutzeichen (Seite 181)
Die ägyptische Schrift hatte neben den Bildzeichen zusätzliche Deutzeichen. Sie erleichterten das Verständnis. Ein solches Deutzeichen war z. B. eine Kartusche. Weitere Deutzeichen, die bei Namen aufgeführt wurden, waren Frau und Mann.

Dienstleistungsunternehmen (Seite 126)
Betrieb, der seinen Kunden bestimmte Dienste anbietet, z. B. eine Arztpraxis, eine Bank oder eine Gaststätte, aber auch eine Versicherung, eine Werbeagentur oder eine Universität.

Eiszeit (Seite 85)
Abschnitt der Erdgeschichte, in dem es durch weltweiten Rückgang der Temperaturen zum Vorrücken von Gletschern kam. Die letzte Eiszeit endete in Norddeutschland um 10 000 v. Chr. Die Zeiträume zwischen den Eiszeiten nennt man Warmzeiten.

Eiweiß (Seite 196)
Eiweiße kommen in jedem Lebewesen vor. Beim Menschen zum Beispiel bilden Eiweiße das Gerüst der Zellen, besonders der Muskeln. Jeder Mensch muss regelmäßig Eiweiße mit der Nahrung aufnehmen, sonst leidet er bald an Fehlernährung. Da Kinder noch wachsen, brauchen sie besonders viele Eiweiße. Sie sind vor allem in Fleisch, Fisch, Eiern und Milchprodukten enthalten. Unser Körper kann, anders als bei den Fetten, Eiweiße nicht speichern, sondern muss regelmäßig damit versorgt werden.

Erdachse (Seite 66)
Die Erdachse ist eine gedachte Verbindungslinie zwischen Nord- und Südpol.

Erosion (Seite 138)
Die Abtragung von Boden und Gestein durch fließendes Wasser, Eis oder Wind.

Erschließung (Seite 222)
Maßnahmen, durch die z. B. der tropische Regenwald zugänglich gemacht wird. Zur Erschließung gehören der Bau von Straßen und Siedlungen,

aber auch das Roden des Waldes, um Anbauflächen zu schaffen.

Eurasien (Seite 120)
Zusammenhängende Landmasse der Kontinente Europa und Asien.

Euro (Seite 128)
Zahlungsmittel (Währung) der meisten Staaten der Europäischen Union. Am 1. Januar 2002 wurde erstmals Euro-Bargeld in Umlauf gebracht.

Europäische Union (EU) (Seite 128)
Zusammenschluss von europäischen Staaten mit dem Ziel der wirtschaftlichen und politischen Vereinigung.

Faustkeil (Seite 82)
Der Faustkeil war das wichtigste Werkzeug der Steinzeit. Er wurde aus behauenem Feuerstein hergestellt und hatte eine Mandelform. Die Menschen benutzten ihn zum Schneiden, Hacken, Schaben usw.

Felswüste (Seite 216)
In der Felswüste ist die Landschaft von kantigen Steinen übersät, aus denen einzelne Berge herausragen. Durch die Temperaturgegensätze zwischen Tag und Nacht zerbrechen selbst riesige Felsbrocken.

Fett (Seite 196)
Fette sind neben Kohlenhydraten und Eiweiß die dritte Gruppe der Hauptnahrungsmittel des Menschen. Sie stammen von Pflanzen und Tieren. Im Organismus werden sie als Nahrungsmittelreserve gespeichert. Die Fettschicht des Körpers isoliert und schützt Organe vor Stößen. Man unterscheidet feste (z. B. Kokosfett), halbfeste (z. B. Gänseschmalz) oder flüssige (z. B. Olivenöl) Fette.

Flucht (Seite 109)
Menschen, die ihre Heimat aufgrund von Krieg, politischer Verfolgung, Armut, Hunger oder Umweltschäden verlassen, sind auf der Flucht.

Flussoase (Seite 174)
Eine Oase in der Wüste. Sie erhält Wasser durch einen Fluss, der die Wüste durchfließt.

Freizeit (Seite 150)
Im Gegensatz zur Arbeitszeit bezeichnet Freizeit die Zeit, die jedem Einzelnen zur freien Verfügung bleibt. Sie kann beliebig gestaltet werden. Die Zeit, die man zum Essen und Schlafen braucht, gehört nicht zur Freizeit.

Fruchtbarer Halbmond (Seite 88)
Gebiete, die halbkreisförmig westlich, nördlich und nordöstlich um die Syrische Wüste liegen und zusammen eines der ältesten und wichtigsten Landwirtschaftsgebiete des Orients bilden.

Frühmensch (Seite 74)
Zunächst 1,30 m, später 1,60 m großer Mensch, der sich vor rund 2 500 000 Jahren aus dem Vormenschen entwickelte. Frühmenschen hatten mächtige Wülste über den Augen und eine flache, fliehende Stirn. Sie fertigten erstmals Steinwerkzeuge an.

Geschichte (Seite 80)
Die Geschichtsforscherinnen und -forscher unterscheiden zwischen Vorgeschichte und Geschichte eines Gebietes. Als den Beginn der Geschichte bezeichnen sie den Zeitpunkt, ab dem schriftliche Aufzeichnungen der Menschen vorliegen.

Gesundheit (Seite 194)
Gesundheit ist nicht nur das Gegenteil von Krankheit. Gesundheit äußert sich in einem Wohlbefinden des Körpers und der Seele. Die Gesundheit ist eines der größten Güter des Menschen. Jeder sollte etwas für seine Gesundheit tun. Dazu gehören eine abwechslungsreiche Ernährung und Sport.

Gladiator (Seite 285)
Kämpfer, der in Rom zur Unterhaltung des Volkes auftrat. Bei den Gladiatorenkämpfen ging es um Leben und Tod. Sklaven, Kriegsgefangene und Verbrecher wurden in Gladiatorenschulen für den Kampf ausgebildet.

Globus (Seite 66)
Bezeichnung für das verkleinerte Abbild der kugelförmigen Erde. Der Maßstab der üblichen Tischgloben mit einem Durchmesser von 36 cm beträgt 1 : 36 Mio.

Gradnetz (Seite 68)
System von Längen- und Breitengraden, das der Ortsbestimmung auf der Erde dient.

Grundbedürfnis (Seite 294)
Das, was ein Mensch mindestens zum Leben braucht. Die wichtigsten Grundbedürfnisse sind Nahrung, Trinkwasser, Kleidung, Unterkunft, Bildung, Arbeit, ärztliche Versorgung.

Grundriss (Seite 14)
Alle linien- und flächenförmigen Gebilde einer Karte bilden den Grundriss. Hierzu zählen Grenzen, Flüsse, Straßen, Siedlungen, Wälder, Wiesen, Äcker.

Grundwasseroase (Seite 217)
Oase, die ihr Wasser aus oberflächennahem Grundwasser bezieht. Dieses Wasser fließt unterirdisch auf einer wasserundurchlässigen Schicht und kann dort, wo es in die Nähe der Erdoberfläche kommt, angezapft werden.

Hauptstadt (Seite 56)
Die Hauptstadt eines Landes ist die Stadt, in der die Regierung und meist auch das Parlament ihren Sitz haben. Die Hauptstadt von Deutschland ist Berlin.

Hieroglyphe (Seite 180)
Die Schrift im alten Ägypten (ab 3000 v. Chr.) besteht aus Hieroglyphen. Das sind Bildzeichen und Deutzeichen.

Himmelsrichtung (Seite 34)
Wenn man sich auf der Erde in eine Richtung bewegt, bewegt man sich immer in eine bestimmte Himmelsrichtung. Die Haupthimmelsrichtungen sind Norden, Süden, Westen und Osten. Auf Karten ist in der Regel Norden oben.

Hochgebirge (Seite 53)
Hochgebirge haben hohe Felswände, steil aufragende Gipfel (in den deutschen Alpen: Zugspitze 2962 m) und tief eingeschnittene Täler. Auf den höchsten Erhebungen liegen Eis und Schnee.

Hochkultur (Seite 174)
Eine besonders weit entwickelte Kultur nennt man Hochkultur. Kennzeichen einer Hochkultur sind Arbeitsteilung und in der Regel die Entwicklung einer Schrift.

Höhenlinie (Seite 40)
Eine Höhenlinie verbindet auf einer Karte alle Punkte in gleicher Höhe über dem Meeresspiegel. Mithilfe von Höhenlinien werden die Oberflächenformen (Berge und Täler) einer Landschaft dargestellt. Je enger die Höhenlinien nebeneinanderliegen, umso steiler ist das Gelände.

Höhenschicht (Seite 40)
Wenn man die Flächen zwischen den Höhenlinien auf Karten farbig ausmalt, erhält man Höhenschichten. Die Oberflächenformen (Berge und Täler) werden dadurch sehr anschaulich. Die Farbe wechselt mit zunehmender Höhe von Grün über Gelb bis Braun.

Höhlenmalerei (Seite 82)
Höhlenmalereien sind wichtige Zeugnisse der Kunst in der Steinzeit. Die Menschen haben vor allem Tiere auf die Wände von Höhlen gemalt.

Holzwirtschaft (Seite 140)
Die Holzwirtschaft eines Landes umfasst alle Einrichtungen und Tätigkeiten, die sich mit der Abholzung, der Holzverarbeitung und dem Holzhandel beschäftigen. In einer ausgeglichenen Holzwirtschaft werden nur so viele Bäume gefällt, wie nachwachsen können. Grundlage der Holzwirtschaft in Finnland, Norwegen und Schweden sind die riesigen Wälder in diesen Ländern.

Huerta (Seite 143)
Bewässerte Gartenlandschaft in den Küstengebieten Spaniens, wo auf guten Böden vor allem Obst- und Gemüseanbau betrieben wird.

Hüttensiedlung (Seite 301)
In den armen Ländern der Erde ziehen viele Menschen vom Land in die Stadt. Sie bauen sich am Rand der Großstädte einfache Hütten aus Holz, Pappe und Wellblech. Solche Siedlungen heißen Hüttensiedlungen.

Inuit (Seite 212)
Die Inuit (früher auch Eskimos genannt) sind die Ureinwohner der arktischen Küstengebiete Grönlands, Nordamerikas und Nordasiens. Sie lebten ursprünglich von der Jagd und vom Fischfang. Heute führen sie ein modernes Leben.

Islam (Seite 302)
Weltreligion; vorherrschend im Nahen Osten, in Nordafrika sowie in Teilen Süd-, Südost- und Zentralasiens verbreitetet. Der Islam ist eine Religion, die nur einen Gott anerkennt und verehrt: Allah. Die Gläubigen bezeichnen sich als Muslime und besitzen mit dem Koran eine heilige Schrift. Der Islam ist mit ca. 1,3 Mrd. Anhängern nach dem Christentum (ca. 2,1 Mrd. Anhänger) die zweitgrößte Religion der Welt.

Jäger und Sammler (Seite 84)
So bezeichnet man Völker, die nur von der Jagd, dem Sammeln von essbaren Pflanzen und der Fischerei leben.

Jetztmensch (Seite 74)
Mensch, der vor 150 000 Jahren in Afrika und vor etwa 40 000 Jahren in Europa entstand. Sein Körperbau entspricht dem der heutigen Menschen.

Jungsteinzeit (Seite 87)
Den zweiten Abschnitt der Steinzeit nennen wir Jungsteinzeit. Sie dauerte von ca. 10 000 – 2500 v. Chr. In dieser Zeit wurden die Menschen sesshafte Bauern.

Karte (Seite 32)
Eine Karte zeigt verkleinert die Erde oder einen Teil von ihr. Das Gebiet ist hierbei senkrecht von oben abgebildet. Die Inhalte sind stark vereinfacht und mit verschiedenen Farben und Signaturen (Kartenzeichen) dargestellt. Im Atlas unterscheiden wir physische Karten und thematische Karten.

Kartusche (Seite 181)
In der ägyptischen Schrift ist eine Kartusche ein Deutzeichen. Als Kartusche bezeichnet man einen ovalen Rahmen; in ihm befindet sich ein Name. Die Kartusche weist darauf hin, dass es sich bei dem Träger des Namens um einen Pharao handelt.

Kieswüste (Seite 216)
In der Kieswüste ist die Landschaft mit kleinen Steinen (Kies) übersät. Das Gelände ist flach.

Kinderarbeit (Seite 298)
Es ist typisch für viele Entwicklungsländer, dass Kinder unter 14 Jahren arbeiten müssen, um den Lebensunterhalt ihrer Familie zu sichern.

Klassendienst (Seite 20)
Die Aufgaben, die in einer Klasse erledigt werden müssen wie z. B. der Tafeldienst, heißen Klassendienste.

Klassenordnung (Seite 20)
Eine Klassenordnung enthält die wichtigsten Regeln, an die sich jeder in der Klasse halten soll. Die Regeln werden gemeinsam erarbeitet und im Klassenzimmer ausgehängt.

Klassensprecherin/Klassensprecher (Seite 18)
Die Klasse wählt einen Klassensprecherin oder eine Klassensprecher. Sie oder er vertritt die Interessen der anderen Schülerinnen und Schüler und informiert über Beschlüsse der Klassensprecherversammlung.

Klassensprecherwahl (Seite 18)
Die Wahl der Klassensprecher und ihrer Vertreter nennt man Klassensprecherwahl.

Klima (Seite 44)
Das Zusammenwirken von Temperatur, Niederschlag, Bewölkung, Wind und Luftdruck über einen Zeitraum von mindestens 30 Jahren. Die langjährigen Durchschnittswerte der Temperaturen und Niederschläge werden im Klimadiagramm dargestellt.

Klimadiagramm (Seite 44)
Beim Klimadiagramm werden die langjährigen Durchschnittswerte der Monatsmitteltemperaturen in roten Kurven dargestellt. Die langjährigen monatlichen Niederschlagssummen werden in blauen Kurven dargestellt.

Klimazone (Seite 206)
Als Klimazonen werden großräumige Gebiete zusammengefasst, in denen die wesentlichen Züge des Klimas gleich sind. Sie erstrecken sich in Gürteln um die Erde und sind im Wesentlichen durch den unterschiedlichen Einfallswinkel der Sonnenstrahlen bedingt. Die Klimazonen heißen Polarzone, Subpolarzone, gemäßigte Zone, Subtropen und Tropen.

Kohlenhydrate (Seite 196)
Die Kohlenhydrate sind neben den Fetten und Eiweißen die dritte wichtige Gruppe von Nährstoffen für den Menschen. Sie werden bei der Verdauung abgebaut und gehen durch die Darmwand in die Blutbahn über. Im Körper werden sie gespeichert, in Fett umgewandelt oder verbrannt. Dieser Vorgang liefert die Energie für den Körper. Der größte Anteil der vom Menschen aufgenommenen Kohlenhydrate ist pflanzlichen Ursprungs (z. B. Getreide). An zweiter Stelle steht Zucker.

Komödie (Seite 267)
Eine Komödie ist ein Theaterstück mit einer komischen Handlung. Sie entstand in der griechischen Antike und wurde auf Feiern zu Ehren des Gottes Dionysos aufgeführt.

Kompass (Seite 34)
Instrument zur Bestimmung der Himmelsrichtung.

Konflikt (Seite 22)
Bei einem Konflikt treffen gegensätzliche Interessen aufeinander und es kommt daher in der Regel zum Streit. Sinnvoller ist es aber, Konflikte friedlich zu lösen.

Kontinent (Seite 64)
(auch Erdteil) Ein Kontinent ist eine Festlandsmasse, die von anderen Kontinenten durch eine natürliche Abgrenzung (z. B. ein Meer, ein Gebirge, oder eine Landenge) getrennt ist. Die Kontinente heißen Europa, Asien, Afrika, Nordamerika, Südamerika, Australien, Antarktis.

Koran (Seite 304)
Heiliges Buch des Islam, das die Lehre Mohammeds enthält.

Kultur (Seite 106)
Gesamtheit der typischen Lebensformen, welche die Menschen eines Gebietes im Lauf der Geschichte her-

vorgebracht haben. Man unterscheidet zwischen geistiger Kultur (z. B. Sprache, Religion, Sitten) und materieller Kultur (z. B. Siedlungs- und Hausformen, Bauweisen).

Land (Bundesland) (Seite 56)
Mit dem Begriff Land (der Bundesrepublik Deutschland), kurz Bundesland genannt, werden die Gliedstaaten Deutschlands bezeichnet. In Deutschland gibt es insgesamt 16 deutsche Länder.

Ländlicher Raum (Seite 134)
Der ländliche Raum ist im Gegensatz zum Verdichtungsraum ein Gebiet, in dem Dörfer und Kleinstädte vorherrschen. Die Bevölkerungsdichte ist gering. Der ländliche Raum dient nicht nur der landwirtschaftlichen Produktion, sondern ist Erholungs- und Ausgleichsgebiet für die Menschen der Verdichtungsräume.

Längengrad (Seite 68)
Teil des Gradnetzes der Erde. Durch Greenwich (London) verläuft der Null-Meridian. Er teilt die Erdkugel in eine westliche und eine östliche Hälfte. Längengrade werden jeweils von 0° bis 180° nach Osten und Westen gezählt.

Legende (Seite 32)
Die Legende ist die Zeichenerklärung einer Karte. Alle Farben und Signaturen (Kartenzeichen), die in der Karte benutzt werden, sind hier erklärt.

Lehnwort (Seite 276)
Ein Wort, das aus einer anderen Sprache „entlehnt" ist, nennt man Lehnwort. Im Deutschen gibt es viele Lehnwörter. Das Wort Karren ist zum Beispiel vom römischen Wort „carrus" entlehnt.

Limes (Seite 278)
Der Limes war die Grenzbefestigung der Römer gegen die Germanen. Er war 550 km lang und etwa drei Meter hoch. Er bestand teils aus Holz, teils aus Stein und wurde durch Wachtürme gesichert.

Massentourismus (Seite 132)
Wenn in Fremdenverkehrsgebieten (z. B. am Mittelmeer) „Massen" von Touristen auftreten, spricht man von Massentourismus. Neben dem finanziellen Gewinn für die Menschen, die in den Touristengebieten leben, bedeutet der Massentourismus oft eine Gefahr für Natur und Landschaft.

Maßstab (Seite 38)
Auf Karten ist eine Landschaft kleiner als in Wirklichkeit dargestellt. Der Maßstab ist ein Maß für die Verkleinerung. Er gibt an, wie stark die Inhalte einer Karte gegenüber der Wirklichkeit verkleinert worden sind. Der Maßstab 1 : 50 000 bedeutet, dass 1 cm auf der Karte 50 000 cm oder 500 m (0,5 km) in der Natur sind.

Maßstabsleiste (Seite 38)
Viele Karten enthalten eine Maßstabsleiste. Mit ihrer Hilfe kann man Entfernungen zwischen zwei Punkten der Karte ohne mühevolles Umrechnen direkt ablesen.

Meridian (Seite 68)
Halber Längenkreis, der jeweils vom Nordpol zum Südpol verläuft. Durch Greenwich (London) verläuft der Null-Meridian. Er teilt die Erdkugel in eine östliche und eine westliche Hälfte. Meridiane werden jeweils von 0° bis 180° in östlicher bzw. westlicher Richtung gezählt.

Metallzeit (Seite 96)
Am Ende der Steinzeit lernten die Menschen, Metall zu verarbeiten und Geräte daraus herzustellen. Dies geschah in Europa um 1800 v. Chr. Zuerst stellte man Geräte aus Bronze her, später aus Eisen.

Milchstraße (Seite 72)
Sternensystem, in dem sich die Sonne befindet. Als helles Sternenband ist die Milchstraße am Nachthimmel zu sehen. Sie besteht aus einem sternenreichen Zentrum, um das sich spiralförmig Sterne konzentrieren.

Minarett (Seite 304)
Ein Minarett ist ein Turm für den Gebetsausrufer an einer Moschee.

Mittelgebirge (Seite 53)
In den Mittelgebirgen sind die höchsten Berge in der Regel nicht höher als 2000 m. Steile Gipfel und hohe Felswände gibt es kaum. Die Berge sind abgerundet und häufig bewaldet. Beispiele in Europa sind: Schwarzwald, Zentralmassiv, Pennines.

Monarchie (Seite 283)
Die Monarchie ist eine Staatsform, in der ein König oder Kaiser (ein Monarch) die Macht hat.

Mond (Seite 72)
Monde sind nicht selbst leuchtende Himmelskörper, die sich in einer Umlaufbahn um einen Planeten bewegen.

Moschee (Seite 304)
Eine Moschee ist ein Bauwerk, das den Muslimen als Gotteshaus dient.

Muezzin (Seite 304)
Muezzin ist der Gebetsrufer im Islam. Er hat die Aufgabe, die Gläubigen zu den Gebeten zu rufen, die zu bestimmten Tageszeiten stattfinden.

Muslim (Seite 302)
Anhänger des Islam. Über 600 Mio. Gläubige bekennen sich zu dieser Religion.

Nährstoffe (Seite 196)
Mit der Nahrung nehmen die Menschen Nährstoffe auf, die sie für die Erhaltung und das Wachstum ihres Körpers brauchen. Unsere Nahrung sollte die verschiedenen Nährstoffe in ausgewogener Form enthalten, nämlich Eiweiße, Kohlenhydrate und Fette. Wenn wir die Nährstoffe im Körper abbauen und verbrennen, wird Energie frei. Diese Energie brauchen wir für Bewegungen und vor allem, um unsere Körperwärme aufrechtzuerhalten. Die Nährstoffe stellen aber auch Bausteine für das Wachstum unseres Körpers dar. Auch die bereits bestehenden Zellen werden im Lauf von ungefähr neun Jahren durch neue ersetzt. Dazu brauchen wir viele Bausteine, die wir durch die Ernährung bekommen.

Nährstoffkreislauf (Seite 225)
Der schnelle Nährstoffkreislauf ist ein Kennzeichen des tropischen Regenwaldes. Das herabfallende Laub und die Äste zersetzen sich am Boden sofort zu Humus. Dessen Nährstoffe werden dann wieder an die Bäume und Sträucher abgegeben.

Nahrungskette (Seite 211)
Eine Reihe von Lebewesen, bei der jeweils eine Art die hauptsächliche Nahrungsgrundlage der nächsten Art ist, z. B. Alge – Krebs – kleiner Fisch – Raubfisch. Letztes Glied der Nahrungskette ist oft der Mensch.

Nationalstaat (Seite 128)
Staat, dessen Bevölkerung ganz oder überwiegend zur selben Nation gehört.

NATO (Seite 108)
North Atlantic Treaty Organization. Nordatlantisches Verteidigungsbündnis.

Naturvolk (Seite 222)
Menschengruppe, die in abgelegenen und schwer zugänglichen Gebieten lebt. Diese Menschen betreiben eine stark naturverbundene Wirtschaft, insbesondere als Jäger, Sammler, Fischer und Hackbauern.

Nilschwelle (Seite 175)
So nannte man das ein Mal im Jahr auftretende Hochwasser des Nil in

Ägypten. Seit dem Bau des Assuan-Staudamms gibt es keine Nilschwelle mehr.

Nordhalbkugel (Seite 64)
Die Nordhalbkugel ist der Teil der Erde, der nördlich des Äquators liegt.

Nullmeridian (Seite 68)
international gültiger Ortsmeridian von Greenwich (London). Er ist der Basislängenhalbkreis, bei dem die Zählung der Meridiane beginnt.

Olympische Spiele (Seite 262)
Die Olympischen Spiele sind internationale sportliche Wettkämpfe. Sie finden alle vier Jahre an einem anderen Ort statt. Die Olympischen Spiele der Neuzeit wurden in Anlehnung an die Olympischen Spiele der Antike zum ersten Mal im Frühjahr 1896 in Athen abgehalten.

Ozean (Seite 64)
Als Ozean bezeichnet man die einzelnen, durch Kontinente voneinander getrennten Teile des Weltmeeres; dies sind der Atlantische, der Indische und der Pazifische Ozean. Auch die gesamte Wassermasse des Meeres wird Ozean genannt.

Papyrus (Seite 180)
Papyrus ist eine Pflanze, aus deren Fasern die Ägypterinnen und Ägypter ein papierähnliches Material herstellten, auf dem man schreiben konnte.

Pauschalreise (Seite 132)
Eine Reise, bei der ein Reiseveranstalter verschiedene Leistungen wie z. B. die Beförderung und Unterkunft zu einem Gesamtpreis anbietet.

Pflanzung (Seite 223)
Hier: Landwirtschaftlicher Betrieb in den Tropen und Subtropen, der in der Regel vom Besitzer und seiner Familie selbst bewirtschaftet wird. Neben Pflanzen für den Eigenbedarf werden auch Produkte angebaut, die auf dem Markt verkauft werden.

Pharao (Seite 178)
Bezeichnung für den ägyptischen Herrscher. Ursprünglich wurde der Name nur für den Palast des Königs benutzt. Später wurde auch der Herrscher so genannt. In Einzelfällen gab es auch Pharaoninnen.

Philosoph (Seite 271)
Die Übersetzung des griechischen Wortes bedeutet „Freund der Weisheit". Ein Philosoph versucht, Antworten auf die Fragen nach dem Ursprung der Dinge und den Zusammenhängen zu geben. Die berühmtesten griechischen Philosophen sind Sokrates, Platon und Aristoteles.

Physische Karte (Seite 40)
Die physische Karte ist ein Hilfsmittel, um sich zu orientieren. Sie enthält u.a. Landhöhen (Farbgebung in Grün, Gelb und Braun), Oberflächenformen, Höhenangaben, Gewässer, Orte, Verkehrslinien, Grenzen sowie Einzelzeichen (Berg, Stausee, Kirche usw.).

Planquadrat (Seite 37)
Ein Feld im Gitternetz einer Karte, das mit einer Kombination aus einem Buchstaben und einer Zahl bezeichnet wird, z. B. A5

Planet (Seite 72)
Bezeichnung für einen Himmelskörper, der sich auf einer Umlaufbahn um die Sonne bewegt. Er leuchtet nicht selbst, sondern nur im Licht der Sonne. Unsere Sonne hat acht Planeten.

Polarkreis (Seite 206)
Breitenkreis auf 66 1/2° N und S.

Polarnacht (Seite 208)
Die Zeit, in der die Sonne zwischen Pol und Polarkreis länger als 24 Stunden nicht am Horizont erscheint. An den Polen dauert die Polarnacht sechs Monate, an den Polarkreisen einen Tag.

Polartag (Seite 208)
Die Zeit des Jahres, in der die Sonne zwischen Pol und Polarkreis Tag und Nacht über dem Horizont ist. An den Polen dauert der Polartag sechs Monate, an den Polarkreisen einen Tag.

Polis (Seite 256)
(Plural: Poleis) Stadtstaat in der griechischen Antike. Er bestand aus einem städtischen Zentrum und dem umliegenden Gebiet. Die größte Polis war Athen.

Provinz (Seite 278)
Eine Provinz ist ein Gebiet, das unter einer anderen Verwaltung steht. Die ersten Provinzen entstanden in der römischen Antike, als fremde Völker besiegt worden waren.

Ramadan (Seite 304)
Fastenmonat im Islam. Das Fasten beginnt jeden Tag bei Tagesanbruch und endet bei Sonnenuntergang. Während des Fastens dürfen Muslime weder essen noch trinken. Der Tag nach dem Ende des Ramadan heißt „Fastenbrecher" und wird mit besonderen Gebeten und Festen begangen.

Regel (Seite 16)
Eine Regel ist eine Vorschrift, an die man sich halten muss, sonst wird man bestraft. Es gibt zum Beispiel Verkehrsregeln, Klassenregeln.

Register (Seite 37)
Im Atlas enthält das Register die Namen aller auf den Karten vorkommenden Länder, Städte, Flüsse, Gebirge usw. Sie sind nach dem Alphabet geordnet. Seitenangaben und Hinweise zur Lage im Gitternetz ermöglichen das schnelle Auffinden einer gesuchten Stelle.

Reglerstoffe (Seite 196)
Die Reglerstoffe in der Nahrung sorgen dafür, dass wir nicht krank werden, wir uns fit fühlen und nicht müde und angeschlagen sind. Zu den Reglerstoffen gehören die Vitamine.

Republik (Seite 283)
Unter Republik versteht man eine Staatsform, in der das Volk die Möglichkeit hat, Einfluss zu nehmen, z. B. durch Wahlen.

Risikofaktor (Seite 194)
Risikofaktoren erhöhen die Wahrscheinlichkeit des Auftretens von Krankheiten. Dazu gehören Alkoholmissbrauch und Rauchen, einseitige Ernährung, Überernährung, Stress, mangelnde körperliche Aktivität und Übergewicht.

Rolle (Seite 242)
Jeder Mensch nimmt in seinem Leben viele verschiedene Rollen ein (z. B. als Tochter, Schüler, Mitglied im Sportverein, Freundin, ...). An die Träger dieser Rollen gibt es von den anderen Menschen viele Erwartungen, denen der Rolleninhaber mehr oder weniger stark nachkommt. Das auf die Rolle bezogene Verhalten lernt der Mensch im Laufe seines Lebens.

Sandwüste (Seite 216)
Bei der Sandwüste ist die Landschaft mit Sand bedeckt, der zum Teil zu hohen Dünen aufgetürmt ist.

Scherbengericht (Seite 259)
In der Antike wurde in Athen auf der Volksversammlung auch das Scherbengericht abgehalten. Die Athener konnten jemanden verbannen, indem sie seinen Namen in eine Tonscherbe ritzten.

Schrägluftbild (Seite 32)
Name für ein aus dem Flugzeug schräg nach unten aufgenommenes Bild.

Schutzfaktor (Seite 194)
Schutzfaktoren beschränken die Wirkung von Risikofaktoren. Dazu gehören gesunde Nahrung, eine gesunde und sichere natürliche Umwelt, eine ausreichende körperliche Betätigung, sowie genügend Schlaf und gute soziale Beziehungen.

Schwarzerdeboden (Seite 138)
Ein schwarz gefärbter Boden, der sehr fruchtbar ist.

Selbstversorger (Seite 212)
So bezeichnet man Menschen, die nahezu alles, was sie zum Leben benötigen, selbst erjagen, anbauen oder herstellen.

Senkrechtluftbild (Seite 32)
Name für ein aus dem Flugzeug senkrecht nach unten aufgenommenes Bild.

Sesshaftigkeit (Seite 86)
Die Menschen gaben in der Jungsteinzeit ihre Wanderungen auf. Dies war der Beginn der Sesshaftigkeit.

Signatur (Seite 42)
Auf Karten gibt es Flächenfarben und Signaturen (z. B. schwarzes, auf einer Ecke stehendes Quadrat für Steinkohle). Sie werden in der Legende erklärt.

Sklave (Seite 260)
Ein Sklave ist ein unfreier Mensch ohne Rechte. Sklavinnen und Sklaven gab es in großem Ausmaß in der Antike.

Sonnensystem (Seite 72)
Eine Sonne mit ihren Planeten und deren Trabanten bilden ein Sonnensystem. Unser Sonnensystem umfasst die Sonne und acht Planeten.

Staat (Seite 56)
Ein Staat ist ein abgegrenztes Gebiet der Erdoberfläche. Er stellt eine politische Einheit dar, die von einer Staatsregierung geführt wird. Die Bevölkerung lebt innerhalb der Staatsgrenzen nach einer allgemein gültigen Rechtsordnung. Staatsformen sind zum Beispiel Republik und Monarchie.

Stadtplan (Seite 37)
Der Stadtplan ist eine Karte, die alle Straßen mit ihren Namen, die öffentlichen Gebäude, die Grünflächen usw. enthält. Oft sind auch Bus- und Straßenbahnlinien eingezeichnet. Ein Straßenverzeichnis und Planquadrate erleichtern die Suche.

Steinzeit (Seite 82)
Steinzeit nennt man einen Abschnitt der frühen Menschheitsgeschichte, weil in dieser Zeit hauptsächlich Stein als Material für Werkzeuge und Waffen benutzt wurde. Die Steinzeit begann vor ca. 2 500 000 Jahren und dauerte bis ungefähr 3000 v. Chr. Man unterteilt die Steinzeit in Alt- und Jungsteinzeit.

Stern (Seite 72)
Ein Stern (auch Sonne genannt) ist eine glühende Gaskugel, die ihr Licht in den Weltraum strahlt.

Stockwerkbau (Seite 220)
Im tropischen Regenwald wachsen die Pflanzen sehr üppig und bilden je nach Höhe verschiedene Schichten aus: Über der Krautschicht befindet sich die Strauchschicht, darüber die Baumschicht, und darüber hinaus ragen die Wipfel der Urwaldriesen.

Stockwerkanbau (Seite 216)
In den Oasen werden Anbaufrüchte so angepflanzt, dass sie möglichst gut gegen die Sonne geschützt sind. Höhere Pflanzen dienen als Schattenspender für niedrigere.

Straßenkinder (Seite 301)
Straßenkinder sind Kinder, die vor allem in den Ländern Südamerikas, Afrikas, Süd- und Südostasiens die Hüttensiedlungen der Großstädte verlassen, um sich auf den Straßen der Innenstädte durchzuschlagen. Sie verdienen ihren Lebensunterhalt z. B. mit Zeitungsverkauf und anderen Gelegenheitsarbeiten. Weltweit gibt es nach Schätzungen etwa 100 Millionen Straßenkinder.

Streitschlichtung (Seite 22)
Um einen Konflikt zu lösen, hilft die Methode der Streitschlichtung. Es wird eine Streitschlichterin oder ein Streitschlichter ausgesucht; anschließend werden die unterschiedlichen Standpunkte vorgetragen und ein Lösungsvorschlag erarbeitet. An vielen Schulen gibt es die Möglichkeit für Schülerinnen und Schüler, sich zu Streitschlichtern ausbilden zu lassen.

Stress (Seite 200)
Wenn wir plötzlich in eine gefährliche Situation kommen, arbeitet unser Körper auf Hochtouren: Der Blutdruck steigt, der Puls wird schneller, Wachsamkeit und Muskelspannung nehmen zu, wir atmen tiefer und können so mehr leisten. Wir sind dann besser darauf vorbereitet, zu kämpfen oder zu flüchten. Diesen Zustand nennt man Stress. Geht die Gefahr vorüber, so entspannen wir uns. Stress ist also etwas sehr Nützliches und kann uns das Leben retten. Durch ständigen Ärger, Lärm und Hektik kommt es aber zu einem andauernden Stress. Der Körper arbeitet dabei stets auf Hochtouren. Solcher Stress kann schwere Krankheiten oder seelische Störungen verursachen.

Südhalbkugel (Seite 64)
Die Südhalbkugel ist der Teil der Erde, der südlich des Äquators liegt.

Thematische Karte (Seite 42)
Dieser Kartentyp behandelt immer ein spezielles Thema. Nahezu alles, was räumlich verbreitet ist, lässt sich hier darstellen. So gibt es z. B. thematische Karten zur Bevölkerungsdichte, zur Wirtschaft oder zum Luftverkehr.

Thermen (Seite 285)
Thermen waren in der römischen Antike öffentliche Bäder. Sie waren beliebte Treffpunkte der Römer. In eine große Therme kamen an einem Tag bis 5000 Besucher.

Tiefland (Seite 52)
Tief gelegenes Land bis etwa 200 m über dem Meeresspiegel. Tiefland muss nicht flach sein.

Toga (Seite 288)
Eine Toga war ein mantelartiges Obergewand in der römischen Antike.

Totengericht (Seite 187)
Die alten Ägypterinnen und Ägypter glaubten an die Möglichkeit, nach dem Tod im Jenseits weiterleben zu können. Dies entschied ein Totengericht, das prüfte, ob sie frei von Sünden waren.

Tragödie (Seite 267)
Eine Tragödie ist ein Theaterstück mit einer traurigen Handlung. Sie entstand in der griechischen Antike und wurde auf Feiern zu Ehren des Gottes Dionysos aufgeführt.

Tropischer Regenwald (Seite 220)
Immergrüner Wald in der feuchtwarmen tropischen Klimazone beiderseits des Äquators. Hier sind die Temperaturen das ganze Jahr über hoch (zwischen 23 °C und 28 °C) und es fallen hohe Niederschläge (über 1500 mm im Jahr). Der Pflanzenwuchs ist üppig. Besonderes Kennzeichen des tropischen Regenwaldes ist der Stockwerkbau der Pflanzen.

Tunika (Seite 288)
Eine Tunika war in der römischen Antike ein knielanges, ärmelloses oder kurzärmeliges Hemd.

Übergewicht (Seite 200)
Übergewicht entsteht, wenn dem Körper mehr Energie zugeführt wird, als er durch körperliche Aktivität ver-

braucht. Ursache ist eine über längere Zeit falsche Ernährung mit einem nicht ausgewogenen Verhältnis der Nährstoffe (zu viel Fett, zu wenig Obst und Gemüse, zu wenig Ballaststoffe). Bei starkem Übergewicht steigt die Sterbewahrscheinlichkeit an, denn durch Übergewicht begünstigte Krankheiten sind Herz-Kreislauf-Erkrankungen wie Herzinfarkt oder Schlaganfall.

Umweltschutz (Seite 141)
Dazu gehören Maßnahmen, die helfen sollen, die Umwelt der Menschen, Tiere und Pflanzen auf der Erde zu schützen. Sie dienen insbesondere dazu, die Naturlandschaften vor wirtschaftlichen Eingriffen zu bewahren. Von den Regierungen werden Gesetze zum Umweltschutz erlassen.

Verarbeitungsindustrie (Seite 141)
Die Weiterverarbeitung von Grundstoffen (z. B. Holz, Metall, Chemikalien) erfolgt in der Verarbeitungsindustrie.

Villa (Seite 286)
Während der Römerzeit war dies ursprünglich ein großes Bauernhaus auf dem Land. Später bauten auch Adlige und Reiche innerhalb der Stadtmauer diese luxuriösen Gebäude.

Vitamine (Seite 196)
Um gesund zu bleiben, braucht jeder Mensch chemische Stoffe, die wir Vitamine nennen. Sie gehören zu den Reglerstoffen. Da unser Körper sie nicht selbst herstellen kann, müssen wir sie mit der Nahrung aufnehmen. Sie sind in Obst und frischem Gemüse enthalten. Seefahrer bemerkten bereits sehr früh, dass bestimmte Nahrungsmittel wichtig waren für die Gesundheit. Auf langen Reisen, wenn sie keine Früchte oder frisches Gemüse zu essen bekamen, erkrankten sie nämlich an Skorbut. Das ist eine schwere Erkrankung infolge von Vitaminmangel. Zahnfleischbluten, Zahnausfall und Störung der Herztätigkeit waren kennzeichnend für diese Krankheit

Völkerkrieg (Seite 108)
Wenn verschiedene Völker in einem Staat zusammenleben, kommt es oft zu Problemen und manchmal zum Krieg, weil Menschen des einen Volkes die des anderen unterdrücken. Es fehlt an Verständnis und Toleranz gegenüber Menschen mit anderer Kultur.

Volksversammlung (Seite 258)
In der griechischen Antike gab es eine Volksversammlung, die alle politischen Entscheidungen traf. An ihr konnte jeder freie Bürger Athens über 20 Jahre teilnehmen. Durch Abstimmung wurden hier viele Ämter im Staat vergeben. Die Volksversammlung gilt als Ursprung der Demokratie.

Vorgeschichte (Seite 80)
Die Zeit bis zur Überlieferung von schriftlichen Aufzeichnungen nennen die Geschichtsforscher Vorgeschichte. In Ägypten wurde die Schrift um 3000 v. Chr. erfunden. Dort endet zu dieser Zeit die Vorgeschichte. Bei uns in Europa kam die Schrift erst nach Christi Geburt auf. Hier dauerte die Vorgeschichte also viel länger.

Vormensch (Seite 74)
Menschenähnliches, etwa 1,10 m bis 1,40 m großes Wesen, das vor 5 Mio. Jahren in Ostafrikas lebte.

Vormundschaft (Seite 269)
In der griechischen Antike standen Frauen unter der Vormundschaft ihrer Ehemänner und waren nicht gleichberechtigt.

Wadi (Seite 216)
Ausgetrocknetes Flusstal in der Wüste. Bei den seltenen, aber heftigen Regenfällen füllt es sich mit Wasser und wird zu einem reißenden Strom.

Wanderfeldbau (Seite 225)
Verbreitete Form des Anbaus im tropischen Regenwald. Auf einer kleinen Fläche wird der Wald gerodet und für den Feldbau genutzt. Lässt die Bodenfruchtbarkeit nach, wird das Feld aufgegeben. Man „wandert“ weiter und rodet eine neue Stelle im Wald. Auf dem alten Feld wächst neuer Wald nach.

Wandzeitung (Seite 306)
Auf einer Wandzeitung sind Texte und Bilder zu einem Thema zusammengestellt.

Weltall (Seite 72)
Der gesamte Raum, in dem sich alle für uns fassbaren räumlichen und zeitlichen Vorgänge abspielen.

Weltreligion (Seite 302)
Unter einer Weltreligion versteht man eine Religion, die sich durch ihre weltweite Verbreitung und eine große Zahl an Anhängern (mehrere hundert Millionen), auszeichnet.

Weltstadt (Seite 58)
Eine Weltstadt ist in der ganzen Welt bekannt wegen ihrer Bedeutung in den Bereichen Wirtschaft, Politik, Kultur und Kunst. In ihr leben Menschen aus vielen verschiedenen Ländern. Als Weltstädte der heutigen Zeit gelten z. B. New York, London, Paris und Berlin.

Wendekreis (Seite 206)
Die beiden Wendekreise der Erde befinden sich auf 23 1/2° nördlicher und südlicher Breite. Hier steht die Sonne einmal im Jahr im Zenit, bevor sie scheinbar „wendet“, um sich wieder dem Äquator zu nähern.

Windrose (Seite 34)
Auf der Windrose sind die Himmelsrichtungen (Haupt- und Nebenhimmelsrichtungen) eingetragen. Sie befindet sich auf dem Kompass unter der Kompassnadel.

Zeitleiste (Seite 82)
Eine Zeitleiste zeigt von links nach rechts wichtige Ereignisse einer bestimmten Zeitspanne.

Zeitleisten zum Weltkunde-Band 5/6

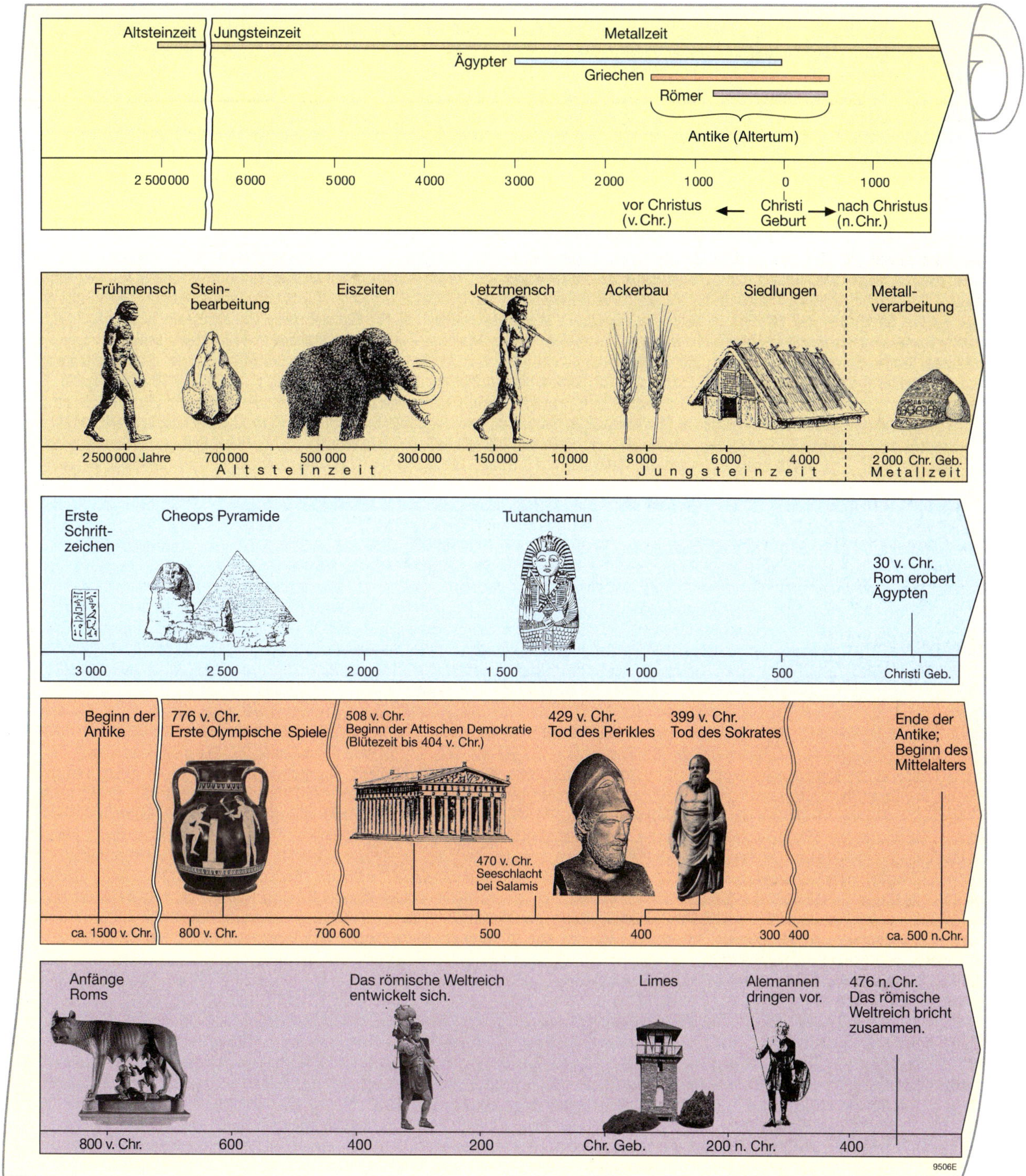

Wie lange dauert ein Jahrhundert?

Ein Jahrhundert ist ein Zeitraum von 100 Jahren.

Hier einige Beispiele:
Das 4. Jahrhundert n. Chr. dauerte von 301 bis 400 n. Chr.
Das 4. Jahrhundert v. Chr. dauerte von 400 bis 301 v. Chr.

Wir leben im 21. Jahrhundert. Es begann mit dem Jahr 2001 und endet mit Ablauf des Jahres 2100.

Bildquellen

action press, Hamburg: 108 M3, 252/253 M1; Agentur Anzenberger, A-Wien: 184 M2 (Sioen); akg-images, Berlin: 10 M2 re., 90 M2, 91 M7 obere Reihe, 183 M6 Salbengefäß (Lessing), 262 M2 (Lessing), 263 M6, 268 M2 (Connolly), 276 M3 (Lessing), 283 M2; Altitude, F-Paris: 127 M3; Anthony Bannister Photo Bank, Johannesburg: 100 M2, 101 M3, 101 M4; Antikenmuseum, Staatliches Museum Preußischer Kulturbesitz, Berlin: 262 M1; Antiksammlung, München: 262 M4; Archäologisches Landesmuseum, Schleswig: 96 M2; Arend, Jörg, Wedel: 113 M4 D; Artbox, Bremen: 286 M1; Askani, B., Schwetzingen: 266 M1; Associated Press, Frankfurt/M.: 81 M5 (Rothermel); Astrofoto, Sörth: 72/73 M1; Baaske Cartoons, Müllheim: 170 li. (Erik Liebermann); Bayrisches Landesamt für Denkmalpflege, München: 93 M4, 94 M2; Behnsen, Frank, München: 128 M1, 153, 154/155, 157 o., 158 M1, 159 o.re., 165 M3, 282 M1, 288 M2; Big Shots, Aalen: 6/7 M1 (Reinhardt), 8 M2 (Reinhardt); Bildarchiv Preußischer Kulturbesitz, Berlin: 258 M1, 260 M3 (Kühn), 285 M3; Bilderberg, Hamburg: 115 M5 (Bossemeyer), 131 M7, 224 M1 (Burkard), 303 M7 (Kreuels); Braum, R., Frankfurt/M.: 305 M3; Breinl, L., Obermünchsdorf: 94 M3; British Museum, London: 182 M1, 186/187 M1, 271 M5; Bruckmann Bildarchiv, München: 271 M4; Caro Fotoagentur, Berlin: 123 Z (Klemmer); Carto Travel Verlag, Berlin: 48 2. C; Cartoon-Caricature-Contor, Pfaffenhofen/www.c5.net: 226 M1 (Haitzinger), 227 M3 (Hanel), 311 u. (Hanel); Christoph & Friends/Das Fotoarchiv, Essen: 177 M6 (Schwerberger), 300 M3 (Meyer), 302 M2; Corbis, Düsseldorf: 109 M4 (Reuters), 274/275 M1 (Ergenbright), 277 M4 li.o. (A. McKim/zefa), 277 M4 o.re. (Streichan/zefa); Das Luftbild-Archiv, Wennigsen: 52 M3; Dearden, Venetia, GB-London: 24 M2; DLR, Oberpfaffenhofen: 62/63 M1, 64 M1 Erde, 294 M1; Dreymüller, B., Nohn: 240/241 M1; Druwe & Polastri, Fotostudio, Cremlingen/Weddel: 249 M3, 249 M4; Dziak-Mahler, M., Bergisch-Gladbach: 250 M1; Ehlers, Eckart, Bonn: 176 M3; Elbert, Christina, Mühlheim: 9 M3; Engelmeier, Bildarchiv, München: 162 M1; Felden, R., Bochum: Titel u.; Flughafen Frankfurt/M.: 230 o.re.; Fochler, D., Wendhausen: 41 M3; Focus, Hamburg: 209 M4 (Klingholz), 214 M2 (Klingholz), 246 M2 (Henry), 247 M4 (Menzel), 307 M8 (Barbey/Magnum); Foto Marburg, Bildarchiv, Marburg: 287 M2; Gaffga, Peter, Eggenstein: 106 M3; Gall, B., Klausdorf: 157 M4; Gartung, W., Freiburg: 204 u., 228 m.; Geiger, Folkwin, Merzhausen: 142 M1; Geis, G., Köln: 99 M3; Geißler, C., Maintal/Bischofsheim: 17 M4; Germanisches Nationalmuseum, Nürnberg: 67 M4; Gesamtverband des deutschen Steinkohlenbergbaus, Essen: 97 M6; Getty Images, München: 24 M3 (Simon Maina/AFP), 172/173 M1 (Rossi/The Image Bank); Getty Images, Sportredaktion, München: 265 M2 (Bongarts); Giraudon, F-Paris: 178 M2; GLB Parkland, Köln: 307 M7 (aus: Owen Jones, Die Grammatik der Ornamente); Globus Infografik, Hamburg: 236 M4, 295 M7; Gordon, Richard, USA-Cambridge: 167 M2; Gräning, H., Lubmin: 69 M5; Greenpeace, Hamburg: 231 u. (Gleizes); Greiner & Meyer, Braunschweig: 223 M3 (Schmidt); Griese, Dietmar, Hannover: 140 M2; Grohe, M., Kirchentellinsfurt: 102 Foto u. re.; Grundmeyer, M., Wiesbaden: 239 M4; Harrer, H., FL-Mauren: 205 Foto, 228 u.; Hauck, Angelika, Großostheim: 113 M4 C; Haverland, T., Soest: 294 M2; Historisches Museum, Frankfurt/M.: 244 M1; Historisches Museum, Hannover: 245 M3; Holitzki, C., Frankfurt/M.: 16 M3, Huber, Bildagentur, Garmisch-Partenkirchen: 254 M1 li.u., 306 M4 (Schmid); IFA-Bilderteam, Ottobrunn: Titel o. (Firma), Titel m., 53 M4, 53 M5 (Breig), 75 M5 m. (Diaf), 75 M5 o.li. (Bumann), 75 M5 o.re. (Kaufmann), 130 M1 (Ritterbach), 157 M3 (Chromosohm), 212 M4 (P.A.N.), 230/231 (Granabild), 230 o.li. (Kopetzky), 232 M2 (Amadeus), 233 M4 (Schösser), 267 M3 (Picture Finders), 267 M4 (Lehmann); IGN, F-Paris: 126 M2; Jürgens, Berlin: 122 X; Keller, J., Wiesbaden: 27 M4; Kesper, Ingrid, Salzkotten: 23 M5, 84 M2, 86/87 M2, 97 M5, 102 Illus o.li., 179 M3, 179 M4, 189 M7; Key Porter Books Ltd., CAN-Toronto: 213 M6; Kils, Uwe, Kiel: 211 m.; Kinderbuchverlag Luzern, CH-Aarau: 98 o. (Schnieper/Kruse-Schulz); Kirch, Peter, Koblenz: 12 M1 Foto, 15 M4, 52 m., 53 m.li., 53 m.re.; Klartextverlag, Essen: 112 M2 (Nober), 112 M3 (Nober); KNA-Bild, Bonn: 166 o.re., 294 M4; Kohn, Klaus, Braunschweig: 157 M2, 198 M3, 199 M4, 200 M3, 303 M3; Königliches Grönländisches Handelsdepartment, DK-Kopenhagen: 212 M3; KPA, Köln: 113 M4 A (Simson/Transglobe), 113 M4 E (Halaska/Transglobe); Kühlmann, Lutz, Bochum: 150 M1; Lade, Helga, Fotoagenturen, Frankfurt/M.: 131 M6 (S. Walter), 136 M3; laif, Köln: 148/149 M1 (Dombrowski/Ebert), 166 o.li., 166 u.li. (F. Schultze), 166 u.re. (A. Krause), 192/193 M1 (Fokuhl/stern), 199 M5 a-d (Fokuhl/stern); Lammerhuber, A-Baden: 188 M5; Landesvermessungsamt Schleswig-Holstein, Kiel: 32 M1 (Grundlage: Orthophoto 1:5000, mit Gen. v. 07.12.07 - Gesch.Z. 1-562.6 S 708/07); Latz, Wolfgang, Linz: 45 M4; Les Editions Albert René/Goscinny-Uderzo (1999), F-Paris: 290 u.; Lichtbild-Archiv Dr. Keil, Neckargemünd: 217 M7; Liepe, J., Berlin: 180 o.re.; Lineair, NL-Arnhem: 301 M6 (Gilling); Liska, Jan, Odenwald/Degree Confluence Project: 69 M6; Loewe-Verlag, Bindlach: 185 M3; Löffler, R., Dinkelsbrühl: 233 M8; Lotus-Film, Kaufbeuren: 182 M4 (Thiem), 183 M5 (Thiem), 183 M6 außer Salbengefäß (Thiem); Lühr, Peter, Kiel: 30/31 M1; Malteser Hilfsdienst e.V., Köln: 170 o.li., 170 u.; Martin von Wagner Museum, Uni Würzburg: 269 M5 (Öhrlein); Masterfile, Düsseldorf: 175 M4 (Ertmann); Mauritius, Mittenwald: 130 M2 (Vidler), 131 M5 (Rage), 132 M3 (Vidler), 133 M6 (World Picture), 222 M2 (de Foy), 267 M2 (Rossenbach), 277 M4 m.li. (Ball), 277 M4 m.re. (Doug Scott), 277 M4 u.li. (Messerschmidt), 277 M4 u.re. (Vidler); Mayen-Koblenz, Kreisverwaltung: 231 o.; Mizzi, A., Buxtehude: 90 M3, 91 M9; Möhle, B., Braunschweig: 114 M3; Musée Royaux d'Art et d'Histoire, B-Brüssel: 268 M3; Museum Herxheim: 89 3; Nebel, Jürgen, Muggensturm: 25 M4, 41 re., 68 M1, 78/79 M1, 80 M2, 83 M4, 89 5, 92 M3, 106 M1, 107 M6, 116 2., 219 M4, 270 M2, 270 M3; Neuhof, N., Braunschweig: 284 M1; NOAA, USA: 118/119 Sat.bild; Nowosti, Berlin: 138 M2; Nußbaum, D., Wiesbaden: 12 M1 Illus, 13 M2 - M4, 310 o.; Okapia-Bildarchiv, Frankfurt/M.: 136 M2 (Reinhard), 211 M3 (NAS/Holton), 221 M4; Pacific Press Service, J-Tokio: 305 M4 (Nomachi); Pauly, Friedrich, Wiesbaden: 14 M2, 297 re.; Picture Press, Hamburg: 189 M6 (Ihrt/stern), 298 M1 (Ullal/stern); Picture Press, München: 75 M4 (M. Gülergün); picture-alliance/dpa, Frankfurt/M.: 11 M2 (Roosen), 59 M4, 64 M1 Astronaut, 75 M5 u.li., 75 M5 u.re., 104/105 M1 (epa/afp), 123 Y, 124 M2 (Gräf), 139 M3 (TASS), 218 M3, 221 M5 (Patzelt), 233 M5 (Müller), 264 1 (Faugere/ASA); picture-alliance/HB-Verlag, Frankfurt/M.: 11 M3; Plustech Oy, FIN-Tampere: 141 M3; Post-Lange, E., Prien: 20 M3; Pucciarelli: 263 M5; pwe Kinoarchiv, Hamburg: 284 M2; Regionalverband Ruhr, Essen: 48 1. B, 130 M3; Rixe, Dieter, Braunschweig: 201 M5; Römisch-Germanisches Museum, Köln: 91 M7 gr. Mahlstein; Rüttger, Edgar, Langlingen: 151 m., 152, 156, 159 M2, 160 u.li., 161, 168, 169, 255 M4; Saalburg Museum, Bad Homburg: 289 M7; Scala, I-Florenz: 262 M3; Schlemmer, H., Berlin: 50/51 M1; Schnaubelt, W. & Kieser, N., WILDLIFE ART, Germany: 95 M6; Schönauer-Kornek, Sabine, Wolfenbüttel: 10/11 3 Illus, 10 M1, 14 o., 16 M2, 19 M3, 20 M2, 22 M1, 23 m., 27 M5, 27 M6, 28, 34 M2, 34 re., 37 M2, 38 o.li., 46 M3, 48 3., 55 M3, 57 M4, 58 M1, 60, 70 M2, 76, 84 M1, 118/119 Illus, 120 M1, 121 u., 123 o.re., 144 o., 145, 146 o.li., 190 o., 194 M1, 195 M2, 196 M1, 196 M2, 196 M4, 197 M5, 197 M6, 202, 204/205 M1 Illu, 207 o.re., 234 M2, 235 M5, 265 o.li., 272 li., 287 M4, 289 M6, 292/293 Illus, 296/297 Illus, 308, 310 2.v.u., 311 o.; Schulthess, E., CH-Forch-Zürich: 208/209 M2; SEPA, F-Bordeaux: 125 M4; Siegemund, S., Bad Vilbel: 296 li., 296 m., 297 m.; Silis, I., DK-Qaqortaq (Grönland): 204 o., 214 M1, 228 o.; Smart France, F-Cedex: 48 1. A; Staatliches Museum für Natur- und Vorgeschichte, Oldenburg: 95 M4, 95 M5; Staatliches Museum für Naturkunde, Stuttgart: 93 M6; Stadtmuseum, Berlin: 26 M1 (Bartsch); Stadtvermessungsamt, Kiel: 33 M3 u. M4; Stahl, H., Dornstetten: 115 M4; Tierbildarchiv Angermayer, Holzkirchen: 221 M6, 221 M7; Tonn, D., Göttingen: 260 M1; TUI, Hannover: 254 M1 li.o., 254 M1 re.o., 254 M1 re.u.; ullstein bild, Berlin: 164 M2; Ulmer Verlag, Stuttgart, aus: Johanna Woll, Alte Kinderspiele, 1995, S. 2: 164 M1; Unicef Deutschland, Köln: 295 M6, 299 M3; Uni-Dia-Verlag, Grosshesselohe: 177 M5; Unilever Austria GmbH, A-Wien: 242 M2; Verband der Islamischen Kulturzentren e.V., Köln: 304 M2; Verlag Friedrich Vieweg & Sohn, Braunschweig: 237 M6; Verlagsgruppe Bertelsmann GmbH, München: 98 u. (Dickinson); Visum, Hamburg: 230 u.; Walenta, C., Unterschleißheim: 35 M3; Wallraff Richarts Museum/Rheinisches Bildarchiv, Köln: 244 M2; Weber, H., Wiesbaden: 294 M3; Weigert, Christoph, Beratzhausen: 288 M3; Westermann Sat Map: 188 M2; Westermann-Archiv: 176 M1, 270 M1; White Star, Hamburg: 133 M5 (R. Rabal); Wilhelm Busch Gesellschaft, Hannover: 26 M2; Wissol GmbH, Delitzsch: 113 M4 B; Yavus, Naci: 112 M1.

Folgende Autoren und Autorinnen sind an diesem Buch weiterhin beteiligt:

Hanne Auer, Klaus Bloching, Bernhard Detsch, Myrle Dziak-Mahler, Renate Frommelt-Beyer, Christina Geißler, Kerstin Gerlach, Angelika Hauck, Jürgen Heller, Claudia Holitzki, Rainer Lacler, Wolfgang Pankratz, Friedrich Pauly, Ulrike Richter, Christoph Weigert, Roland Widmann und Gerald Wieziolkowski.

Maße und Gewichte

Längenmaße

1 m (Meter) = 10 dm (Dezimeter)
= 100 cm (Zentimeter)
= 1000 mm (Millimeter)

1 km (Kilometer)
= 1000 m (Meter)

1 Meile (amerikanisch/britisch)
= 1609 m (Meter)

1 sm (Seemeile)
= 1852 m (Meter)

Flächenmaße

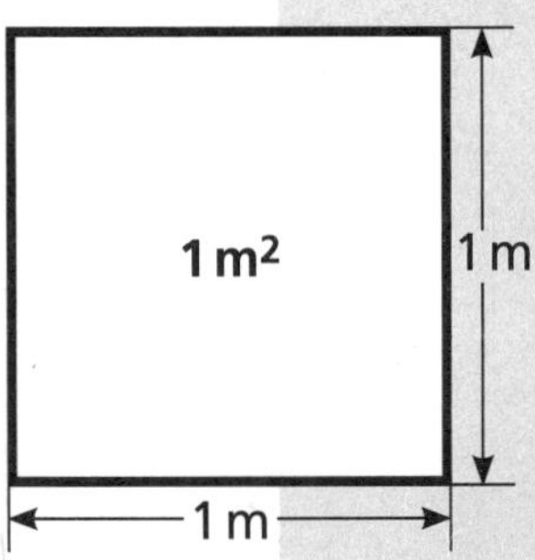

1 m² (Quadratmeter)
= 1 m • 1 m

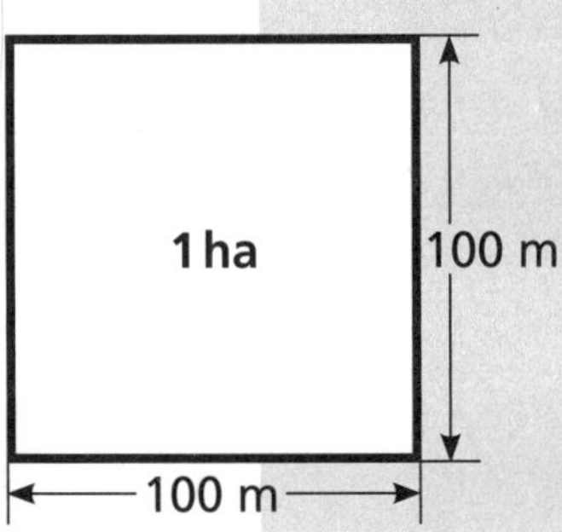

1 ha (Hektar)
= 100 m • 100 m = 10 000 m²

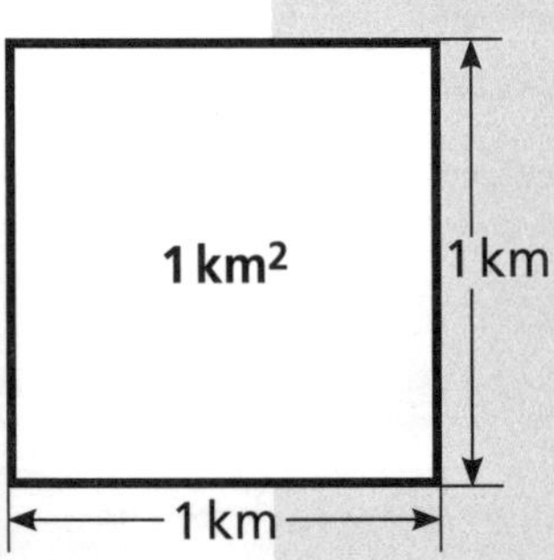

1 km² (Quadratkilometer)
= 1 km • 1 km

100 ha = 1 km²